熊承涤先生
(1916—2000)

"中国教材研究文库"

第二辑总目

徐特立论教材

李廉方论教材

俞子夷论教材

陈鹤琴论教材

陈伯吹论教材

熊承涤论教材

张孝达论教材

刘默耕论教材

苏寿桐论教材

张玺恩论教材

黄光硕论教材

臧　嵘论教材

"中国教材研究文库"第二辑选编委员会

总 主 编：郭 戈

副总主编：刘立德

委员（按姓名汉语拼音排序）：

  曹周天 丁道勇 顾之川 韩华球

  李海东 李 卿 吕 达 任长松

  石筠弢 王 岳 尤 炜 张军霞

丛书责编：韩华球 刘立德

本书责编：冯卫斌

装帧设计：何安冉

中国教材研究文库

熊承涤论教材

熊承涤 著

刘立德 吕 达 主编

人民教育出版社
·北京·

图书在版编目（CIP）数据

熊承涤论教材 / 熊承涤著；刘立德，吕达主编.—北京：人民教育出版社，2023.12
（中国教材研究文库）
ISBN 978-7-107-37263-6

Ⅰ.①熊⋯ Ⅱ.①熊⋯ ②刘⋯ ③吕⋯ Ⅲ.①教材－研究 Ⅳ.①G423.3

中国国家版本馆 CIP 数据核字（2023）第 245166 号

熊承涤论教材

出版发行　**人民教育出版社**
　　　　　（北京市海淀区中关村南大街 17 号院 1 号楼　邮编：100081）
网　　址　http://www.pep.com.cn
经　　销　全国新华书店
印　　刷　山东临沂新华印刷物流集团有限责任公司
版　　次　2023 年 12 月第 1 版
印　　次　2024 年 1 月第 1 次印刷
开　　本　787 毫米×1 092 毫米　1/16
印　　张　29.25
插　　页　1
字　　数　334 千字
印　　数　0 001～1 500 册
定　　价　73.00 元

版权所有·未经许可不得采用任何方式擅自复制或使用本产品任何部分·违者必究
如发现内容质量问题、印装质量问题，请与本社联系。电话：400-810-5788

"中国教材研究文库"总序

郭戈

古人说得好:"以铜为镜,可以正衣冠;以史为镜,可以知兴替;以人为镜,可以明得失。"对于教材工作而言,以史为镜、以人为镜也是至关重要的。我国古代常用的教材主要是"三百千千"、"四书五经"。新式教材起步于清末,活跃于民初,先学日本,后仿美国。1897年上海南洋公学外院效法外国,编了国文、算术、历史、舆地、格致等课本,这便是打破老传统,把各门知识较有系统地编为学科教材的开始。随后出现的各种课本和教育著作大都是模拟日本或直接译自日本。清末以来,特别是民国建立后,教材自由编写,实行审定制,民间掀起了一股编撰出版教科书的热潮,一批出版机构如商务印书馆、文明书局、中华书局等,与一批出版家、教育家,为此作出了奠基性、开创性的重要贡献。

五四新文化运动以降,教育理念和课程教材发生了新变革,特别是全国教育会联合会在主要借鉴美国教育的基础上而研制的新学制以及课程标准纲要,影响巨大。一时间,欧美新教育思潮、实用主义教育思想被引入中国,教材也从过去主要效仿日本一变而为仿效美国。当时,许多教材在内容编写上都强调以儿童生活经验为中心,甚至一些中学理科教学更直接采用美国的课本。新中国成立之前,民国政府虽然曾几次颁布课程标准,教材的内容和形式却基本上没有大的改观,只不过是更多地借鉴和学习美国的经验罢了。并且,清末及民国历届政府都有统一教科书的意愿和行动,但由于旧中国持续不断的内忧外患和政府的腐败无能,加上课本编写质量不佳等原因,所谓"国定教科书"或"统一教科书"最终都以失败而告终。

新中国的成立开创了中华民族历史的新纪元,也掀开了我国教材事业发展的新篇章。新中国成立伊始的教材,文科主要借鉴了解放区的经验,理科主要选取了国统区的本子,还有一部分选取了编译的苏联教材。接着,便在全面学习苏联教育经验的基础上开始了教材自编或重编的历程,并逐步走出了一条具有中国特色的以统为主、统分结合的教材道路。总的来说,与旧中国相比,新中国成立70多年来,全国中小学实施的是统一的教学大纲或课程标准,使用的基本上是由国家统一供应、教育部组织编写、人民教育出版社编辑出版的通用教材或统编教材,并做到了所有地方、每所学校、全部学生都使用上了这样的教材。为此,中央确立了集中统一教材制度的大政方针,制定了统一的教学大纲或课程标准,组建了专门的教材编写和审查机构,配备了强有力、专业化的编审人员,还建立了保证"课前到书,人手一册"的教材出版发行渠道和机制。当前,党中央、国务院高度重视教材工作,把教材建设作为一项战略工程、基础工程,成立了国家教材委员会,教育部组建了教材局,并先后颁布了一系列有关规章制度,在义务教育和高中阶段全面实施政治、语文、历史三科教材统编、统审、统用政策,标志着我国教材建设进入了新时代。

"江山代有才人出，各领风骚数百年。"社会发展史也是个体发展史。历史由人民创造，又有杰出历史人物的巨大作用。讲述历史离不开历史人物，回顾教育不能回避教育家，同样，总结和借鉴教材的历史经验，也不能回避曾经为教材事业创造出重大业绩的历史人物。在我国新式教材100多年的发展过程中，不仅编辑出版了不计其数的各个学科、多种形式的教材，而且也涌现出了一大批教材编辑家、出版家、研究者，他们都为我国的教材建设事业作出了奠基性、开创性的重要贡献。归纳起来，这些大家在清末及民国时期主要有：张元济、陆费逵、范源廉、蒋维乔、马君武、戴克敦、沈恩孚、高梦旦、王云五、舒新城、徐特立、李廉方、庄俞、沈颐、张相、杜亚泉、吕思勉、陈宝泉、范祥善、金兆梓、周建人、黎锦熙、顾树森、俞子夷、吴研因、叶圣陶、丰子恺、朱经农、朱文叔、刘薰宇、宋云彬、丁晓先（韦息予）、赵欲仁、艾伟、沈百英、吕伯攸、陆殿扬、陈鹤琴、辛安亭等。在新中国成立后的主要代表是：叶圣陶、周建人、胡绳、辛安亭、戴伯韬、朱文叔、刘薰宇、金灿然、吉少甫、朱智贤、陈元晖、叶立群、张志公、吴伯箫、张毕来、蒋仲仁、袁微子、刘国正、张中行、邱汉生、苏寿桐、陈尔寿、方宗熙、雷树人、梁英豪、张玺恩、张孝达、王占春、陈侠、熊承涤等。他们都是对一定历史时期的教材建设，特别是一些学科教材领域作出过重要贡献并产生了广泛影响的人物，并大都在编辑出版教材的过程中发表过论述教材的著述，提出了关于教材问题的看法和认识，内容涉及教材的政策管理、编写审查、出版发行、使用教学或教材本体等诸多领域，其中一些人还形成了较为系统和全面的思想观点。这些思想观点成为我国教材建设和教材学术研究史上的一笔笔宝贵的财富。有鉴于此，在人民教育出版社成立70周年之际，我们启动了"中国教材研究文库"这个大型丛书项目，旨在通过挖掘、收集、辑录、整理百年以来教材领域众多大家的研究成果，分期分批出版，比较系统地展示中国近现代以来教材研究的主要成果，从一个侧面呈现中国近现代以来教材发展的基本脉络，为新时代教材建设和研究事业提供参考和借鉴。这套大型丛书的编辑出版也是我们缅怀和纪念老一辈教材大家的最好方式。

改革开放以来，国内出版了不少教育名家的著作、文集甚至全集，其中涉及一些教材编辑家、出版家的论著，这是我们选编工作的基础。对有的教材大家已出版的文集，我们进行了重新编排、补充和校核，以体现新的特色。对于尚未有文集出版的一些教材大家，其教材文集的收集、整理、选编任务则比较繁重。好在现代信息技术很发达，网络文献查阅很方便，我们将传统方法与现代手段相结合，大大提高了工作效率。本文库入选的人物全都是我国百年以来教材建设，特别是教材研究开发和编辑出版事业的主要参与者、贡献者、引领者。本文库秉持按人设卷、一人一卷的原则，但对于教材史上的一些重要人物，我们也不排斥两人或多人合为一卷的情况。我们对每卷文集的篇目都大致进行了分类，并基本按照时间先后顺序或一定专题加以排列，但鉴于作者的经历和作品情况的差异，也为了突出某些重要作品，以满足读者现实需要，每卷目录的编排方式也各具特色。无论哪种编排方式，对每篇文章的出处和时间我们都尽量说明清楚，必要时增加注释。读者阅读之后可以感受到，这些教材文集见证和记录了中国近现代课程教材的成长史、演进史，也是教材大家们辛勤耕耘、笔耕不辍的学术思想的集中体现。可以说，每一卷的文字都曾经为教材建设史的推进铺下过坚实的一砖一瓦，也都曾经拨动过教材人的心弦。我们希望，通过重温教材大家精到的论断、深邃的思考、严密的逻辑、优美的文字，以及字里行间蕴含的学术风范、治学之道和人格魅力，可以为后来者提供学习和传承的典范。

"中国教材研究文库"包括三辑，每辑 12 卷。"众人拾柴火焰高。"热诚欢迎国内教育学者特别是课程教材研究者积极参与到这套文库的编辑出版中来。

"闻道有先后，术业有专攻。"教材建设是个专业，也是门学问，教材工作有其自身的特点和规律。当前，教材问题越来越受到重视，从事教材研究开发和编辑出版工作的人也越来越多，如果说有所谓捷径可循的话，那恐怕就是直接阅读和学习以往这些教材大家的有关论著了。了解教材历史，知晓教材大家，汲取和借鉴以往的智慧和经验，继承和发扬他们的思想和观点，可以使我们明理启智、审时度势、推陈出新，对于做好当下教材改革发展工作、提升教材科学化水平大有裨益，对于教材研究和学术创新更是必不可少。

"中国教材研究文库"作为中国近现代教材成长史、演进史的记录和见证，实为百年中国教材研究的缩影和写照，具有较高的文献史料价值，能为教材建设者和教育学者的编辑出版工作和研究工作提供较为完整的基础性材料。我们相信，本文库的出版对于推动教材事业建设、促进教材理论的创新发展会有一份积极的贡献。我们也希望在新时代，教材事业蒸蒸日上、人才辈出，创作出更多扎根中国大地、师生喜爱的各科教材，不断提升教材研究水平，加快构建中国特色、世界一流的教材建设体系和教材理论体系。

本文库由我忝任总主编。教育学界、课程教材界的专家学者以及社会各界人士对本文库给予了热情关注，我社黄强社长以及有关领导、员工和离退休老同志提出了宝贵意见和建议；丛书责任编辑和各分卷编者及责任编辑也付出了辛勤劳动。谨在此一并致谢！

限于水平，本文库的编辑出版工作或有不妥不足甚至错误之处，敬请读者不吝指正！

2020 年 9 月 10 日

本卷前言

熊承涤（1916—2000），新中国教育图书和教材编辑出版事业的开拓者，中国教材史研究的奠基人，当代教育史学家、编辑出版家和诗词家。1916年1月生，湖南桃江人。曾在湖南私立信义中学（今益阳一中）学习。1938年8月，入内迁到广西桂林的江苏省立教育学院（苏州大学前身之一）社会教育系攻读社会教育学，1941年随学校转徙至四川璧山（今重庆市璧山区），并入新成立的国立社会教育学院学习。1942年7月毕业（毕业论文题目为《璧山县乡土教材》）后留校供职，在学校开办的国民教育实验区做研究和编辑工作，独自或合作编写了一套乡土教材、一套高小国语教材和一系列国民教育研究报告。1943年4—8月，执教于湖南省立第十一师范学校（原湖南省立一师一分校）。1944年9月起在青年补习学校任教。1946年8月应聘到湖南私立广威初级中学（今湖南省桃江县第二中学），历任国文教员和教导主任。

新中国成立初期，熊承涤从湖南来到北京。1950年7月至1951年12月在中央人民政府出版总署编审局第一处教育组任助理编辑。1952年1月至1954年1月在出版总署图书期刊司、出版局工作，任编辑、副科长。当时，为满足新中国成立伊始新教育体系建设对教育出版物的迫切需要，他还在出版总署编审局第一处副处长兼教育组组长朱智贤领导下编辑出版教育书刊。

1950年下半年，熊承涤开始积极自修俄文，大约坚持了一年多，翻译能力和对俄文译稿的编辑加工能力大为提高，还在《俄文教学》1952年第1期发表了《我怎样自修俄文》，分享他的学习经验和体会。1954年2月，熊承涤调入人民教育出版社（以下简称"人教社"），在教育编辑室从事编辑、翻译和研究工作，特别是教育书籍、师范教材的策划、编辑加工和教育书稿编译工作。他参与主持翻译出版了一系列苏联师范教材和教育理论著作，还在《人民教育》杂志发表了多篇教育图书评介文章。熊承涤在人教社参与翻译出版的苏联师范教材和教育图书，发行量非常大，对我国师范院校教学、教育干部培训和教师进修产生了巨大影响，也为我国自编师范教材提供了蓝本。他是苏联师范教材和教育图书翻译出版工作的直接参与者和见证人，为新中国社会主义教育制度的建立和马列主义教育思想在中国的传播作出了重要贡献，值得我们永远怀念。

"文革"期间，人教社被解散，全体人员下放。1969年夏至1974年，熊承涤在位于安徽凤阳的教育部"五七"干校参加劳动。1975年1月至1977年2月，熊承涤被借调到设在北京师范大学的《新华词典》编纂组工作。他和陈侠共同担任教育词条主撰。1977年3—7月，熊承涤一度暂调北京师范大学教育史教研组，主要负责老解放区教育史料整理研究工作。

1977年8月，熊承涤回到人教社工作。他先后担任人教社编审，兼课程教材研究所学术委员会委员、研究员,《课程·教材·教法》杂志编委。虽已年过花甲,却仍以饱满的热情、充足的干劲投入到编辑出版和教育科研工作中,并积极参与策划编辑出版"外国教育丛书"这套改革开放初期最早打开窗户看世界的大型教育丛书。1985年春,担任"中国古代教育文献丛书"编辑委员会副主任委员。这套丛书系国家教委全国高等院校古籍整理研究工作委员会规划重点项目。1986年他虽办理了退休手续,且有一段时间侍奉老母亲住在远离人教社办公地的石景山,但他依然放不下工作,时不时地大老远辗转赶来社里。1988年初夏,他不幸遭遇严重车祸,左臂左腿骨折,非常危险,但他一清醒,首先想到的是嘱咐女儿交代工作。他退而不休,以"老骥伏枥,志在千里"自励,每天继续笔耕不辍,积极主动承担许多编辑出版工作和研究任务,直至2000年3月10日病逝。他的大部分著作都是在70岁前后完成的。

熊承涤在致力于师范教材和教育图书编辑出版工作的同时,执着地潜心于教育科学研究,著述颇丰。其代表性著作有《中国古代学校教材研究》、《中国古代教育史料系年》,主编有《秦汉教育论著选》、《南宋教育论著选》。他精通俄文、英文,译著有《学生的意志教育》,合译有《教育学》(凯洛夫总主编)、《教育学》(申比廖夫、奥哥洛德尼柯夫合著)、《小学算术教学法》等。他还是成就卓著的诗词家,是中华诗词学会发起人之一,著有《涤轩吟稿》等。

熊承涤在编辑出版界和教育学术界有广泛影响,受到同仁与后学的尊敬、爱戴。鉴于他的学术影响力,他被推选为中国教育学会教育学研究会(教育学分会前身)副秘书长、中国教育学会比较教育研究会(比较教育分会前身）常务理事，并被敦聘为多所高校兼职教授、研究生导师，以及《中国教育大事典》等重要图书的编写顾问。他还光荣入选中共中央宣传部出版局编的《编辑家列传》。《中国出版年鉴》2001年卷在2000年"逝世人物"栏目刊发了熊承涤小传。

1980年4月，人教社课程教材研究室（课程教材研究所的前身）成立，熊承涤出任研究员。1983年6月10日，教育部党组批准成立课程教材研究所，同人教社合署办公。嗣后，各科的课程教材研究同各科教材编辑室编研一体，课程教材研究室遂改名为课程研究室。课程研究室以课程教材的基础研究和总体研究为重点，陈侠领衔主攻课程史和课程论，熊承涤领衔主攻教材史和教材论。

熊承涤认为，在办好教育的实际工作中，除了国家规定的正确的教育方针政策外，有两个重要因素：一个是教师，一个是教材。教材是传授给学生的知识宝库和精神食粮。在中国古代教育发展过程中，作为教学内容的教材，一直为历代统治者和教育家所重视。中国古代教材史研究是中国古代教育史研究的一个重要方面。但是，长期以来，教育史科研工作者对教材的专门的、系统的研究工作做得很少。有关古代教材的科研工作更是教育史研究中的薄弱环节。有鉴于上述认识，结合人教社的课程教材科研工作计划，他拟订研究提纲，稳步推进研究工作，在《课程·教材·教法》等杂志发表了一系列探讨我国古代课程教材问题的论文。1996年，人教社出版了他的专著《中国古代学校教材研究》。《熊承涤论教材》以该专著为基础，并搜集了作者发表在期刊上的论教材的著述，重新编选而成。在编选过程中，根据最新的学术规范和出版规范，我们还对文稿进行了进一步的编辑加工，并核对了引文，以更好地满足读者的需要。

熊承涤的教材史研究，拓宽了中国教育史的研究领域，丰富了中国教育史的研究成果。作者运用历史唯物主义的立场、观点和方法，对中国古代教材总体发展和不同历史时期教材演进的时代背景、发展历程、主要成就、基本经验和阶段性特征等进行了全面梳理和系统阐发。他的研究成果，坚持史论结合，论从史出，体现了作者扎实的教育史料功夫和教育史学素养，总结了中国古代教材建设的基本经验，填补了教育史学界长期以来在中国古代教材发展史研究上的空白，反映了中国教材史研究的趋势，适应了我国教材建设改革的迫切需要。

值得重视的是，熊承涤不仅脚踏实地，为传承和弘扬中华优秀传统文化孜孜以求，而且放眼世界，对国外一切有益的成果博采众长。在"外国教育丛书"（共34卷）的策划、编辑出版工作中，熊承涤十分关注外国各级各类学校的课程、教材与教学改革动态和发展趋势，通过研究、选编或编译，引荐给我国广大教育工作者作为借鉴和参考。这样，从时空交汇、相辅相成的两个维度，努力做到古为今用、洋为中用，为我国当代教材建设的理论研究和改革实践作出了宝贵的学术贡献。

综上所述，熊承涤先生把毕生的精力、经验和学识都献给了我国教材和教育图书出版以及教育研究事业。他负责编辑或参与编辑和翻译的一系列师范教材、学术著作和教育读物，至今仍嘉惠后学。他在人教社辛勤耕耘了一辈子，几十年如一日，兢兢业业，忠于职守，永远是我们学习的楷模。（详见我们撰写的长篇纪念文章《教育出版家熊承涤：贡献与启迪》，载《中国教育科学》2020年第6期。）

本书由刘立德、吕达主编。本书的编选工作得到了我社内外有关领导和专家特别是熊承涤先生家属的关心和支持，郭戈、任长松、韩华球、胡兰江等同志提出了宝贵意见和建议，责任编辑冯卫斌同志付出了巨大辛劳。谨在此一并致谢！

编者
2023 年 3 月

目 录

第一编　中国古代教材总论 ········· 1

　　中国古代学校教材论略 ············ 2
　　中国古代儿童教材论略 ············ 9
　　中国古代专科教材论略 ············ 19

第二编　论先秦教材 ············· 29

　　商代和西周学校的教学内容 ········· 30
　　孔子与作为教材的"五经" ········· 40
　　先秦诸子论教学内容 ············· 64

第三编　论秦汉教材 ············· 77

　　秦代学校教材 ················· 78
　　汉代学校教材与经学 ············· 85
　　董仲舒、郑玄论教学内容 ·········· 107

第四编　论三国两晋南北朝教材 ·········· 117

三国时期学校教材 ·········· 118
晋代学校教材与玄学 ·········· 132
南北朝学校教材的特点 ·········· 145

第五编　论隋唐五代教材 ·········· 161

隋代学校教材 ·········· 162
唐代学校教材与唐代学术文学 ·········· 171
孔颖达与《五经正义》 ·········· 195
五代学校教材 ·········· 205

第六编　论宋代教材 ·········· 215

宋代学校教材与学术思想 ·········· 216
宋代的蒙学教材 ·········· 235
王安石的变法与教材改革 ·········· 246
朱熹的理学思想与教材 ·········· 259

第七编　论辽金元教材 ·········· 277

辽金两代学校教材 ·········· 278
元代学校教材 ·········· 292

第八编　论明代教材 ······················· 307

明代学校的经学教材 ····················· 308
明代的蒙学教材 ······················· 329
王守仁论教学内容 ····················· 339
明代几位学者论教学内容 ·················· 351

第九编　论清代前期教材 ····················· 367

清代前期学校教材与学术变迁 ················ 368
清代前期的蒙学教材 ···················· 386
清初几位学者论教学内容 ·················· 396
清代书院教学内容的演变 ·················· 422
阮元与《十三经注疏》 ··················· 439

第一编

中国古代教材总论

中国古代学校教材论略*

中国是一个文化悠久和教育很早就比较发达的国家。研究中国古代教育史，必须对古代的学校教材做系统的、深入的研究工作。鲁迅在《我们怎样教育儿童的？》一文中，希望"有人作一部历史，将中国历来教育儿童的方法，用书，作一个明确的记录，给人明白我们的古人以至我们，是怎样的被熏陶下来的"①。鲁迅的这种希望的确有他的深意存在。

研究中国古代的学校教材，要研究它的发展情况，探索它的来龙去脉，研究它与当时的政治、经济、学术、思想、文化等的密切联系。因为学校教材的发展与变革不是孤立的，而是受上述这些方面的影响的。中国长期的封建社会决定了学校教材的保守性；封建经济的落后性与科学技术的被轻视，影响了学校教材的发展与创新。但是，古代的学校教材，在形成中华民族的民族精神、维护封建的政治和经济方面，起了一定的作用。我们必须剖析它们之间的因果关系，把学校教材的研究放在

---

* 原题为《中国古代课程教材研究引论》，载《课程·教材·教法》1985年第3期。
① 《鲁迅全集》第五卷，人民文学出版社1981年版，第255页。

社会政治的广阔背景与历史文化中去考察，才会理解得更深刻些。

通过对中国古代学校教材的研究，可以扩大和加深中国古代教育史、文化史的研究工作。学校教材是教育的一个重要组成部分，无论是文化知识、科学技术的传授，还是思想的形成、品德的培养，都要通过教材，或者部分地通过教材才能实现。所以研究古代教育史，必须研究古代的教材，才能扩大和加深这种工作的广度和深度。古代的学校教材同古代文化的发展有密切联系，对学校教材的研究越深入，对中国古代文化的认识就会越深刻。

研究中国古代的学校教材，需要探讨一些带规律性的因素。客观事物总有它的规律性，规律是在不断探索之中发现的。如果我们否定这种规律性，否定前人探索规律的意义，一切要从头摸索起，在工作中就会走很多弯路，付出很大的代价，就会推迟社会前进的步伐。如果我们利用前人的经验，在前人认识的基础上，更上一层楼，那么，认识就会一步一步地深刻，取得的成绩就会越来越大。古人在制定和编写教材的实践中积累了不少经验，它们或多或少地反映了客观事物，反映了带规律性的因素，也是我们继续探索教材的规律的凭借。不断实践，不断认识，把感性认识提高到理性认识，反过来又指导我们的实践，这样我们对学校教材的认识就会越来越接近于规律性的认识，这种认识就会使我们今后制定和编写教材的工作做得日臻完善。

研究中国古代的教材必须用历史唯物主义的观点和方法。古代的教材是在长期的封建社会中产生和流传的，必然浸透封建的意识，打上封建的烙印。我们要认真地分析其中的糟粕和可以批判继承的东西。有些情况在当时可能是正确的或者比较正确的，我们应该给予历史的肯定。

现在，时代不同了，社会发展了，它们可能是不完全正确的，或者是完全错误的，有的甚至在当时就是错误的，我们应该予以批判和摈弃。

关于中国古代学校教材的研究，有哪些重点呢？下面简要地谈谈。

"五经"、"四书"是封建教育的主要教材，孔子是这些教材的奠基者。作为教育家的孔子，做了两件重要的事：一是开展教育活动，开办私学，打破了"官府之学"的垄断地位；二是编订教材，搜集整理古代文献，编订"六经"，不但保存了古代文化，而且作为教材流传下来，影响很大。"六经"的内容比较广泛，包括政治、哲学、伦理、典章制度、文学、历史、艺术、音乐等方面。"四书"记录了孔子及其学派的主要思想，作为教材，集中地传播了儒家思想。因此，研究古代教材，需要研究作为封建教材的"五经"、"四书"的演变和作用，研究孔子在这方面的作用和影响。

汉代的学校教材与经学。汉武帝为了巩固封建政治的统一，罢黜百家，尊崇儒术，经学成了当时知识分子追求的热门，所谓"经学苟明，其取青紫如俯拾地芥耳"①，"遗子黄金满籯，不如一经"②，无论官学、私学，都以儒家经典为教学内容。班固说是"利禄之势使然"，真是一语破的。在汉代经学讲授方面，今古文两派斗争很激烈。今文学派一直占优势。东汉末年在经学教材方面做了两件事：一是蔡邕校订了"熹平石经"，统一了教材文字；二是郑玄给经书作了比较权威性的注释。在长期封建社会中，经学作为课程，经书作为教材，在汉代打下了坚实的基础。

---

① 《汉书》卷七五《夏侯胜传》。
② 《汉书》卷七三《韦贤传》。

魏晋南北朝的学校教材与玄学。魏晋南北朝时期，阶级矛盾和民族矛盾尖锐，战乱频仍，民生凋敝，统治阶级用"虚无"的老庄思想来麻痹人民，也来麻醉他们自己。何晏有《道德论》和《论语集解》，王弼有《周易注》和《老子注》，除直接用《老》、《庄》作为教材外，还利用儒家经籍的外壳，灌输道家的思想，构成风靡一时的玄学。刘宋更立玄、儒、文、史四学，梁朝继承这一制度，在分科教学中突出了玄学的地位。北魏却重视儒家教学传统，以加速汉化和封建化的进程。

唐代的学校教材与文学。唐初孔颖达编订《五经正义》作为国家统一教材。同时李善注释《文选》，从学者甚众，"选学"盛行；韩愈兴起古文运动；唐代以进士科独盛，进士科主要考诗文；诗歌创作旺盛。这些与教材都有密切联系，并在学校教材中反映出来。

宋元明的学校教材与理学。宋代建立理学，除《论语》作为主要教材外，提高了《孟子》一书的地位，并从《大学》、《中庸》中探索微言大义，"四书"的地位几乎超过了"五经"。朱熹作《四书章句集注》，以理学的观点来解释"四书"。元代规定考试从《四书章句集注》出题，程朱之学表现为官方思想。明成祖时编的《性理大全》，成为经典性的书。直至清代，封建统治者在意识形态方面用理学说教来加强专制统治，提高皇权。这种情况在教材中也体现出来。

宋代两位教材改革家——胡瑗和王安石。胡瑗是教育实践家。他在湖州任教，提倡分斋教学，立经义、治事二斋：在经义斋讲"六经"，在治事斋设治兵、治民、水利、算数等课程。他主持太学，把那些好经术、兵事、文艺以及讲节义的学生，"以类群居讲习"。进行分科教学，主张"治事通今"，这在课程教材方面是一个很大的改革。王安石为了实行新法，积极培养人才，即所谓"熙宁兴学"。除了学校实行"三舍法"以外，在教材方面，他反对"声病对偶"，反对"章句传注"并亲自动手，编写了《三经新义》作为政府颁行的教材，主要是给《诗》、《书》、《周官》作出新解释，为实行新法找理论根据。他还编写了《字学》。由于新法失败，这些教材使用的时间不长，但可以从此悟出一点：一种政治制度的改革必然伴随着教育改革和教材改革。

清代书院教学内容的改革。清初启蒙学者讲经世致用之学，在课程教材方面有很多新的主张，如黄宗羲主张"治史"，顾炎武主张"实用"，主张作社会调查，这些都是有革新精神的。由于统治者要利用理学来控制思想，官学教学内容还是以理学为主。书院教学也是这样。但是有些学者另树一帜。如颜元在南漳书院设文学、武备、经史、艺能等六科。乾嘉以后，一些汉学家多以朴学教学，如：惠栋主讲紫阳书院，讲考证学；阮元设诂经精舍、学海堂等，以经史为主，兼及小学、天文、地理、算法等科。此外，沈归愚主讲紫阳书院，提倡词章之学；姚鼐主讲钟山书院，提倡桐城派古文。这样，书院的教学内容就逐渐扩大了。

古代儿童教材。我国古代的儿童教材特别注意识字和写字的教学。周时的《史籀篇》，秦汉的《仓颉篇》，汉魏以后的《急就章》，直到后来的《千字文》、《百家姓》、《杂字》等，都是识字课本。《仓颉篇》是秦汉时期主要的儿童识字教材，《急就章》是汉魏以后儿童的通用字书。这两本教材在唐代以前影响很大，后来编写字书都以此为借鉴。《急就章》在书法方面也有很大影响，后有所谓"章草"。流行最广的儿童教材，所谓"三百千千"，即《三字经》、《百家姓》、《千字文》、《千家诗》，在教学方面影响是很大的。

古代有些教育家十分重视诗歌在儿童教育中的作用，作过一些理论上的阐述，并重视这方面的教材。如《千家诗》、《神童诗》、《训蒙诗》等，都属于这类教材。还编了不少儿歌，对幼儿进行早期教育。

历史教材和历史故事书，在古代儿童教材中占有一定位置，如《十七史蒙求》、《叙古千文》、《龙文鞭影》、《史学提要》等。这些教材一方面宣扬封建的忠君思想和正统思想；另一方面也传授给儿童以历史知识，培养他们的爱国情操。

中国古代教育很注意儿童伦理道德的培养。《周易》上所说的"多识前言往行以畜其德"，大意就是要通过教材来培养儿童的品德。这类教材有《童蒙训》、《少仪外传》、《小学诗礼》、《小儿语》、《性理字训》等。朱熹的《小学》影响尤大，一直流传到日本、朝鲜等国。《论语》和《孝经》，从汉代起，一直作为学校的主要教材，也是为了进行封建伦理教育，宣传儒家思想。

古代有一种讲"名物"的教材，是类似讲自然常识的。如方逢辰的《名物蒙求》，内容涉及天文、地理、人事、鸟兽、草木、衣服、建筑、器具等。当然，这些教材的科学性不高，种类也不多。古代教材缺少这一方面，阻碍了中国的科技发展和经济发展。

古代编写上述各方面的儿童教材，有的经验多些，有的经验少些。有时代条件的局限，也有重视程度的不同，情况不一，但都取得或多或少的成就。我们应当很好地研究这些教材，总结前人的经验，了解儿童教材的发展道路，并从中吸取有益的东西。

古代女子教材。中国古代的女子教材可以追溯到《内则》，汉代班昭的《女诫》，直到传播最广的《女儿经》等。这些教材在维护封建伦理纲常方面，起了不小的作用。

古代专科教育的教材。封建统治者不重视专科教育，但是也办过一些专科学校，如算学、医学、律学、武学、书画学等，来培养他们所需要的专门人才。在专科教育的教材教法方面，比较注重古典的基础理论的学习，注重教材的具体化、形象化，注重考试。这方面的史料虽然有限，但也应当挖掘、搜集和整理。

古代教材与科举考试的密切关系。汉代以经术为诱饵，笼络知识分子。隋唐以后，封建统治者用科举考试来网罗人才，统制思想，教学内容就随着这根指挥棒转。后来八股盛行，《四书章句集注》垄断了意识形态领域。可见教学内容的改变跟科举考试是密不可分的。

中国古代儿童教材论略*

一

我国最早的儿童教材特别注意识字和写字的教学。识字和写字是对儿童的一种基本训练。儿童掌握了文字这个工具，就可以逐步掌握各方面的知识，开拓认识领域，并且可以按照统治者的要求，接受道德、伦理、政治等各方面的所谓"化民成俗"、"成德达材"的教育。因此，我国最早的儿童教材，主要是字书一类的读物。

据《周礼》说："保氏教国子，先以六书。"所谓"六书"，系指事（如上、下）、象形（如日、月）、形声（如江、河）、会意（如武、信）、转注（如考、老）、假借（如令、长）。周时以《史籀篇》教儿童。周太史籀著大篆十五篇。《汉书·艺文志》说："《史籀篇》者，周时史官教学童书也。"

汉时以《三仓》教儿童。所谓《三仓》，即李斯作的《仓颉篇》、赵

---

* 原题为《谈谈中国古代的儿童教材》，载《课程·教材·教法》1984年第1期。

高作的《爰历篇》、胡毋敬作的《博学篇》，都是取史籀大篆加以省改，叫作小篆。汉兴，闾里书师把这三篇综合起来，统名《仓颉篇》，共五十五章，每章六十个字。古书中引《仓颉篇》的文句，有"幼子承诏"、"考妣延年"、"汉兼天下，海内并厕，豨黥韩复，畔讨残灭"（这是汉人顺续《仓颉篇》的文句）。

汉代儿童学习的场所叫"书馆"，教师叫"书师"。例如，王充"八岁出于书馆"，邴原家邻有"书舍"，都是指儿童学习识字和写字的地方。王充六岁时，他的父亲就教他识字写字。王充在书馆时，小同学一百多人，有的就因识字写字成绩差遭到体罚，他却由于识字写字成绩优异，八岁就离开书馆，去接受高一级的教育。

汉代的制度是：学童十七岁以上参加考试，"能讽书九千字以上，乃得为史"①。再参加八体书（八体书指大篆、小篆、刻符、虫书、摹印、署书、殳书、隶书）的考试，成绩优等的可以为尚书史。可见识字写字是当时充当小官吏的重要条件之一。

汉魏以后一个时期，主要用《急就篇》作为儿童教材。先是汉武帝时，司马相如作《凡将篇》，都是从《仓颉篇》中取来的字，但是没有重复出现的。汉元帝时，史游作《急就篇》。这也是一种字书。今本三十四章，大抵按姓名、衣服、饮食、器用等分类编成韵语，以教学童识字。崔寔《四民月令》说："正月，命幼童入小学，学书篇章。"所谓"书篇章"，系指"六甲、九九、《急就》、《三仓》"。顾炎武《日知录》也说："汉魏以后，童子皆读史游《急就篇》。"

---

① 《汉书》卷三〇《艺文志》。

《急就篇》有三个字一句的，四个字一句的，七个字一句的，多数为七字句。章太炎在《论篇章》中说："《急就》之文，泛施日用。尤便于闾里书师，盖取《仓颉》正字，书以草书，于当世之用最切，而后来书家亦爱书之，所以独传。"《急就篇》所选用的字，反映了秦汉的社会生活，有很大的史料价值。这本书成为汉魏以后儿童的通用字书。据史书记载，晋夏侯德曾读《急就篇》；北魏太宗命臣解《急就章》；刘芳撰《急就篇续注》三卷；北魏崔浩一生书写《急就篇》以百数计；刘兰始入小学，学写《急就篇》；李绘六岁还没有入学就学写《急就篇》；李铉九岁入学，一个多月就学会写《急就篇》了。可见《急就篇》作为儿童教材的时间是很长的，到唐代以后才逐渐衰微。

唐时的儿童识字教材主要是《千字文》。据《尚书故实》：梁武帝从钟繇、王羲之书中拓取一千个字，命周兴嗣编为韵语。《千字文》叙述有关自然、社会、历史、伦理、教育等方面的知识。隋代即开始流行。王定保《唐摭言》载：顾蒙因江浙一带兵荒马乱，逃难到广州，旅居生活困难，只好抄写《千字文》教人，以维持生活。可见当时《千字文》是流传得相当广的。以后有多种续编和改编本，如宋胡寅《叙古千文》、侍其玮《续千文》、葛正刚《重续千文》，元许衡《稽古千文》，明周履靖《广易千文》、李登《正字千文》，直到清朝，有何桂珍的《训蒙千字文》、龚聪的《续千字文》等。

除《千字文》外，唐时的儿童教材还有《蒙求》和《太公家教》。有一种杂字书叫《开蒙要训》。《蒙求》系唐李瀚编著。晁公武在《郡斋读书后志》中说，该书"纂经传善恶事实，类者两两相比，为韵语，盖以教童蒙云"。《太公家教》"当是有唐村落间老校书为之"，"其书极浅陋鄙俚"。① 敦煌文献抄本《太公家教》中有这样的文句："太公未遇，钓鱼渭水；相如未达，卖卜于市；□天居山，鲁连海水；孔鸣盘桓，候时而起。"这本书在唐宋之际作为儿童读本风行五百年之久。可是在中原一带，自从采用《百家姓》、《三字经》、《杂字》一类书作为儿童教材后，这本书就散失了。

在五代时有一种儿童教材，叫《兔园册府》。王国维说这本书是"乡校俚儒教田夫牧子之所诵"②。它是唐杜嗣先仿《应科目策》编的，为问答体，用梁王"兔园"取名。到宋代，藏书家就很少有这本书了。

宋时盛行的儿童教材有《百家姓》、《杂字》等。《百家姓》系北宋时编，作者佚名。"赵"是当时皇帝的姓氏，所以列在篇首。明代有《皇明千家姓》，改以"朱"姓居首。清康熙时有《御制百家姓》，以"孔"姓为首。但是广泛流行的还是第一种。

《百家姓》集姓氏编为四言韵语，共有四百四十四姓，其中包括六十个复姓。该书提供姓氏，虽然没有什么文理，但是便于诵读，简短易记，特别是在农村广为流传。它在宋时被称为"村书"。陆游在他的《冬日郊居》诗注中说："农家十月，乃遣子弟入学，谓之冬学；所读《杂字》、《百家姓》之类，谓之村书。"《杂字》书继承了《急就篇》的传统，记载着日常生活中应用的文字。不同时代、不同地区有不同的本子，作者和编写年代都很难确定，并且经常有所修订。这种书的实用价值是比较大的。

《三字经》的著者相传为宋王应麟（一说为宋末区适子），明清学者

---

① 王明清：《玉照新志》。
② 王国维：《观堂集林·唐写本兔园册府残卷跋》。

陆续补充，清王相和贺兴思的两种注本是流传较广的。还被译成了少数民族文字本，如《蒙汉三字经》、《满汉三字经》。《三字经》篇幅虽然不大，但内容比较广泛，包括教育、伦理、历史、古籍和社会常识等的说教和知识，所以曾被人夸张地称为"小型百科全书"。章太炎在《重订三字经序》中说：该书"较梁人所辑《千字文》，虽字有重复，辞无藻采，其启人知识过之《急就章》、《凡将篇》远矣"。

元代和明代在农村里设社学，儿童入学先读《三字经》、《百家姓》和《千字文》。明吕新吾在《社学要略》中说：儿童"初入社学，八岁以下者，先读《三字经》以习见闻，《百家姓》以便日用，《千字文》亦有义理"。这里说明了学习这三种教材的主要目的。

清代儿童识字用的基本书也是以上三种，还有《杂字》书等。王筠在《教童子法》中说："蒙养之时，识字为先，以能识二千字乃可读书。"可见清代的教育家也是很重视儿童的识字教学的。

二

封建社会的儿童教育，从不放松它的为封建政治服务的要求，从童年开始就注意培养儿童符合封建社会的伦常道德的思想品质和行为习惯。儿童教材也是与这一要求相结合的。

古代儿童学完第一阶段的字书以后，一般接着学习两种儒家经典：一种是《孝经》，一种是《论语》。从汉至清，几乎都是这样。《汉书·平帝纪》说："庠序置《孝经》师一人。"史称顺帝"始入小学，诵《孝经》章句"；范升九岁通《论语》、《孝经》；王充八岁从书馆出来，从师受《论语》、《尚书》。南北朝时,岑之敬五岁读《孝经》,马枢六岁能诵《孝经》、《论语》。唐代设童子科,规定十岁以下儿童能通一经和《孝经》、《论语》的,给予官职或出身。元程端礼订的《读书分年日程》中规定八岁入学之后,先读《小学》正文,次读《论语》、《孝经》等。直到清朝末年颁布的《奏定学堂章程》,还规定了初等小学一年级须读《孝经》、《论语》,"每日四十字,兼讲其浅近之义"。由此可见,这两种书作为儿童教材的时间是很长的,目的是灌输儒家的思想和道德观念。

宋朝以后,作为维护封建统治根本利益的理学为历朝统治者所推崇,按照这种思想体系来编写的儿童用的伦理教材,逐渐增多起来。朱熹编的《小学》是一本传播很广、影响很大的儿童教材。他自己说编这本书是想"授之童蒙,资其讲习",使他们"习与智长,化与心成",以达到"有补于风化"的目的。该书以立教、明伦、敬身、稽古为纲;明伦一篇又以父子之亲、君臣之义、夫妇之别、长幼之序、朋友之交为目。朱熹有一种理论,认为小学的特点是以事教,所谓"学其事",因此在《小学》中提出了许多格言和故事,作为"做人的样子";大学是以理教,所谓"穷其理"。前者是教儿童怎样做,后者是教人们为什么要这样做。这就是他所谓"即物穷理"的功夫。

这类教材很多,除《小学》外,还有:宋吕本中编的《童蒙训》,袁采编的《袁氏世范》,吕祖谦编的《少仪外传》,程端蒙编的《性理字训》,陈北溪编的《小儿诗礼》;明吕近溪编的《小儿语》,吕新吾编的《续小儿语》;清陆世仪编的《节韵幼仪》;等等。这些书的内容无疑是宣扬封建的行为规范和思想意识的,但这些编者有一个共同的看法,就是认为从儿童时期起在教材中就应该注意进行思想品德教育。这个观点是正确的。

古人很注意采用诗歌作为教材。相传古代的学校叫"成均","均"字就是"韵"字的古文。古代教民,口耳相传,叫作"声教"。儿童们从小读些诗歌,不仅能促进智力和语言的发展,而且有助于陶冶情操,增加生活情趣,提高对美的鉴赏能力,启发鼓舞向上的志趣。王阳明说:"今教童子,其栽培涵养之方,则宜诱之歌诗,以发其志意。"① 他认为孩子的性情,喜欢游戏,害怕拘束,好像草木刚萌芽一样,如果让它舒展条畅就能茁壮成长,反之就会枯萎下去。所以在进行儿童教育的时候,要使他们"趋向鼓舞,中心喜悦,则其进自不能已"②。他还进一步指出,凡用诗歌教儿童,不只是发其志意,还可以"泄其跳号呼啸于咏歌,宣其幽抑结滞于音节"③。孩子们好活动,爱歌唱,如果能够因势利导,顺水推舟,就能在教育上收到事半功倍之效。

唐时村校儿童就学习诗歌。有一次,元稹问孩子们念什么诗,孩子们说:"先生教我读乐天、微之诗。"④ 可见当时学诗的风气已深入到农村。这也是跟唐代科举考试要考作诗有联系的。

《千家诗》是过去流行的儿童诗歌读物之一,所选唐宋名家诗篇数十家。宋刘克庄有《分门纂类唐宋时贤千家诗选》,采录的都是近体诗,供初学者诵读。后来流行的《千家诗》就是从刘克庄诗选增删改编的。包括七言绝句九十一首,七言律诗四十六首(后增明诗二首)。刻本很多,通行的为王相注本,王并补选五言诗附刻于后。所选诗浅明易懂,便于背诵,所以流传很广。

---

① ② ③ 王守仁:《训蒙大意示教读刘伯颂等》。
④ 见元稹:《白氏长庆集·序》。

在古代的儿童教材中，历史教材也很盛行。其最重要的目的首先是宣传正统的历史观念，同"忠君"思想相联系。其次是传授一些历史知识，有"以古为鉴，可知兴替"的意思。显然，这里体现着统治阶级的立场观点，但是教人们把历史上的兴衰成败、忠奸贤否，当作一面镜子，有"后车之鉴"的作用，这种用意还是可取的。

从年龄特征和学习心理来说，儿童爱听故事，容易接受具体的形象的事物。把讲故事跟讲历史结合起来，孩子们喜欢听，记得牢。宋苏轼的《东坡志林》上载王彭的话说，村巷里的小孩顽皮，家长难于管教，就给他们一点钱，让他们聚集起来听讲"古话"。一谈到三国时的事，听说刘备打了败仗，气氛很低沉，甚至有哭鼻子的；一听说曹操吃了败仗，就高兴得跳起来、唱起来。可见讲史起源于儿童教育，讲史对发展儿童的情操有很大的影响。

因此，从晚唐到明代，常用史诗作为儿童教材，如周昙的《咏史诗》、胡曾的《咏史诗》等。后者是流传得比较久、比较广的。有人分析，胡曾《咏史诗》格调不高，寄兴也浅，可是盛行几百年，刻本很多，还流传到日本，主要有两个原因：一是用作训蒙课本，二是用作讲史话本。

三

中国古代的儿童教材有两点值得注意：一是中国古代知名的知识分子很重视教材的编写工作；二是中国古代儿童教材流行的时间长，范围广。

首先，如上所述，周时的《史籀篇》，汉时通用的《仓颉篇》，是当时的文字学家和政治家编的，不仅起了改革文字、发展文化的作用，而且起"书同文"的政治统一的作用。注重识字和写字的教学，除了作为一种工具以外，实际上起统一思想的作用。其后，司马相如作《凡将篇》，史游作《急就篇》，周兴嗣撰《千字文》，李瀚撰《蒙求》，朱熹撰《小学》，王应麟撰《三字经》，等等，这些教材的作者多是当时有名的学者文人。为什么他们这样重视儿童教材的编写呢？一是为了从小向儿童灌输封建伦理思想，起巩固封建秩序的作用；一是从"蒙以养正"的观点出发，认为教育应当从幼年开始，做到"少成若天性，习惯成自然"，所以认为儿童教材的编写工作十分重要。

这种专家学者编儿童教材的情况，在西方教育史中也可以看到。例如，夸美纽斯编写了《语言和科学入门》、《世界图解》，乌申斯基编写了《儿童世界》、《祖国语言》，列夫·托尔斯泰编写了《识字课本》，等等。这也是因为他们认为儿童幼年的精神食粮很重要，儿童教材对于他们知识和品德的成长产生深远的影响，于是深入钻研，亲自动手，从事这项工作。

其次，中国古代儿童教材流传的时间是很长的。如《急就篇》流行几百年，《千字文》从唐代起直到清代，《百家姓》从宋初起到清末，《小学》、《三字经》从宋代起直到清末。其他一些儿童教材，有的流行时间也很长。这种情况，一方面说明教材的稳定性，它们经受了时间的考验，内容和形式比较适合儿童，或者比较实用，有一定的生命力；另一方面说明封建社会呈现长期停滞不前的局面，政治上没有大的改革，封建统治者都需要这种遵循儒家思想、按他们的正统观编写的儿童教材；同时科学技术不发达，没有新的教学内容传授给儿童，统治者也不重视把科技知识传授给儿童。所以，这些教材得以享有"经久不衰"的地位。直到西学东渐，改革了学校制度，儿童教材才开始有了改变。

中国古代儿童教材流传的范围是很广的。由于中国是一个有较长时间统一的国家，有比较统一的文化，一些较好的儿童教材，几乎是全国采用的。不只如此，有些教材还流传到国外，被长期采用。如《太公家教》在朝鲜用到17世纪末年，朝鲜李氏王朝甚至把朱子《小学》作为殉葬品。胡曾的《咏史诗》盛行于日本，常与《千字文》、《蒙求》合刻。流传最广的还要数《三字经》。1982年去世的日本著名汉学家诸桥辙次五岁的时候就开始读《三字经》，七岁读四书。[①] 他读《三字经》时距日本颁布《新学制》的1872年已经过去十多年了，《三字经》还在作为儿童教材，可见《三字经》在日本影响之深。《三字经》在国外还被翻译成多种文字。

[①] 孙东民：《残躯永抱明论志——记日本汉学家诸桥辙次博士》，载《人民日报》1983年2月6日。

中国古代专科教材论略[*]

一

中国古代学校主要以儒家经典——"四书"、"五经"教育学生。长期以来,封建统治者规定这些书作为中国封建社会学校的教材,并且作为封建政府科举取士的考试内容。但是他们也曾办过一些专科教育,如算学、医学、律学、武学、书学和画学等,来培养他们所需要的专门人才。这里先就这些专科教育所采用的教材简要地加以介绍。

算学

算学教育在中国是设置得比较早的。周人于小学时期就曾经注重算学教育。《礼记·内则》说:"六年教之数与方名;十年出就外傅,学书计。"《白虎通》说:"八岁入学,学书计。"《周礼·保氏》教民六艺,六曰"九数"。郑玄解释"九数"为"方田、粟米、差分、少广、商功、均输、方程、赢不足、旁要"。这就是当时算学教育的教学内容。

---

[*] 原题为《中国古代专科教育的教材》,载《课程·教材·教法》1983年第2期。

在汉代的儿童教育中也有算学教学的内容。《齐民要术》引崔寔《四民月令》的话说:"正月,命幼童入小学,学书篇章。"在"书篇章"下注称:"六甲、九九、《急就》、《三仓》之属。"《汉书·食货志》说:"八岁入小学,学六甲、五方、书记之事。"

到了唐代,算学教育有所发展。《贞观政要》说:"书算各置博士学生,以备众艺。"算学原隶属于国子监,高宗时改属太史局,修业七年。主要教材有:《孙子》、《五曹》(共学一年),《九章》、《海岛》(共学三年),《张丘建》、《夏侯阳》(各学一年),《周髀》、《五经算术》(共学一年),《缀术》(学四年),《缉古》(学三年),《记遗》、《三等数》(兼学)。这些教材中以《周髀》、《九章》为最古。《周髀》是国内最古的算书。《晋书·天文志》称,汉灵帝时,蔡邕于朔方上书,言《周髀》术数具存,可见这是汉代的著作;宋本题汉赵君卿撰。《九章》成书约在公元前3世纪到公元1世纪之间,汉张苍、耿寿昌等曾据旧文遗残删补。此外,《孙子》成书也较早,据清戴震的考证,这本书系汉明帝以后的人所著。唐代的李淳风曾经与算学博士梁述、太学助教王真儒等校订"算经十书"("算经十书"指《周髀》、《九章》、《海岛》、《孙子》、《五曹》、《夏侯阳》、《张丘建》、《五经算术》、《缀术》、《缉古》),勘定注解,这样就有了比较可靠的教材版本和新的注释;同时"立于学官",作为官定教科书,学者就有了统一的算学教材。

宋代初年,不大注重算学教育。宋太祖开宝时诏"司天台学生和诸司伎术工巧人,不得拟外官"[①]。到元丰七年(1084年)才颁布《算学

---

① 《文献通考》卷三五《选举考八·方伎》。

条例》，刊"算经十书"于秘书省，供学生学习，其中《孙子》、《五曹》、《缉古》、《海岛》，系秘书监赵彦若校定。徽宗崇宁三年（1104年），规定以《九章》、《周髀》和假设疑数为算问，仍兼习《海岛》、《孙子》、《五曹》、《张丘建》、《夏侯阳》算经，并历算、三式、天文书为本科。南宋初年，算学废弛，鲍澣之在《九章算术后序》中说："自衣冠南渡以来，此学既废，非独好之者寡，而《九章》正经亦几泯没无传矣。"庆元六年（1200年）鲍澣之刻《九章》，以后在汀州（今福建长汀）又刻《记遗》、《周髀》。

元世祖至元八年（1271年），令蒙古官子弟好学者兼习算学。马祖常称当时要求能补三府掾史者，就其所业，于律学、算学博士之前应试。《四元玉鉴·序》也说："方今尊崇算学，科目渐兴。"可见元代是比较注意算学教育的。朱世杰寓居燕山，从他学习算学的学生很多。他编写了《算学启蒙》三卷（1299年），从加减乘除以至天元如积总二十门，立二百五十九问，便于初学；又著《四元玉鉴》三卷（1303年），凡二百八十八问，列开方、演段诸图。

明代初期，由于公家算学考试制度久已废止，民间算学大师又继起无人，为算学教育衰落时期。到万历年间，算学的研究才慢慢恢复起来。程大位于万历二十年（1592年）撰成《算法统宗》十七卷，据说这是根据他平日同师友讲求的算学问题编撰而成的。

明万历时，意大利人利玛窦来中国，与徐光启共译《几何原本》，与李之藻共译《同文算指》等书。这是西洋历算输入中国的开始，在算学教育方面产生的影响很大。从此，中国的算学教材就有新的发展了。

这里值得一提的是普及性的珠算教材。珠算应用算盘。算盘名称始见于元人文集和元曲。元刘因有五绝《算盘》一诗,《元曲选》杂剧中有"闲着手,去那算盘里拨了我的岁数"之语,可见算盘的兴起至迟是元代。元朱世杰《算学启蒙》载有《九归除法》,明程大位《算法统宗》载有《九归歌》,大体相同。这些算法歌诀,在民间普遍传授,流行很广,时间很久,清代梅文鼎认为"归除歌括,最为简妙,此珠盘所恃以行"① 的原因。

医学

唐代的医学教育比较发达,由太医署管理。分为医科、针科、按摩科、咒禁科,由博士担任教学。医科的必读教材为《本草》、《甲乙脉经》;分为体疗(七年)、疮肿、少小(五年)、耳目口齿、角法(二年)五科。针科学习经脉孔穴之道,识浮沉涩滑之候,教材为《素问》、《黄帝针经》、《明堂脉诀》、《神针》等;针法有九:镵针、圆针、提针、锋针、铍针、圆利针、毫针、长针、大针。按摩科学习消息导引的方法,诊治风寒暑湿饥饱劳逸八种病,治疗损伤折跌。咒禁是一种妖术,谓以咒禁驱除邪恶鬼魅。古代科学不发达,神仙方士之术,往往为私人所宣传,到唐代正式设科教学。

宋代医学初属太常寺,神宗时始置提举判局官及教授一人,学生三百人。设三科:方脉科、针科、疡科。方脉科的教材,以《素问》、《难经》、《脉经》为大经,以《巢氏病源论》、《龙树论》、《千金方》为小经。此外,各科另加该科的专著,如方脉科加学《脉经》、《伤寒论》;针科和疡科去《脉经》,增加三部针灸经。宋初,曾修订《新修本草》,

----

① 凌扬藻:《蠡勺编》卷三一。

总结和整理了宋以前的药物学成就；宋仁宗年间，《素问》等医学名著也有新的注本和校订本，提供了医学的学习用书。宋太宗时，医官王怀隐等编辑《太平圣惠方》，何希彭根据此书选编了《圣惠选方》作为教材。

元代中央没有医学，只有太医院。诸路设医学，隶属于中央太医院。元大德九年（1305年）王称言：各路医学有名无实，宜督责各处有司，广设学校，集学生讲习《素问》、《难经》、仲景、叔和脉诀之类。

律学

秦代是注重学法令的，规定学法令的以吏为师。汉代法律有各家章句，据《晋书·刑法志》："律九百六卷，世有增损，错杂无常，后人生意，各为章句。叔孙宣、郭令卿、马融、郑玄诸儒章句，十有余家，家数十万言。魏明帝下诏，但用郑氏章句，不得杂用余家。"可见魏明帝前学律的有各家章句，以后只用郑玄章句。

汉代学法律有家庭传授的，也有私人讲授的。东汉吴雄以明法律断狱平，子䜣、孙恭，三世廷尉，为法名家。陈宠曾祖父咸以律令为尚书，家藏律令书文，宠习家业，后掌狱讼，著《辞讼比》七卷。钟皓世善刑律，以诗、律教授，门徒千人。

唐代律学原属国子监，后改属详刑寺，以律令为专业，兼习格、式、法、令。"律"的内容有十二部分（名例、卫禁、职制、户婚、厩库、擅兴、贼盗、斗讼、诈伪、杂律、捕亡、断狱）；"格"指百官有司所常行的事；"式"指所常遵守的法；"令"指尊卑贵贱的等数；如果违法，用律来裁断。高宗初年令律学之士撰律疏，德宗时又令律学之士选编至德以后的制敕奏谳。

宋代初年，置律学博士，掌授法律。神宗熙宁六年（1073年），始即国子监设学，置教授。学生习断案、律令和古今刑书；凡朝廷有新颁条令，刑部立即送给律学，令学生学习。学生入学资格分命官、举人二种。初入学的为备取生，经过相当时期才举行入学考试。如习断案则试案一道，每道叙列刑名五事或七事；习律令则试大义五道。试卷及格才为正取生，享受公费待遇。

武学

宋仁宗时立武学，旋即停止；神宗时重建。入学资格为小臣、门荫子弟和庶民，分上、内、外三舍。修业三年。教以诸家兵法、弓矢、骑、射等术，并讲授历代用兵胜败的战例、前代忠义的典范。如果愿意试阵队的酌给兵伍，令演习。期满考试及格的酌给官职；不及格的延长学习一年，再参加考试。

明代武学创设于洪武年间，初于大宁等卫儒学内设武学科目，教导武官子弟。到英宗正统中，才正式设两京武学。崇祯时，又命府州县都设武学。学科分两类：以《小学》、《论语》、《孟子》、《大学》为一类，《武经七书》、《百将传》为一类。每人于各类中任习一书，务通大义。明代重文轻武，所以武学课程与儒学无大差异。

书学和画学

汉灵帝时，设立鸿都门学。这是一所文学艺术的专科学校。教学内容有辞赋、小说、尺牍、字画等。

唐国子监设书学，学习《石经三体》（三年）、《说文》（二年）、《字林》（一年），兼习其他字学。宋徽宗时立书学，课程分练习、研究二门。练习门以习篆、隶、草三体字为主，研究门以《说文》、《字说》、

《尔雅》、《方言》为主。此外须兼通《论语》、《孟子》，愿修大经者听。练习篆体，以古文大小二篆为法；练习隶体，以二王、欧、虞、颜、柳真行为法；练习草体，以章草、张芝九体为法。

宋徽宗时立画学，学生分"士流"与"杂流"。以佛道、人物、山水、鸟兽、花竹、屋木为主科，以《说文》、《尔雅》、《方言》、《释名》为兼科。《说文》一书令学生书写篆字，注解音训，其他三种书设为问答，以学生了解意义的程度，来观察他们能否理解画意。此外有选科，士流兼习一大经、一小经，杂流习小经或读律。考查成绩的标准，以自由创作、情态自然、笔韵高简为工。

二

中国古代封建统治者是不大重视专科教育的，因此对专科教育的设置，时兴时废。有的主要由私人传授，或者子承父业，家学渊源，医学方面尤其是这样，算学、律学也常有这种情况。在教材方面有以下几点值得注意。

第一，注重古典的基础理论的学习，教学中也重视联系实际。中国古代专科教育的教材，一般注重古典的传统的著作。"算学十经"是唐宋时期主要的算学教材。当时认为这些书是经典性的算学书，是学生必须学习的。魏晋时数学家刘徽注的《九章》有完整的数学理论。他不仅对《九章》的全部公式和定理给出合乎形式逻辑的证明，对一般算法中一些重要的数学概念也给出严格的定义，并根据定义的性质，说明这些算法的道理。宋代医学重视学生的基本医学理论学习，选用教材有奠定中医基础理论的《素问》，概括脉法和针法基本原理的《难经》，探讨病理学的《巢氏病源论》，总结药物学成就的《补注本草》等。

同时在教学中也重视联系实际。如唐代的算学教学同土地测量、历法推算、水利和建筑工程等实际问题联系起来。唐代的医学也与临床实习结合。学生结业时，按实习时治好病人的多少，考取为医师、医正、医工等。

第二，各门专科都很重视儒家经义的学习。儒家经学对中国整个封建时代的政治生活和精神生活产生指导力量。中国封建制度的巩固与延续，儒学作为上层建筑，起着重要的作用。因此，在各门专科教育中也很重视儒家经义的学习。律学尤其是这样。如唐代律学学生要选学大经（《礼记》、《春秋左氏传》）、中经（《诗》、《周礼》、《仪礼》）、小经（《易》、《书》、《春秋公羊》、《穀梁》）、《孝经》、《论语》。宋孝宗说："古之儒者，以儒术决狱，若用俗吏，必流于刻。"① 淳熙七年（1180年）从李巘的建议，律学考试分五场，第四场试大经义一道、小经义二道，按经义来决定去留，按律令来决定高下，可见在律学中学习经义的重要地位。其他专科也要学习儒家经义，如宋代的医学生须就《易经》、《书经》、《春秋公羊》、《穀梁》四小经中兼习一经，愿习大经者听。宋代的书学和画学，明代的武学，都要学习儒家经义。

第三，注意教材的具体化、形象化。宋代的医学教材已用插图。许叔微著的《仲景三十六种脉法图》，把抽象的脉法形象化。还写了《伤寒百证歌》，把各种疾病的症状，用诗歌的形式加以整理，以帮助学生

---

① 《宋史》卷一五七《选举志三》。

记忆，提高他们的学习兴趣。宋代医学的直观教具，还有针灸专家王惟一等人制作的"针灸铜人"。铜人身躯长短大小与真人同，用金字分注穴位名称，教学时作为教具。宋代医学仿唐制在都城近郊开辟药园，种植药物，医学生要到药园辨识各种药物。

第四，注重考试。唐代的明法科试律七条，令三条；书学科先口试，后笔试《说文》、《字林》二十条；算学科试《九章》三条，《海岛》、《孙子》、《五曹》等各一条，《缀术》七条，《缉古》三条。唐代的医学管理极严，平日所习《本草》、《脉诀》、《素问》、《黄帝针经》等，务必精熟。每月由博士考试一次，每季由太医令丞考试一次，年终由太常丞总试一次。

宋代的医学生毕业考试分三场：第一场为普通考试，问三经大义五道，三科学生都要参加；第二场方脉科试脉证、运气大义各二道，针、疡二科试小经、大经三道，运气大义二道；第三场按各科性质，分别假定治病法三道。考试成绩优等的任尚药局医师以下职，其余或为本学博士、正、录，或为外州医学教授。宋代算学的公试和私试，与太学略同，上舍三等授以官职；律学每月举行一次公试，三次私试。

元代医学考试分两种：每月一私试，试以疑难，视成绩优劣量加劝惩；每岁一公试，先期由教师就十三科分别出题，由太医院审定，然后发给诸路医学考试学生。

第二编

论先秦教材

商代和西周学校的教学内容*

  我国原始社会的教育,主要是围绕着生产劳动而且是在生产劳动中进行的。为了解决物质生活问题,他们把制造和使用生产工具,以及其他生产经验传播给后代。《易·系辞》说:"神农氏作,斫木为耜,揉木为耒,耒耨之利,以教天下。"《周礼·地官》说:"大司徒……以土宜之法,辨十有二土之名物……而知其种,以教稼穑树艺。""遂人掌邦之野。……以岁时稽其人民,而授之田野,简其兵器,教之稼穑。"这些都说明教育起源于劳动。因为人们需要生活,需要生活资料,必须进行生产劳动,必须把生产劳动的知识和技能一代代传下去。这就是当时的教育内容。

  由于农业的发展,关于农业知识及相关的天文历法方面的研究,有很大进步。相传夏时已有历书,并发明了节气和干支记日法。天文学的知识也逐渐积累,并且一代代地传授下来。

  奴隶劳动培养出一批掌握专门技术的百工,世代相传,积累了手工

---

* 选自《中国古代学校教材研究》。

业方面的技能和知识，创造了灿烂的艺术。如殷墟出土的司母戊鼎①和大石磬，郑州二里岗出土的商代上釉陶器。奴隶也是在实际操作中来传授技能的。这就是远古时期，农业和工业知识逐渐积累和传递的方式和过程。没有文字把它们记载下来，完全是靠言传身教，在劳动实践中进行教和学。

青年人除了在生产实践中受教育外，还在政治、宗教、艺术等活动中接受教育。他们参加各种公共事务和宗教等社会活动，利用游戏、竞技、舞蹈、唱歌、记事符号进行教育，利用神话和传说作为教材。我国古代的神话和传说很丰富，如女娲补天、精卫填海、后羿射日等，都是用口头传述作为教育手段的。艺术也是这时的教育手段。在艺术形象中，保存了不少劳动和生活的知识和经验，如发现的古代陶器上便刻有记事符号。

古代学校的教学内容以"明人伦"为主。从《尚书·舜典》所载来看，在虞舜时期，已经开始进行分门别类的教育，并设学官负责教学的事。如命契为司徒，"敬敷五教"，进行"父子有亲，君臣有义，夫妇有别，长幼有序，朋友有信"的五常教育。命伯夷为秩宗，进行"祀天神、享人鬼、祭地祇"的三礼教育。命夔为典乐，对胄子进行乐歌教育。这些要求是我国奴隶社会乃至封建社会的道德规范。

商代文化比夏代有显著进步，对后世产生了深远影响。我国的奴隶社会，在这时期有很大发展。商人创造了青铜文化，为以后的文明奠定了基础。商代在文学、音乐、艺术、医药、文字、天文、历法、历史等

---

① 司母戊鼎：今称"后母戊鼎"，现收藏于中国国家博物馆。——编者注

方面都打下了初基。当时庶民劳动,培养出巫和史这些有较多知识的人物。他们是这时期文化的代表人物。巫偏重鬼神,史偏重人事。他们也是这个时期的教育者。

殷商时期有了典籍。《尚书·多士》篇说:"惟殷先人,有册有典。"当时就已经注意到从书本中学习前人经验的重要性。《说命》中载傅说:"学于古训,乃有获。事不师古,以克永世,匪说攸闻。"又说:"监于先王成宪,其永无愆。"读古人的书,就是要学习先人的成法,这样才不会犯过失。《易经》说:"君子以多识前言往行,以畜其德。"识记前人君子的嘉言懿行,目的是为了多闻多见,蓄积道德。这些都明显地说明了学习古人典籍的作用和目的。

到了周代初期,周公辅政,采取了一系列治理国事的政策,也比较注意教育。为贵族子弟设立了国学,分大学与小学;为乡之民设立了乡校,也称庠序。

当时按照年龄的差别,进行不同程度、不同内容的教育。《礼记·内则》说:"六年,教之数与方名。七年,男女不同席,不共食。八年,出入门户及即席饮食,必后长者,始教之让。九年,教之数日。十年,出就外傅,居宿于外,学书计。……朝夕学幼仪,请肄简谅。十有三年,学乐,诵诗,舞《勺》。成童,舞《象》,学射御。二十而冠,始学礼……"九岁以前所学的是简易计数和时日的基本知能,以及尊敬老人的初步礼节。十岁才从外傅学习书写和计算。诵诗习舞是进行幼仪教育的方式。射御是作战时的基本技能。乐师是小学教育中的主要人物。

《大戴礼·保傅》和《汉书·食货志》中叙述了十五岁进入少年以后的学习内容。《保傅》篇说:"束发而就大学,学大艺焉,履大节焉。"

《食货志》说:"十五入大学,学先圣礼乐,而知朝廷君臣之礼。"大学由"掌成均之法"的大司乐主持。教育的主要内容是所谓"乡三物",即"六德"(知、仁、圣、义、忠、和)、"六行"(孝、友、睦、姻、任、恤)和"六艺"(礼、乐、射、御、书、数)。《地官·保氏》篇说:"养国子以道,乃教之六艺:一曰五礼,二曰六乐,三曰五射,四曰五驭,五曰六书,六曰九数。""六德"和"六行"是进行品德教育的内容,"六艺"主要是进行知识技能教育的内容。

下面谈谈这个时期的主要教学内容——"六艺"教育。

关于礼乐教育

商周认为礼乐的教育作用很大,以礼乐作为修养和应世的工具。《礼记·文王世子》说:"凡三王教世子,必以礼乐。乐,所以修内也;礼,所以修外也。礼乐交错于中,发形于外,是故其成也怿,恭敬而温文。"

卜辞中发现习礼的内容,如学习祭礼和乐歌。学习祭祀是习礼的重要项目。卜辞中说:"辛亥,贞:王其〔学〕衣不冓雨,三日王学无衣不冓雨。""衣"是一种祭祀的名称,就是"合祭";王,指商王。卜辞是为商王占问辛亥这天到学宫去学习衣祭的礼仪,会不会遇到天雨。

乐舞在贵族们的活动中,也是一种礼仪。凡祭祀、宴饮、出征、凯旋,都少不了乐舞。通过乐舞,以"陶冶性情"、"端正仪态",成为贵族们的特殊训练。因此在《尚书》中提到命夔负责乐歌教育的同时,强调要对胄子进行这类教育。到了周代,将习乐列为"六艺"之一,说明继承了殷商传统。

刘师培在《古政原始论》中谓:"有虞之学,名曰成均。……古代教民口耳相传，故重声教，而以声感人莫善于乐。观舜使后夔典乐，复命后夔教胄子，则乐师即属教师。"商代的大学叫瞽宗，周代以瞽宗祀乐祖，所以瞽矇都列于乐官。《周礼·大司乐》称："大司乐掌成均之法，以治建国之学政，而合国之子弟焉。凡有道有德者，使教焉，死则以为乐祖，祭于瞽宗。以乐德教国子中、和、祇、庸、孝、友。以乐语教国子兴、道、讽、诵、言、语。以乐舞教国子舞《云门》、《大卷》、《大咸》、《大磬》、《大夏》、《大濩》、《大武》。"也是古代以乐教民的证明。《礼记·文王世子》说："春诵夏弦，太师诏之；瞽宗秋学礼，执礼者诏之；冬读书，典书者诏之。礼在瞽宗，书在上庠。"《礼记·王制》说："乐正崇四术，立四教，顺先王《诗》、《书》、《礼》、《乐》以造士：春秋教以《礼》、《乐》，冬夏教以《诗》、《书》。"可见西周的学制，也是以乐师为教师，还是沿袭有虞的成法。古人以礼为教民之本，但是上古教民，"六艺"中以乐为最崇，所以乐教为教民之本。

关于射御教育

夏商时，方国很多，部落间的战事频繁，统治者既要驱使奴隶和平民去当兵，自己也要习武，习射是习武的一个主要项目。

卜辞中载："贞令卓善三百射，贞叀夨令善三百射。""贞勿令卓善三百射，贞令卓三百射。"这两条都是教授射箭技术的。习射最初属于习武。当时选择诸侯、卿、大夫、士的办法是试射，必须掌握的作战技能是射。周以车兵为主，要训练用战车作战的甲士。要在贵族中挑选甲士，除了掌握射的能力外，还要具有御车的能力，所以射御是贵族教育的主要内容。

到了西周、春秋时，学射从军事训练逐渐变为社交活动，形成一种

"射礼"。《周礼·大宗伯》说:"以宾射之礼,亲故旧朋友。"贾公彦疏:"以此宾射之礼者,谓行燕饮之礼,乃与之射,所以申欢乐之情。"可见后期的习射便具有习礼且有同申欢乐的性质。射御的训练同礼乐教育联系起来,在射的训练中有射礼,在习射时要"饰之以礼乐",射者一切行动都要合乎礼仪,动作的节奏要合乎乐律。

甲骨文、金文中关于学射的记载较多,如静毁铭文:"王命静司射,学宫小子众服,众小臣,众𢓡仆学射。重八月初吉,庚寅,王以吴来、吕刚射于大池,静学无斁。"别有射庐,天子于此习射,习乐舞。《趠曹鼎》载:"王射于射庐。"师汤父鼎铭文载:"王在周新宫,在射庐。"匡卣铭文载:"懿王在射庐,作象舞。"

地方学校的教育内容,也注意射教。"州长各掌其州之教治政令之法。……春秋以礼会民,而射于州序。"① 毛奇龄说:"孟子谓'殷曰序',其名本商之州学,而义主于射,故又曰:'序者射也。'"

孔子说:"君子无所争,必也射乎!"②《礼记》说:"射者进退周还必中礼。内志正,外体直,然后持弓矢审固,持弓矢审固,然后可以言中。此可以观德行矣。"又说:"射者,男子之事也,因而饰之以礼乐也。故事之尽礼乐而可数为以立德行者,莫若射,故圣王务焉。"又说:"射之为言者绎也,或曰舍也;绎者,各绎己之志也。故心平体正,持弓矢审固,持弓矢审固则射中矣。""射者,仁之道也。射求正诸己,己正而后发……"③ 这些都说明射的教育作用,除了防御以外,还有"尽

---

① 《周礼·地官司徒》。
② 《论语·八佾》。
③ 《礼记·射义》。

志于射以习礼乐"① 的意义。可见古人把射教的意义扩大了，除了技能训练、防御作用以外，最重要的是从中受到习礼乐、观德行的更深一层的教育。

关于书数教育

殷商开始在青铜器和甲骨中有文字的记录。甲骨文是目前已发现的中国文字最古的一种。这种文字是简化了的象形文字，并有不少形声字。因此，甲骨文可能是殷人承继其前人文字而加以创造发展的。

甲骨文中发现"禾"、"黍"、"麦"等字不少，"蚕"、"桑"等字也出现了。卜年、卜雨的记录很多，可见文字的起源，除了由于人们生活中交往的需要以外，与农业生产有密切关系。

商代在当时有了较成熟的文字和学习的工具。卜辞中有"笔"字作 ，像手持笔形，有"册"字作 ，像把竹木简捆在一起。甲骨文中多次出现"教"、"学"等字；还有"记事刻辞"和"甲子表"等，表明有人学习刻写文字的事实。

殷人是中国文字的奠基者。《尚书·多士》说："惟殷先人，有典有册。"可资证明。有人认为，殷墟卜辞的时代不是始制文字的时代。原始文字是以图画为主的，如干支共二十二字，就没有一个形声字，但商文字中已有很多形声字。殷代的象形文字带有很大的逼真性，可是字形已经是事物的象征而不是写实。尤其是形声字在甲骨文中已经出现，足以证明殷代的文字已有较高的发展，字汇已经相当丰富。

文字的创造是劳动的结果，但这已是脑力劳动而非体力劳动，必须

---

① 《礼记·射义》。

有人能从体力劳动中解放出来或半解放出来的时期，才有发明文字的可能。因为这时才有条件把极少数人从体力劳动中解放出来或半解放出来，才具备产生文字的条件。

文字的发明是人类社会由野蛮时代过渡到文明时代的一个重要标志。文字本于图画，最初的文字是可以读出来的图画。后来，文字和图画渐渐分歧，文字不再是图画的而是书写的。书契是最初的文字。书是由图画来的，契是由记号来的。可是单有记号、图画，还不是文字，文字的发生是在有统一的语言以后。商代已有较高文化，在卜辞里已有不少的形声字。如在卜辞里，"汤"写作"唐"，就是形声字。

王国维说："书契之用，自刻画始。金石也，甲骨也，竹木也，三者不知孰为后先，而以竹木之用为最广。……以见于载籍者言之，则用竹者曰'册'。……曰'简'。……用木书者曰'方'。……曰'版'。……竹木通谓之'牒'，亦谓之'札'。"① 简牒以外，古人所用以书字的，还有一种叫"龠"、叫"笘"、叫"觚"。《说文》称："龠，书僮竹笘也。"又叫作"籯"。《广雅》载："笘，籯也。"《急就篇》的第一句说："急就奇觚与众异。"颜师古注："觚者，学书之牍，或以记事，削木为之……其形或六面，或八面，皆可书。"今从《仓颉》、《训纂》诸篇来看，颜师古这种说法是有根据的。

文字的发明为文化教育的发展创造了条件。有了文字才能积累知识，给学校提供学习材料。文字是文明社会的标志。郭沫若主编的《中国史稿》中说："我国的汉字发展到商代后期已经基本成熟，甲骨卜辞

---

① 王国维：《简牍检署考》。

和器物铭文中出现的字，数目达到三千五百个左右。从文字结构来考察，除了象形以外，形声、会意、假借等比较进步的方法也已经普遍应用。……《尚书·盘庚》虽可能经后人润饰，但内容基本可靠。它由上、中、下三篇合成，共长一千二百六十字，是一篇珍贵的古文献。"[①]由于文字的发展，并且有了像《盘庚》这样长的篇章，可见文化有了长足的发展，在教学中使用的教材也就比较定型了。

数学作为教学内容是很早的。《易·系辞》说："上古结绳而治，后世圣人易之以书契……"郑玄在《系辞》注中说："书之于木，刻其侧为契，各持其一，后以相考合。"刻木的行为叫"契"，所刻的木也叫"契"。《释名》："契，刻也，刻识其数也。"因为数目最难记忆，容易引起争端，所以得刻木来作为一种信约。

上古结绳记事，已经具有数的概念。后来继以书契，已经知道契刻识数。《易·系辞》说："上古结绳而治，后世圣人易之以书契，百官以治，万民以察……"甲骨文中的数字次序齐全。汉人传说，书契始于伏羲；伏羲于书契之外，又作规矩，以写几何图形。数字有"一、十、百、千、万"，还有因乘、九九之法。所谓作于伏羲，当然是后人附会之辞。

商代甲骨文中已出现"学"字。它有多种写法，最简单的写法为"爻"。它作为算筹交错的形式，表示数目的概念。原始社会，人们从采集、狩猎到分配，都需要计算。孩子们从大人活动，自然也从计数学起。周代沿袭商代，儿童六岁开始学简单数字。由于最初学习从记数开

[①] 郭沫若主编：《中国史稿》第一册，人民出版社1976年版，第200页。

始,所以把"爻"转意为"学",便容易理解了。

郭沫若认为,在古代世界,科学研究只限于三个部门:天文学、数学和力学。三者是古代科学研究的起源,同时也说明数学与其他科学的关系。因此,数学从低级到高级,都是客观事物发展的需要,也说明都是古代重要的教学内容。

作为"算经十书"之一的《周髀算经》,据考证为西汉或更早时期的天文历数著作。也有人认为该书在很早就作为学校数学教材使用。该书主要阐明当时的盖天说和四分历法,使用了相当繁复的分数算法和开平方法。在现存文献中它是最早引用勾股定理的著作。

孔子与作为教材的"五经"*

一

春秋时期,周室衰堕,诸侯纷争,形成了一个"强凌弱、众暴寡"的扰攘争夺的局面。统治者把注意力集中在攻城略地、扩张势力方面,不注意文化教育事业的继承与发展。当时鲁国文化比较发达,收藏的典籍也较多。鲁昭公二年(公元前540年),晋国韩宣子到鲁国,见《易象》与鲁《春秋》,曾经赞叹地说:"周礼尽在鲁矣!吾乃今知周公之德与周之所以王也。"① 周公封于鲁,他是周初一位大政治家,眼光比较开阔,比较注意文化的继承和发展、古籍的整理和保存。这种流风遗俗保持下来,所以鲁国就比当时各诸侯国的文化积淀厚实得多,文化事业的复兴就有比较坚实的基础。

---

* 选自《中国古代学校教材研究》。《庄子》书中首次提到"六经";由于《乐记》已亡(一说《乐》本无书),西汉立五经博士,以后多用"五经"这个总书名。在本文中,凡是原文用"六经"的沿用"六经",原文用"五经"的沿用"五经"。

① 《左传·昭公二年》。

孔子出生在鲁国，继承了鲁国较为丰富的文化遗产；同时由于当时官学渐废，私学兴起，孔子又是私学的创办者。他广招生徒，扩大了私学的影响，还选编了教材。可以说，孔子在政治上不得志，尽管他栖栖惶惶，席不暇暖，可是到处碰壁，没有什么成就，倒是在办学和整理古籍作为教材这两方面贡献很大。首先他打破了奴隶主贵族垄断文化学术的局面，开办私学，"有教无类"，扩大了教育对象的范围。其次是他对古文献做了一番搜集、整理、校勘的工作。为了教学用而整理过的古籍，以后儒家奉为经典，保存了春秋前的重要文化遗产。章太炎说："追惟仲尼闻望之隆，则在六籍。""令人人知前世废兴，中夏所以创业垂统者，孔氏也。""微孔子则学皆在官，民不知古。"① 这个评述是有一定事实根据的。

孔子精通诗、书、礼、乐，并用以教育学生。诗、书、礼、乐本是周代贵族学校使用的教材，孔子教学也利用了它们。"子所雅言，《诗》、《书》、执礼，皆雅言也。"② "兴于诗，立于礼，成于乐。"③ "不学诗，无以言"，"不学礼，无以立"。④ 墨子也说："孔子博于《诗》、《书》，察于礼乐……"⑤《史记·孔子世家》说："孔子以诗、书、礼、乐教，弟子盖三千焉……"诗、书、礼、乐，是孔子一般的教学内容。鲁国的孟僖子将死，对他的大夫说："我若获没，必属说与何忌于夫子，使事

---

① 章太炎：《检论·订孔上》。
② 《论语·述而》。
③ 《论语·泰伯》。
④ 《论语·季氏》。
⑤ 《墨子·公孟》。

之,而学礼焉,以定其位。"① 可见当时孔子是以娴于礼见称的。他晚年才研究《易》。《春秋》也是孔子晚年的著作。他不把这两种书用作普通教材,只有少数人才能学习。所以《孔子世家》中说:"身通六艺者七十有二人。"

　　在教学的基本科目中,孔子尤其重视礼乐。由于当时社会制度急剧变革,孔子慨叹"礼崩乐坏",没有一种维系社会秩序的有效力量。于是,他总结过去统治国家的经验,特别重视礼与乐的教化和统治作用。因此,礼乐成为孔子教育学生的主要学科,不但在平常教学中演习礼乐,就是在颠沛流离之中也念念不忘礼乐。《史记·孔子世家》载:"孔子去曹适宋,与弟子习礼大树下。"他在陈蔡之间绝粮,却"讲诵弦歌不衰"。孔子自卫返鲁,《雅》、《颂》各得其所。《诗经》三百零五篇,他都施于弦歌以求合《韶》、《武》、《雅》、《颂》之音。可见无论在遭遇患难的时候,或者在生活安定的时候,孔子都是用礼乐来教育学生的。

　　孔子死后,"诸儒亦讲礼乡饮大射于孔子冢"②。至陈涉起兵,鲁国的儒生还带着孔氏的礼器投奔农民起义军。后来刘邦打败了项羽,带兵围鲁,当地的儒生还在"讲诵习礼乐,弦歌之声不绝"③。直到汉武帝时,司马迁到鲁地去谒孔子庙堂,还看到"诸生以时习礼其家"④。可见这种礼乐教育,扎根很深,影响很大。

　　孔子对于礼乐,不仅带领学生演习,还把前人传下来的文献典册进行考订编纂,使礼乐不只是演习讽诵的弦歌俎豆之事,还把它变为"可

----

① 《左传·昭公七年》。
②④《史记》卷四七《孔子世家》。
③《文献通考》卷四〇《学校考一·太学》。

得而述"的儒家经籍,作为教育学生的主要教材。

"六经"是孔子整理古代文献的成果。今天见到的《诗》、《书》、《易》、《礼》、《春秋》,经过秦火,不是当时原貌,但在很大程度上保留了孔子修订、编纂的痕迹。

周予同说:"孔子既然设教讲学,学生又那么多,很难想象他没有教本。……《论语》记载孔子十分留心三代典章,指导学生学习《诗》、《书》及礼乐制度。因此,我以为,孔子为了教授的需要,搜集鲁、周、宋、杞等故国文献,重加整理编次,形成《易》、《书》、《诗》、《礼》、《乐》、《春秋》六种教本,这种说法是可信的。"①

孔子编订教本的指导思想,范文澜在《中国通史简编》中认为有三条:一是"述而不作";二是"不语怪、力、乱、神";三是"攻乎异端,斯害也已",排斥一切反中庸之道的议论。他还说:"儒家经学在孔子以后,发生了对整个封建时代政治生活和精神生活的指导力量,中国封建制度的巩固与延长,儒学起着极其严重的作用。"② 这个论断是符合历史实际的。

关于"六经"之说,初见于《庄子·天运》篇:"孔子谓老聃曰:'丘治《诗》、《书》、《礼》、《乐》、《易》、《春秋》六经,自以为久矣,孰知其故矣。"《天运》属"外篇",不是庄周所作,当出于战国晚期。此后《荀子·儒效》、《商君书·农战》、《礼记·经解》、《春秋繁露·玉杯》、《史记》、《汉书·艺文志》、《白虎通》等总是"六经"并举。

孔子整理了《诗》、《书》、《礼》、《乐》、《易》、《春秋》六种书,在

---

① 朱维铮编:《周予同经学史论著选集》,上海人民出版社1983年版,第801页。
② 范文澜著:《中国通史简编》修订本第一编,人民出版社1964年版,第210页。

学生中作为教本，从而使这些含有重要史料价值的古籍得以保存下来。

在传经方面，孔子的门人子夏的贡献很大。《后汉书·徐防传》说："《诗》、《书》、《礼》、《乐》，定自孔子；发明章句，始于子夏。"洪迈在《容斋随笔》中说："于《论语》，则郑康成以为仲弓、子夏所撰定也。"子夏研究过《春秋》，所谓"不能赞一词"。子夏氏之儒传授经典，使这些典籍流传下来，他们是有功绩的。

关于秦王朝焚书后经书流传的情况，章太炎说过一段话，颇为切当。他说："秦之焚书，《尚书》受厄最甚。揆秦之意，何尝不欲全灭六经。无如《诗》乃口诵，易于流传；《礼》在当时，已不甚行，不须严令焚之。故禁令独重《诗》、《书》，而不及《礼》……盖《诗》、《书》所载，皆前代史迹，可作以古非今之资，《礼》、《乐》，都不甚相关。《春秋》事迹最近，最为所忌，特以柱下史张苍藏《左传》，故全书无缺。《公羊传》如今之讲义，师弟问答，未著竹帛，无以烧之。《穀梁》与《公羊》相似，至申公乃有传授。《易》本卜筮，不禁。惟《尚书》文义古奥，不易熟读，故焚后传者少也。伏生所藏，究有若干篇，今不可知，所能读者，二十九篇耳。孔壁序虽百篇，所藏只五十八篇，知《书》在秦时已不全读；如其全读，何不全数藏之？盖自荀卿隆礼仪而杀《诗》、《书》，百篇之书，全读者已少，故壁中《书》止藏五十八篇也。"[①]

[①] 章太炎著：《经学略说》，章氏国学讲习会 1935 年版。

二

关于"五经"的成书及其成为教材的情况略述如下。

（一）《诗经》

《诗经》是我国第一部诗歌总集，在我国文学发展史上有突出的地位。这部书共收西周初年至春秋中叶的民歌和朝庙乐章三百一十一篇。内《小雅》有笙歌六篇有目无诗。《诗经》实存三百零五篇。书中《国风》的诗篇多采自民间，文学价值高；《大雅》和《小雅》是叙述西周政治盛衰的诗史；《周颂》是周统治者宗庙祭祀的诗篇；《商颂》追述了商朝盛世的事。

古代的诗到底有多少，孔子是否删过诗，这两个问题都是有争议的。司马迁在《史记·孔子世家》中说："古者《诗》三千余篇，及至孔子，去其重，取可施于礼义，上采契、后稷，中述殷周之盛，至幽厉之缺……三百五篇孔子皆弦歌之，以求合《韶》、《武》、《雅》、《颂》之音。"可见删诗的事是有的，古书中还引过一些逸诗，如《论语·子罕》引逸诗："唐棣之华，偏其反。岂不尔思？室是远。"《左传·成公九年》引逸诗："虽有丝、麻，无弃菅、蒯；虽有姬、姜，无弃蕉萃……"《左传·昭公十二年》引逸诗："思我王度，式如玉，式如金。形民之力，而无醉饱之心。"这些诗都是删去的编余稿，但是当时在社会上还流传，所以被人引用着。孔子编《诗》的原则，一是删去那些重复的篇章，二是"取可施于礼义"。王充也说："《诗经》旧时亦数千篇，孔子删去复重,正而存三百篇。"① 这与《史记》说的"去其重"相同。这样用作教材就比较精粹,不是那么兼收并蓄、芜杂难读了。

后来有些学者对删诗之说抱怀疑的态度。理由是:孔子曾经说"《诗》三百","诵《诗》三百"。鲁襄公二十九年(前544年)载吴公子季札聘于鲁,"观于周乐",演奏的就是《国风》、《小雅》、《大雅》、《颂》,跟今天见到的《诗经》编次相同。那时孔子还是七八岁的小孩。唐孔颖达说:"案书传所引之诗,见存者多,亡逸者少,则孔子所录,不容十分去九。马迁言古诗三千余篇,未可信也。"② 清代的崔述同意这种说法。

诗是周朝贵族学校重要的学习内容。这主要有以下原因:古代各国之间互相朝聘,经常赋诗言志。《左传》中保存这方面的材料不少。孔子很注意诗教,对诗的评价是很高的。他说:"不学诗,无以言。"③ "诗可以兴,可以观,可以群,可以怨。迩之事父,远之事君,多识于鸟兽草木之名。"④ 意思是说,读诗可以感发意志,考见得失,和而不流,怨而不怒,还可以笃于人伦,增长知识。他曾对他的儿子伯鱼说:"小子何莫学夫诗?"⑤ 可见他在家庭教育中也很重视《诗》作为教材的作用。

(二)《尚书》

《尚书》是现存最早的关于上古历史文件和部分追述古代事迹著作

---

① 王充:《论衡》卷二八《正说》。
② 孔颖达:《毛诗正义·诗谱序》。
③ 《论语·季氏》。
④ ⑤ 《论语·阳货》。

的汇编，是孔子考订整理的文献之一。它保存了商和西周初期的一些重要史料。司马迁在《史记·孔子世家》中说："追迹三代之礼，序《书传》，上纪唐虞之际，下至秦缪，编次其事。……故《书传》、《礼记》自孔氏。"《汉书·艺文志》说："《书》之所起远矣，至孔子纂焉，上断于尧，下讫于秦，凡百篇，而为之序，言其作意。"

孔子以前，已有《夏书》、《周书》、《商书》等流传于世。《左传·文公七年》载："晋郤缺言于赵宣子曰：'……《夏书》曰：戒之用休，董之用威，劝之以《九歌》，勿使坏。'"《左传·隐公六年》载："《商书》曰：'恶之易也，如火之燎于原，不可乡（向）迩，其犹可扑灭？'"《左传·宣公六年》载，桓子对晋侯说："《周书》曰：'殪戎殷。'此类之谓也。"孔子办教育是为了培养从政人才，而《书》正是很好的政治教材。因此，把零散篇章编成一本较有系统的书，是很有可能的。

在《论语》一书中，引用《书》中的文句共有七处，如："武王曰：'予有乱臣十人。'""书云：'高宗谅阴，三年不言。'何谓也？"等等。既然常引《书》中的语句，可见《书》是当时教学用的教材。孔子要继承和发扬尧舜禹汤文武周公之道，定要大力宣传他们的言论和思想，那么用这些书来作教材是可以理解的。

据说孔子编的《尚书》本有一百多篇。由于《书》是一本有关政治历史的书，是秦始皇焚书的主要对象，所以它"在劫难逃"。西汉初年，曾在秦朝任过博士的伏生，传出《尚书》残本，先流传于齐鲁民间；文帝时，由晁错笔录，带回朝廷。只存二十八篇。以后又加上民间所得《泰誓》一篇，共二十九篇。这个本子是用当时的隶书写的，所以称今文《尚书》。不久，鲁共王刘余坏孔子宅，从孔壁中得古文《尚书》，比今文《尚书》多十六篇，用蝌蚪文书写，魏晋时只有秘府收藏此书，后来被遗佚了。现存今文《尚书》二十八篇，是孔子编的一部分。晋元帝时，豫章内史梅赜奏上孔安国传古文《尚书》，比今文多二十五篇。对梅赜献的《尚书》，宋吴棫开始怀疑是伪作。清阎若璩作《古文尚书疏证》，举出证据，证明它是伪作。现在通行的《十三经注疏》本，《尚书》就是今文《尚书》与伪古文《尚书》的合编本。孔颖达所编《尚书正义》是唐代颁布的官书《五经正义》之一。

（三）**《周易》**

《易》为儒家重要经书之一，相传系周人所作，内容包括《经》和《传》两部分。《经》主要介绍六十四卦和三百八十四爻，有卦辞、爻辞，作为占卜之用。相传伏羲画卦，文王作辞，说法不一。其萌芽期可能早在殷周之际。《传》包括解释卦辞、爻辞的七种文辞，共十篇，统称《十翼》，旧传孔子作。据近人研究，《十翼》大都是战国或秦汉之际的儒家作品，并非出于一时一人之手。

《论语·述而》记孔子的话说："加我数年，五十以学《易》，可以无大过矣。"朱熹说："此章之言，《史记》作'假我数年，若是，我于《易》则彬彬矣'。'加'正作'假'，而无'五十'字。盖是时孔子年已几七十矣，'五十'字误无疑也。"① 朱熹这个辨正是有根据的。孔子晚年才研究《易》，《史记·孔子世家》说："孔子晚而喜《易》，序《彖》、《系》、《象》、《说卦》、《文言》。"孔子不会说再有五十年的工夫来研究

---

① 参见朱熹《四书章句集注》中的《论语·述而》注。

《易》学。朱熹引刘元城的话说："尝读他《论》，'加'作'假'，'五十'作'卒'。盖'加'、'假'声相近而误读，'卒'与'五十'字相似而误分也。"① 这种考证似有道理。

孔子生活的时代，《周易》已经流行。《左传》、《国语》记《周易》占筮的事比较多，前面已经提过，晋韩宣子在鲁，观书于太史氏，看到过《易象》与《鲁春秋》。《礼记·礼运》载："孔子曰：'我欲观殷道，是故之宋，而不足征也，吾得《坤乾》焉。《坤乾》之义，《夏时》之等，吾以是观之。'"陈澔说："《坤乾》，谓《归藏》，商《易》首坤次乾也。"②（《归藏》相传为《周易》前的古《易》。）1973年长沙马王堆汉墓出土文物中有一部《周易》，卷后附有佚书两篇，记载孔子与弟子讨论《易》理的问答。这个发现为孔子授《易》提供了证据。《易传》有不少儒家思想，如"立人之道，曰仁与义"、"君子以非礼弗履"、"君子以自强不息"等。根据这些资料，孔子晚年确实钻研过《周易》，并且给弟子讲授过。《系辞传》里有好些"子曰"，证明这是孔子弟子记述的。范文澜说："孔子曾用大功夫钻研卦辞、爻辞，作为儒家的哲学思想传授给弟子。"③ 孔子传授《周易》是为了讲授它的哲学思想，而摈弃了它的卜筮内容和神秘色彩。这样改变了《周易》一书的性质，提高了它的学术价值，从那时起直到清代末期，成为历代学校使用的必读教材。

三国时王弼的《周易注》，被唐代的国定教科书——《五经正义》

---

① 参见朱熹《四书章句集注》中的《论语·述而》注。
② 陈澔：《礼记集说》。
③ 范文澜著：《中国通史简编》修订本第一编，人民出版社1964年版，第210页。

所采用。宋代程颐有《伊川易传》，顾炎武对它评价很高，说："昔之说《易》者无虑数千百家……然未见有过于程传者。"① 朱熹著《周易本义》。明永乐年间，命编定《周易大全》，并载程《传》与《本义》。清康熙时出版的《御纂周易折中》，并载程朱注释。《周易大全》和《御纂周易折中》都是为科举编定的国定教科书。

（四）三《礼》

礼是孔子教育的重要内容。孔子生当周代奴隶社会转变时期，他针对时弊，攻击僭越，特别重视礼作为维持社会秩序的作用。同时他反对礼的形式化，强调礼的精神实质。他说："礼云礼云，玉帛云乎哉？乐云乐云，钟鼓云乎哉？"② "人而不仁，如礼何？人而不仁，如乐何？"③ 他想以仁为礼的核心，所谓礼乐，不在乎玉帛钟鼓，而在乎礼的内涵、礼的实质，即孔学一贯主张的"仁"。

孔子教育的培养目标是士，士的外在行为和内在品德都要求重视礼。《史记·孔子世家》说："孔子之时，周室微而礼乐废，《诗》、《书》缺。追迹三代之礼，序《书传》……故《书传》、《礼记》自孔氏。"孔子对礼曾进行搜讨，并去杞求访夏礼，去宋求访殷礼。他说："夏礼，吾能言之，杞不足征也；殷礼，吾能言之，宋不足征也。文献不足故也。足，则吾能征之矣。"④ 这是说，夏商两代的礼，他能说明，但由于杞宋的文献不足，不能取以为证；如果文献足的话，就能用来证明他的说法。可见他对于夏礼和殷礼，都是有研究的。

---

① 顾炎武：《亭林文集》卷三《与友人论易书》。
② 《论语·阳货》。
③ ④ 《论语·八佾》。

孔子从事教学之后，把礼作为一项重要内容列入教学科目。《论语》中出现"礼"字七十四次，可见孔子是非常重视礼的教育的。传到后代作为教材用的礼书有三种，即《周礼》、《仪礼》和《礼记》：《周礼》讲各种官制，《仪礼》讲各种典礼、仪节，《礼记》讲礼的性质、意义和作用。

《周礼》。该书收集周王室官制和战国时代各国制度，还论述了儒家政治理想。古文经学家认为其为周公所作，今文经学家认为出于战国；也有人指其为西汉末年刘歆伪作。近人曾从铜器铭文所载官制，参证该书中的政治经济制度和学术思想，定为战国时代的作品。全书有《天官冢宰》、《地官司徒》、《春官宗伯》、《夏官司马》、《秋官司寇》、《冬官司空》六篇。《冬官司空》早佚，汉时补以《考工记》。《考工记》是先秦古书中的重要科技著作，是研究我国古代科技的重要文献。西汉刘德因《周礼》缺《冬官司空》，以《考工记》补入。

《仪礼》。这是春秋战国时代一部分礼制的汇编。一说是周公制作，一说为孔子订定。近人根据书中的丧葬制度，结合考古出土器物进行研究，认为成书当在战国初期至中叶间。1959年，在甘肃武威发现《礼》汉简多篇，可供校订今本《仪礼》的参考。

《仪礼》共五十卷，分《士冠礼》、《士昏礼》、《士相见礼》、《乡饮酒礼》、《士丧礼》等十七篇。

《礼记》。这是秦汉以前各种礼仪论著的选集。相传为西汉戴圣编纂。今本为东汉郑玄注本。有《曲礼》、《檀弓》、《王制》等四十九篇，是研究中国古代社会情况和文物制度的参考书。司马迁在《史记·孔子世家》中说"《书传》、《礼记》自孔氏"，故《礼记》可能是孔子后学儒家一派的著作。

三《礼》是否经孔子整理，没有确切证据。只有《仪礼·士丧礼》一篇，《礼记·杂记下》是这样说的："恤由之丧，哀公使孺悲之孔子学士丧礼，《士丧礼》于是乎书。"可以证明有部分礼是经孔子整理过的。

《礼记·礼器》说："故经礼三百，曲礼三千，其致一也。"郑玄注：经礼即《周礼》，曲礼即事礼。《中庸》说："礼仪三百，威仪三千。"孔颖达疏："礼仪即《周礼》，威仪即《仪礼》。"至于《周礼》是否经孔子论定，无明文可见。孟子说："诸侯恶其害己也，而皆去其籍。"[①] 是七国时《周礼》已不常见，所以孟子论封建与《周礼》不同。

后来《礼记》列入"六经"，大概是由于收入本书的文章不少是关于礼的思想和理论方面的，而《周礼》、《仪礼》所记述的是关于典章制度方面的。前者对于后世有启发和批判继承的作用，而后者是随着时代的变迁而改变的。秦国尚法，就要摈弃礼；秦始皇反对儒家，必然要反对儒家所崇尚的礼，"焚烧之独悉"，是很有可能的。

秦焚书，受祸最惨烈的除了关于礼的书以外，还有关于历史的书，如《尚书》等，也是秦统治者所深恶痛绝的。因为礼是体现儒家思想的文献，反儒必须反礼。《尚书》是历史文献，是现实政治的一面镜子。为了防止"以古非今"，也是秦独裁统治者所竭力反对的。

（五）《春秋》三《传》

《春秋》是迄今流传下来的我国另一部编年史。相传为孔子依据鲁国史官所编《春秋》整理而成，共有一万八千余字，记载了以鲁国为主

[①]《孟子·万章下》。

的春秋时期历史。起于鲁隐公元年（公元前722年），终于鲁哀公十四年（公元前481年），计二百四十二年，是后代编年史的滥觞。

断定《春秋》的作者为孔子，始见于《孟子·滕文公下》："世衰道微，邪说暴行有作，臣弑其君者有之，子弑其父者有之。孔子惧，作《春秋》。《春秋》，天子之事也。是故孔子曰：'知我者其惟《春秋》乎！罪我者其惟《春秋》乎！'"又说："其事则齐桓、晋文，其文则史。孔子曰：'其义则丘窃取之矣。'"① 孔子在晚年的教学中一定引用和阐发了《春秋》大义。也就是孔子自己说的："'吾道不行矣，吾何以自见于后世哉？'乃因史记作《春秋》……"②

有人怀疑孔子修《春秋》的事，认为《春秋》只是"断烂朝报"，是邸抄一类的原始记录。《礼记·坊记》引述鲁《春秋》，内容与现在的《春秋》相同，可见今《春秋》即鲁《春秋》。有人根据《春秋》记载孔子生卒年，认为孔子修《春秋》之说难于成立。因为他不会自称孔子。孔子只是曾把《春秋》作为教材，经他一用，《春秋》就逐渐流传到民间。《春秋》虽不是孔子所作，但经过他整理。孔子是我国历史上创办私学的教育家，为了教学需要，搜集鲁、周、宋、杞等故国文献，加以整理编次，作为教学用书。孔子虽有删节，但他"信而好古"，也就是保持了原有的文字。

解释《春秋》经文而为它作传的有五家，即左丘明、公羊氏、穀梁氏、邹氏和夹氏。邹氏和夹氏的书到汉代就失传了。传下三家，公羊、穀梁是解释孔子"微言大义"的，《左传》是记述春秋时期历史事实的。

---

① 《孟子·离娄下》。
② 《史记》卷四七《孔子世家》。

西汉时，《春秋》三《传》尊公羊、穀梁二家，给它们立学，使成为"官学"；左氏为"私学"，原因是西汉人认为公羊、穀梁传的是孔子《春秋》，左氏传的是鲁国史官的鲁《春秋》。

《左传》的作者相传为春秋时左丘明。清今文学家认为系刘歆改编。近人认为是战国初年人据各国史料编成。书中保存了大量史料，文字优美简洁，不仅是一部历史名著，而且是一部古典文学名著。

《史记·十二诸侯年表》说：孔子"西观周室，论史记旧闻，兴于鲁而次《春秋》……七十子之徒口受其传指，为有所刺讥褒讳挹损之文辞不可以书见也。鲁君子左丘明惧弟子人人异端，各安其意，失其真，故因孔子史记具论其语，成《左氏春秋》"。

《左传》的成书，大约在秦统一以前，便以当时文字（古文）写定，所以属古文经。《左传》原名《左氏春秋》，刘歆改为《春秋左氏传》。但此时还是单独成书。杜预作《春秋经传集解》，才把《春秋》经文分别放在《左传》每段叙事之前，从此《春秋》与《左传》一起流传。

《公羊传》的作者，相传为战国时齐人公羊高。高为子夏弟子，治《春秋》。最初只有口说流传。西汉景帝时传至曾孙公羊寿，才同齐人胡毋生写成书。它是今文经学的重要经籍，着重阐释《春秋》"大义"，史事记载较简略。它在汉代作为《春秋》经的重要教材，公羊学大兴。历代今文经学家常用为议论政治的根据。

《穀梁传》为战国时穀梁赤撰。内容是解释《春秋》经的义例。开始也是口说流传，西汉时才写成书。《穀梁传》于汉宣帝时曾立于学官，其后乃废。熹平石经缺此书，大概因为它言义不及《公羊传》，记事不及《左传》。《春秋穀梁传集解序》的作者范宁曾对这三种书作过评价：

"《左氏》艳而富，其失也巫；《穀梁》清而婉，其失也短；《公羊》辩而裁，其失也俗。"

阐述《春秋》的这三种书，后来沿用列为"十三经"中的三种教材。

三

下面简略地介绍《乐经》、《论语》、《孝经》和《尔雅》几种书。至于"十三经"中的《孟子》一书，有另文论述。

《乐经》。传为"六经"之一，开始见于《庄子·天运》。古文学家和今文学家对于"乐"是否有经，看法各异。古文学家认为《乐》本有经，因为秦焚书而亡佚了。今文学家却认为"乐"本无经。"乐之原在《诗》三百篇之中，乐之用在《礼》十七篇之中……"①

孔子爱好音乐，"在齐闻《韶》，三月不知肉味"②。尝学鼓琴于师襄子，专心研习过音乐。他对音乐的造诣很深，也很注意音乐教育。他说："兴于诗，立于礼，成于乐。"③ 又说："移风易俗，莫善于乐。安上治民，莫善于礼。"④ 他曾经审定整理过乐。他说："吾自卫返鲁，然后乐正，《雅》、《颂》各得其所。"⑤ 鲁哀公十一年，孔子自卫返鲁。是时周礼在鲁，但《诗》、《乐》有些残缺失次，孔子周游四方，参互考

---

① 邵懿辰：《礼经通论·论乐本无经》。
② 《论语·述而》。
③ 《论语·泰伯》。
④ 《孝经·广要道》。
⑤ 《论语·子罕》。

订，晚年感到道终不行，所以回到鲁国，整理乐章，配律合乐。司马迁说："三百五篇孔子皆弦歌之，以求合《韶》、《武》、《雅》、《颂》之音。"①他深知乐的教育作用，能潜移默化，陶冶情操，移风易俗。

《论语》。这是孔子弟子和再传弟子关于孔子言行思想的记录。《汉书·艺文志》说："《论语》者，孔子应答弟子时人及弟子相与言而接闻于夫子之语也。当时弟子各有所记。夫子既卒，门人相与辑而论纂，故谓之《论语》。"赵岐在《孟子题辞》中说："七十子之畴，会集夫子所言，以为《论语》。"大概此书是如《汉书》所说，弟子各有所记，孔子死后，门人加以编纂，最后由仲弓、子游、子夏三人负责总编，因为子游、子夏在门人中是以文学著称，在孔门为传经弟子。《史记》称子夏居西河教授，后来汉儒传经，其源多出于子夏。程颐认为《论语》一书成于有若、曾参的门人。他的根据是书中除孔子外只有他们二人称"子"。

汉时有今文本《鲁论语》、《齐论语》和古文本《古论语》三家：《鲁论语》二十篇；《齐论语》别有《问王》、《知道》二篇，其中二十篇的章句比《鲁论语》稍为多些；《古论语》相传出于孔氏壁中，共二十一篇。今《论语》是西汉末年张禹订定的。据《汉书·张禹传》：张禹初从王阳、庸生问《论语》，萧望之称他"经学精习，有师法"。张禹授太子《论语》，为《论语章句》。删去《齐论语》中的《问王》、《知道》二篇，号为《张侯论》。由是该书篇数与《鲁论语》相同。当时在士人当中，流行这样一种说法："欲为《论》，念张文。"《汉书》称"由是学

---

① 《史记》卷四七《孔子世家》。

者多从张氏,余家浸微"。熹平石经与何晏的《论语集解》,都根据《张侯论》,郑玄注《论语》也以《张侯论》为主,而兼采《齐论语》、《古论语》。

自汉以后,《论语》长期作为学校教材,不只在中国有广泛的深远的影响,在世界各国也产生了一定的影响。20世纪50年代,美国各大学图书馆曾进行调查,在世界十大名著中,《论语》译本之多,流传之广,仅次于《圣经》。日本学者林泰辅在所著《论语年谱》中,搜集古今中外有关《论语》的著作达三千种。可见《论语》在世界文化宝库中占有多么高的地位!

《孝经》。《孝经》共十八章。作者是谁,说法不一。《史记·仲尼弟子列传》载:"孔子以为(曾参)能通孝道,故授之业。作《孝经》。"《汉书·艺文志》载:"《孝经》者,孔子为曾子陈孝道也。"有人认为以孔子后学所作较为合理。

《孝经》论述封建孝道,宣传宗法思想。汉代列为"七经"之一,长孙氏、江翁、后仓、翼奉、张禹等传之,各自名家,经文相同。只有孔氏壁中的不尽相同。

在汉代学校中,《孝经》被规定为必修教材。《汉书·儒林传》:"博士江公……著《孝经说》。"孔安国在《古文孝经训传序》中说:"至汉兴,建元之初……博士颇以教授。"匡衡为劝经学上疏说:"《论语》、《孝经》,圣人言行之要,宜究其意。"[1]《四民月令》载:"冬十一月,命幼童入小学,读《孝经》、《论语》……"郑玄在《孝经注叙》中说:

---

[1]《汉书》卷八一《匡衡传》。

"《孝经》者，三才之经纬，五行之纪纲。"[1] 郑玄在南城山被难的时候，诠注了《孝经》一书。

唐玄宗开元、天宝年间，两次将《孝经》注释本颁行全国和国子学。今《十三经注疏》中的《孝经》本就是这个本子。

《尔雅》。《尔雅》为我国最早解释词义的专著。经清邵晋涵考证，认为是孔子门人所作，又经汉儒缀辑增益而成。郭璞在《尔雅序》中说："夫《尔雅》者，所以通诂训之指归……"关于字书，古有仓颉《急就篇》，早已散失。所以传到今天的字书，以《尔雅》为最古。宋邢昺在《尔雅疏叙》中说："夫《尔雅》者，先儒授教之术，后进索隐之方，诚传注之滥觞，为经籍之枢要者也。"他指明这本书是古代儒者进行教学、解释经籍的一本重要参考书。今本十九篇。前三篇《释诂》、《释言》、《释训》，所收为一般词语，将古书中同义词分别归并为各条，每条用一个通用词作解释。《释亲》、《释宫》、《释器》以下各篇是关于各种名物的注释。《尔雅》为考证词义和古代名物的重要资料。到唐宋时此书列为"十三经"之一。

四

（一）儒家经传为什么成为中国封建社会学校长期的教材

经过孔子编订过的"五经"和记述孔子言行的《论语》，在孔子以后两千多年学校教育中，一直是教学用书。这些教材为什么能够这样经

---

[1] 《玉海》卷一一。

久不衰、长期使用？这首先要从中国社会的长期停滞上去找根源。两千多年来，中国停滞在以农业经济为主体的闭关自守的封建社会。从秦汉直到清末，从未经过社会秩序的根本性变革，即革命。即使有一治一乱的变化，也不是自觉性的行动。科学不昌明，工业不发达，小农经济统治着整个社会，封建土地制度和宗法制度成为这个社会的基础。这样以封建伦理道德为内容的社会文化，成为这个社会的精神支柱，维系着这个社会的存在和秩序；也就需要像"四书"、"五经"这样的教材来培养年轻一代，形成共同的道德意识和行为规范。

　　封建统治者看中了儒家的思想、儒家的文化典籍，对于巩固这样的社会秩序和统治是有利的。秦朝想用纯粹法家的一套治国之道来统治国家，结果民怨沸腾，只有十五年就垮台了。由于经过了春秋战国时期的长期战乱，加以秦王朝的严刑峻法，民不堪命。汉刘邦取得统治以后，尤其是在文、景时代，治国采用黄老思想，与民休养生息，形成了这个时期的一段政治比较安定、生产得以恢复的局面。但是黄老之学，无为而治，毕竟不是治国理政的好办法。汉武帝在全国统一的政治形势之下，需要有统一的思想、统一的文化。当时，董仲舒、公孙弘等一些人提出用儒家学术作为治理国家的统治思想。他们盱衡全局，纵观历史，认为儒家的思想对于巩固汉王朝的统治是有利的，于是提出罢黜百家、尊崇儒术的方针，规定以儒家的书作为统一教材。此后两千年，封建社会的模式不变，作为这个社会的统一教材，也就一直保持下来。这些教材为巩固封建社会制度起了很大的作用。它们所宣扬的一套伦理道德观念，经过长期的熏陶浸润，形成了一种民族意识和文化传统。

（二）在孔子审定的儒家教材中贯串着仁和礼的思想

仁和礼是以孔子为代表的儒家的核心思想。孔子把仁悬为一个做人的最高鹄的，一种最高的精神境界，一种含义极广的道德范畴。他说："君子无终食之间违仁，造次必于是，颠沛必于是。"① 他和他的学生经常谈到仁，可是不轻易以仁许人。他对他的学生如仲弓、子路、冉求、公西赤等，认为都没有达到仁的标准。他谈到自己说："若圣与仁，则吾岂敢！"②

《礼记·中庸》说："仁者人也，亲亲为大。"孔子言"仁"，包括的内容很广，而以"己所不欲，勿施于人"和"己欲立而立人，己欲达而达人"为实行的方法。仁作为一条红线贯串在儒家教材中。

儒家提倡礼治，尤其提倡礼教。孔子教学生念念不忘于礼。礼是维护封建社会秩序的一种社会规范和道德规范。孔子说："安上治民，莫善于礼。"③ 他认为要维持复杂纷繁的社会秩序，就要依靠礼的作用。在他看来，礼的作用比法的作用要大，虽然没有法见效快，但是它潜移默化，深入人心，从行为规范上确定一些标准，从内心深处成为一种自觉要求。《礼记·经解》说："礼之于正国也，犹衡之于轻重也，绳墨之于曲直也，规矩之于方圜也。"这里用比喻的笔法，说明了礼对于治国的重大作用。所以在一个人的年轻时期，就要进行礼的教育，培养礼的行为习惯。

---

① 《论语·里仁》。
② 《论语·述而》。
③ 《孝经·广要道》。

（三）作为殷周文化遗产的"五经"与孔子"述而不作"的思想

"五经"是殷周以来的文化遗产，不是春秋时期才有的，也不专属于儒家。古者学在王官，典册一直珍藏在秘府，是贵族阶级所独有的历史文献。当时只有"宦学"乃得"事师"，只有贵族阶级才有享受教育的权利；没有私人讲学之风，也没有庶民子弟能受教育。同时，古代的竹简木牍，刀刻漆书，不特成书难，藏书也不容易。

到了春秋时期，王权陵夷。随着周王室政权的衰落，文化典籍逐渐流传到民间，尤其是在鲁国流传的较多。晋韩起聘鲁，才看到《易象》与《鲁春秋》；吴公子季礼聘鲁，才得闻《诗》的《风》、《雅》、《颂》。私人要看到藏书，很不容易，更谈不上著述。私人讲学和著述，实以孔子为第一人。所以孔子不只是儒家的始祖，实际上开十家九流的先河。"六经"也是古代道术的总汇，不是儒家所独有的。

孔子曾经作过自我评价，认为他的一生是"述而不作，信而好古"。述是传述旧闻。孔子删《诗》、《书》，定《礼》、《乐》，赞《周易》，修《春秋》，都是整理前人的旧业，似乎没有什么新的创作。关于《诗》、《书》等这些教材，有的过去已经长期使用，孔子根据他的要求和思想，进行了一番搜集、整理、删订的工作，把自己的学术、理想和要求融入教材，提高教材的系统性和思想性，使之符合当时的思想水平和政治要求。通过这一工作过程，把古代相传的"前言往行"扩散开来，传递下去，成为整个封建社会时代政治生活和精神生活的指导思想；不仅保存了古代文献，而且经过整理、教学的过程，相传不绝，成为中华民族的精神遗产和凝聚力量。总之，保留这些文献本身，是极为珍贵的。至于随着时代的变迁、社会的进步、文化的发展，其中有哪些糟粕应该摒弃，哪些精华应该发扬，那就是后人"择善而从"、总结提高的问题了。

（四）"五经"等教材随着时代的变迁产生不同影响

"五经"、《论语》等这些教材，随着社会的变迁、思想的演进、诠释的不同而产生不同的影响。以"五经"来说，西汉时期，董仲舒以孔子为号召，用今文经学的观点来解释《春秋》，特别崇尚公羊学，附以流行的天人感应、阴阳五行学说，建立了宗教神学。魏晋时期，清谈盛行，玄学兴起。何晏著《论语集解》和《道德论》，王弼有《周易注》和《老子注》；还有嵇康作《难自然好学论》，猛烈地攻击"六经"。到了宋朝，朱熹等人把魏晋隋唐时已经衰退的儒家振兴起来，形成理学。理学出现在佛道盛行之后，它吸收佛道的心性修养内容，把入世的伦理实践与出世的宗教修养结合起来，对作为教材的儒家经典给予新的解释，以适应封建社会后期的文化需要。

《论语》一书，虽然没有列入"五经"之中，但自汉代以后，与《孝经》一起就是学生的必读教材。到了宋朝，将《礼记》中的《大学》、《中庸》两篇和《孟子》一书合编起来，成为"四书"。朱熹一生从事"四书"的传授解释工作。经过朱熹及其学派的提倡，"四书"被后来历代朝廷列为国家教科书，《四书章句集注》被后来历代朝廷定为国家考试标准答案。一套精密完整的政教合一的思想体系，就这样建立起来了。

（五）怎样看待"五经"这些古代教材

任何一个民族都不可能彻底抛弃自己的文化传统而另起炉灶，都有一个批判继承的问题。在批判继承的基础上，吸收新的东西，创造新的文化。传统与创新是连续的生机勃勃的过程。春秋战国时期，是我国古代百家争鸣的黄金时代,先秦典籍和先秦思想,给我们留下了宝贵的遗产,在历史的长河中形成了我们中华民族的特征和品质。像"五经"和《论语》等这些古代文献,像过去一样把它捧作神圣不可侵犯的经典,不对!把它说得一钱不值,像某些人说的要把它扔到茅坑里去,也不对!我们的任务是对中国传统文化,保持一个合理的态度。尽量发掘其中的积极成分和现代意义,以期和外来文化合在一起,构成进步求新的动力。

孔子虽敬佩周公,深爱其制礼作乐,但他追求的是"以其道易天下",即使渴慕往古,也不过是托古改制。孟子说孔子是"圣之时者"。这说明孔子不拘泥于往古,一切从现实出发,来改造礼崩乐坏的社会。到了晚年,孔子把全部精力放在著述和教学方面,从事整理古籍、编纂教材和教育学生等工作,给后人留下了一笔宝贵的遗产,取得了很大的成绩。

包括"五经"等教材的中国传统文化,久已深入人心,我们不应该采取民族虚无主义的态度。正确的态度应当是批判地吸收,从这些古籍中发扬民族文化的精华,发掘民族文化的活力和理性主义的因素,从而创造出符合时代精神的光辉灿烂的中华民族新文化。

先秦诸子论教学内容*

春秋战国时期是中国古代学术繁荣、百家争鸣的时期。这有它的时代背景和社会根源。当时阶级关系变动，社会结构调整，争城争地，战乱频繁。代表各阶级、各阶层的思想，如雨后春笋，交织成一幅绚烂多姿的图画。儒墨两家各称"显学"，道家法家各树一帜，其他学说流派杂然纷呈，各有特色。他们大都开坛讲学，弟子众多，各用自己的思想学说去教育学生，影响社会，因而各有自己的教学内容。下面简单地介绍这方面的情况。

一、孟轲

孟轲受业于子思的门人。齐成王、宣王的时候，他游学稷下。后来，他游说各诸侯国，授徒讲学，言仁义，道性善，提倡以重民、恒产、反暴、薄敛、任贤为内容的仁政学说。今传《孟子》七篇，记录了

---

* 选自《中国古代学校教材研究》。

孟轲的部分言行，或为其学生所纂。

孟轲在教育思想方面，从他的性善论出发，主张要善于开导，善于启发，如他所说的，要"引而不发，跃如也"①。孟轲虽然是个大教育家，可是在《孟子》一书中，谈到教育理论的较少，谈到知识教育内容的更少。如《史记·孟子荀卿列传》所说的，孟轲仕途多艰，"所如者不合"，"退而与万章之徒序《诗》、《书》，述仲尼之意，作《孟子》七篇"。可见他对《诗》、《书》这些教材花过不少工夫。

孟轲十分重视伦理道德教育。他提出要"谨庠序之教，申之以孝悌之义"②。又说："学则三代共之，皆所以明人伦也。人伦明于上，小民亲于下。"③ 他认为教育的目的就是"明人伦"。这种教育的作用和方法，如他所说的："君子之所以教者五：有如时雨化之者，有成德者，有达财者，有答问者，有私淑艾者。"④教育要像及时雨一样，使草木得到雨露的滋润，蓬勃生长；还要因材施教，达材成德，针对学生的特点，因势利导；还有答问和私淑，也是教育的方式。这里虽然没有谈到教学内容，但是谈到了教学法、教育心理。

在教学方面，孟轲还提出一个博学详说的问题。他说："博学而详说之，将以反说约也。"⑤ 这是说，博学于文而详说其理，并不是为了在人前卖弄渊博，而是为了融会贯通，能够反过来悟出至约的道理。

孟轲特别强调学贵自得。这是学习的很高境界。他说："君子深造

---

① ④《孟子·尽心上》。
②《孟子·梁惠王上》。
③《孟子·滕文公上》。
⑤《孟子·离娄下》。

之以道，欲其自得之也。自得之，则居之安；居之安，则资之深；资之深，则取之左右逢其原，故君子欲其自得之也。"① 对这段话，程颐引申说："有安排布置者，皆非自得也。然必潜心积虑，优游餍饫于其间，然后可以有得。若急迫求之，则是私己而已，终不足以得之。"② 这就是说，学者对于学习内容，必须优游浸渍，深入领会，才能自得于己，左右逢源；急于求成，贪多不得，这是学习的大敌。

二、荀卿

荀卿发展了古代朴素的唯物主义思想，提出了"明于天人之分"、"形具而神生"③ 等命题；在政治伦理方面，论仁义，言性恶，隆礼尚法。他从性恶论出发，非常重视教育的作用。他说："学不可以已。"又说："木受绳则直，金就砺则利，君子博学而日参省乎己，则知明而行无过矣。"④ 他认为思不如学，冥思苦想，不如学的效益来得大。"吾尝终日而思矣，不如须臾之所学也。"⑤ 短时间的学习，比整天空想的效果大得多。

学什么呢？学的程序和目的是怎样的呢？他说："其数则始乎诵经，终乎读礼；其义则始乎为士，终乎为圣人。"⑥ 学习的内容是《诗》、《书》、《礼》、《乐》、《春秋》。他说："故《书》者，政事之纪也；《诗》

---

① 《孟子·离娄下》。
② 朱熹：《四书章句集注·孟子集注·离娄章句下》。
③ 《荀子·天论》。
④ ⑤ ⑥《荀子·劝学》。

者，中声之所止也；《礼》者，法之大分，类之纲纪也，故学至乎《礼》而止矣。夫是之谓道德之极。《礼》之敬文也，《乐》之中和也，《诗》、《书》之博也，《春秋》之微也，在天地之间者毕矣。"① 这是荀卿第一次提出了《礼》、《乐》、《诗》、《书》、《春秋》为学习和修养的教材。荀卿认为儒家的"五经"是为儒家礼乐教化的必读之书。他说："《诗》言是，其志也；《书》言是，其事也；《礼》言是，其行也；《乐》言是，其和也；《春秋》言是，其微也。"② 《荀子》一书共引经九十八次，其中引《诗》八十二次，引《书》十三次，引《易》三次。《韩诗外传》引荀卿说《诗》共四十四处。《易》、《春秋》、《公羊传》，因为被《荀子》一书引用，汪中认定，这类经书也经荀卿传授而传于后世，只是"古籍缺亡，其授受不可尽知"。

荀卿认为教育的一个作用是传授知识，继承文化遗产。他在《劝学》中说："青，取之于蓝而青于蓝；冰，水为之而寒于水。"这里形象地说明了通过教育和学习，不仅要接受前人传下来的文化知识，还要有所发展，有所提高。荀卿在稷下学宫讲学，不只博览群书，旁征博引，还对诸子百家的学说注意批判继承，就是一个实际例子。

荀卿曾指出靠自己摸索、学习"五经"的偏向。他说："《礼》、《乐》法而不说，《诗》、《书》故而不切，《春秋》约而不速。"所以"学莫便乎近其人"。③ 有教师指点，就能质疑问难，不会迷失方向，劳而无功，所以他很重视教师的作用。儒家"五经"年代久远，理解起来有困难，要聆听教师的教诲，效法他们的行为，才是一条学习的捷径。

----

① ③《荀子·劝学》。
②《荀子·儒效》。

荀卿重视礼、乐的教育作用，特别重视礼的作用。他本长于《礼》学。不论《大戴礼记》或《小戴礼记》，其传授都与荀卿有关。他说："礼者治辨之极也，强国之本也，威行之道也，功名之总也。王公由之，所以得天下也；不由，所以陨社稷也。"[1] 礼的作用是什么？它起源于哪里呢？他在《礼论》中说："人生而有欲，欲而不得，则不能无求；求而无度量分界，则不能不争；争则乱，乱则穷。先王恶其乱也，故制礼义以分之，以养人之欲，给人之求，使欲必不穷乎物，物必不屈于欲，两者相持而长，是礼之所起也。"[2] 人生是有欲望的，因而有所需求；如果没有分际，贪得无厌，就会发生争乱。所以先王制定礼义，一方面，满足人的正当要求；另一方面，使主观的欲望与客观的东西相协调。这就需要礼来节制。他还重视乐在调剂人的情感中的作用。他说："夫乐者，乐也，人情之所必不免也，故人不能无乐。乐则必发于声音，形于动静……"[3] 因此，在荀卿的教学内容中，礼乐占有重要的地位。在《荀子》一书中，反复强调了礼乐在形成人的行为、性格中的作用，以及在治理国家、推动社会前进中的功能。

三、墨翟

墨翟之学显于战国，汉以后传者很少。到清代乾嘉之际，王念孙父子、孙星衍、毕沅等人，对《墨子》一书的校释做了不少工作。孙诒让

---

[1]《荀子·议兵》。
[2]《荀子·礼论》。
[3]《荀子·乐论》。

著《墨子间诂》一书研核精详。墨翟教的学生，据他自己说："臣之弟子禽滑厘等三百人……"吕不韦说：孔墨"从属弥众，弟子弥丰，充满天下"。又说："孔墨之后学显荣于天下者众矣，不可胜数……"① 可见墨翟学生很多，影响很大。所以当时孔墨并称，号为"显学"。

墨翟在教学内容方面有以下几个特点。

（一）注重科技工艺教育。春秋战国时期，是中国历史上学术发达的黄金时期，但是注重科技工艺教育的人很少。墨翟在这方面很有特色。《墨子》书中记述了这样一件事：公输般帮助楚国攻宋，给楚造云梯等战具，墨翟去见公输般，"解带为城，以牒为械，公输般九设攻城之机变，子墨子九距之，公输般之攻械尽，子墨子之守圉有余。公输般诎"②。这里说的攻与守，虽然是一次模拟战，但可以看出，墨翟在技术工艺方面是有素养的。他的学问，不是在文字口语之间，而是身体力行，多才多艺。他的学生也是这样。

（二）注重训练学生的逻辑思维，开中国论理学的先河。墨翟是中国名学（论理学）的先驱，在先秦诸子中，他首先明确地提出名学的一些概念。他在《非命上》中说："故言必有三表。何谓三表？……有本之者，有原之者，有用之者。于何本之？上本之于古者圣王之事。于何原之？下原察百姓耳目之实。于何用之？废以为刑政，观其中国家百姓人民之利。"《墨子》中有《经上》、《经下》、《经说上》、《经说下》、《大取》、《小取》六篇。胡适说："这六篇《墨辩》乃是中国古代名学最重

----

① 《吕氏春秋·当染》。
② 《墨子·公输》。

要的书。"① 这六篇《墨辩》的性质，如《经上》、《经说上》，讲的是界说、文体，《经说上》是《经上》的详细解释。《经下》讲许多定理，《经说下》是《经下》的详细说明。《墨子·经说》论知识有三层：一曰"知，材也"，是"所以知"的官能；二曰"知，接也"，是由外物发生的感觉；三曰"恕（智），明也"，是心的作用。三者合作，才有知觉。这些也是学习心理的知识。

（三）注重军事教育。先秦诸子中除孙武、吴起等人外，很少注意军事教育。孔子、孟子是反对战争的，尤其反对春秋战国时期的"争城以战，杀人盈城；争地以战，杀人盈野"。孔子说："军旅之事，未之学也。"② 因此很少有人研究和传授战争的技能和知识。可是在《墨子》一书中有关于战争的专篇，如《备城门》、《备高临》、《备梯》、《备水》、《备突》、《备穴》等十二篇，所记都是墨家守城备战的方法。他不只是注重军事理论，还十分注意实际的军事训练。他的学生为了反对不义的战争，亲自参加战斗，冲锋陷阵，克敌制胜。

（四）反对乐教。这是和儒家显然不同的。儒家非常重视音乐陶冶性情的作用，提倡乐教。墨翟不同意这种看法，反对乐教，认为"繁饰礼乐以淫人"③。乐既然是"淫人"的东西，当然在排斥之列。他认为音乐这东西，一费钱财，二不能救百姓的贫苦，三不能保卫国家，四使人习于奢侈，所以它是应该被废除的。

（五）旗帜鲜明地反对儒学。《墨子》一书中有《非儒》两篇，现在

---

① 胡适著：《中国哲学史大纲》卷上，商务印书馆1987年影印版，第187页。
② 《论语·卫灵公》。
③ 《墨子·非儒下》。

只存一篇，因此对墨翟反儒的内容我们不能窥其全豹。他从兼爱的观点出发，反对儒家的"亲亲有术，尊贤有等"、"亲疏尊卑之异"。①《淮南子·要略》说："墨子学儒者之业，受孔子之术……"墨翟是不是受过儒者之业和孔子之术，不能断定，但是墨翟是受了儒家的影响来杀回马枪的。儒家不信鬼，墨翟却倡《明鬼》论；儒家主张厚葬，他却倡《节葬》论；儒家讲礼乐，他却倡《非乐》论；儒家信天命，他却倡《非命》论。在这些方面，他跟儒家唱对台戏，所以后来两家争辩很激烈。儒家的孟轲是一员反墨的大将。他明言要"距杨墨"，他说："杨墨之道不息，孔子之道不著，是邪说诬民，充塞仁义也。仁义充塞，则率兽食人，人将相食。"② 经过一场激烈的学术斗争，儒家占了上风。到汉代用行政的手段，罢黜百家，于是儒家的书成为国定教材；其他各家，如墨家、法家就逐渐消沉了。

四、老聃和庄周

老聃和庄周从他们的哲学观点出发，都反对知识。老聃说："常使民无知无欲……"又说："民之难治，以其智多。故以智治国，国之贼；不以智治国，国之福。"③ 庄子也说："多知为败"，"绝圣弃知而天下大治"。④ 他们为什么这么反对知识？因为他们认为当时国家社会出现的

---

① 《墨子·非儒下》。
② 《孟子·滕文公下》。
③ 《道德经》。
④ 《庄子·在宥》。

种种罪恶，根源都在于"多欲"。文化程度越高，知识越多，头脑越复杂，欲望也就越来越高涨。结果是互相争夺，天下大乱。

老聃认为"为学日益，为道日损"①。一个人如果从事学问，知识就会一天比一天增加；如果从事于道，知识就会一天比一天减少。老聃是崇尚道的，所以他主张只有少学知识，才能于道有得。又说："绝学无忧。"②就是只有抛弃一切所谓文化知识，才能免于忧患，经常保持心灵上的宁静。"少则得，多则惑。"知识少反而有收获，知识多了反而遇事迷惑。所以他提出要"常使民无知无欲"，永远使人们没有知识，没有欲望。在教育上他主张"行不言之教"，就是用"不言"去教导。他反对通过实践去学习，抹杀实际经验在认识中的作用。他在《道德经》中说："不出户，知天下；不窥牖，见天道。其出弥远，其知弥少。"他更反对儒家所维护的礼，认为礼这个东西是忠信的不足，是大乱的祸首。他说："夫礼者，忠信之薄而乱之首。"儒家用礼来作为重要的教育内容，作为维持社会秩序的工具。老聃却反其道而行之，要彻底砸烂"礼教"这个招致祸乱的东西。老聃既然反对知识，反对经验，反对礼教，因此他就反对作为获得知识的手段的教育。

庄周一派同老聃的这些观点大致相同。他们也反对读书求知。《庄子·天道》讲过这样一个故事："桓公读书于堂上，轮扁斫轮于堂下，释椎凿而上，问桓公曰：'敢问公之所读者何言邪？'公曰：'圣人之言也。'曰：'圣人在乎？'公曰：'已死矣！'曰：'然则君之所读者，古人之糟魄已夫！'桓公曰：'寡人读书，轮人安得议乎？有说则可，无说则

---

① ②《道德经》。

死。'轮扁曰：'臣也以臣之事观之。斫轮，徐则甘而不固，疾则苦而不入；不徐不疾，得之于手而应于心；口不能言，有数存焉于其间。臣不能以喻臣之子，臣之子亦不能受之于臣，是以行年七十而老斫轮。古之人与其不可传也死矣。然则君之所读者，古人之糟魄已夫！'"还说："世之所贵道者，书也。书不过语，语有贵也。语之所贵者意也，意有所随。意之所随者，不可以言传也，而世因贵言传书。世虽贵之，我犹不足贵也，为其贵非其贵也。"庄周等人认为：首先，道不在书，道不可以言传。世人"贵言传书"是错误的。其次，书中所写的都是圣人的糟粕，因此用书本来进行教学，没有益处。最后，以斫轮为喻，快了不行，慢了也不行，要"得手应心"。这里有一种心领神会的认识。如果用书本教人，人们是领会不到的。

同老聃一样，庄周也极力反对儒家的以礼教人。他说："礼者，道之华而乱之首也。"① 这是说，礼有常则，使人矫道仿效，舍本逐末，弃朴实而尚浇薄，因此道丧淳漓，就乞灵于礼来维系。又说："礼相伪也。"② 礼尚往来，互为浮伪，虚华乱德，不是真实的东西。

在《庄子》一书中，曾叙述过关于"六经"的话。在《庄子·天下》中说："其在于《诗》、《书》、《礼》、《乐》者，邹鲁之士，搢绅先生多能明之。《诗》以道志，《书》以道事，《礼》以道行，《乐》以道和，《易》以道阴阳，《春秋》以道名分。"在《庄子·天运》中说："孔子谓老聃曰：'丘治《诗》、《书》、《礼》、《乐》、《易》、《春秋》六经。'"在历史文献中第一次提出"六经"的总称。可见，这几种书在战国时期

---

① ②《庄子·知北游》。

已经成为社会上公认的教学用书,"六经"之称,自此一直沿用下来。

五、韩非

韩非主张以法治国,反对儒墨之道,当然也反对儒墨的教学内容。《韩非子·八说》说:"博习辩智如孔、墨,孔、墨不耕耨,则国何得焉?"法家主张耕战政策,耕以富民,战以强国,认为书本知识谈仁义、说道德,对于治国都是无济于事的。

(一)韩非认为"息文学而明法度",能收到"公利"的效果。如果"贵文学而疑法",那么国家是不能富强的。他把"法度"和"文学"对立起来。如果崇尚文学,就不能执行法度。同时,他认为文学是儒家所提倡的,因此得出结论,儒家是反法的,儒家主张的文学是不能治国的。

(二)韩非一派也反对儒家的德政和德教。他们认为治国的人要"不务德而务法"。《韩非子·显学》说:"夫必恃自直之箭,百世无矢;恃自圜之木,千世无轮矣。自直之箭,自圜之木,百世无有一,然而世皆乘车射禽者何也?隐栝之道用也。"所谓隐栝之道,如同矫揉弯曲的竹木一样,使它们平直或制成器具。以法治国,就是使吏民都知道法,明了哪些是合法的,哪些是不合法的。这样就行有准绳,事有规矩,民风自正,国家自安。

(三)韩非主张法术,反对心治。《韩非子·用人》说:"释法术而任心治,尧不能正一国;去规矩而妄意度,奚仲不能成一轮;废尺寸而差短长,王尔不能半中。使中主守法术,拙匠执规矩尺寸,则万不失矣。"这里明确地反对心治。儒家主张"正心"。法家认为，随着社会环境的习染，心是可以为善、可以为恶的，所以它是靠不住的；只有用法来规范人的行为，社会才可以长治久安。所以法家主张用法来教育人们，使人们趋善避恶。

（四）韩非主张以法律的书为教材。韩非认为，普及法律知识，使百姓遵守法，就能稳定社会秩序。《韩非子·五蠹》说："故明主之国，无书简之文，以法为教；无先王之语，以吏为师……"这里明确地提出以法为教、以吏为师。这样国家才可以富强，社会秩序才可以稳定。所谓"以法治国，举措而已矣"[①]。可是世间有些"愚学"之士，"不知治乱之情"，主张"多诵先古之书"，因而扰乱了"当世之治"。[②] 这是法家所竭力反对的。

---

① 《韩非子·有度》。
② 《韩非子·奸劫弑臣》。

第三编

论秦汉教材

秦代学校教材*

公元前221年,秦王朝以武力统一了中国,建立起中国历史上第一个统一的封建国家。为了消除诸侯割据的局面,秦始皇在全国普遍地推行了郡县制度,建立了专制的中央集权制。

秦始皇在即位以后的前一个时期,继承了秦昭王的做法,对儒家和儒家书籍,采取兼容并包的态度。他让博士参政议政,还负责教授二千以上的学生。从遗留的石刻铭文来看,还保留了儒家思想的痕迹。可是后来他就反对儒家思想。大概有以下这些原因。秦始皇统一了中国,要改变过去那个分崩离析的局面,认为法家的思想和办法最能奏速效。韩非的著作流传到秦国,他看后非常高兴,说:"寡人得见此人与之游,死不恨矣!"[①] 他是从内心佩服韩非的思想和学说的。可见,在统一六国以前,他对儒家和各类知识分子还比较重视。因为那时他要延揽各方面的人才为他效劳,供他驱使。可是一到六国统一,形势发生了变化,他以为有了武力,有了政权,就可以为所欲为,支配一切。他本来就不

---

* 选自《中国古代学校教材研究》。
① 《史记》卷六三《老子韩非列传》。

喜欢儒家思想，读了韩非的著作后更感到儒家思想不但不能助他一臂之力，反而成了他统一天下和控制局面的障碍物了。

公元前213年，即秦始皇三十四年，秦国发生了焚书事件。这是由李斯奏请、秦始皇批准的。具体措施是，历史书除《秦纪》外都烧掉，除博士官职守应保留的外，所有《诗》、《书》、百家语，都送缴守、尉焚毁；只有医药、卜筮、种树三种书准许保留。对那些不执行这一决定的，还规定了几项严厉的惩罚办法，就是有敢偶语《诗》、《书》，或者以古非今的和官吏知情不报的，都要弃市或族诛，限期三十天不执行命令的黥为城旦。这个命令被执行以后，思想统治更为严格，使先秦文献遭到了空前的浩劫。烧掉了这些书以后，秦朝廷规定学子只能学习秦国的法令，教师都是在职的官吏。这样，学习的范围极为狭窄。

秦始皇实施这一焚书坑儒的政策，延缓了新兴地主阶级在意识形态领域建立统治思想的进程，阻挠了使上层建筑具有刚柔相济两种功能的历史趋势。这一政策把已网罗到官僚系统中来的知识分子摧毁殆尽，还把可以借鉴的历史文献付之一炬。这是明显的失策和自我削弱。可是他虽然坑杀了一批儒生，却无法把儒生统统杀光，反而将一些儒生赶到敌对的营垒中去，如孔鲋就投奔到农民起义军中去，伏生、四皓这些人就隐藏起来了。

从儒家方面说，当时的儒家队伍远不是统一的。孔子以后，儒分为八，其中有进取的，也有保守的。秦始皇上台以后，儒家的主流是地主阶级化了。可是有由孟氏之儒发展过来的，他们"是古非今"、"借古讽今"。秦始皇设立的七十博士，在实行郡县制和分封制这个问题上，斗争公开化。博士仆射周青臣代表一派，主张实行郡县制；博士淳于越代表另一派，说"事不师古而能长久者非所闻也"，主张"封子弟功臣，自为枝辅"。①

秦在文教工作方面也实施了一些有利于统一的政策，如统一和简化文字。西周的籀文笔画复杂。秦国在未统一全国时使用这种文字。当时东方各国使用较简便的字体，称为古文或蝌蚪文。秦统一中国后，为了统一和简化文字，依据籀文、古文加以改革，称为秦篆或小篆。在文字改革后编写了用小篆写的字书：李斯作《仓颉篇》七章，赵高作《爰历篇》六章，胡毋敬作《博学篇》七章，都用小篆书写，作为儿童识字课本，向全国颁布。西汉时合为一本，统称《仓颉篇》。许慎在《说文·序》中说："秦始皇帝初兼天下，丞相李斯乃奏同之，罢其不与秦文合者。斯作《仓颉篇》……"据《汉书·艺文志》载，汉朝建立后就将秦时使用的课本进行改编。闾里书师合《仓颉》、《爰历》、《博学》三篇，断六十字以为一章，凡五十五章，并为《仓颉篇》。共有三千三百字，用隶书书写，成为汉代闾里通行的识字课本。《宋史·艺文志》才不见著录。王国维有《重辑仓颉篇》，以史游所录，扬雄、杜林所训之字为上卷，以见于他书所引者为下卷。

小篆为秦代通行的字，是在籀文的基础上发展而成的。字体较籀文简化，圆匀齐整。秦始皇采取李斯的意见，推行统一文字的政策，以小篆为正字，淘汰通行于其他地区的异体字，对汉字的规范化起了很大的作用。

由于秦时政权集中，文书繁多，小篆书写也不方便，胥吏在抄写时

---

① 《史记》卷六《秦始皇本纪》。

应用一种简易的书写体。程邈把这种来自民间的书写体加以搜集和整理，成为隶书。隶书也叫佐书、史书。这种字体改象形为笔画化，以便书写。晋卫恒在《四体书势》中谓："秦既用篆，奏事繁多，篆字难成，即令隶人佐书，曰隶字。"① 早期隶书，字形构造保留篆书形迹较多。后在使用中加工发展，成为笔势、结构与小篆完全不同的两种字体。它打破了六书的传统，奠定了楷书基础，标志着汉字演进史上的一个转折点。

由此可见，秦代在短短的时间内，对于文字改革做了有益的工作，从而对儿童教材的编写起了很大的作用，产生了深远的影响。

关于秦朝"以吏为师"、"学法令"的实际情况，传下来的史料很少。据新中国成立后在湖北云梦发掘出来的《睡虎地秦墓竹简》② 可以知道一些简单的情况。

据《睡虎地秦墓竹简》记载，秦始皇二十年（公元前 227 年）四月，南郡郡守名腾的通告各县道负责官吏说：过去，百姓各有不同的习俗，他们所爱好和厌恶的不一样。有的不利于百姓，有害于国家。因此，制定了法律，用以纠正百姓的思想，去掉邪恶的行为，清除坏的习俗。由于法律不够完备，百姓中多诡诈取巧，所以后来有干扰法令的。所有法律令，都要教导百姓，去掉淫恶的行为，清除坏的习俗，使他们能够行善。这里明确地说明了制定法律的原因。那就是因为习俗不同，好恶不一，有的行为对国家、百姓，无利有害；制定法律是为了去掉坏的行为，清除坏的习俗。过去由于法律不够完善，有些人钻了这个空

---

① 《晋书》卷三六《卫恒传》。
② 睡虎地秦墓竹简整理小组编：《睡虎地秦墓竹简》，文物出版社 1978 年版。

子，以致诡诈取巧，作奸犯科。因此要以法律令作为教材，教导百姓，目的是使他们能"弃恶从善"。

在这个公告中还说：现在法令已经公布，听说官吏、百姓犯法、有奸私行为的还未敛迹，私自的爱好和旧有的习俗仍不改变。县令以下的官吏对此不加检举处罪。这是公然违背大法，包庇恶人。这样作为人臣就是不忠。如果不知道，是不称职、不明智；如果知道而不敢处罪，就是不正直。可见，当时虽然三令五申，说明知法守法的重要意义，可是百姓犯法、官吏不执行法令的情况还很严重。

在这个公告中还说：凡良吏都通晓法律令，没有不能办理的事务；恶吏则不懂法律令，不通习事务，没有公正之心。这样用知法、执法和不知法、不执法作为衡量良吏、恶吏的标准，促使官吏们通晓法律，执行法律，并用以教育人们。

秦王朝还重视培养工匠的工作，在这个公告中规定工师要好好教导新工匠，过去做过工的一年学成，新工匠两年学成，能提前学成的有奖。

为什么秦王朝重视法的作用而鄙弃儒家文化？分析起来，有以下几种原因。第一，秦国有重法的传统。秦自商鞅当政，就重视法治，并收到了富国强兵的效果。秦始皇继承并发扬了这个传统。第二，秦始皇为了统一全国，要走法家的路才能取得速效。他认为儒家的学说迂阔而不切于实用，儒生好高谈阔论，是古非今，所以他极力排斥儒家，下令焚毁儒家和其他各学派的典籍，要按法家的办法办事。第三，六国覆亡，贵族阶级反对秦统治的心理很强烈。为了制止六国的蠢动，除了用兵力镇压以外，还要用法来防止复辟势力的死灰复燃。因此要大力普及秦法的知识，让人们知法读法，以起到震慑和预防的效用。同时要以秦法来统一思想，统一行动，巩固统治，也必须普及法的知识。第四，由于社会制度的改变，就是由奴隶制转变为封建制，必须使人们在思想上跟上去。只有这样，才能统一于中央政权的号令之下，才能令出必行。所以要人们都了解法律，遵守法律。这样，普及法律知识，让人人都学习法律，就是势所必然的了。

可是，这种做法，想以一手掩尽天下人耳目，秦王朝不但没有得到安宁与巩固，反而天下汹汹，表面上敢怒而不敢言，实际上像一桶已经点燃了引线的火药。秦始皇一死，农民起义立即爆发，如火如荼，秦王朝就在这阵愤怒声中很快覆灭了。

采取这种倒行逆施的做法，秦始皇是早有这个思想基础的。他一向重吏轻士，所谓"狱吏得亲幸。博士虽七十人，特备员弗用"[①]。此外，在这个问题上，李斯的推波助澜、助纣为虐，起了很大的作用。他曾经向秦王说："（淳于）越言乃三代之事，何足法也？异时诸侯并争，厚招游学。今天下已定，法令出一，百姓当家则力农工，士则学习法令辟禁。今诸生不师今而学古，以非当世，惑乱黔首。"[②]又说："古者天下散乱，莫之能一，是以诸侯并作，语皆道古以害今，饰虚言以乱实，人善其所私学，以非上之所建立。今皇帝并有天下，别黑白而定一尊。私学而相与非法教，人闻令下，则各以其学议之，入则心非，出则巷议，夸主以为名，异取以为高，率群下以造谤。如此弗禁，则主势降乎上，党与成乎下。禁之便。"[③]秦始皇认为这些话"正合朕意"，就立即下令

————————
[①][②][③]《史记》卷六《秦始皇本纪》。

执行。可是也有反对这样做的。这除了上述的一些博士儒生以外，最有影响的是秦始皇的长子扶苏。他认为这样做是不对的，曾对秦始皇说："诸生皆诵法孔子，今上皆重法绳之，臣恐天下不安。"① 可见当时孔子的书和孔子的思想在诸生中的影响是很大的。这样做的结果是终于招致"天下不安"。扶苏对这件事的看法是很有预见的。

从以上介绍的秦代教学内容来看，秦始皇在政治上统一了中国，结束了战国时期分崩离析的局面。可是在统一了全国以后，他仍然用过去的严刑峻法来统治国家。贾谊说他"废先王之道，焚百家之言，以愚黔首"，结果是"一夫作难而七庙隳，身死人手，为天下笑"。② 贾谊把这种结局归咎于"仁义不施而攻守之势异"③。形势发生了变化，秦始皇还是用过去那一套来统治国家。从他这条政治路线出发，在教育和教材方面，规定以吏为师，人皆学法。想以封建统治者的法来钳制和奴役人民，结果是适得其反。这个历史教训是极为深刻的。

---

① 《史记》卷六《秦始皇本纪》。
② ③ 贾谊：《过秦论》。

汉代学校教材与经学*

一

汉代在中国历史上是一个教育比较繁荣的时期。在这个时期,封建社会制度初步稳定,出现了一个大一统的汉帝国。给汉代社会制度服务的教育制度具有一定的规模。

封建统治者为了巩固封建专制的统治,不但要求政治上的统一,而且要求学术思想上有利于自己的统一形式。汉武帝罢黜百家,尊崇儒术,就是为了达到这个目的。学术既然定于一尊,经学就成了取得利禄的捷径。这样,儒家典籍就成为汉代学校的主要教材。此后在两千年封建社会的教育内容中,一直沿袭下来,没有大的改变。

儒家典籍成为学校教材,成为学生学习的主要内容,是有一个历史发展过程的。汉高祖讨厌儒生,甚至到"溺儒冠"的程度,可是他却以太牢祭孔子,承认儒学在学术上的地位。西汉初年,道家思想在政治上

---

* 原题为《汉代学校的教材与经学》,分上下两部分发表于《课程·教材·教法》1986年第1期和第2期。

起了指导作用，儒学博士不为朝廷所重视，讲儒学的大儒只能做博士官。汉武帝提出尊崇儒术是经过了激烈斗争的：中央以武帝祖母窦太后为代表，地方以淮南王刘安为代表，坚决反对这一做法。一直等到这些代表人物死去以后，武帝才得以比较顺利地推行儒家学说，把儒家典籍列于学官。

汉王朝从武帝开始，逐渐建立了一套学校制度，立中央官学和地方官学。中央官学主要是太学。地方官学主要是郡国学校。武帝时，令天下郡国仿蜀郡立学校官。平帝令郡国设学，县道邑侯国设校，乡设庠，村聚设序。

汉代除官学以外，私家教学之风颇盛。这是由于官学数量少，不能满足人们入学的要求。同时不少知识分子做不到官或者失去了官职，往往以教学为业，这就为私学的发展提供了条件。

中央官学和地方官学以及私学的教材使用情况大致如下。

（一）中央官学的教材

汉武帝在确定了尊崇儒术的政策以后，规定"五经"为太学的教学内容，用它们作为策士铨材的标准。建元五年（公元前136年），立"五经"博士，《易》、《书》、《礼》、《春秋》都只有一家，《诗》有齐、鲁、韩三家，共为七家。西汉末，"五经"博士增加到十四家，还有些派别没有立于学官。

汉兴，《易》开始传于田何，后来分为施雠、孟喜、梁丘贺、京房四家。《尚书》开始传于伏胜，后来分为欧阳生、夏侯胜、夏侯建三家；又有古文《尚书》，西汉时行于民间，平帝时曾经立于学官，不久即罢去。汉初，鲁高堂生传《礼》十七篇，后来分为戴德、戴圣、庆普三家。传《春秋》的有公羊、穀梁、左氏三家。《公羊传》后分为严彭祖和颜安乐两家，立于学官。《穀梁传》在宣帝时曾立学官，但传授不及《公羊传》之盛；东汉未立学官。西汉末年，治《左氏传》的有尹成、翟方进和刘歆，刘歆曾请立《左氏传》于学官，不果。东汉时，《左氏传》之传正盛。光武帝从陈元请，拟立《左氏传》于学官，因为反对的人很多，又不果。《诗》分齐、鲁、韩三家：汉初，传鲁《诗》的为申公，齐《诗》创始于齐人辕固生，韩《诗》创始于燕人韩婴。又有毛《诗》，创始于赵人毛公，汉初行于民间，东汉也盛行，但汉时没有立于学官。

用这些儒家典籍作为教材的教学目的，用董仲舒的话说："《诗》、《书》序其志，《礼》、《乐》纯其美，《易》、《春秋》明其知。"① 他认为"六经"各有所长：《诗》长于质，《礼》长于文，《乐》长于风，《书》长于事，《易》长于数，《春秋》长于治人。② 匡衡说："六经者，圣人所以统天地之心，著善恶之归，明吉凶之分，通人道之正，使不悖于其本性者也。"③ 统治者既然要用儒家学说来统一思想，就得用儒家的典籍来向人们灌输儒家的教义，儒家的宇宙观、人生观和伦理道德观念，以达到他们所谓"成德达材"、"化民成俗"的目的，从而巩固他们的统治。不过，这些书的确保留了古代一部分重要文献：《易》是古人用以占卜但含有哲理的书，《书》是古代政治论文的集子，《诗》是两周诗歌名篇的选集，《礼》是记录古代典章、礼制的书，《春秋》是记述周平王东迁后二百四十二年（公元前722—公元前481年）史事的一部编年

---

① ② 董仲舒：《春秋繁露》卷一《玉杯》。
③《汉书》卷八一《匡衡传》。

史。这些书保存了古代哲学、政治、文化、历史、地理、文学、伦理道德、典章制度等方面很有价值的文献，是我们研究古代历史的重要依据，也是我们批判地继承前人思想和经验宝贵的文化遗产。用它们作教材，对于塑造我们的民族精神，形成我们的传统文化，产生了深远的影响。

(二) 地方官学的教材

地方官学的教材，当然也是讲儒家的典籍。如元帝令郡国置"五经"百石卒史；元帝时，郡国学校置经师一人；文翁以明达经术来奖励学生；王尊师事郡文学官，治《尚书》、《论语》；何武治《易》，为刺史时，每到一处，一定先到学官，考核学生的诵读成绩；寇恂在汝南，修乡校，教生徒，聘能《左氏春秋》者教学；鲁丕迁拜赵相，以鲁《诗》、《尚书》教学，就学者常百余人；张霸为会稽太守，习经的上千人，路上常常听到琅琅的读书声；伏恭明齐《诗》，迁常山太守，敦修学校，教授不辍，由是北州多为伏氏学；孔融为北海相，立学校，表彰儒术；栾巴迁桂阳太守，以郡处南陲，不闲典训，立学校以奖进之；杜畿治河东，开学官，亲自执经教授；欧阳歙迁汝南太守，传伏生《尚书》，在郡教授数百人；杨仁为什邡令，令掾史子弟入学，选拔那些明经术的学生任要职。这是见于《汉书》和《后汉书》中一些地方官吏重视以经学教授的情况。有的请人教学，有的亲自执教，不只有考校、有奖励、有表彰，而且注意量才任用。这样，在地方上就形成了一股学习儒学经籍的风气，广泛地传播了儒家的思想。

此外，地方官学还有一项教学内容，就是习儒者的礼仪。如韩延寿为颍川太守，令文学校官诸生皮弁执俎豆，为吏民行婚丧之礼，后来迁到东郡，又教诸生"乡射，陈钟鼓管弦，盛升降揖让"；秦彭为山阳太守，敦明庠序，每春秋享射，辄修升降揖让之仪；李忠在丹阳，"起学校，习礼容，春秋乡饮，选用明经，郡中向慕"；卫飒迁桂阳太守，"修庠序之教，设婚姻之礼。期年间，邦俗从化"；鲍昱在南阳，"修起黉舍，备俎豆黻冕，行礼奏乐。又尊享国老，宴会诸儒"。① 可见，汉代地方官学中的教学内容不只讲授儒家的典籍，还要谙习儒家的礼仪，以实行儒家的礼教。

（三）私学的教材

汉代私学教学的程度不一，有授字书的，有授《孝经》、《论语》的，有讲授专经的。这三个阶段并没有明显的年级、年龄的界限。

1. 教学字书

汉代私人蒙学叫作小学、书馆，教师名曰书师。儿童入学，首学书法，桂馥认为书馆是"小童习字之馆"②。《后汉书·承宫传》称，徐子盛在乡里设塾，有学生数百人。王充说自己八岁出于书馆，书馆小童百人以上。③ 这种学校也有农闲时间开办的，东方朔自称："年十二学书，三冬文史足用。"④ 崔寔《四民月令》载："砚冻释，命幼童入小学，学书篇章……八月……暑小退，命幼童入小学，如正月焉。十一月……砚冰冻，命幼童读《孝经》、《论语》篇章，入小学。"这里说的幼童，是指九岁以上、十四岁以下的儿童；所谓篇章，是指六甲、九九算术和

---

① 分别见《汉书》、《后汉书》各本传。
② 桂馥：《札朴》卷六《书馆》。
③ 王充：《论衡》卷三〇《自纪篇》。
④ 《汉书》卷六五《东方朔传》。

《急就》、《三仓》等字书。

汉代小学教的史书，就是字书的通称。《汉书·艺文志》谓史籀十五篇是周时史官教学童的书，所以称字书为史书。西汉初年，学童十七岁以上，如果能讽籀书九千字，可以为史；吏民上书，字写得不正确的，辄遭举劾。小学中非常注重书法，王充说他所在的书馆，学生有因"书丑"而受体罚的。历史上多以善史书来称赞儿童聪明，如称孝成许皇后"聪慧善史书"①，和熹邓皇后"六岁能史书"② 等。

周代史籀的字书四字一句。到秦代，李斯作《仓颉篇》七章，赵高作《爰历篇》六章，胡毋敬作《博学篇》七章，都是字书。到汉代初年，闾里教师把上述三篇合编为《仓颉篇》，六十字为一章，共五十五章，其中有很多重复的字。《仓颉篇》多古字，俗师把有些字弄错了，宣帝时曾经征召齐人能正读的来纠正读错的字。平帝元始年间，又征召通小学的人把字记录下来。扬雄选录那些有用的字编为《训纂篇》，作为《仓颉篇》的续编；并把《仓颉篇》中的重复字换掉，共八十九章，五千三百四十字。接着班固又补充了十三章，共一百零二章，七千一百八十字。以韵语编字书，从《仓颉篇》开始。《说文·序》引"幼子承诏"，《尔雅》郭注引"考妣延年"，《颜氏家训》引"汉兼天下，海内并厕，豨黥韩覆，畔讨灭残"，都是《仓颉篇》中的句子，后者大概出自续编。和帝永元中，贾鲂又作《滂熹篇》。晋郭璞把它们合编为《三仓》三卷：上卷是《仓颉篇》五十五章，中卷是扬雄的《训纂篇》，下卷是贾鲂的《滂熹篇》。

---

① 《汉书》卷九七《孝成许皇后传》。
② 《后汉书》卷一〇上《和熹邓皇后纪》。

汉代还有一种以七字和三字为句的字书，也是叶韵的。如武帝时司马相如编的《凡将篇》（无传本），元帝时史游编的《急就篇》（也称《急就章》）。《急就篇》共三十二章，二千零十六字。开始五句总述，七字一句："急就奇觚与众异，罗列诸物名姓字，分别部居不杂厕，用日约少诚快意，勉力务之必有喜。"接着便是姓名、衣着、农艺、饮食、器用、音乐、生理、兵器、飞禽、走兽、医药、人事等应用文字，有三字一句的、七字一句的。《急就篇》是取《仓颉篇》中的字，分部重编，稍有重复的字。章炳麟在《论篇章》中说："《急就》之文，泛施日用，尤便于闾里书师，盖取《仓颉》正字，书以草书，于当世之用最切，而后来书家亦爱书之，所以独传也。"今天，《急就篇》对我们来说，不只是在研究儿童教材方面，而且在研究汉代的社会文化方面，都是有益的。同时，在书法方面，史传"章草出于《急就章》"，它由隶书省变而来。至吴、晋时，章草书法家有皇象、钟繇、王羲之等人。此外，在汉代，属于这类字书的还有《埤仓》、《广仓》、李长《元尚》、崔瑗《飞龙》、灵帝《皇羲》、蔡邕《劝学》等。

2. 讲授《论语》、《孝经》

学生学完字书之后，接着便受《孝经》、《论语》，这是讲授专经以前的必经阶段。如王充说："辞师受《论语》、《尚书》"[1]；《后汉书·范升传》："九岁通《论语》、《孝经》"；王尊"论《尚书》、《论语》"[2]；

---

[1] 王充：《论衡》卷三〇《自纪篇》。
[2] 《汉书》卷七六《王尊传》。

马续七岁能通《论语》①；荀爽年十二，通《春秋》、《论语》②；邴原"一冬之间，诵《孝经》、《论语》"③；匡衡说："及《论语》、《孝经》，圣人言行之要，宜究其意。"④ 这就是当时学童要学习这两种书的原因。

不只私学用这两种书作教材，在宫廷教育中这两种书更是必修课本。如《汉书·昭帝纪》："朕……通《保傅传》、《孝经》、《论语》、《尚书》，未云有明。"《汉书·宣帝纪》引霍光的奏议说："孝武皇帝曾孙病已，有诏掖庭养视，至今年十八，师受《诗》、《论语》、《孝经》……"《汉书·景十三王传》：广川王去"师受《易》、《论语》、《孝经》皆通"。《汉书·疏广传》："皇太子年十二，通《论语》、《孝经》。"建武中，包咸授太子《论语》，儿子包福亦以《论语》授和帝。⑤《后汉书·和熹邓皇后纪》："十二通《诗》、《论语》。"《后汉书·顺烈梁皇后纪》："九岁能诵《论语》。"可见，这两种书，无论是在宫廷还是在民间，都是学子必修的教材。

汉代，《论语》有三种本子：一为《鲁论》，凡二十篇，即现行《论语》所据；二为《齐论》，多《问王》、《知道》二篇；三为《古论》，二十一篇，分《尧曰》为《子张》、《从政》二篇。后来张禹混合齐、鲁，成为张侯《论》。汉末郑玄以张侯《论》为本，参考《齐论》、《古论》而为之注，盛行于当时。《孝经》是宣扬封建孝道和孝治思想的书，有今文、古文两种：今文本称郑玄注，分十八章；古文本称孔安国注，分

---

① 《后汉书》卷二四《马续传》。
② 《后汉书》卷六二《荀爽传》。
③ 《三国志》卷一一《魏书·邴原传》。
④ 《汉书》卷八一《匡衡传》。
⑤ 《后汉书》卷七九《包咸传》。

二十二章。在汉代,《论语》、《孝经》都不立于学官。因为这两种书是初学者的普通教材,并不以此专门名家。

3. 讲授专经

学生学完《论语》、《孝经》之后,可以从事各种职业或为小吏;如果要继续深造,就要专研一经。但是太学在京师,名额又有限,所以私家讲学的儒者所招收的学生甚至比太学学生还多。在汉武帝建立官学博士以前,私家授徒就已盛行。经过官学提倡,又有利禄奖劝,读书的人增多,私家教学的风气也就日盛。如班固所谓"传业者浸盛……盖禄利之路然也"①。还有一个原因,如皮锡瑞在《经学历史》中说的:"汉人无无师之学,训诂、句读皆由口授……书皆竹简,得之甚难,若不从师,无从写录……负笈云集,职此之由。"

当时,大师们的学生,少的数百人,多的上千人。他们教学的内容,包括各种专经。根据《汉书》、《后汉书》的记载,举例如下。②

以《易》教授的,如:刘昆受施氏《易》,教授弟子常五百余人;洼丹传孟氏《易》,徒众数百人;张兴习梁丘《易》以教授,弟子自远至者著录万人;杨政受梁丘《易》,教授数百人;孟期习京氏《易》、《古文尚书》,家贫,牧豕于大泽中,远人从其学者皆执经垄畔以追之;班英习京氏《易》,兼明"五经",受业者四方而至;唐檀习京氏《易》、韩氏《诗》、颜氏《春秋》,居乡教授常百余人;魏满习京氏《易》,教授。任安习孟氏《易》,兼通数经,又学图谶,还家教授,诸生自远而至。

---

① 《汉书》卷八八《儒林传·赞》。
② 分别见《汉书》、《后汉书》各本传。

以《书》教授的，如：曹曾从欧阳歙受《尚书》，门徒三千人；索卢放以《尚书》教授千余人；张酺少从祖父充受《尚书》，能传其业，聚徒以百数；贾逵、宋均以大夏侯《尚书》教授；董扶善欧阳《尚书》，还家教授，弟子自远而至；桓典以《尚书》教授，门徒数百人；牟长习欧阳《尚书》，诸生讲学者常有千余人；王良少习小夏侯《尚书》，教诸生千余人；陈弇以《尚书》教授，躬自耕种；桓荣习欧阳《尚书》，教授九江，徒众数百人；寒朗博通《书传》，以《尚书》教授；杨秉、杨赐习欧阳《尚书》，隐居教授门徒；杨伦习古文《尚书》，讲授于大泽中，弟子至千余人；周磐学古文《尚书》、《左氏传》，教授门徒常千人；宋登少传欧阳《尚书》，教授数千人。

以《诗》教授的，如：杜抚受业于薛汉，定韩《诗》章句，归乡里教授，弟子千余人；夏恭习韩《诗》，门徒常千余人；廖扶习韩《诗》、欧阳《尚书》，教授常数百人；公沙穆习韩《诗》、公羊《春秋》，隐居东莱山，学者自远而至；包咸习鲁《诗》、《论语》，立精舍教授；杨仁习韩《诗》，隐居教授；任末习齐《诗》，教授十余年；魏应习鲁《诗》，教授山泽中，徒众常数百人；薛汉习韩《诗》，教授常数百人；李恂习韩《诗》，教授诸生常数百人。

以《礼》教授的，如：刘茂习《礼》经，教授常数百人；董钧习庆氏《礼》，常教授门生百余人；刘茂少习《礼》经，教授常数百人；曹褒习庆氏《礼》，教授诸生千余人，庆氏学遂行于世。

以《春秋》教授的，如：周泽少习严氏《公羊春秋》，门徒常数百人；楼望习严氏《公羊春秋》，诸生著录九千余人；张霸习严氏《公羊春秋》，诸生在他家邻近买房子住下，跟他学习；张楷通严氏《公羊春秋》，门徒常百人；程曾习严氏《春秋》，门下常数百人；颖容善左氏《春秋》，避乱荆州，聚徒千余人；谢该明左氏《春秋》，门徒数百千人；张玄习颜氏《春秋》，兼通数家法，著录千余人。

还有蔡玄、刘淑、姜肱等兼教"五经"，钟皓、郭宏等教授法律，薛收、法真等教授谶纬，杨厚等教授黄老。

从上述记载可以看出汉代私人讲授的盛况，他们有教授各家专经的，也有兼教"五经"的；有教授立于学官的各经的，也有教授没有立于学官的专经的。

私家教学，门徒虽多，而真正及门受教的，多亦不过数百人或千人。如《后汉书·儒林列传》所说的："其耆名高义开门受徒者，编牒不下万人，皆专相传祖，莫或讹杂。"董仲舒教学就是采取这种让高材生转相传授的办法，"弟子传以久次相授业，或莫见其面"[1]。东汉马融，也是"弟子以次相传，鲜有入其室者"[2]，郑玄在他门下，三年不能见老师一面，而由"高业弟子传授于玄"[3]。

汉儒说经，一是重在发挥。秦延君说《尧典》篇目两字，至十余万言，但说"曰若稽古"就有三万言。匡衡能说《诗》，时人就说："匡说《诗》，解人颐。"[4] 杨政善说经，京师人说："说经铿铿杨子行。"[5] 二是重在论难。光武帝尝诏公卿大会说经，互相诘难，如果有不通晓意义的，辄夺其席以给通者，戴凭解释得多，重坐五十余席，京师人说：

---

[1]《汉书》卷五六《董仲舒传》。
[2]《后汉书》卷六〇上《马融传》。
[3]《后汉书》卷三五《郑玄传》。
[4]《汉书》卷八一《匡衡传》。
[5]《后汉书》卷七九《杨政传》。

"解经不穷戴侍中。"① 章帝令诸儒于白虎观讲论"五经"同异时,令魏应专掌难问。这种学风必然影响教学。《论衡·明雩篇》说:"汉立博士之官,师、弟子相诃难。"这是官学的情况。私家讲学也是这样,丁鸿从桓荣受欧阳《尚书》,三年而明章句,善论难;② 宋均通《诗》、《礼》,善于论难;③ 张玄讲学,如有诘难他的,动辄引述几家说法,让学生选择自认为对的。④ 这两点是汉儒讲授教材的特点。

二

(一)教材与今、古文经之争

汉代学校中的教材主要是儒家典籍,在这些教材的讲授中又有今文经与古文经之争。在武帝时期,儒学经过董仲舒的加工,成为阴阳五行化的完全适合官方统治的西汉今文经学。

今文经是指汉代学者所传述的用汉代通行的隶书写的经书。汉武帝设立经学博士,所用都是今文经籍。为了更紧密地服从统治阶级的政治目的,今文经学派着重发挥经文的所谓"微言大义",以巩固封建的"大一统"为中心主张。汉王朝特别重视公羊家的《春秋》学,董仲舒、公孙弘都是以《公羊春秋》起家的。今文经学夹杂着大量的迷信成分,带着浓厚的宗教神学色彩。

---

① 《后汉书》卷七九上《戴凭传》。
② 《后汉书》卷三七《丁鸿传》。
③ 《后汉书》卷四一《宋均传》。
④ 《后汉书》卷七九下《张玄传》。

古文经是指用古文籀书写的由汉代学者加以训释的经书。古文经学的特点是：保持朴学的传统，按字义讲解经义，训诂简明；在政治上主张复古；在反对迷信这点上，古文经学比今文经学进步。

传说刘歆在整理国家图书馆的藏书时，发现了《左氏春秋传》、《毛诗》、《逸礼》和《古文尚书》，建议为它们立学官。今文经博士不肯参加讨论。刘歆责备他们"专己守残，党同门，妒道真"①。王莽在太学里曾为这四种古文经立过博士。东汉建立，恢复西汉制度。光武帝要收揽古文经学派，遂立《左氏春秋》博士，但遭到今文经学派的坚决反对，不久即被废除。章帝令讲授《古文尚书》、《毛诗》、《穀梁传》、《左氏春秋》，虽然没有立于学官，可是学习这四经的学生，都任以高官。正如范晔所说，是为了"网罗遗逸，博存众家"②。

今文经学派为了迎合统治者的需要，用谶纬的说法来讲"五经"。《后汉书·苏竟传》载：平帝时，苏竟"以明《易》为博士讲《书》祭酒。善图纬，能通百家之言"。古文经学家桓谭极言谶纬妖妄，被贬出京，途中病死。张衡认为图谶成于哀平之际，自东汉始，儒者争学图纬，这是"虚伪之徒，以要世取资"，他主张"一禁绝之"。③ 汉明帝时，贾逵代表古文经学派，上书说《左传》有明文说明"刘为尧后"，与谶纬相合，可立博士。章帝让他选学《公羊春秋》的学生二十人教以《左传》。④

---

① 《汉书》卷三六《刘歆传》。
② 《后汉书》卷七九《儒林列传》。
③ 《后汉书》卷五九《张衡传》。
④ 《后汉书》卷三六《贾逵传》。

今文经学章句烦琐，说解杂乱，穿凿附会，有些经书的解释，增加到一百余万字。一个士人从幼年开始学一经，往往到头白了才学会说经，所谓"皓首穷经"。灵帝时曾试太学生年六十以上的百余人。长安有段谚语："头白皓然，食不充粮。裹衣褰裳，当还故乡。"① 可以看出当时这些老学生的学习和生活情况。对这种烦琐的章句，很多士人感到厌烦，认为有"省章句"、"正经义"的必要。王莽曾令删"五经"章句各至二十万字，光武帝令儒臣议减省"五经"章句，没有结果。杨终上书认为"章句之徒，破坏大体。宜如石渠故事，永为后世则"②。于是在建初四年（79年），章帝大会群儒丁鸿、楼望、贾逵等于白虎观，讲论"五经"同异，并亲自裁决，会后编为《白虎通义》。该书把儒家经典与谶纬神学结合起来，是今文经学的总结性的著作。它为注释"五经"这些教材提供了统一的论据。

贾逵的学生许慎编著了《说文解字》，对不懂文字形义，依据隶书穿凿附会的今文经学说来，是严肃的驳斥。马融遍注《孝经》、《论语》、《毛诗》、《周易》、三《礼》、《尚书》，大大地提高了古文经学的地位。郑玄是古文经学大师，也熟谙今文经学。他遍注古文经，兼采今文说。这样经学上的流派，逐渐趋于混同。范晔说："郑、贾之学，行乎数百年中，遂为诸儒宗……"③ 可见其影响之深远。

经学上的今古文派别斗争，反映着统治阶级内部争夺政治地位和学术地位的斗争。这一斗争反映在经学教材方面也很激烈，首先是在争立

---

① 《文献通考》卷四〇《学校考一·太学》注。
② 《后汉书》卷四八《杨终传》。
③ 《后汉书》卷三六《贾逵传》。

学官方面，唇枪舌剑，经常进行白刃战；其次在私学之间争夺讲席，古文经在民间比较盛行，但是今文经学派不肯示弱，他们对广大学生传播今文经典的影响（主要是谶纬），所以今文经学在士人群中也在学童群中有一定的根基。这一斗争无疑也在一定程度上推动了学术思想的发展。一直到清代，这一斗争，不只在学术思想上，也在政治改革思想上，都产生了影响。

（二）教材讲授中的师法与家法

汉代学校中讲授经学教材，要严格地遵守师法和家法。某一经的大师，被立为博士后，他的经说就叫作师法。汉初诸经，都靠口头传授，口耳相传，难免发生错误，要有所凭借，不能不重师法。汉武帝立博士为"五经"七家，就有这七家的师法。后学者各有发明，产生歧异。甘露三年（公元前51年），宣帝命诸儒讲"五经"同异于石渠阁，萧望之平奏其议，宣帝亲自裁判。诸经立学增到十三家。到元帝时增加到十四家，汉代师法以此为本。皮锡瑞说："汉人最重师法。师之所传，弟之所受，一字毋敢出入；背师说即不用。"① 经师传经，如果不严守师法，就不能当太学博士，即使当了博士，也可能被赶出太学。西汉孟喜从田王孙学《易》，因改师法，就不能进太学当博士。重师法本来是为了弄清本源，防止冒滥，但是立学官以后，师法制度就用来限制其他师传，滋生了门户派别之见。

到东汉时，学官已经立定。由于为师法所限，新有章句，只能另为家法。如齐《诗》有翼匡、师伏之学，韩《诗》有王食、长孙之学，都

---

① 皮锡瑞著，周予同注释：《经学历史》，中华书局1959年版，第77页。

是家法，从师法分出来的。师法溯源至于本经，家法衍流只在章句。《后汉书·儒林列传序》说："于是立五经博士，各以家法教授……"《后汉书·蔡伦传》说：安帝"以经传之文多不正定，乃选通儒谒者刘珍及博士良史诣东观，各雠校家法"。东汉张玄试策第一，为颜氏博士，教学几个月，学生发现他不守家法，兼说严氏、宣氏，便上书认为他不宜为颜氏博士，光武帝只好把他撤换了。① 这说明博士讲授要守家法。《后汉书·徐防传》载徐防上疏："太学试博士弟子，皆以意说，不修家法，私相容隐，开生奸路。每有策试，辄兴争讼……"又说："不依章句，妄生穿凿，以遵师为非议，意说为得理，轻侮道术，浸以成俗……"从这里可以看出，一方面太学试博士弟子要求严守家法；另一方面，当时由于不修家法，流弊丛生，以致开奸路，兴争讼。所以徐防建议："博士及甲乙策试，宜从其家章句，开五十难以试之。解释多者为上第，引文明者为高说；若不依先师，义有相伐，皆正以为非。五经各取上第六人，《论语》不宜射策。"根据他的建议，永元十四年（102年）修改了考试博士弟子法。

讲授经学教材重视师法和家法，在当时环境中，虽然有它一定的原因，但是导致教条主义十分严重，束缚了学生的思想，使他们不敢越雷池一步。

实际上这是大师们垄断学术的一种手段，也是统治者统制思想的一种锦囊妙计。

（三）选举制度与教材

汉王朝要广泛地吸收地主阶级的代表人物参加政权，建立了选举制

---

① 《后汉书》卷七九下《张玄传》。

度。初期比较重视察举，后来还是重视考试。考试初期重视"当世之务"和"先圣之术"等，后来简直是考试经学了。既然经学考试成为士人取得利禄的途径，那么政府规定的经学教材当然就成为经学考试的主要内容。到了东汉，士人谋求仕进的道路，一般是公府辟召、郡国荐举和由曹掾上升。走这三条道路的人，主要是通经学或能作奏章的士人。中小地主的子弟要做官吏，只好先读经书。明经一科，西汉已有。东汉初年，光武帝曾经诏告四科取士中的一科，是"学通行修，经中博士"①。章帝令郡国岁贡明经，就更明显地表现了以经术取士的趋向。

西汉只从郡国奏举孝廉，没有试文的事情。东汉顺帝时，左雄上言，建议"诸生试家法，文吏课笺奏"②，胡广等反对这个意见，说"六奇之策，不出经学；郑、阿之政，非必章奏"③；张衡也反对，认为这是"弃本而就末"④的办法。可是顺帝还是听从了左雄的建议，制定了《孝廉限年课试法》。这与后世的科举有些类似了。

选举制度既然要考经术，不读经就无法敲开做官的大门，于是经书这种教材就成了士子荣升的法宝。所谓"经术苟明，其取青紫如俯拾地芥耳"⑤，"遗子黄金满籯，不如一经"⑥，就是这种思想的反映。这样，学校就尽量向学生灌输儒经的教条，形成了"教条至上"的学风，并把训诂章句当作唯一的教学内容，给学生准备选举所要求的一些条件。士

---

① 见《全后汉文》卷二《四科取士诏》。
② 《后汉书》卷六一《左雄传》。
③ 《后汉书》卷四四《胡广传》。
④ 见《全后汉文》卷五四《阳嘉二年京师地震对策》。
⑤ 《汉书》卷七五《夏侯胜传》。
⑥ 《汉书》卷七三《韦贤传》。

子们也只好把有用的精力，一辈子陷在钻研教条和从事烦琐考据中，"罢老且不能究其一艺"①。而为选举服务的学校教育，也就完全循着教条主义和烦琐主义的道路进行教学。

被荐举的人中除了主要是读经的以外，还有读法律、学辞赋的。光武帝的四科取士中也有"明达法令，足以决疑"一科。顺帝时，实行以赋取士的制度。张衡在《论贡举疏》中曾经就此提出意见，指出"诸生竞利，作者鼎沸"，可见当时学习文艺的人是不少的。学习辞赋也是人们获得利禄的一条捷径。

（四）"通经致用"和"外儒内法"

经学教材是士人参与统治者行列的一块敲门砖，这是显而易见的。统治者还从各方面故意提高经学教材的权威性。清代凌曙说："两汉君臣，皆以经义发为文章。观其诏诰奏议，凡决疑定策悉本之于公羊。"②皮锡瑞说："元、成以后，刑名渐废。上无异教，下无异学。皇帝诏书，群臣奏议，莫不援引经义，以为据依。国有大疑，辄引《春秋》为断。"③张汤为廷尉，想附会古义，于是请治《尚书》、《春秋》的博士弟子来补廷尉史。倪宽为廷尉掾，用古义来决断疑狱，很容易得到上级的批准。张敞为京兆尹，朝廷议论什么大事，他经常引经据典，发表意见，大官们很佩服他。又如，宣帝时，京兆尹隽不疑把一个自称是卫太子的人逮捕起来，有些人认为这样做有些冒失，隽不疑引述《春秋》肯定蒯辄不接纳蒯聩的事来说服大家。后来证明，这个人确系冒称的，于

---

① 《汉书》卷三六《刘歆传》。
② 凌曙：《公羊问答》。
③ 皮锡瑞著，周予同注释：《经学历史》，中华书局1959年版，第103页。

是宣帝和霍光很赞许他，说公卿应当用经术明大义的人。哀帝宠信董贤，要把兵库的兵器送到他家里，毋将隆反对，他引《春秋》"家不藏甲"的道理来说服哀帝。① 这些都是没有成例可援，引经义以断事的例子。这样，经学教材部分地起了法律的作用，成为解决疑难问题的根据，提高了它在人们心目中的权威性。难怪俞正燮说，《公羊传》是"汉廷儒臣通经致用干禄之书"②。

必须指出，尽管汉王朝尊崇儒术，以儒家经典来教育人民，培养官吏，统一思想，但是汉代统治者并不是单纯依靠儒术来维持自己的统治的，并不是真正地"任德不任刑"。汉代的政治指导思想，实质上是"外儒内法"。汉初萧何定律九章，到武帝时律令已经增至三百五十九章，其中死罪律共四百零九条；酷吏盛行，民轻犯法，诏狱益多，二千石系廷尉的就有一百多人，廷尉和中都诏狱关了六七万人，吏所又增加十多万人，可见当时刑狱的滥用。难怪赵翼发出这样的感叹："民之生于是时，何不幸哉！"③ 汉宣帝教训他爱好儒术的儿子说："汉家自有制度，本以霸王道杂之，奈何纯任德教，用周政乎！"④ 这倒是说的老实话。盖宽饶就曾明确地指出："方今圣道浸废，儒术不行，以刑余为周、召，以法律为《诗》、《书》。"⑤ 这也是一针见血之言：表面上是"周、召"、《诗》、《书》，骨子里是"刑余"、"法律"。汉代统治者就是这样来统治人民：一手是写满"仁义道德"的儒家经典，一手是残酷暴虐的刑

---

① 分别见《汉书》各本传。
② 俞正燮：《癸巳存稿》卷一《公羊传及注论》。
③ 赵翼：《廿二史札记》卷三《武帝时刑罚之滥》。
④ 《汉书》卷九《元帝纪》。
⑤ 《汉书》卷七七《盖宽饶传》。

法利剑。以后历代的封建统治者照章办理，概不例外！

三

综观以上所述，对于汉代学校的教材与经学，我们可以注意以下几点。

第一，汉代不仅建立了系统的学校制度，而且奠定了封建学校以儒家典籍为教材的基础。它规定了中国两千年的封建教育的主要内容，使儒家的思想（尽管是几经变形的）深入人心，沦肌浃髓，形成了一种特定的民族文化和传统精神；不只是从思想上长期维系着我们这样一个幅员广阔的国家，而且流传到国外，产生了影响。至于通过这些教材而传播的思想文化，它们的功过得失，见仁见智，各有不同，因为不属于本文范围，不予论述。

第二，汉代统治者十分重视教材的工作。他们紧紧掌握教育这个武器，知道教材是统一思想、塑造学生心灵的有力工具，是实施教育的核心，因而重视教材的规定与审订工作。"五经"中为什么重视《公羊春秋》？《公羊》讲"大一统"，很适合当时的政治要求；《公羊》讲"微言大义"，也适合他们的统治需要。石渠论经，白虎辩论，都由皇帝亲自主持，亲自决断，来解决教材中的一些疑难问题，统一口径，明确论点，使之更加适合他们的胃口与要求。到了东汉末年，汉王朝摇摇欲坠，还让蔡邕等订正"五经"，书刻石碑，树为准则。这些都说明他们在教育实施方面，紧紧抓住教材这一环。

第三，汉代学校使用这些教材，有今、古文经派别的不同。今文经学反映统治阶级当权部分的政治利益，独占鳌头；古文经学派也想分得一杯羹，就竭力为古文经争得合法席位。统治阶级的各种集团都企图利用它们，使之服从自己的需要。教材讲授中的师法与家法，说明统治者不仅要从宏观上控制教材，而且要从微观上统制教学内容。

第四，在教学组织方面，采取高材生转相传授的方式，所谓"弟子以次相传"。在教师少、学生多的情况下，这种做法，对解决师生对比悬殊的矛盾，是有一定意义的。这与后来英国学校的导生制有些类似。在教学方法方面，主要是教条主义和烦琐主义，是应当批判的。但是也采取了论难的方式，在规定的范围内，允许师生自由辩论。这在一定程度上能启发学生的思维，教人坚持自己认为正确的东西。西方教育史上有所谓"苏格拉底问答法"，学生利用已有的知识，回答教师提出的一系列问题，逐渐导向预定的结论。古代东西方的教育家，在教学法方面也有某些类似之处。

第五，汉代对于蒙学教材的编写，下了很大功夫，作出了成绩，给我国封建社会的蒙学教材打下了基础，树立了榜样。汉代有些著名的文人学者，如司马相如、扬雄、班固、蔡邕等人，都参加了蒙学教材的编写工作。如果这些教材流传下来，将不仅是研究汉代蒙学教材的宝贵文献，也是研究汉代社会文化习俗的可靠依据。仅就流传下来的《急就篇》来说，生命力就很强，顾炎武说："汉、魏以后，童子皆读史游《急就篇》。"[1] 影响也很大，无论在形式方面，或者在内容方面，都为

---

[1] 顾炎武：《日知录》卷二一《急就篇》。

后来编写教材所取法。汉代重视编写蒙学教材的工作，跟汉代蒙学重视识字教学有关，跟当时重视文字的搜集、整理有关，总的来说，跟汉代文化兴盛、教育事业发展有关。我们在研究汉代教材的时候，对于蒙学教材的探讨，是不容忽视的。

董仲舒、郑玄论教学内容*

一

汉武帝罢黜百家，尊崇儒术，规定以儒家的"五经"作为教材，一直相沿到清代后期。在这方面董仲舒起了很大的作用。后来郑玄在考订笺注这些教材方面也有不可磨灭的功绩。

董仲舒为西汉哲学家、今文经学大师。他生活的时代是西汉王朝巩固和繁荣的时代，在思想文化方面开始出现了宽松的气象。儒师们解经说义，师说家法杂然纷呈。董仲舒就是在这样的学术环境中治学的。

董仲舒的思想体系是天人感应的目的论，杂以阴阳五行说；以儒家宗法为中心，提出"三纲五常"的伦理观；把人性分为上、中、下三品。他认为教育的目的在于化民成俗，以教化为"堤防"。他说："圣人之道，不能独以威势成政，必有教化。"① 他主张设学校以养士，选士贡贤。这些主张使当时统治者重视教育，建立中央和地方的教育制度。

---

* 选自《中国古代学校教材研究》。
① 董仲舒：《春秋繁露》卷一一《为人者天》。

董仲舒对诸子进行了深入的研究，他并不简单地是此非彼，而是在推崇儒学的同时吸取一些诸子百家的观点，特别是阴阳五行学说，重新组建成适合西汉大一统局面的新儒学体系。

董仲舒鉴于秦王朝的迅速崩溃，也看到汉初以黄老之术治国并不能使国家长治久安，认为用儒家思想治理国家比较容易见效。他建议崇尚教化，兴办太学，建立养士制度。他说："古之王者……莫不以教化为大务。立太学以教于国，设庠序以化于邑，渐民以仁，摩民以谊，节民以礼，故其刑罚甚轻而禁不犯者，教化行而习俗美也。"因此，他首先提出要设立太学。他说："故养士之大者莫大乎太学；太学者，贤士之所关也，教化之本原也。"① 他还说："立辟雍庠序，修孝悌敬让，明以教化，感以礼乐，所以奉人本也。"② 他建议兴太学，置明师，以养天下之士。在秦代尚法、汉初崇黄老之后，董仲舒特别重视教育的作用，积极建议兴学、育才、崇儒，是有其远见卓识的。

董仲舒特别重视和宣扬《公羊传》"大一统"的提法。他说："《春秋》大一统者，天地之常经，古今之通谊也。今师异道，人异论，百家殊方，指意不同，是以上亡以持一统；法制数变，下不知所守。臣愚以为诸不在六艺之科、孔子之术者，皆绝其道，勿使并进。邪辟之说灭息，然后统纪可一而法度可明，民知所从矣。"③ 他认为学说驳杂，法制多变，对于治理国家都是不利的。他明确提出"罢黜百家，独尊儒术"，使儒学从诸子中的一家最终取得统治地位，两千年来，成为几乎统治中国思想界的学派。此后，儒学的影响，遍及政治、经济和其他文化领

---

① ③《汉书》卷五六《董仲舒传》。
② 董仲舒：《春秋繁露》卷六《立元神》。

域，儒家思想深入人心，形成中国文化的主要内涵。

在教学内容方面，董仲舒跟其他儒家学者一样，注重礼乐教育。他说："夫礼，体情而防乱者也。民之情，不能制其欲，使之度礼。……积习渐靡，物之微者也。其入人不知，习忘乃为，常然若性，不可不察也。"① 董仲舒还很重视乐教。他说："故圣王已没，而子孙长久安宁数百岁，此皆礼乐教化之功也。……乐者，所以变民风，化民俗也；其变民也易，其化人也著。"② 儒家一贯主张以礼乐治国，以礼乐作为重要的教育内容。董仲舒继承了这个思想传统，强调礼乐的教育功能，认为礼的作用是"体情防乱"，礼的教育过程是"积习渐靡"、"入人不知"，能起潜移默化的作用，使人优游浸渍，习焉不察，真积力久，渐与性成。乐的力量是能打动人的心弦，在不知不觉中陶冶情性，移风易俗。

董仲舒既然尊崇儒术，就不能不重视"六经"作为教学内容的作用。他在《春秋繁露·玉杯》中说："君子知在位者之不能以恶服人也，是故简六艺以赡养之。《诗》、《书》序其志，《礼》、《乐》纯其美，《易》、《春秋》明其知。"这就是说《诗》、《书》能表达人的意志，《礼》、《乐》能净化人的心灵，《易》、《春秋》能启发人的智慧。又说："六学皆大，而各有所长。《诗》道志，故长于质。《礼》制节，故长于文。《乐》咏德，故长于风。《书》著功，故长于事。《易》本天地，故长于数。《春秋》正是非，故长于治人。"所谓"质"是指感情质朴，"文"是指行为文明；"风"是说长于讽喻；"事"是说长于叙事；"数"是指变化规律；《春秋》长于褒贬，使人明辨是非。他在这里对"六经"

---

① 《春秋繁露》卷一七《天道施》。
② 《汉书》卷五六《董仲舒传》。

作了简明的评价，并指出它们的特点和作用。汉武帝听从了他的建议，设立"五经"博士，用"五经"作为学生必读的教材，开以后两千年教材一贯制的先河。

"五经"之中，董仲舒最擅长的是《春秋公羊》学。《春秋》到汉代流行五家：公羊氏、穀梁氏、左氏、邹氏、夹氏。其中邹氏无师，夹氏无书，左氏文繁，都流传不广，只有《公羊》、《穀梁》流传开来。汉代初期，率先治《春秋公羊》学成为大师的是胡毋生和董仲舒。相传子夏传《春秋》给齐人公羊高，是为公羊学。胡毋生曾协助公羊高的四世孙公羊寿将口耳相传的公羊说写成书，称《春秋公羊传》。董仲舒发挥《公羊春秋》中的义理，将儒经与西汉社会结合起来，因而使统治者很重视公羊学。《汉书·董仲舒传》谓使"后学者有所统一，为群儒首"。他在《春秋公羊》学的建立和传授上起了重要作用。

董仲舒不只用《春秋》作为教材，还据以断狱。他曾整理成《春秋决狱》一书。王充说董仲舒"表《春秋》之义，稽合于律，无乖异者"[①]。可见评价是很高的。

二

郑玄是东汉晚期的一位经学家兼教育家。他生在东汉战争纷扰、政治黑暗的时期，一生颠沛流离，长期遭到禁锢。可是，他孜孜不倦，著书育人，取得了很大的成绩，给汉代的经学作了总结，并为后代留下了

[①] 王充：《论衡》卷一二《程材篇》。

融今古文经学于一炉的经学教材。

郑玄是东汉经学大师马融的学生。他在马融门下，很久没能见老师的面。后来马融听说他擅长算学，在会集学生考论图谶时，召见了他。郑玄在太学时，学习今文京氏《易》、《公羊春秋》、《三统历》、《九章算术》等，又从张恭祖受《古文尚书》、《周官》、《礼记》、《韩诗》、《左传》，还从马融学古文经。

郑玄从事教育工作二十余年，弟子数千人，是当时"伊洛以东，淮汉以北"闻名的教育家和学者。他教学以古文经学为主，吸收今文经学，破除家法传统，广采众说，汇集汉代经学的大成，被称为"郑学"，基本上结束了今文古文之争。

郑玄注释和著作的书，有《周易》、《尚书》、《毛诗》、《仪礼》、《礼记》、《论语》、《孝经》、《尚书大传》、《尚书中候》、《乾象历》、《天文七政论》、《鲁礼禘祫义》、《六艺论》、《毛诗谱》、《驳许慎五经异义》、《答临孝存周礼难》，共计百余万言。这些书后来有些被当作教材用。今通行本的《十三经注疏》中《毛诗》、三《礼》注即采用郑注。

关于《诗经》：郑玄根据《尚书》说的"诗言志，歌永言"，认为诗歌大约起于虞舜之时，夏朝"篇章泯弃"，商朝"不风不雅"。到周朝《风》有《周南》、《召南》，《雅》有《鹿鸣》、《文王》诸篇；周公"制礼作乐，而颂声兴"。这是《诗》的"正经"。周室政治衰坏，于是《十月之交》、《民劳》、《板荡》诸篇，"勃尔俱作"。五霸之末，纲纪败坏，孔子录懿王、夷王时代的诗，直到陈灵公淫乱之事。这就成了"变风变雅"。郑玄认为："欲知源流清浊之所处，则循其上下而省之；欲知风化芳臭气泽之所及，则傍行而观之。此《诗》之大纲也。"①郑玄在《六艺论》中说："注《诗》宗毛为主。毛义若隐略，则更表明；如有不同，即下己意，使可识别也。"可见郑玄注《诗》，主要根据毛氏传，有不同见解，就按自己的意见笺注。

郑玄认为声音之道与政通，在笺注《毛诗》时，常有伤感时事之语。皮锡瑞认为郑玄"居衰乱之世，其感伤之语有自然流露者，但笺注之体谨严，不溢出于经文之外耳"②。郑玄解《桑扈》一诗，是叹息痛恨于桓灵；《小宛》一诗是痛汉室将亡，曹氏将得天下；解"临深履薄"之句，盖伤党锢之祸。这样分析，虽然有些牵强附会的地方，但郑玄结合现实，解释古诗，自有他的难言之隐。

郑玄对《毛诗》的注释称《郑笺》。郑所注诸经都称"注"，只有《毛诗》称"笺"。《后汉书·卫宏传》说："马融作《毛诗传》，郑玄作《毛诗笺》。"

关于《尚书》：郑玄从伏生二十九篇内分《盘庚》为二篇，另增《康王之诰》一篇，《泰誓》三篇，共三十四篇。更增加伪古文《尚书》二十四篇。郑玄认为，张生、欧阳生从伏生受《尚书》，读音有些错误，先后也有误植之处。加以篆隶书写不同，也出现差错。伏生死后，张生等各论所闻，附会一些自己的意见，另作章句。所以郑玄尊古文《尚书》而抑今文《尚书》。郑玄认为《书序》作自孔子。他注《周官》时曾引《书序》文以证《保傅》。后来郑玄注本和孔安国注本并行。到隋代，郑学渐微；唐作《正义》，专用孔《传》。

---

① 郑玄：《诗谱序》。
② 皮锡瑞：《经学通论·诗经》。

关于三《礼》：三《礼》之名起于汉末，郑玄注《仪礼》、《礼记》、《周礼》。后世盛行郑注。在汉初说《礼》，是指今十七篇的《仪礼》。郑玄本来习《仪礼》，曾按古经校订，称"郑氏学"。又作《周官注》。注《礼记》四十九篇。统称三《礼》。郑玄于礼学最精。皮锡瑞认为如果没有郑玄整理作注，后人将无法理解这些书。郑玄根据刘向本注释。贾公彦谓刘向《别录》本"尊卑吉凶，次第伦序，故郑用之；二戴尊卑吉凶杂乱，故郑不从之也"①。经文也有两种版本，高堂生传授的为今文；鲁共王坏孔子宅得亡佚的《仪礼》五十六篇，是用篆体书写的，叫作古文。郑玄注时参用了两种版本。按照今文的，今文用大书，古文用附注的形式；按照古文的，古文用大书，今文用附注的形式。这本书郑玄以前没有注本，后来还有王肃注本十七卷。阮元称郑玄注本选古今文最为详核。

《礼记正义》为郑玄注，孔颖达疏。《四库全书总目·礼记正义》称：戴圣之学所传《礼记》四十九篇，一授桥仁，一授杨恭。后来传其学的有郑玄、卢植等人。元朝延祐年间行科举法，《礼记》用郑玄注，所以元儒说《礼》，一般都有根据。自明永乐年间命修《礼记大全》，才废除郑注，改用陈澔《集说》，礼学遂荒。

《后汉书·儒林列传》谓郑玄本习《小戴礼》，后来用古经校订，"取其义长者"。何休以《周礼》为六国阴谋之书。只有郑玄遍览群书，认为《周礼》是周公致太平之迹，对它评价很高，他说《周礼》"囊括大典，网罗众家"。阮元在《十三经注疏校勘记序》中说："郑康成乃集

---

① 《四库全书总目》卷二〇《仪礼注疏》。

诸儒之成,为《周礼》注。盖经文古字不可读,故四家之学皆主于正字。"所谓"四家"是指杜子春、郑兴、郑众、郑玄四人。

关于《周易》:郑玄从孔融习费氏《易》。他认为《易》之为名,包括三种含义:易简、变易、不易。郑玄注《易》在晚年,他说:"来至元城,乃注《周易》。"晋以后,郑《易》立于学。南北朝时,河北用郑的《易》注,江左用王弼的《易》注。到了隋朝,郑《易》渐衰。唐王朝批准的《五经正义》,《易》用王弼注,郑《易》遂亡。宋王应麟搜辑古书,辑郑《易》学一卷,清惠栋补为三卷。丁杰、张惠言也曾缀辑郑《易》。

关于《春秋》:《春秋》兼采三《传》,不主一家,开始于范宁,实际上始于郑玄。何休解诂主《公羊》,杜预集解宗《左氏》,只有范宁的《穀梁集解》,对三《传》都有贬辞,不主一家。郑玄从第五元先习《公羊》,针膏起废,兼主《左氏》、《穀梁》,已为兼采三《传》的开端。解《礼》兼采三《礼》,解《春秋》兼采三《传》,都是从郑玄开始的。可见郑玄治经,主张采取综合的形式。郑玄认为《春秋》者"右史所记之制,动作之事也"。他对这本书评价也很高,认为孔子"为后世受命之君,制明王之法"。他为《春秋》作注,对三《传》也有评价,说:"《左氏》善于礼,《公羊》善于谶,《穀梁》善于经。"

何休好《公羊》学,著《公羊墨守》、《左氏膏肓》、《穀梁废疾》,推崇《公羊传》,贬低《左传》和《穀梁传》。郑玄不以为然,著文驳斥这种论调,发《墨守》,针《膏肓》,起《废疾》,针锋相对,进行反驳,何休看了太息说:"康成入吾室,操吾矛,以伐我乎!"这很有点"吾爱吾师,吾尤爱真理"的气魄。范晔认为郑玄答何休的立论,"义据通深,由是古学遂明",也给予了很高的评价。①

关于《论语》:郑玄于党锢事解后,注了《论语》。他以《鲁论》篇章为主,参考《齐论》、《古论》,进行注释。他认为《鲁论》是较标准的本子,但是不废弃其他两家的长处,这样就能取长补短,相得益彰。

关于《孝经》:郑玄遭党锢之事,被难南城山,对《孝经》作了一番注释的工作。他在序言中说:"《孝经》者,三才之经纬,五行之纲纪。"可见他很重视《孝经》的意义和作用,又说:"仆避难于南城山,栖迟岩石之下,念昔先人余暇,述夫子之志而注《孝经》。"② 他在蒙受祸难的时候,还念念不忘于著述,这种穷且益坚的精神是可贵的。

郑玄一生从事经学的研究和经书的注释,是一位卓有成就的经学家和教育家。他在注释经书作为教材方面,成绩和影响都是很大的。

首先,郑玄综合经今古文的成果,进行比较研究,基本上结束了多年的经学论争。从董仲舒开始,今文经学在教材的注释中占重要地位,对当时的政治产生了一定的影响。很多今文经学家居政治要位,援经论政,甚至把谶纬的思想也注入到现实的政治中。古文学家重在训诂考证,在名物制度等方面下的功夫较多,在学术上影响很大。郑玄主要依据古文经学,但是也不摈弃今文经学,把古文经学和今文经学熔冶于一炉,只要他认为是对的,就承认它,采用它,开学术界兼容并包的风气。他不排斥一派、专主一派,容纳众流,择善而从,泯除了门户之见,克服了学术研究中的闭关锁国现象。这样对教材的选注有益处,而

---

① 《后汉书》卷三五《郑玄传》。
② 皮锡瑞:《孝经郑注疏·郑氏序》。

且对学术研究也有益处。郑玄的经书注本所以能长期流传，这是原因之一。

其次，为"五经"、《论语》、《孝经》等书进行注释，为以后的教材作了统一的综合性的解释。"五经"等书作为教材，需要有一种标准本。这些书经过郑玄梳理删订，成为一套完整的教材，在教学中广泛使用。虽然魏晋以后有用玄学注释的本子，后来还有孔颖达、朱熹等人的注释，但是郑玄注本有较大的权威性，直至阮元编印《十三经注疏》还是用了他的注本，可见它有很强的生命力。这是由于他的注本立足于比较科学的古文经学，表现了汉儒"实事求是"的学风。

第四编

论三国两晋南北朝教材

三国时期学校教材*

从曹魏代汉到孙吴灭亡（220—280年）六十年间，魏、蜀、吴三国鼎立，战伐频仍，政治安定的时候少，战乱的时候多，学校教育处于存亡断续之中。此期教学内容基本上继承汉代的绪余，但是玄学兴起，以儒学为内容的经学教学受到很大的冲击。

一

魏国的学校教育在三国当中是比较正常的。曹操父子精研古学，擅长文学。《三国志·魏书》称曹操"御军三十余年，手不舍书，昼则讲武策，夜则思经传，登高必赋，及造新诗，被之管弦，皆成乐章"。孙盛《异同杂语》中说，曹操"博览群书，特好兵法，抄集诸家兵法，名曰《接要》，又注《孙武》十三篇"。曹操年二十六岁，以"能明古学"征为议郎。可见曹操对于经学、文学、兵法等都有很深的造诣。

---

* 原题为《三国时期学校教材初探》，载《课程·教材·教法》1987年第4期。

还在建安时期，曹操掌权，就下过修学令。魏国建立，恢复太学，一般说，还是继承了经学的教学内容。兹依年代顺序举例说明如下。

魏文帝黄初三年（222年），废除贡士限年法，规定郡国所选，勿拘老幼，儒通经术，吏达文法，到皆试用。这就规定了经术与文法是考试官吏的内容。

黄初五年（224年），曹丕恢复太学，设置《春秋》穀梁博士，依汉制设"五经"课试之法。初入太学的称门人，满二年考试，通一经的称弟子，不通一经的罢遣回去；弟子满二年试通二经的补文学掌故；掌故满二年试通三经的擢高第为太子舍人；舍人满二年试通四经的，擢高第为郎中；郎中满二年通五经的，擢高第，随才叙用。这说明，魏国太学的教材仍用"五经"，并且规定了二年以上考试及格即升官阶的制度。

曹丕曾使诸儒撰集经传，依类相从，凡千余篇，号曰《皇览》。

太和二年（228年），诏郡国贡士以经学为先。

太和四年（230年），魏主接受董昭的建议，下诏说："兵乱以来，经学废绝，后生进趣（趋），不由典谟。……其郎吏学通一经，才任牧民，博士课试，擢其高第者，亟用；其浮华不务道本者，罢退之。"①这是以"通经"作为"牧民"的条件的。

明帝景初二年（238年），科郎吏高才解经义者三十人，从高堂隆、苏林等分受"四经"、三《礼》，并且制定了课试方法。

正始七年（246年），废帝讲《礼记》通。正始年间，建立古、篆、隶三字石经于太学。

---

① 《资治通鉴》卷七一《魏纪三》。

甘露元年（256年），魏主曹髦去太学与博士们辩论经义，曹髦主张郑玄说，博士们主张王肃说。曹髦不敢斥责博士，因为王学有司马氏做后盾。

虽然政府提倡讲授儒学经书，诏书屡下，但是学生真正学习的不多。刘靖曾经指出："自黄初以来，崇立太学二十余年，而寡有成者，盖由博士选轻，诸生避役，高门子弟，耻非其伦，故无学者。虽有其名而无其人，虽设其教而无其功。"① 魏国太学收效甚微，主要有两个原因：一是教师质量低；二是学生入学目的不端正——他们入学是为了避役，不是来求学的。

《魏略》以董遇、贾洪、邯郸淳、薛夏、隗禧、苏林、乐详七人为儒宗。在这七个人的教学中，有的是"五经"并授，有的是专教一经，教《左氏传》的尤盛。如乐详从谢该习《左氏传》，他任杜畿的文学祭酒，杜使教后进，河东学业大兴。董遇精通《左氏传》，有人跟他学习，他说"必当先读百遍"，"读书百遍而义自见"。贾洪精于《春秋左传》，任三县令，所至亲授诸生。可是也有反对学《左氏传》的，鱼豢尝从隗禧问《左氏传》，隗禧说："欲知幽微莫若《易》，人伦之纪莫若《礼》，多识山川草木之名莫若《诗》，《左氏》直相斫书耳，不足精意也。"他们认为《左氏传》只是论述一些互相杀伐的书，当作教材不足取。隗禧不知道《春秋左氏传》在三国这样一个互相争夺时期的妙用；正因为《左传》是"相斫书"，才吸引了学生的兴趣，适应了他们的需要。乐详在黄初中任太学博士，"五业并授……牵譬引类，至忘寝食"，门徒数千

---

① 《三国志》卷一五《魏书·刘馥传》。

人，他在太学是讲授"五经"的。

《三国志·魏书》称钟会的母亲张昌蒲"明于教训"，对钟会"勤见规诲"。钟会年四岁，张即教他读《孝经》，七岁读《论语》，八岁读《诗》，十岁读《尚书》，十一岁读《易》，十二岁读《春秋左氏传》、《国语》，十三岁读《周礼》、《礼记》，十四岁读成侯《易记》；十五岁送他入太学，"问四方奇文异训"。她对钟会说："以渐训汝，今可以独学矣。"① 她的教学原则是一个"渐"字，也就是"循序渐进"的意思。张昌蒲卒于公元257年，年五十九，曹魏代汉时，她刚过二十岁。可见钟会念书是在曹魏时代。这里反映出当时教材和教学程序的一些情况。当然，其他的少年儿童，很难有钟会这么好的家庭教育的条件，像他这样能系统地学习的是很少的。

曹操注重以法治国，他说："夫治定之化，以礼为首；拨乱之政，以刑为先。"② 他要求"选明达法理者，使持典刑"③。魏国建立后，除了以经学书作为教材外，还设置法律博士，以郑玄注《法经》为教材。明帝常说："狱者，天下之性命也。"④ 卫觊上书也说："刑法者，国家之所贵重，而私议之所轻贱；狱吏者，百姓之所县（悬）命，而选用者之所卑下。王政之弊，未必不由此也。请置律博士，转相教授。"⑤ 明帝接受他的建议，置律博士。汉初，萧何把李悝著的《法经》从六篇增为九篇，后来逐渐增加到六十篇。后人各为章句，有马融、郑玄等人十

---

① 《三国志》卷二八《魏书·钟会传》注。
② 《曹操集·文集》卷二。
③ 《三国志》卷一《魏书·武帝纪》。
④ 《三国志》卷三《魏书·明帝纪》。
⑤ 《三国志》卷二一《魏书·卫觊传》。

多家。明帝诏用郑玄章句作为教材。

曹魏时期，士族成为封建地主阶级中主要阶层之一。为按门第高低来分配政治权力，建立了九品官人法。自九品官人法确立以后，士人入仕，不必拘守东汉立于学官的今文经学。在经学传授方面，主要是古文派经学占优势。即使杂糅今古文的古文经学——郑玄学派，也受到纯粹古文经学派王肃的攻击。王肃举起马融纯粹古文经学派的旗帜，依仗女婿司马昭的政治力量，使所注群经得立博士。可是以魏主曹髦为首的郑玄学派驳王申郑，毫不示弱，两派斗争十分激烈。在士人群中，王派毕竟不如郑派的影响那么大。

东汉末年，政局变幻莫测，战伐相寻，民生涂炭，那种困人的儒家思想，繁缛的礼法，汉代经学研究中的烦琐学风，以及阴阳五行等附会之说，已经渐渐失去维系人心的作用，使人产生厌烦的心情。以旷达放荡为特征的道家老庄之学——玄学，向儒学发起冲击。玄学的创始人何晏、王弼与夏侯玄、荀粲等竞为清谈，祖尚虚无，说"六经"是"圣人糟粕"。同时他们用偷梁换柱的手法，用他们的观点来注释儒家的两部重要教材《论语》和《周易》。何晏综合各家注文，撰《论语集解》；王弼撰《周易注》，革去汉儒象数之学，改用玄理说《易》。在魏国后期，何、王所著书盛行，大大地削弱了马、郑、王三家注的地位。这种大胆的冲击，正是对两汉尊儒的反动。

应当特别指出，有三种著名的科技教材完成于汉末和三国时期：一种是张仲景的《伤寒论》，另两种是刘徽的《九章算术注》和《海岛算经》。张仲景著的《伤寒论》，发展了《内经》、《难经》等书的理论，收集有效方剂，结合临床经验，总结了汉以前的医学成就，是古代最重要的医学经典著作之一，直到今天，还是中医学的重要古典教材。魏景元四年（263年），刘徽注《九章算术》九卷，是中国古代数学的重要著作，也是以后中国重要的数学教材。刘徽在注《九章算术》时提出了很多创见，尤其是用割圆术来计算圆周率的方法。《重差》原附于《九章算术》后。唐初，《重差》单行并更名为《海岛算经》，所收集的都是利用两次或多次测望所得的数据来推算远处目的物的高、深、广、远的问题。刘徽的这两部书，后来列为"算经十书"中的两种重要教材。上述三种科技教材，对此后一千多年中医学和数学的教学，对这两门科学的发展，都起了很大的作用。

二

刘备定蜀以后，看到学业衰废，于是收集图书，沙汰众学，建立太学，令许慈、胡潜为博士，与孟光、来敏等典掌旧文；同时以尹默为劝学从事。刘禅在位时，诸葛亮几乎把毕生精力放在伐魏、"兴复汉室"方面，振刷吏治也是为了这个目的，在教育方面没有显著建树。但刘备领益州牧时，以谯周为劝学从事，可见教育事业并没有完全废弛。

关于蜀国学校的教学内容，由于蜀国建国的时间短，文献少，难于确知，但是可以从两方面了解一些梗概。

一方面从实际教育工作者的学术专长来看。例如，许慈师事刘熙，善郑氏学，治《易》、《尚书》、三《礼》、《毛诗》、《论语》。他的儿子许勋传其业，复为博士。孟光博物识古，尤锐意"三史"，长于汉家旧典，好《公羊春秋》而讥诃《左氏春秋》，为此经常跟来敏发生争论。来敏博览群书，精通《左氏春秋》，尤精于《仓》、《雅》、训诂，好订正文字。他的儿子来忠也博览经书，继承来敏的学业。尹默以益都多贵今文而不崇章句，知道自己的知识狭窄，于是远游荆州，从司马德操、宋仲子等受古学，博通经史，又精通《左氏春秋》，如刘歆条例和郑众、贾逵父子、陈元、服虔注说，都能够脱离书本讲述出来；后来教刘禅《左传》。他的儿子尹宗传其业，为博士。还有向朗潜心典籍，年过八十，犹亲自校书，诱纳后进，只是讲论古义，不干时事。张裔治《公羊春秋》，博涉《史》、《汉》。①

另一方面从蜀国主要统治者刘备、诸葛亮的言论和学养来看。刘备少时曾周旋于陈元放、郑康成之间。他在遗诏中要刘禅"读《汉书》、《礼记》，闲暇历观诸子及《六韬》、《商君书》，益人意智"②。诸葛亮充分肯定学习的重要性。他在《诫子书》中说："夫学须静也，才须学也，非学无以广才，非志无以成学。"他认为人的才智要通过学习才能获得，这就否定了人才的先验性。他还认为"庠序之礼"、"明堂辟雍"是"务人之本"。③ 在军事训练中，他提出要"教之以礼义，诲之以忠信"④。无论就一个人的成长说，或者就治民、治军说，他认为都要进行教育，并且提出以"礼义"、"忠信"为教育的内容。同时他也很重视学习法家的书。他曾给刘禅抄写了《申子》、《韩非子》、《管子》、《六韬》等书。陈寿称他治蜀"立法施度"、"科教严明"，"吏不容奸，人怀自厉，道不

---

① 以上分别见《三国志·蜀书》本传。
② 《诸葛亮集》附录一。
③ 《诸葛亮集》卷三。
④ 《诸葛亮集》卷四。

拾遗，强不侵弱，风化肃然"。① 这跟他平日立教之道是有关系的。

从上述情况可以看出，首先，汉代今古文经学的教学，在蜀国都有所继承，但是古文经学是学习的重点，如文立、何随等都是以研究古文经学为主的。郑玄派经学也很流行，如名将姜维就"好郑氏学"②。其次，学校教材虽然仍是儒家典籍，但是偏重教学《春秋》的较多。再次，刘备、诸葛亮重视读法家著作，虽然不一定以此作为学校教材，但影响是很大的。最后，主张博观泛取，不主一家之说。李权从秦宓借《战国策》，秦宓说："战国纵横，用之何为？"李权说："仲尼、严平，会聚众书，以成《春秋》、《指归》之文，故海以合流为大，君子以博识为弘。"③ 这种打破儒经局限，提出学习法家、纵横家的书的主张，是适应当时政治纷争的局面，对于学术思想的解放是有益的。

三

孙权依靠江南族大人多的土著士族，如顾雍、陆逊等，建立了吴国。吴国于黄龙二年（230年）设立国学，置都讲祭酒，为江南有国学之始。④

吴主孙权说他自己少年时候曾经读过《诗》、《书》、《礼记》、《左传》、《国语》，只是不读《周易》；任事以后，又读了"三史"（《史记》、

---

① 陈寿：《进诸葛亮集表》。
② 《三国志》卷四四《蜀书·姜维传》。
③ 《三国志》卷三八《蜀书·秦宓传》。
④ 《资治通鉴》卷七一《魏纪三》。

《汉书》、《东观汉记》）和诸家兵法，认为收获很大。孙权尝问阚泽"书传篇赋"哪一篇最好，阚泽说贾谊著的《过秦论》最好，他就取来阅读。孙权曾劝吕蒙读书，要他抓紧读《孙子》、《六韬》、《左传》、《国语》和"三史"。吕蒙听了他的话开始学习，坚持不懈，赢得鲁肃的赞扬，说他"学识英博，非复吴下阿蒙"[①]。可见他们君臣都是注意结合实际，努力学习书本知识，来提高他们的治国本领的。

孙权不仅自己爱好学习，还给他的儿子孙登妙选师友，以诸葛恪、张休等为中庶子，入讲诗书。他们宗室也受他的影响，如孙瑜很尊敬"笃学好古"的马普，立学官，使将吏子弟数百人去学习；当时诸将都忙于军务，可是孙瑜"好乐坟典，虽在戎旅，诵声不绝"[②]。

孙休永安元年（258年），吴国政府下令："古者建国，教学为先，所以道世治性，为时养器也。……其案古置学官，立五经博士……科见吏之中及将吏子弟有志好者，各令就业。一岁课试，差其品第，加以位赏。"[③] 可见当时吴国的国学中是以"五经"为教材。孙休本人读书比较广博，曾经想博览百家之书；跟博士祭酒韦曜、博士盛冲"讲论道艺"[④]。他想打破以"五经"为教材这个范围，扩大治学领域。

下面再举一些例子来说明吴国使用教材的情况。

士燮精于《左氏春秋》，吴时任边郡太守，曾给《春秋》作注，袁徽称他治《春秋左氏传》，"尤简练精微"。袁经常提出疑难，向他请教，

[①]《三国志》卷五四《吴书·吕蒙传》注。
[②]《三国志》卷五一《吴书·孙瑜传》。
[③][④]《三国志》卷四八《吴书·孙休传》。

认为他解答"皆有师说，意思甚密"。①

步骘少时家贫，白天劳动，晚上读经传，后来担任吴国的丞相，还是"诲育门生，手不释书"②。

征崇治《易》、《春秋左氏传》，兼善内术，隐于会稽，有些人跟他学习，所教不过数人，为的是使学生"业必有成"③。

唐固修身积学，精研《国语》、《公羊》、《穀梁传》，讲授常数十人。

虞翻是吴国一个很有才学的士人，虽然在戎马倥偬之间，还从事讲诵，尝为《易》、《老子》、《论语》、《国语》训注，说自己"习经于枹鼓之间，讲论于戎马之上，蒙先师之说，依经立注"④。后来，他迁徙到南郡，在放逐中仍讲学不倦，门徒经常有几百人。

至于儿童教材，主要是《论语》、《孝经》。有一次，孙权问卫尉严畯，要他背一段小时候读的书，严畯背了《孝经》上的"仲尼居"一段。张昭退休后曾撰《论语注》，程秉曾著《论语弼》，都是吴国崇尚《论语》的佐证。

四

综观三国学校的教材，跟当时政治的局势、思想理论的变化和用人制度的改革是密不可分的。

---

① 《三国志》卷四九《吴书·士燮传》。
② 《三国志》卷五二《吴书·步骘传》。
③ 《三国志》卷五三《吴书·程秉传》注。
④ 《三国志》卷五七《吴书·虞翻传》注。

（一）郑、王学派分立，教材范围扩大

三国的学校教育，不绝如缕，教材主要是沿用儒家典籍，不过今文经学已经面临"盛极必衰"的命运。在魏国，熔冶今古文经学于一炉的郑玄经学和王肃的纯粹古文经学，各有强大的政治背景，分庭抗礼，两不相让。王学凭借日益上升的政治势力，所注各经得立博士；郑学基础雄厚，在知识分子中享有较高的威信。吴国还保持汉代的经学研究学风，有的经学家就专以象数注《易》。蜀国今、古文经学并行，而以古文经学为主。

三国在使用儒家教材方面有所突破，不限于儒家的"五经"，《国语》也作为教材使用。《春秋》三《传》的教学，汉代重视《公羊传》，《左传》没有立于学官；三国则比较重视《左传》的教学；还重视"三史"和兵法的学习。这些都是跟当时割据、争夺的形势联系着的。

三国时期，不只是曹魏重视法家思想，蜀国的刘备、诸葛亮，吴国的孙权，也都重视学习法家的书。因为，经过东汉末年的大乱，维系汉代统治的儒家礼法，势难维持这个社会动荡、纲纪废弛的局面。他们都想用法家的思想来作为强心剂，补偏救弊，稳定政局，并扩大自己的势力。

（二）玄学的兴起与教材

在魏国，玄学异军突起，冲破了儒家的藩篱。玄学的兴起，首先是统治阶级内部斗争的产物，如所谓"正始玄风"（240—249年），就是出现在曹氏政权与司马懿父子政治集团争夺激烈的时候。其次，从学术思想来看，两汉经学所宣传的封建原则，经过汉末农民起义的扫荡，已经成为强弩之末，起不了什么作用了；同时汉代讲经，烦琐庞杂的说

教，支离破碎的学风，也使人感到拘束和厌烦。他们需要打破思想上的束缚和理论上的枷锁，于是在《老子》、《庄子》和《周易》里寻找他们思想上的麻醉剂。他们认为老子的无为思想，庄子蔑弃礼法的颓废意识，《周易》的神秘主义，可以作为他们的思想支柱。因此，从魏国开始到南北朝，这三部书——"三玄"成为知识分子的必读书。

但是，他们也知道，要想维持当时并不稳定的封建政权，如果完全摈弃儒家的伦理纲常名教，那就是"自毁长城"。忠孝这些封建道德规范，还必须重视；儒家的学说还不能完全放弃；儒家的典籍，如上面所说的，还必须规定为学校的教材。因此，魏国的教育政策是崇玄尚儒，表面上还维持儒家和孔子的地位，如魏文帝以孔子为"命世之大圣，亿载之师表"①。这样，玄学的任务就是以道家思想来解释儒家经典。王弼在《论语释疑》一书中，把《论语》中"志于道"的"道"，解释为："道者，无之称也，无不通也，无不由也。"何晏在《无名论》一文中说："自然者，道也。"无即道，道即自然。这样就把孔子之道和老子的自然之道结合起来，初步论证了"名教出于自然"的说法，说明封建名教是自然而然的，从而论证了封建秩序的合理性。

何、王创立的这套玄学体系，应用到当时的社会政治上，还要求人民群众不应有所作为，而让世家大族的经济势力和政治权力得到无限的扩张和发展；也用"无为"、"虚玄"作为他们纵欲享乐的遮掩物。它既是汉代烦琐经学的反动，也是对汉末农民革命和曹魏初期法治的反动。这种思想对魏国和两晋南北朝的教育及其教学内容，产生了不小的

---

① 《三国志》卷二《魏书·文帝纪》。

影响。

吴国的教育政策是崇法尊儒，没有玄学。吴国处士杨泉就是玄学的极力反对者，他说："夫虚无之谈，尚其华藻，无异春蛙秋蝉，聒耳而已。"① 蜀国的经学传授，也没有玄学气味。

（三）人才选拔与教学内容

曹操任汉相时，很注意人才的选拔。他坚决要求打破用人的旧标准、旧传统，从世家豪族名士儒生手中夺取用人之权。他曾经下过几道求才令，如《论吏士行能令》、《求贤令》、《敕有司取士毋废偏短令》、《举贤勿拘品行令》等，都反映了曹操在用人方面的反传统精神。他曾说："若必廉士而后可用，则齐桓其何以霸世！"他问现在有没有"盗嫂受金而未遇无知"的人呢？他公然宣称被说成"不仁不孝"的人，只要"有治国用兵之术"都能任用。他的用人标准是才重于德，"唯才是举"。② 这样就影响到知识分子不必局限于儒家经书，而要扩大自己的知识面，更重要的是锻炼治事的才能。

魏国刘劭著《人物志》三卷，吸收了汉代乡举里选的经验，融合了儒、法、道、名各家的思想，探讨了封建统治阶级如何选用人才的问题。这本书提出了教育的目的在培养人才，"夫学，所以成材也"③，提出了人才类别、识别人才的标准以及统治者在用人方面的要求。作者认为人才有不同类型，"人材不同，能各有异"④，有人思虑深远，而不会

---

① 杨泉：《物理论》。
② 《三国志》卷一《魏书·武帝纪》。
③ 《人物志·体别》。
④ 《人物志·材能》。

办事；有人办事敏捷，但思虑浅薄。这本书适应了汉末魏初地方察举用人和品鉴人才的需要，也反映了这个时期在用人制度方面的趋势。这样就不能不影响到当时的因材施教的教学思想。

九品官人法的实施，对魏国的学校和教学也产生了影响。九品官人法打破了今文经学在教材中的垄断局面，人们不再乞灵于今文经学，照样能够走进统治者的行列。门第既然成为仕进的新道路，士人也逐渐不再需要那种困人的经学思想，汉代以学习儒经为取得利禄的风尚也就逐渐淡薄了。但是，用人只问门阀，不复辨其贤愚，流弊所及，学者"虽有其名而无其人，虽设其教而无其功"[1]，学校废弛，学业荒芜，也就成了必然的结局。

---

[1] 《三国志》卷一五《魏书·刘馥传》。

晋代学校教材与玄学*

一、晋代的教材

晋武帝司马炎继承父祖遗业,用曹丕禅汉的同样手法,将曹氏政权转移到自己手中,在此以前灭了蜀国,以后灭了吴国,结束了三国对峙的状态,统一了全国。但这种统一的局面不到四十年(280—317年),北方又发生了分裂,公元 317 年,晋元帝司马睿在建康(今南京)建立了东晋王朝。

司马炎建立晋王朝之后,继承魏国的制度,兴办太学,征召生徒,太学曾一度兴盛。泰始八年(272 年),学生多达七千余人。咸宁二年(276 年)于太学外又建立了国子学,招收五品以上官员的子弟入学。这是一种专为高级统治集团子弟设立的大学。后世的国子监实始于此。

学校教材继承前代,不外乎"五经"、《论语》、《孝经》一类儒家典籍。泰始四年(268 年),傅玄上疏,认为"儒学者,王教之首也"①。

---

* 原载《课程·教材·教法》1987 年第 6 期。
① 《晋书》卷四七《傅玄传》。

泰始八年（272年），对太学生"诏试经者留之"。当时盛行的是王肃注的《尚书》、《诗》、《论语》、三《礼》、《左氏解》、《易传》等，这些都立于学官。晋代统治者有亲自讲经的传统，如泰始七年（271年）太子讲《孝经》通，太康三年（282年）讲《礼记》通，元康三年（293年）太子讲《论语》通，咸康元年（335年）成帝讲《诗》通，升平元年（357年）穆帝讲《孝经》通，等等。这些都表示统治者提倡儒家经典的意思。但当时风气改变，士大夫好谈论老庄，尽管政府提倡儒经，效果依然很差。马端临在《文献通考》中论述这一时期的教育说："士大夫习尚老庄，儒术终不振。"①

当时有些思想家主张学习应广博些，如葛洪在《抱朴子·尚博》中说："正经为道义之渊海，子书为增深之川流。……虽津涂殊辟，而进德同归；虽离于举趾，而合于兴化。故通人虽原本以括流末，操纲领而得一致焉。"他认为学子固然要以读经为本，但也要读子书，才能相互比较，相得益彰。他在《抱朴子·钧世》中还说："夫论管穴者，不可问以九陔之无外；习拘阂者，不可督以拔萃之独见。"一个人如果坐井观天，就看不到宇宙的浩渺无涯；如果学习拘于一隅，就不能有什么创造性的见解。这种扩大学习内容的意见，是对汉代把学子束缚在圣经贤传中的突破，也正反映了三国后对学术思想解放的一种要求。

晋室南迁以后，征南军司戴邈上疏，以为"帝王之至务，莫重于礼学"②。王导、贺循也请修学校置博士。元帝接受他们的意见，大兴初，兴修学校，《周易》王氏，《尚书》郑氏，《古文尚书》孔氏，《毛诗》、

---

① 《文献通考》卷四一《学校考二·太学》。
② 《晋书》卷六九《戴邈传》。

《周官》、《礼记》、《论语》、《孝经》郑氏，《春秋左氏》杜氏、服氏，各置博士一人，共九人。① 荀崧建议"九人以外，犹宜增四"，郑氏《易》、郑氏《仪礼》、《春秋公羊》、《穀梁》各置博士一人。元帝说："《穀梁》肤浅，不足置博士，余如奏。"② 会王敦之难，当时没能实行。后来增加到十六人，不再分掌"五经"，而称"太学博士"。

东晋初年，因为边乱未靖，学校陵迟，规定孝廉不要考试，秀才照旧参加策试。甘卓上疏，认为"答问损益，当须博通古今，明达政体，必求诸坟索，及堪其举"③。当时，远方的秀才、孝廉，都不策试即予任用，至此都令试经。孔坦说："秀才虽以事策，亦泛问经义，苟所未学，实难谙通"，建议"崇修学校，普延五年，以展讲习"，要求秀才、孝廉都考试经书。④ 可见经书作为教材，表面上还是比较重视的。

晋代的地方学校也是讲授"五经"，还有行儒家典礼的。如王恂为河南尹，"建立二学，崇明五经"⑤。张轨为凉州刺史，立学校，始置崇文祭酒，春秋行乡射之礼。⑥ 大兴二年（319年），益州刺史应詹上疏："元康以来，贱经尚道，以玄虚弘放为夷达，以儒术清俭为鄙俗，宜崇奖儒官，以新俗化。"⑦ 孝武帝时，范宁儒博通综，为豫章太守，在郡立乡校，"远近至者千余人"，"并取郡四姓子弟，皆充学生，课读五

---

① 《文献通考》卷四一《学校考二·太学》。
② 《晋书》卷七五《荀崧传》。
③ 《晋书》卷七〇《甘卓传》。
④ 《晋书》卷七八《孔坦传》。
⑤ 《晋书》卷九三《王恂传》。
⑥ 《晋书》卷八六《张轨传》。
⑦ 《资治通鉴》卷九一《晋纪十三》。

经"。① 广陵（今扬州市）在长江边上，东晋时邻接石勒管领的地区，战乱频繁，孔衍为广陵郡守，在戎马倥偬之中，照常传授经学，诱导后进，不因为打仗而停止教育活动，以至石勒下令，不让他下面的人妄入广陵辖区。②

晋代私人讲经学的，虽然不及汉代兴盛，但还是代有传人。如济南人刘兆著《春秋调人》七万余言，又撰《周易训注》，跟他受业的有数千人。弘农人董景道千里寻师，明《春秋》三《传》、《京氏易》、《马氏尚书》、《韩诗》，都精究大义。邹人唐彬敦悦经史，尤明《易经》，还家教授，经常有几百人。晋阳人郭琦博学，通五行，作《天文志》、《五行传》，注《穀梁》、《京氏易》百卷，王游等跟他学习。上党人续成师事杜预，专精《春秋》、《郑氏易》，教授常数十人。庐江人杜夷博览经籍百家之书，还乡里，闭门教授，生徒千人。高密人徐苗是宋均的学生，作《五经同异评》，开设讲堂，教授门生。陈留人范宣博综群书，尤善三《礼》，戴逵等跟他学习，"讽诵之声，有若齐鲁"。③

在汉代，作为学校教师的博士，学问比较精博，社会地位高。到了魏晋，博士一席，选非其人，滥竽充数的很多。《晋书·徐邈传》说："自魏晋以来，多使微人教授，号为博士，不复尊以为师。"孝武帝让徐邈教他的儿子，对他说，虽然没有以师礼待你，但也不以博士待你。可见"博士"这个作为教师的称号，当时声望很低，学校的教学质量也就可想而知了。

---

① 《晋书》卷七五《范宁传》。
② 《晋书》卷九一《孔衍传》。
③ 《晋书》卷九一《儒林列传》、《晋书》卷九四《隐逸列传》及《晋书》卷四二《唐彬传》。

晋代的蒙学教材主要是《急就章》。晋夏侯湛在《抵疑》中说："乡曲之徒，一介之士，曾讽《急就》、习甲子者，皆奋笔扬文，议制论道。"①顾炎武在《日知录》中说："汉、魏以后，童子皆读史游《急就篇》。"《急就章》为什么能够流传久远，也跟晋代的书法家有关。黄伯思说，司马相如的《凡将篇》、史游的《急就篇》，都是"书文之林苑，欲识字者不可不知"。他认为这本书能流传下来，是"昔贤多喜书之故"。②这本书有东汉张芝、魏钟繇、吴皇象的书写本，到了晋代，有著名的书法家卫夫人、王羲之、索靖等人的书写本。这本书选辑了当时日常应用的文字，用韵文的形式表述，作为儿童识字教材比较合适，有它本身存在的价值，但是有这么多著名的书法家书写，的确起了书以字传、相得益彰的作用。

著录于《隋书·经籍志》的晋人编写的蒙学教材有以下几种：王义《小学篇》一卷，无名氏《始学》一卷，杨方《少学》九卷（《唐书》作三卷），束晳《发蒙记》一卷，顾恺之《启蒙记》三卷，还有郭璞的《三仓注》。这些书后来都亡佚了。

少年儿童的教材还有《孝经》、《论语》。《晋书·刘超传》载：晋恭帝司马德文年八岁，刘超授以《孝经》、《论语》。有些幼年失学，长乃读书的人，也是从读这两种书开始。葛洪"年十六，始读《孝经》、《论语》、《诗》、《易》"③。皇甫谧年二十始受《孝经》、《论语》。④

---

① 《晋书》卷五五《夏侯湛传》。
② 谢启昆：《小学考》。
③ 《抱朴子·自叙》。
④ 《颜氏家训》卷三《勉学》。

由于光武帝利用图谶，东汉崇尚和传授图谶的风习相当盛行。泰始三年（267年），晋武帝下令禁止星气谶纬之学。这不只是教学内容上的一项改革，而且是社会信仰上的一项改革。

东晋元帝本来喜好刑名家言，曾经把韩非的书送给他的儿子，当时庾亮讲授东宫，感到这样做不合适，对元帝说："申、韩刻薄伤化，不足留圣心……"① 在庾亮看来，作为统治术来说，法家的做法"刻薄伤化"，不及儒家平稳可行，还是主张读儒家的书。

晋代教材方面还有一件事值得一提，就是作为教材的《论语》开始传入日本。晋武帝太康六年（285年），百济博士王仁把《论语》带去日本，以后作为教材，逐渐传播开来，因而儒家思想成为日本思想的一个组成部分。

二、北方诸国的教材

在晋代，北方建立的国家，也有兴建学校，以儒家典籍作为教材教授学生的。其中以前赵、后赵、前秦、前凉、后秦比较重视教育。

前赵刘渊少好学，习《毛诗》、京氏《易》、马氏《尚书》，尤好《左氏春秋》、孙吴兵法，《史》、《汉》诸子，无不综览，以为一物不知，君子所耻，尝鄙"随陆无武，绛灌无文"②。他的儿子刘和也好学习《毛诗》、《左氏春秋》、郑氏《易》。刘聪究通经史，兼综百家之言，工草隶，善属文。刘曜小时从崔岳问学，博览群书，也善属文，即位后，

---

① 《晋书》卷七三《庾亮传》。
② 《晋书》卷一〇一《刘元海载记》。

立太学于长乐宫，立小学于未央宫，招学生一千五百人，选宿儒教学。

后赵石勒于公元312年建都襄国，313年就建立太学，选士人为教师，选将佐子弟入太学读书，任裴宪等为经学祭酒，设"五经"博士，续咸等为律学祭酒，任播等为史学祭酒。可见当时太学的学生不只读经，还要读律、读史。石勒本人虽然不认识汉字，可是很爱好历史，叫人读《左传》、《史记》、《汉书》给他听，他听了能懂得书中的大义，还能提出自己的见解。在襄国四门，他设了宣文、宣教、崇儒、崇训十余所小学，教授儒家的书。石勒亲到太学、小学考试诸学生，按经学程度的高低分别给予赏赐。他还修改九品官人法，令群臣和州郡官每年保荐秀才、至孝、廉清、贤良、直言、勇武各一人。公元320年，用经学考试秀才、至孝，作为评定九品的标准。公元333年，就是石勒死的那一年，还令各郡立学官，每郡置博士、祭酒各一人，学生一百五十人。石勒提倡经学，重视士族，在他的政治措施中最为突出。他利用低级士族和高级士族间的矛盾，大量杀死高级士族，借以取得低级士族的拥护。石虎虽然昏虐无道，但是懂得怎样利用儒学和佛教，如令郡学增设"五经"博士，又令博士到洛阳写石经，优礼天水名儒杨轲等。

当4世纪时，汉人张寔建立的前凉（317—376年），立国较久，敦煌远在边境，兵祸较轻，财力殷富，因而儒学尤盛。敦煌是凉州文化的中心。敦煌儒生保持东汉以后的今文经学，多擅长阴阳术数图谶之学。在前凉，敦煌人宋纤注《论语》，有弟子三千人；酒泉人祁嘉，到敦煌依学官念书，博通经传，精究大义，在朝卿士、郡县守令等从他受业的有两千余人；郭瑀师事张掖郭荷，精通经义，多才艺，善属文，撰《春秋墨说》、《孝经错纬》等书，弟子就业的有一千多人。

前燕慕容皝崇尚经学，好文籍，即位以后立东庠于旧宫，赐大臣子弟为官学生，亲自考试，勤于讲授，学徒至千余人。他自己编写了《太上章》来代替《急就章》，又著《典诫》十五篇以教胄子。他亲自编写教材，可见他是很重视教材工作的。慕容暐委政太宰恪，专受经于博士王欢、尚锋、杜诠并以明经讲论左右。

前秦苻坚于公元365年改元为建元后，留心儒学，在王猛当政期间，恢复魏晋士籍，立太学，设祭酒，禁止那些非"正道"（儒）、"典学"（经学）的左道异端，学校渐兴。苻坚亲自考试太学生的经义，选拔成绩优秀的八十三人。王猛死后，苻坚下诏，要"偃武修文，增崇儒教"，太子和公侯百官的儿子都要就学；中外四禁、二卫、四军长上将士，都令受学，二十人给一经生，教读章句；后宫置典学以教掖庭，选阉人和女隶中比较聪明的诣博士授经。苻坚这一系列的措施，都说明前秦是以儒经为教材的。他讨服代王涉翼犍后，认为涉翼犍荒俗不识仁义，要他入太学习礼，也让其他降人习儒家礼教。他严禁讲老庄、图谶之学，尚书郎王佩读谶，立即明正典刑，于是人们不敢再读图谶了。

苻坚为了不使《周官》学失传，特就韦逞母宋氏的家里设立讲堂，置生员一百二十人，隔绛纱帐受业，号宋氏为宣文君，使《周官》这种教材，周官学这门学问，得以在北地流传和继承下来。

后秦姚兴镇长安时，与梁喜、范勋等讲论经籍，即位后，更兴儒学。当时姜龛、淳于岐、郭高等这些"经明行修"的老师宿儒，教授长安，学生从远近来的成千上万。姚兴听政之暇，经常把姜龛等人请到东堂，讲论道艺。凉州胡辩东徙洛阳讲授，弟子一千多人。关中一些年轻人多半去洛阳请业，姚兴给他们大开方便之门，给关尉下了一道命令说:"诸生咨访道艺,修己厉身,往来出入,勿拘常限。"史称"学者咸劝,儒风盛焉"。① 显然,这些人讲的"道艺",也都是指儒家的书。姚兴还立律学于长安,召郡县散吏,授以法律方面的教材。姚泓博学善谈论,尤好诗咏,常同王尚、段章研讨儒术,同胡义周、夏侯稚研讨文学。

南凉秃发利鹿孤即位后,征求群臣的意见,史暠说:"今取士拔才,必先弓马,文章学艺为无用之条,非所以来远人,垂不朽也。孔子曰:'不学礼,无以立。'宜建学校,开庠序,选者德硕儒以训胄子。"② 利鹿孤认为很对,于是以田玄冲、赵诞为博士祭酒。

这些国家的首领,为了争取生存和扩大势力,崇尚武事,但是对文章学艺、儒家礼教也是重视的。十六国时,敦煌是佛教流入内地的第一站。由于佛教逐渐盛行,儒学受到冲击,儒生只能传授经学,不能反对佛教。东晋儒学对佛教还有些抵抗;在十六国,儒学比起来显得力量薄弱了。不过即使如此,在政治上儒学仍保持崇高的名义。少数民族要争取汉化,同时要维持封建秩序的礼制,总必须依靠儒学。

三、玄学的兴起与教材

汉代尊儒读经,经学大盛。其实从东汉起,就有人对儒家经籍产生怀疑,如王充有《问孔》、《刺孟》诸篇。其后有些思想家也对儒生守一经、专一师的狭隘观念,尤其是夹杂着图谶迷信的今文经学进行批判。

---

① 《晋书》卷一一七《姚兴载记》。
② 《晋书》卷一二六《秃发利鹿孤载记》。

郑康成熔冶古、今文经学于一炉，结束了汉代今古文经学之争的局面。曹魏时虽有郑学和王学之争，但是这时经学已经成为强弩之末。人们对这种支离烦琐的章句之学感到厌烦，在理论上要求从"一统天下"的儒家学说的束缚中解脱出来，希望思想的翅膀在广阔的天地里自由翱翔。

同时，从东汉末年起，农民起义，军阀混战，汉王朝大一统的局面已经不能继续维持了。直到杨坚统一中国为止，阶级斗争、统治阶级内部的争夺，以及民族之间的矛盾和战争，此起彼伏，战伐相寻，近四百年间没有多少安定的日子，人们对现实生活产生了一种飘忽厌倦之感。在这样一个动乱的年代，儒家的伦常礼教，逐渐失去了巩固封建统治力量的作用。加以门阀制度的确立，人们不再需要借助于经书便可以飞黄腾达。作为学校教材的儒家经籍，既不是利禄之门，又不是谋生之道，因而大大地降低了它们的地位。

儒学衰颓，玄学继起。当时一些上层的知识分子，面对着篡夺频仍、互相屠杀的政治局面，想从老庄的思想中寻求自我慰藉，找一个安心立命之所。同时老庄的虚无思想，也表现出对政治压迫和礼教束缚的反抗精神。阮籍作《大人先生传》，比礼教之士为破裤中的虱子；嵇康作《难〈自然好学论〉》，比"六经"为鬼话。他们不仅在口头上，而且用实际行动来破坏礼教。这些人幻想回到原始的自然环境中去，追求一种逍遥虚幻、毫无拘束的生活。他们虽然也反抗现实，批判现实，却不是积极地设法去改变现实，而是从思想到行动上逃避现实，制造一套虚无的理论来麻醉自己。这种思想构成当时一些知识分子的主流思想，并且在理论上加以论证和宣传。

但是儒学和经书经过了几百年之久，无论在知识界还是在群众中，已经根深蒂固，要想廓清这种影响，也不是轻而易举的事情。于是他们采取了一种"援老入儒"的手法，把儒家经典作为外衣，而把它的内容进行玄学化的改造与加工——经学玄学化。当时这类著述有何晏的《论语集解》，王弼的《论语释疑》、《周易注》、《周易略例》，郭象的《论语体略》，韩康伯的《周易注解》，阮籍的《通易论》等，或者注释，或者阐发。为什么他们在这两种教材上下功夫？因为《论语》是儒家思想的主要著作，又是汉代以来学子的必读教材，做好了这本书的解释宣传工作，就把儒家的根本思想改变过来了。《周易》是一本古代占卜的书，但其中有很多哲理比较难于捉摸，如南齐陆澄说的"《易》道无体不可以一体求，屡迁不可以一迁执"①，这样正可用来作为玄学学理的基础。它是"六经"中的一经，也是汉代立于学官的教材，占领了这个领地，就比较容易地把玄学思想传播开来。章太炎说："说《易》者，汉儒主象数，王弼入清谈。拘牵象数，固非至当；流入清谈，亦非了义（《乾》、《坤》二卦以及《既济》、《未济》，以清谈释之，说亦可通。然其他六十卦，恐非清谈所能了也）。"② 其实，用玄理来谈《周易》，无所谓通与不通，了与不了，反正"借他人之酒杯，浇自己之块垒"，唯心主义的玄学家可以随心所欲地来解释自己所要解释的道理。不过有一点应当肯定，把《周易》这样一种图谶化了的占卜之书，改变为阐明义理的著作，同时扫除汉代经学烦琐的风气，发挥久被汉儒埋没了的哲学，在学术思想上还是一个进步。

另外，他们还注释和宣传老庄的书，把它作为知识分子必修的教

---

① 《南齐书》卷三九《陆澄传》。
② 章太炎著：《经学略说》，章氏国学讲习会1935年版。

材。《世说新语》载,向秀、郭象注《庄子》的时候,已经有几十家注释了《庄子》,后来数量更多。这么多人来注释《庄子》,跟汉儒注释儒经,可以说是后先辉映。当时父兄的劝诫,师友的讲求,都是学习《老》、《庄》,衡量一个人的学术水平,也以"精《老》、《庄》,通《周易》"为标准。可见当时玄学在教学内容中的比重。

这些人读了《老》、《庄》、《周易》等书,用来作为清谈的资料。鲁迅说,何晏"喜欢空谈,是空谈的祖师","他也喜欢谈名理"。[①] 这些人上承汉末清谈的余风,从品评人物转向以谈玄为主。何晏、王弼开其端,王衍、乐广衍其流,裴遐、卫玠等人善言玄理,名重于时。潘京与乐广谈,乐广很佩服他,说他天才过人,如果加以学习,一定会成为一代谈宗,潘京于是勤学不倦。当时有些人极力反对这种风气,如卞壶、应詹、熊远、陈頵等人,大声疾呼,痛言其害,想挽回这种颓俗,但是习尚已成,终莫能改,一直延续到齐梁不变,玄学的教材长期成为清谈的"口舌之助"。这种情况,正如《晋书·儒林列传》所说:"有晋始自中朝,迄于江左,莫不崇饰华竞,祖述虚玄,摈阙里之典经,习正始之余论,指礼法为流俗,目纵诞以清高,遂使宪章弛废,名教颓毁……"

四、综述

(一)打破了儒经在教材中独领风骚的局面。由于当时社会的动荡,学术思想的纷然杂呈,想用经书来禁锢人们的脑子已经办不到了。这

---

① 鲁迅:《魏晋风度及文章与药及酒之关系》,鲁迅著:《而已集》,人民文学出版社1973年版。

样，作为学校教材的经书，也不能像过去那样定于一尊，而是玄、道、佛各家的书，都成为人们学习研究的对象。

（二）玄学兴起对这一时期的教学内容产生了冲击。从汉代开始，讲授经书有些支离烦琐；同时社会矛盾错综复杂，人们对人生和社会问题需要重新考虑，重新探讨。玄学思想就是这样应运而兴的。无论直接攻击儒经也好，把经学玄学化也好，都是要摆脱过去儒家思想一统天下的局面。由于玄学的兴起，也影响了教学内容的改变。晋人注经，除了宣传老庄的书以外，还重视注释儒家的书。"借他人之酒杯，浇自己之块垒"，这是一种很便当的办法。

（三）禁止自东汉开始流行的图谶妄说。汉光武帝用图谶来愚弄人民，给经书蒙上一层迷雾，使学子从小就接受迷信思想，以便为巩固他们的统治服务。晋武帝下令禁止图谶。这不仅是对社会迷信的廓清，而且对教学内容起了一种消毒作用。

（四）北方国家虽然靠武力起家，但是后来也要兴学育才。如前赵的刘渊父子究通经史。石勒自己虽不识字，但要人念书给他听，还提出意见，规定太学生不但要读经，而且要读律。前燕的慕容皝亲自编写小学教材。苻坚崇信儒学，教读经书，严禁老庄图谶。可见北方这些国家还是在一定程度上注意学校教育和教学内容的。

南北朝学校教材的特点*

中国历史上的南北朝时期,是一个分裂战乱的时期,是文化教育走向低潮,往往不为人所注意的时期。这是事情的一个方面。另一方面,由于政治上的争夺,军事上的战乱,文化上的交流,互相激荡,互相斗争,互相渗透,互相融合,在魏晋学术文化的基础上,孕育着新的学术思想和文化,在教育上也产生一些新的因素。我们研究南北朝时期的教材,要综合地考察,全面地分析,掌握这个时代教育和教材的特点。那么这个时代在这方面的特点有哪些呢?略举于下。

一、儒、佛、玄、道之间的斗争与融合及其在教学内容中的反映

南朝自东晋开始,儒、佛、道、玄四派进行着斗争。玄学家讲"无",佛教徒讲"空",旨趣相投。佛教徒用玄学家贵无的思想解释佛学,使佛学具有玄学化的特点。早在东晋时,佛教徒大都能谈"玄",

---

* 原载《课程·教材·教法》1987年第11期。

高僧支遁、慧远等不但深通玄学，并擅长儒学，试图用佛学来融合儒玄二学。经过宋齐两朝到梁武帝时，佛教的发展达到高峰。

北朝的鲜卑族统治阶级，从迷信方面来接受并提倡宗教，特别是崇奉佛教。儒学生根在汉士族群中。永平二年（509年）时魏主专尚释氏，尝亲自讲《大觉经》，裴延俊认为"五经治世之楷模"，"愿经书互览，孔释兼存"。①"孔释兼存"是北方儒士的愿望。随着汉族士人在政治上的地位逐渐上升，到北周时，儒学竟压倒佛教。玄学在北朝不及南朝盛行，但与老庄学说相似的禅宗得到发展。禅宗吸取老庄的清静无为的思想和人生哲学，又抄袭儒家的伦理纲常和佛教的因果报应，作为它的理论。周武帝一向崇儒，公元568年，他登大德殿，亲讲《礼记》，显示儒学的特殊地位，后来又开二千余人的大会，规定儒、佛、道三教先后。最后索性禁止佛、道二教，要求和尚、道士一律还俗。别设通道观，选著名和尚、道士120人入观学习《老》、《庄》、《周易》，称为通道观学士。

在这一时期，玄学、佛教和道教虽然盛行，但是统治者还需要儒学来进行统治，儒家的经术仍然被重视，经学仍然在政治上起着重要作用。学校的教学内容和取士授官主要是儒家经学。不过这一时期的经学，就南朝来说，从汉代注重章句训诂变为注重义理，并从两汉师法、家法的束缚下解放出来，而成为儒、佛、道、玄混合的经学。

表现在教材方面，魏晋的玄学家用他们的思想来解释儒家的书，如《论语》、《周易》。南朝沿用这些教材来达到儒玄融合、交相为用的目

---

① 《资治通鉴》卷一四七《梁纪三》。

的，更重要的是汲取和发挥这种精神来解释其他经书，形成了南朝的有特色的学风。儒、佛两家很难沟通。宋戴颙撰《中庸传》，萧衍撰《中庸讲疏》，还有人撰《中庸义》，从《礼记》中提出《中庸》一篇来提倡，目的在于发挥儒经中很少讲到的性命哲学，从这里可以同佛学逐步沟通起来。

有些人既讲儒经，又讲《老》、《庄》，兼收并蓄。梁朝的太史叔明少善《老》、《庄》，兼通《孝经》、《论语》、《礼记》，尤精"三玄"。为国子助教，每讲说，听者常数百人。邵陵王萧纶好其学，出为江州、郢州，叔明同行，所至辄讲授。江州人士都传其学。通过这种综合讲授的渠道，也起到了比较、沟通、融合的作用。

在教学方法方面，玄学家尚清谈，佛教聚徒讲经，这种风气对儒生的讲经有影响。梁时盛行登讲座讲经，讲经纪录称讲疏，如萧衍有《中庸讲疏》，褚仲都有《周易讲疏》等。还有一种义疏，跟作为口讲的讲疏不同，它是指会通和阐释古书义理或补充旧注、究明原委的书。"义疏"之名起源于六朝佛家对佛典的解释。儒家的义疏显然是受佛家的影响，如皇侃的《论语义疏》、沈重的《毛诗义疏》等。

二、南北朝讲授经学学风的不同

早在东晋时，褚衰、孙盛论南北学风不同时说："北人学问，渊综广博"，"南人学问，清通简要"。① 《隋书·儒林列传》说："南人约简，

---

① 《世说新语·文学》。

得其英华；北学深芜，穷其枝叶。"宋晁说之说，南北之学，"大抵出于晋魏分据之后"，"师先儒者北方之学也，主新说者南方之学也"。① 这些话都是说北方保持古文经学派的学风，南方发展魏晋的学风。

从经注方面看，南方经师《周易》用王弼注，《尚书》用《伪孔传》，《左传》用杜预注；北方经师《周易》、《尚书》、《论语》、《孝经》用郑玄注，《左传》用服虔注；至于《诗》南北同用《毛诗》郑笺，三《礼》同用郑玄注。② 可见北方主要用郑玄的注本。在北方，《春秋》讲《左传》的多，讲《公羊传》的少，如刘献之、刘兰、邢峙、刘轨思、鲍季详、马敬德、张思伯、张吾贵等人都讲《左氏春秋》。梁祚、高允讲《公羊春秋》。刘兰则攻击《公羊春秋》，也攻击董仲舒。

从说经方面看，北方经师说经，墨守东汉经师的家法，不敢在家法外别出新义；南方经师说经，兼采众说，不拘家法。北方经学崇尚郑学，排斥王学，更排斥玄学；南方经学不仅郑王兼用，并兼采玄学。李业兴到南朝聘问，梁武帝问他，儒玄二学怎样贯通？李业兴说，我只学"五经"，不懂深义。崔灵恩习《左传》服虔注，归梁后，在江东不受欢迎，乃改说杜预释义，常申服以难杜，著《左氏条义》来说明。助教虞僧诞精于杜学，作申杜难服以答灵恩。从这些例子可以看出南北学风的不同。

再有，南朝沿袭晋人清谈的习气，把经学当作言谈辩论的资料，在讲授时也采用这种方法。例如，梁武帝召岑之敬升讲座，让朱异去问《孝经》，岑讲说滔滔，应对如响。周宏正在国子监发《周易》题，张讥

---

① 《晁氏儒言·南北之学》，商务印书馆《丛书集成》本。
② 参见《北史》卷八一《儒林列传》。

和他辩论，使周感到有些发怵。梁简文帝让戚衮说"朝聘义"，徐摛和他往复谈论，戚衮神采自若。他们讲佛、老时也采取这种方式。简文帝在东宫赐宴玄儒之士，使马枢讲《维摩》、《老子》，道俗听讲的有二千人，他向大家说："与马学士论义，必使屈伏，不得空立主客。"[①] 于是大家提出问题，展开辩论。可见，梁时讲授经义，只是当作口耳之学，以才辩相争胜。相反，北朝的经学讲授，主要讲明训诂章句，清谈之风不及南朝盛行。

南朝末年，王弼《易》学，费氏《古文尚书疏》传入北方，南学开始在北方流行。金履祥说："至东晋而古文孔传始出，至萧齐始备，至萧梁始行北方。"[②] 唐孔颖达撰《五经正义》，重南轻北，采用南儒义疏。南方和北方的儒学，渐渐趋于合流。

三、从教学内容上的经学独占到南朝的四学分立

从汉代开始，经学几乎成为学校的唯一教学内容。魏晋时期，由于时局的影响和玄学的兴起，教学内容有所发展和演变，但是学校还是专设经学。到刘宋时期，由单科教学变为分科教学，分设儒、玄、文、史四学，后来又分设儒、玄、文、史四科。玄学、文学、史学跟儒学平起平坐，进行专科教学，大大地提高了这些学科的地位，扩大了教学内容的范围。颜之推说："洎于梁世，兹风复阐，《庄》、《老》、《周易》，总谓'三玄'。武皇、简文，躬自讲论。周弘正奉赞大猷，化行都邑，学

---

① 《陈书》卷一九《马枢传》。
② 金履祥：《仁山集》卷一。

徒千余，实为盛美。元帝在江荆间，复所爱习，召置学生，亲为教授……"① 梁朝比较重视经学，但对玄学的讲授同样重视。玄学在魏晋还是一个新兴的学术部门，可是到这时，居然与儒学分庭抗礼。这说明当时玄学的影响很大，在社会上扎根很深；也说明学术思想的发展，儒学已经不能独占鳌头了。文学列为专科讲授是跟以前的文学发展一脉相承的。本来，汉代的文学成就很高，散文诗赋有不少杰作，所谓"蓬莱文章"。可是在学校里要列为专科讲授，阻力很大。直到东汉末年，灵帝设的鸿都门学，是一所文学艺术专科学校，遭到当时很多人如蔡邕、阳球等的极力反对。蔡邕本人是一个文学家、书法家，但他却认为"书画辞赋，才之小者"，不能"匡国理政"，非"教化取士之本"；反之，"通经释义，其事优大，文武之道，所宜从之"。② 可见要把文学列为学校专科讲授不是一件容易的事情。到建安时期，曹操父子爱好文学，在他们的周围，聚集了一批有名的文人；晋代也出现了不少有成就的文学家，文学的地位逐渐提高了，可是还没有资格与儒学并肩。到南朝，北方的一些士族迁徙到江南，江南的经济也有所发展，为文学的繁荣提供了条件；反映在教学内容上，也就要独树一帜，适应当时士子爱好文学的需要。由于门阀制度的延续，士族的迁徙变动，统治阶级重视谱牒之学，这跟史学列为专科是有关系的。正如《南史》的作者所说："二汉求士，率先经术；近代取人，多由文史。"③ 这个教学内容上的大改变，是教育史上应当注意的一个问题，它不是孤立的，而是跟社会、政治、

---

① 《颜氏家训》卷三《勉学》。
② 蔡邕：《陈政要上封事》，见《后汉书》卷六〇下《蔡邕传》。
③ 《南史》卷五九《江淹传》。

经济、学术、文化等方面有密切联系,而且是有一个发展过程的。

四、礼学讲授之盛行及其原因

南北朝在教材方面都重视《礼》经的讲授。郑玄三《礼》注最称精密,南北儒生讲三《礼》,都依据郑玄注。南朝士族极重家谱,严格辨别亲疏尊卑,丧服学成为被重视的专门学问,比郑注更为精密。宋朝周续之于安乐寺讲《礼》,高祖曾问他《礼记》"傲不可长"、"与我九龄"、"射于矍圃"三义,"辨析精奥,称为该通"。①

齐朝的王俭长于《礼》学,《南齐书·王俭传》称他"谙究朝仪,每博议,证引先儒,罕有其例"。永明中齐高帝视察总明观,就王俭宅开学士馆,让他传授《礼》学。后来他担任国子祭酒,也以《礼》学和《春秋》教授学生。

梁武帝于512年制定吉、凶、军、宾、嘉五礼,共一千余卷,八千零一十九条,颁布施行,并制成雅乐。由于梁朝崇尚礼乐,连北方士族中也有人南望羡慕,想来投奔。戚衮受三《礼》于国子助教刘文绍,武帝令策《周礼》、《礼记》义,衮对高第;简文帝要他说"朝聘义"。沈峻精研《周官》,开讲时,群儒刘昙、沈熊等都执经下座听讲。教育家严植之精研郑玄注三《礼》,当他讲授时,五馆学生一千余人全来听讲。沈重主讲《周礼》,撰《三礼义》、《丧服经义》、《周礼音》、《仪礼音》、《礼记音》等书。这些教育家不仅以《礼》经教授学生,还对《礼》经

---

① 《宋书》卷九三《周续之传》。

进行认真的研究工作，对当时的礼学教育产生了很大的影响。百济国曾请求梁朝学者陆诩为讲《礼》博士，梁朝令他前去就任。可见梁朝的礼学和礼学教育是很兴盛的。

北魏孝武帝命李郁讲《礼记》，卢景讲《大戴礼·夏小正篇》。北周李铉对《礼》学很有研究，著《三礼义疏》，从二十七岁起就开办私学，授徒讲《礼》。熊安生在北齐任国子博士，专讲三《礼》。宇文泰按照《周官》的规定改革官制，在朝仪、车服、器用等方面也多依古礼进行改革。

在南北朝这样一个既是玄学和佛道盛行，又是扰攘争夺激烈的时代，却在教育方面崇尚礼学，在教材方面重视三《礼》的讲授，这是什么道理呢？据初步分析，主要有以下几个原因。

首先，在文化思想和社会风气方面，是当时反礼教运动的反动和制约，儒佛斗争的一个侧面。从何、王倡导玄学以后，社会上反对礼教的呼声甚嚣尘上，要求挣脱儒家教义的束缚，争取解脱，要求自由；讲清谈，尚虚无；否定一切，笼罩着虚无主义的气氛。加以佛教、道教的思想泛滥开来。这种情况，腐朽的贵族统治阶级，一方面要利用这些思想，让自己沉湎在虚幻、颓废、享乐的生活中，并借以麻醉欺骗被统治的民众；另一方面，也感到社会没有一种维系的力量，没有约束力，权威难以建立，政权难以稳定。在中国的封建社会里，等级制度森严，如果完全抛弃儒家的礼教，想要稳定统治，是比较困难的。汉刘邦从亭长起家，当了皇帝，他讨厌儒生，"取儒冠而溺之"，可是当群臣争功，拔剑击柱，驾驭不了的时候，叔孙通给他制定了一套朝仪，煞有介事地演习和实施起来，这个皇帝就踌躇满志地说：今天我才知道当皇帝的尊贵啊！那些跟随刘邦一起打下江山的飞扬跋扈的将士，才有所收敛，不敢放肆。在这一点上，这位御用儒生帮了刘邦的大忙。于是刘邦大加犒赏，封叔孙通为掌宗庙礼仪的太常官，"诸生弟子共定者，咸为选首"①。王充说："叔孙通定仪，而高祖以尊。"他认为这是"重于野战"的功绩。② 可见这是一种有效的统治法宝。南北朝这些当皇帝的多半是从下位起家，又值玄学等盛行，风纪荡然，只有利用儒家的礼仪制度，提倡并振兴儒家的礼教，在教育和教学方面，突出三《礼》的内容，才能建立尊卑贵贱的等级制度，才能维护统治者的尊严，巩固统治者的地位。南宋的赵构（高宗）曾对他的臣子说："晋武平吴之后，上下不知有礼，旋致祸乱。周礼不秉，其何能国？"③ 他还是看出了礼对于统治者的一些妙用的。

从东晋开始，儒佛争论的一个主要问题是礼制问题。晋成帝时庾冰主张沙门见皇帝应当行拜跪礼，佛教徒坚决反对。桓玄篡位后，放弃这一主张。宋孝武帝诏令沙门拜皇帝，他的儿子宋废帝废除这一诏令。佛教徒要反对儒家的礼制，统治者和依附于统治者的儒生们就要极力宣扬礼教，扶植礼制。不只儒学是这样，道教徒也有这种意见。刘宋末年，道士顾欢撰《夷夏论》，说："舍华效夷，义将安取？"就是说汉族人为什么要抛弃自己的礼制风俗，而去模仿外国的风俗呢！重视学《礼》，就是要维护礼教，保持华夏本身的礼制，从而达到"用夏变夷"的目的。

---

① 《史记》卷一二一《儒林列传》。
② 王充：《论衡》卷一三《效力篇》。
③ 《宋史》卷九八《礼志一》。

其次，少数民族政权力求汉化，争取转变为封建制。例如，宇文泰据关西，势力远不敌高欢，不像高欢有六镇流民可供兵力，又有大批魏国朝臣可供使用，只能争取关西汉士族和汉民众来扩大自己的势力。他重用苏绰，也是出于这个原因。但只是起用人才和利用民力还不够，一定要加速汉化的过程，革去那些落后的习俗，采用封建理论思想，才能从根本上达到汉化的目的。而儒学是这种理论思想的核心，礼教又是巩固统治很有力的工具。大统年间（535—551年），他准备改革中央官制，打出复古的招牌，一切设施仿照《周礼》改革。同时下达六条诏书，要各级官吏先治心、敦教化、擢贤良等。《周书》的作者称他"施约法之制于竞逐之辰，修治定之礼于鼎峙之日"①。皮锡瑞也说："苏绰于宇文泰时行周礼，颇有效，隋唐法制多本宇文。"② 这些说明宇文泰的仿古改制，对加速汉化过程是起了作用的。

最后，为了争取政治上的正统。在中国历史上，少数民族在汉族居住区尽管建立了封建性质的政权，但在汉族看来，这个政权仍然是非正统的。王猛死的时候，劝苻坚不要去攻东晋，他说："晋虽僻处江南，然正朔相承，上下安和，臣没之后，愿勿以晋为图。"③ 在王猛看来，东晋是"正朔相承"，也就是说，东晋政权仍然是正统的。宋何去非也说苻坚"昧于自度，常以正朔不被四海为愧"④。东魏高欢有一次对杜弼说："江东复有一吴儿老翁萧衍者，专事衣冠礼乐，中原士大夫望之

---

① 《周书》卷二三《苏绰传》。
② 皮锡瑞：《经学通论·三礼》。
③ 《资治通鉴》卷一〇三《晋纪二十五》。
④ 《全宋文》卷一一九《苻坚论下》。

以为正朔所在。"① 这里所谓"正朔",也是说,这个政权仍然是正统的。萧衍提倡文章礼乐,招引一批士大夫为他效命。更关键的是当时的士大夫认为振兴礼乐是正统的象征,政治中心的标志。所以要在教学内容中重视礼学,把它作为一面"正统"的旗帜。梁武帝虽然笃信佛教,但是决不放弃儒学,尤其是礼仪的制定、三《礼》的讲授。宇文泰要显得比萧衍更正统,给自己的王朝披上一件正统的周代的外衣——实行周礼。

五、文艺科学的成就与教学内容的扩展

这个时期在学术思想上有它的特点,在文学、史学、艺术、科技等方面也有不少出色的成就。这些成就对于后代教材的充实、教学内容的扩展,产生了不可低估的影响。

在文学方面,南北朝继承魏晋之后,创作了不少优秀的作品,在后世是作为教材使用的。其中如鲍照的《芜城赋》,孔稚珪的《北山移文》,江淹的《恨赋》、《别赋》,丘迟的《答陈伯之书》,徐陵的《玉台新咏序》,庾信的《哀江南赋》,以及民间创作的《木兰诗》,等等,都是千百年来用作教材的脍炙人口的作品。

在这个时期,产生了精选前人作品的《文选》,总结文学理论的《文心雕龙》,论述诗歌创作理论的《诗品》。《文选》的主编萧统是博学多才的文学家。他招集学士,商榷古今,选编了《文选》这部文学总

---

① 《北齐书》卷二四《杜弼传》。

集。《梁书》说当时"名才并集，文学之盛，晋宋以来，未之有也"①。这部书的取材标准是"事出于沉思，义归乎翰藻"。唐以后把它用作文学教材。李善为《文选注》，还在河南一带讲授，很多学生从远方来跟他学习，号称"文选学"。唐代流行着"《文选》烂，秀才半"的谚语，意思是说只要熟读了《文选》，考试被录取就有百分之五十的把握。杜甫在给他儿子的诗里也说"熟精《文选》理"。可以看出《文选》在唐代教学中影响之大。它在中国以后年代的文学教学中，同样占着重要的地位。不只在中国，而且在外国，如日本、新罗等，也把它作为学校的文学教材。可见，它作为文学教材，对于教学内容的影响是十分深远的。刘勰著的《文心雕龙》和钟嵘著的《诗品》都是文学评论的名著，也是后代文学教学影响深远的教材。

在史学方面，南北朝跟汉朝比较起来，有所发展，不仅出现了通史、断代史、地方志，还有人物传记和史注。较著名的有范晔撰《后汉书》、沈约撰《宋书》、萧子显撰《齐书》、魏收撰《魏书》、常璩撰《华阳国志》等。其中，《后汉书》被列为"四史"之一，是后代讲授史学的教材之一。

在艺术方面，南北朝艺术比较发达，尤其是琴棋书画，造诣很高；也比较重视艺术教育，这种教育主要是通过家世传授来进行的。如吴郡顾士端和子顾庭，并有琴书之艺，尤擅长绘画。戴颙的父亲戴逵善琴书，颙和兄勃并受琴于父。崔悦善草书，传子潜，潜传子宏；卢谌也善草书，传子偃，偃传子邈，都是世不替业。这些方面的成就和传授，对美的陶冶和美学教育，起了很好的作用。

---

① 《梁书》卷八《昭明太子传》。

在科学技术方面，祖冲之父子是著名的数学家和天文家。他关于圆周率的计算，达到当时世界最高水平，他提出的密率值要比欧洲早一千多年。祖冲之的《缀术》，唐代国子监算学馆作为教材，列为"算经十书"之一。贾思勰的《齐民要术》和郦道元的《水经注》是农业、地理方面的力作，在学校教育和社会教育中是进行科技教育的教科书。

在南北朝，造纸技术的改进对教材的传播起了很大作用。徐陵《玉台新咏序》里说："五色花笺，河北胶东之纸。"梁宣帝萧詧《咏纸诗》云："皎白犹霜雪，方正若布棋。"足见这个时期的造纸技术有很大的改进，纸的质量有很大提高。隋灭陈，获得陈朝大量藏书。这些书是陈宣帝时用纸抄的。纸到南朝完全代替了竹帛的地位。这对教材的传播、文化的推广，起了很大的作用。

由上述可见，这个时期，在文化科学等方面有新的发展和成就。南朝设立的四科教学，对文学和史学的发展起了一定的作用。同时南北大混合，促进了国内各民族文化的大交流，使北方少数民族加速了向封建制转化和汉化的过程；北方文化的南移，也给南方文化增添了养分，焕发出异彩。这样使得南北文化逐渐熔冶于一炉，扩大了教育和教学内容的领域，后来汇成唐代文化波澜壮阔的局面。

六、儿童识字教材和家庭教育教材

谈到南朝的识字教材，不能不数到梁周兴嗣编的《千字文》。它在识字教材的发展方面，起了承先启后的作用。在此以前通用的识字教材是汉代史游编的《急就章》。《千字文》汲取了前人编写识字教材的经验，有所发展提高。这本教材编成于梁武帝大同年间。《梁书》上说："《次韵王羲之书千字》，并使兴嗣为文。"① 唐李绰的《尚书故实》说："梁武教诸王书，令殷铁石于大王书中拓一千字不重者，每字片纸，杂碎无序。武帝召兴嗣，谓曰：'卿有才思，为我韵之。'兴嗣一夕编缀进上……"《隋书·经籍志》也说："《千字文》一卷，梁给事郎周兴嗣撰，梁国子祭酒萧子云注。"可见《千字文》一书是周兴嗣执行梁武帝的命令，从王羲之所写的字中选编的。这本书虽然只有一千字，内容却相当广泛，如天文、地理、历史、自然、处世、务农、读书、饮食、居处、园林、祭祀等方面。用四言韵语，整齐划一，读起来朗朗上口。王凤洲称它为"绝妙文章"，足见编者具有很高的文学修养。这本书到唐代就流传开来，顾蒙逃难到广州，就曾抄写教人来维持生活。它在国内沿用一千多年，还有满汉、蒙汉对照本。后世仿效这种编法的层见叠出，有《续千文》、《重续千文》、《广易千文》、《叙古千文》、《训蒙千字文》等，达数十种之多。《千字文》流传到日本，供日本小学生学习汉文之用。可见这本教材的影响之深远。

《隋书·经籍志》还载这个时期的识字教材，有"《训俗文字略》一卷，后齐黄门郎颜之推撰"。此外，还有唐写本《开蒙要训》，日本藤原佐世《日本现在书目》小学类列在晋顾恺之《启蒙记》、王羲之《小学篇》后，梁周兴嗣《千字文》前，注云"马氏撰"。这本书大概成书于东晋和齐梁之间。

至于北朝的儿童识字教材，多半用《急就章》。《魏书》载崔浩表

---

① 《梁书》卷四九《周兴嗣传》。

言，太宗即位元年，命他解《急就章》。刘芳撰《急就篇续注》、《音义证》三卷。陆㬚拟《急就篇》为《悟蒙章》。《魏书·儒林列传》载刘兰始入小学，书《急就篇》。《北齐书》载李绘六岁未入学，伺伯姊笔牍之间经常偷偷地使用，不多久就通《急就章》；李铉九岁入学，书《急就篇》，月余便通。

还有一本关于家庭教育的重要著作应当提到，那就是颜之推的《颜氏家训》。像这样系统的家庭教育的教材，过去还没有过。它内容丰富，涉及哲学、文学、史学、艺术等方面的问题。在这本书里，颜之推对教育和教学内容发表了很多见解。他是儒家学者，当然主张教材以"五经"为主，他说："夫文章者，原出五经：诏命策檄，生于《书》者也；序述论议，生于《易》者也；歌咏赋颂，生于《诗》者也；祭祀哀诔，生于《礼》者也；书奏箴铭，生于《春秋》者也。"① 他有一个很重要的意见，主张博学多闻，他说："夫学者贵能博闻也"，"观天下书未遍，不得妄下雌黄"，"博学求之，无不利于事也"。博学不单是多读书，也不能贵耳贱目，要对"郡国山川，官位姓族，衣服饮食，器皿制度，皆欲根寻，得其原本"。② 这种学习要接触实际、寻根究底的见解，在当时那种崇尚玄虚、专讲清谈的时代，是很可贵的。颜之推还主张学点算学、医学、绘画、音乐等，他说："算术亦是六艺要事"，"可以兼明，不可以专业"。绘画、琴瑟，"自古名士，多或能之"。③ 这也是他主张博学的内容，跟当时的社会风尚是有关系的。

---

① 《颜氏家训》卷四《文章》。
② 《颜氏家训》卷三《勉学》。
③ 《颜氏家训》卷七《杂艺》。

第五编

论隋唐五代教材

隋代学校教材[*]

581年，杨坚代周自立，建立隋王朝。他实行了一些政治、经济方面的改革。589年，隋灭陈，南北统一，结束了东晋之后长期分裂的局面。隋王朝立国只有三十八年，在教育设施方面时兴时废，基本上是不重视。隋文帝晚年不喜儒学，仁寿年间，废天下之学，只剩下国子学一所。隋炀帝复开庠序，国子、郡县之学盛于开皇之初，创科举取士，取代门阀制度。

隋代的教学内容和教学情况大致如下。

一、教学内容沿袭过去

魏晋以后，中国形成了分裂的局面，将近三百年。在经术讲说方面，师说纷纭，没有一致的标准。南北所沿用的章句，好尚互有不同，大致情况是这样：在南朝，《周易》主王弼，《尚书》主孔安国，《左传》

---

[*] 选自《中国古代学校教材研究》。

主杜预；在北朝，《周易》、《尚书》主郑玄，《左传》主服虔。至于《诗》同主毛公，《礼》同主郑玄。

原来治经，南北有别。《隋书》的作者是这样评价的："大抵南人约简，得其英华；北学深芜，穷其枝叶。"① 这是说南人治经，得了它的精髓；北人研寻章句，句梳字栉，只穷究了经书的枝叶。字里行间，大有扬南抑北之意。到了隋朝，由于南北统一，南北儒学逐渐合流。这时的经学教材，《易》则王注盛行；《书》则孔、郑并行，而郑注渐衰；《诗》仍盛行《毛诗郑笺》；《礼》也遵用郑注；《春秋》盛行杜注《春秋左氏传》，而《公羊》、《穀梁》并衰。

有这样一件事，说明教材不统一，给统一后的中国评定教学带来的困难。仁寿中，隋文帝任房晖远为太常博士。恰好朝廷下令国子生通一经的都可荐举。策问完毕，博士们无法评定成绩的好坏，祭酒元善感到奇怪，问房晖远。房说："江南、河北，义例不同，博士不能遍涉。学生皆持其所短，称己所长，博士各各自疑，所以久而不决也。"② 祭酒因令晖远来进行评定。晖远根据试策的水平，当机立断，决定取舍。有些人心里不服，晖远问他们所传授的义疏，寻源竟委，指出问题和错误在哪里。当时无人敢饰非为是，都服从评定的结果。这样，在几天之内，就给参加考试的四五百人评出了成绩，决定去留。当时，儒生们都称房晖远为学"通博"。

隋文帝晚年，不悦儒术，专尚刑名。仁寿元年（601年）将绝大部分学校停办。仁寿元年六月下诏说："国学胄子，垂将千数，州县诸生，

---

① 《隋书》卷七五《儒林列传序》。
② 《隋书》卷七五《房晖远传》。

咸亦不少。徒有名录，空度岁时，未有德为代范，才任国用。良由设学之理，多而未精。今宜简省，明加奖励。"① 于是国子学只留学生七十二人，太学、四门学和州县学，统统停办。刘炫上表力争，认为学校不宜停废，措辞非常恳切，可是文帝不听他的，坚决执行自己的废学令。

　　隋炀帝即位后，恢复了国子、郡县的学校。这时，老儒生大多死去，只有刘炫、刘焯出类拔萃，学通南北。他们制定的诸经义疏，在士大夫当中信誉很高。如刘炫著《五经正名》十二卷、《春秋述义》四十卷、《尚书述义》二十卷、《毛诗述义》四十卷和《论语述义》、《春秋攻昧》等书。唐太宗曾经下诏谓："隋何妥、刘炫等，并前代名儒，经术可纪。加以所在学徒，多行其讲疏，宜加优赏，以劝后生。"② 唐初的学生，多用刘炫等人的讲疏，可见流行很广。刘焯著《五经述义》。他还精于天文算学，指出《周髀》中关于日影千里差一寸的说法不可靠，建议实测一次，当时炀帝没有采纳。到唐开元十二年（724年），南宫说根据他的意见进行测定，得出子午线一度之长为三五一度八十步。这个数字虽不很精确，但是世界上第一次实测子午线。还有绛州人王通居河汾间，授徒自给，有弟子多人，时称"河汾门下"。他仿《春秋》著《元经》（已佚），仿《论语》著《中说》，主张儒佛道三教合一，基本立足点则为儒学，主张复兴礼乐。后来边事四起，干戈扰攘，师徒四处逃亡，转死沟壑，所谓"空有建学之名，而无弘道之实"，"凡有经籍，自此皆湮没于煨尘"。这样使得后进之士，再听不到"《诗》、《书》之言"。③

---

① 《隋书》卷二《高祖纪下》。
② 《贞观政要》卷七《崇儒学》。
③ 《隋书》卷七五《儒林列传序》。

二、乞灵礼学，想用以稳定社会秩序

隋文帝即位于干戈扰攘之际，为了稳定社会秩序，除尚刑名外，也注意礼教。柳昂上表建议劝学行礼说："臣闻帝王受命，建学制礼，故能移既往之风，成惟新之俗。"① 于是文帝下诏说："建国重道，莫先于学；尊主庇民，莫先于礼。"他认为："周、齐抗衡……务权诈而薄儒雅，重干戈而轻俎豆，民不见德，唯争是闻。"他还规定，在农闲时"敦以学业，劝以经礼"。开皇三年（583年），诏令从京师起，直到州郡，都要"劝学行礼"，于是"天下州县皆置博士习礼"。② 在同一年，牛弘为礼部尚书，修撰《五礼》百卷，行于当世。

隋炀帝征天下儒术之士，依次讲论。褚徽以三《礼》学称于江南，博谈雄辩，没有人能胜过他，擢为太学博士、国子助教。张文诩博精三《礼》，研习郑玄的注释，认为通博。杨汪折节勤学，从沈重学《礼》，精通三《礼》之学，很得到沈重的赏识，炀帝时，任国子祭酒。辛彦之著《礼要》、《新礼》各一部。马光明于三《礼》，为儒者所宗。王贞善《礼记》，张衡从沈重受三《礼》，略究大旨。杜台卿以《礼记》、《春秋》教授乡里子弟。武人崔彭也善《周礼》、《尚书》，能通大义。可见当时学《礼》的风气很盛。

隋代一度重视《礼》学，有它的社会根源和政治目的。自魏晋以后，玄学盛行，轻视礼法，认为这些繁文缛节束缚人们的行为，桎没人

---

① ②《隋书》卷四七《柳昂传》。

们的自由意志，因此要打破一切心灵上的枷锁，追求精神上的自由解脱。在统治者看来，社会风气如江河日下，越来越不好统治。隋王朝统一了中国，为了加强统治，使民众就范，供他们驱使，并借以整饬社会的秩序，就非乞灵于礼教不可。这是隋王朝恢复礼教、重视学礼的主要原因。

三、整顿文风，教学内容受到影响

魏晋以后，特别是南北朝时，骈文盛行。这种文风由南方逐渐传到北方，"周氏吞并梁、荆，此风扇于关右，狂简斐然成俗"①。北周苏绰曾仿《尚书》作《大诰》，宇文泰下令文章必须以此为准则。但到隋文帝时，依然是辞藻淫丽。李谔于是上书文帝，揭露当时文风凋敝，请求下令禁止，改变文风。他说："五教六行为训民之本，《诗》、《书》、《礼》、《易》为道义之门。故能家复孝慈，人知礼让，正俗调风，莫大于此。"② 他认为："降及后代，风教渐落。魏之三祖，更尚文词，忽君人之大道，好雕虫之小艺。""江左齐梁，其弊弥甚，贵贱贤愚，唯务吟咏。遂复遗理存异，寻虚逐微，竞一韵之奇，争一字之巧。连篇累牍，不出月露之形；积案盈箱，唯是风云之状。世俗以此相高，朝廷据兹擢士。禄利之路既开，爱尚之情愈笃。于是闾里童昏，贵游总卝，未窥六甲，先制五言。至如羲皇、舜、禹之典，伊、傅、周、孔之说，不复关心，何尝入耳。""损本逐末，流遍华壤，递相师祖，久而愈扇。"③这是

---

① 《隋书》卷七六《文学列传序》。
②③ 《隋书》卷六六《李谔传》。

一篇讨伐六朝文风和教学内容的檄文，揭露淋漓，剖析深刻，指出五教六行是为人的根本，阐发这些道理的《诗》、《书》、《礼》、《易》是通往道义的门户。从魏晋以后，崇尚文辞这种雕虫小技，文风日靡，澜倒波颓，士人讲读的和习作的都是些"月露风云"一类的东西。朝廷提倡，利禄诱人，社会上风行草偃。于是从小孩子开始，连六甲都没有读，就哼起古诗来了。这是一种舍本逐末的风尚，每况愈下，不可收拾。这里表面上是批评六朝衰靡的文风，实际上是对当时的教育内容提出深刻的批判。

开皇四年（584年），曾经诏天下公私文告，都要如实表述。同年九月，泗州刺史司马幼之上表，文辞华艳，即令有司治罪。尽管表现出整顿文风的决心，但由于积重难返，改变文风的效果不大。过去苏绰模仿《尚书》完全是复古主义，不合当时需要。现在李谔用骈文上表来反对骈文的辞藻华丽，不切实用，文体不变，实难奏效。所以两次改革文风的措施，基本上都没有成功。但是他们一再提出这个问题，说明它的严重性，改革势在必行。他们要求改革的建议，是完全正确的。这些措施实际上揭开了唐代古文运动兴起的序幕。

四、搜集图书，整编目录

经过六朝社会动乱，干戈相寻，不尚文事，很多图书都散失了，致使历朝的文化遗产零落散佚。隋朝立国，秘书监牛弘看到这种情况，建议开献书之路。他说："臣以经书，自仲尼已后，迄于当今，年逾千载，数遭五厄，兴集之期，属膺圣世。……故知经邦立政，在于典谟矣。为国之本，莫此攸先。"① 隋文帝尽管不悦儒术，但在过去长期的传统下，还要利用儒学作为思想上统治人民的工具，所以他还是采纳了牛弘的建议，下令访求遗书，诏献书一卷，赏缣一匹。灭陈以后，又得江南一批图书。开皇初年，萧该奉诏与何妥整理经史各书，由于各执所见，互争是非，久而不就，文帝遂停止了这一工作。

隋炀帝自为扬州总管，置王府学士百人，尝令修撰书籍。二十年间，没有停顿过。凡经术、文章、兵、农、地理、医、卜、释、道等，都有新书，共成一万七千余卷。对过去的书，删去那些重复猥杂的本子，得三万七千余卷。并撰写副本，分置西京、东都和宫省官府。还将书籍分为甲、乙、丙、丁四目，分统经、史、子、集四类。以后各朝，就沿用这种四部分类法，四部分类代替了七略的分类。这一工作对于典籍的保存、文化的承前启后，对后来教育的开展和教材的整理，都起了很好的作用。

五、石经的播迁，印刷术的初创

作为标准教材的石经，是魏正始中刻立的。后魏末年，从洛阳运到邺都，行至河阳，恰好遇到河岸崩溃，石经为水所没。运到邺都的不满大半。隋开皇六年，又从邺都运到长安，放在秘书内省。由于文字磨灭，很多字辨认不出来了。经刘焯、刘炫等人考定，议欲补辑，立于国学，作为标准教材。恰好遇着隋王朝大乱，此事就中止了。营造部门用

---

① 《隋书》卷四九《牛弘传》。

来作为屋柱的基石。直到唐贞观年间，魏征才把它收集起来，已经不到十分之一了。

在隋代，还有一件开创性的工作，对教材有很大影响。开皇十三年（593年）令雕刻佛经。胡应麟《少室山房笔丛》引陆深《河汾燕闲录》说："隋文帝开皇十三年十二月八日敕废像遗经，悉令雕板，此印书之始。""雕本肇自隋时，行于唐世，扩于五代，精于宋人。"可见在6世纪末，中国已发明了雕版印刷。又，20世纪初，英国人斯坦因从我国新疆吐峪沟盗去古物残纸一片，上印"延昌卅四年①甲寅……家有恶狗，行人慎之"等字。这是中国已发现最古的印刷品之一。就当时中国刻字的技术和经验来看，是能够雕版印刷的。当时不仅知道刻字，且已知道拓字。既然当时中国的石刻、墓刻等由来已久，刻字的技术很娴熟，并且知道拓印，加上文化传播上的需要，隋唐之际发明雕版印刷，是可能的事情。又如《隋书》卷七十八载，隋代的卢太翼，失明后"以手摸书而知其字"，这个手摸的字，很可能是印本。《弘简录》说，在唐贞观时，曾令"梓行"长孙后的《女则》，是为印书之始，但这里只说是"梓行"，而不是说开始梓行。所以雕版印书的开始，当在更早一些的时候。开始于6世纪末或隋唐之际，是有根据的。后来教材就逐渐印刷起来，免去了誊抄的麻烦，并且发行的面也广了。

---

① 即公元594年（开皇十四年）。

六、初创科举制对教材的影响

六朝用中正制取人,统治集团被大官僚贵族所垄断,取人并不"中正",导致吏治日益腐坏。隋文帝看出其中的弊端,将用人制度改为荐举,认为这样就可以选才任用。但是荐举制度弊端也很多,并不能网罗真正的人才。隋炀帝又进行改革,始设进士科,让士人投牒自进,政府择优任用。这是后世科举制度的滥觞。

唐代取人,沿用科举制度。全国取舍的标准一致,使用教材也必须一致。于是孔颖达等奉命编订《五经正义》,作为全国的统一教材。可见教学内容的统一、教材注释的统一,是实行科举制度的必要前提。

唐代学校教材与唐代学术文学*

唐代是中国历史上繁荣强大的一个朝代。从618年到907年，共经历了290年。唐王朝由于初期国家统一，生产有所发展，经济比较繁荣，创造了光辉灿烂的唐文代。唐文化不仅是中国封建文化的高峰，也是当时世界文化的高峰。在教育方面，采取了很多新的措施。中叶以后，战乱四起，教育事业就随着唐王朝的日益衰替而每况愈下了。

一、教材和教学概况

唐代学校的教材使用情况如下。

（一）中央各学

国子学、太学、四门学专授经学，使用的教材相同。经学教材九种，分大、中、小三经。《礼记》、《左传》为大经，各学习三年；《诗经》、《周礼》、《仪礼》为中经，各学习二年；《尚书》、《公羊传》、《穀

---

* 本文分上、下两部分发表在《课程·教材·教法》1987年第6期、第7期。

梁传》、《易》为小经，前三书各学习一年半，《易》学习二年。通二经者，大经、小经各一，若中经为二；通三经者，大经、中经、小经各一；通五经者，大经皆通，余经各一。《孝经》、《论语》是公共必修教材，学习一年。每天写字一纸。间习时务策，读《国语》、《说文》、《字说》、《三仓》、《尔雅》等书。

尽管政府这么规定，由于士子趋于利禄，务在出身，这九经有名存实亡的情况。开元八年（720年），国子司业李元瓘上言："今明经所习，务在出身，咸以《礼记》文少，人皆竞读"，《周礼》、《仪礼》、《公羊》、《穀梁》"以独学无友，四经殆绝"。① 开元十六年（728年），杨玚为国子祭酒，奏言："且今之明经，习《左传》者十无二三……又《周礼》、《仪礼》及《公羊》、《穀梁》殆将废绝……"② 据此，可见在唐朝兴盛时期，有些经书念的人已经不多了。

这些中央学校的教学、考试制度如下：教学由博士、助教分经进行。学生要学完一经后才能另学一经。在教学法方面有讲有读。十天举行旬考一次，在旬假前一天由博士主考。考试内容是读书千言试一帖，读书二千言问大义一条，共三条，有两条讲对了的算及格，只讲对了一条和全没有讲对的酌量处罚。年终举行岁试一次，考试一年的学习内容，口问大义十条，答对了八条的为上等，答对六条的为中等，只答对三条的为下等。后来又有月考。

在学生升降方面，规定岁试三次列入下等的和在学九年不堪贡举的令学生退学。对那些不听教导和一年无故缺课满三十天、事假满百天、

---

① 《唐会要》卷七五《帖经条例》。
② 《旧唐书》卷一八五下《杨玚传》。

亲病假满二百天的学生都令退学。学生通二经，俊士通三经，考试及格并且愿意继续学习的，四门学生补太学，太学生补国子学。

唐代中央官学，除上述三学外，还有书学、算学、律学（教学内容见后）。这六学是由国子监领导的。此外，还有专为贵族子弟设立的弘文馆和崇文馆，有掌管国子学生考进士的广文馆，有讲授玄学的崇玄馆。

弘文馆和崇文馆的教学内容与国子学等相同。据《唐六典》：弘文馆"其学生教授考试，如国子之制"，崇文馆"课试、举送如弘文馆"。但是由于这两馆的学生都是高等贵族的子弟，娇生惯养，学习不努力，学习水平往往比国子学学生的为低，考试标准自然也就低些。《唐六典》说："其弘文、崇文馆学生虽同明经、进士，以其资荫全高，试取粗通文义。"《唐会要·贡举下》说，开元二十六年（738年）敕文："弘文、崇文生缘是贵胄子孙，多有不专经业，便与及第，深谓不然。自今已后，一依令式考试。"广文馆的教学内容也与国子学等大致相同（崇玄学的教学内容见后）。

（二）地方学

唐代的地方学，通常只有州府学和县学二级。开元二十六年（738年），玄宗令各州县"每乡之内，各里置一学"[①]。这样，县以下设立了乡学或市镇学。从学校类型来说，有经学、算学、道学等。经学归长史管辖。所谓郡县学校主要是指经学说的。

地方学校的教材也是九经，但是规定的标准要低些。开元二十一年

[①]《唐会要》卷三五《学校》。

（733年）规定，诸州县学生年二十五岁以下，八品、九品子弟和平民子弟年二十一岁以下，通一经以上，或者未通经而聪颖有文词史学者，经过荐举和考试，就有可能升入四门学充俊士。学生除学习正业外，还要兼习吉凶礼。凡地方有举行吉凶仪式时，就令学生前往演习礼仪。

（三）启蒙教材

唐代的启蒙教材，有《千字文》和时人诗句。如顾蒙避地广州，困于旅食，书《千字文》授于聋俗。① 元稹、白居易的诗在村校儿童中作为教材流行。

《急就章》作为传统的蒙学教材，得到颜师古的注释订正。颜师古在《急就章注》的自序中叙述了当时《急就章》的讲授情况。他说："时代迁革，亟经丧乱，传写湮讹，避讳改易，渐就芜舛，莫能厘正，少者缺而不备，多者妄有增益，人用己私，流宕忘返。至如蓬门野贱、穷乡幼学，递相承禀，犹竞习之，既无良师，祗增僻谬。若夫缙绅秀彦，膏粱子弟，谓之鄙俚，耻于窥涉。遂使博闻之说，废而弗明，备物之方，于兹寝滞。"这是说当时的《急就章》，由于种种原因，错误很多，穷孩子读它，以讹传讹；富贵人家的子弟认为它"鄙俚"，不去问津。于是使得这本蒙学教材"废而弗明"。颜师古的父亲颜思鲁曾想订正注释，未及成而死。颜师古根据皇象、钟繇、卫夫人、王羲之等所书篇章，详加审核，凡三十二章。又感到崔浩、刘芳所注不能使人满意，于是"据经籍遗文，先达旧旨"，为之解训。颜师古对于《急就章》的订正是有功的。

---

① 见《唐摭言》卷一〇。

此外，还有《蒙求》、《太公家教》等书。

《蒙求》一书也是当时的蒙学课本。杜荀鹤《赠李镡》诗说："地炉不暖柴枝湿，犹把《蒙求》授小儿。"晁公武《郡斋读书后志》称该书"纂经传善恶事实类者，两两相比为韵语，取蒙卦'童蒙求我'之义名其书，盖以教学童云"。该书的例句如："王戎简要，裴楷清通。""谢安高洁，王导公忠。""伊尹负鼎，宁戚叩角。""龚遂劝农，文翁兴学。"现存本共二千四百八十四字。《四库全书提要》谓该书为后晋李瀚著。杜荀鹤死于907年。杜诗中已经说到《蒙求》一书作为教本。这说明该书不是后晋时人作。据今人考证，当为唐代李瀚作。宋陈振孙《直斋书录解题》、晁公武《郡斋读书后志》著录皆以瀚为唐人。清末杨守敬在日本得卷子改装本，抄有《蒙求》，后来敦煌出土《蒙求》卷子本书前表序都称唐人所撰，可见瀚当为唐人。

《太公家教》见唐李翱文集，说"其理往往有是者，而词章不能工者有之矣"①。宋王明清《玉照新志》谓该书"极浅陋鄙俚"，"当是有唐村落间老校书为之"。《续传灯录》法成禅师称："恰似三家村里教书郎，未念得一本《太公家教》，便道文章赛过李白、杜甫。"可见这是唐代一本比较流行的蒙学教材。书中例句如："太公未遇，钓鱼渭水；相如未达，卖卜于市。"金元时颇流行于北方少数民族中。元人曾译为蒙古文，清初曾译为满文；清光绪时，敦煌石窟发现古写本一卷。

自晚唐以后，常用咏史七言绝句作为训蒙课本。唐胡曾的《咏史诗》，虽然寄兴颇浅，格调不高，但也盛行了几百年，刻本很多。这本

---

① 《李文公集》卷六《答朱载言书》。

书于唐咸通年间由邵阳一位老书生陈盖首为作注。陈盖与胡曾同时同里。胡曾可能是当时的一位老塾师。

经过识字教育以后，接着就是读《论语》、《孝经》。穆宗问薛放治经何先，薛放说："《论语》者，六经之菁华；《孝经》者，人伦之本。"[①]杜甫在《最能行》的诗里说："峡中丈夫绝轻死，少在公门多在水。富豪有钱驾大舸，贫穷取给行艓子。小儿学问止《论语》，大儿结束随商旅。"唐太宗向举孝廉的人问《孝经》，被问者答不出来，太宗不高兴，决定以后不再举了。可见《孝经》是当时的必读教材。孔颖达撰《孝经章句》；唐玄宗也注《孝经》，元澹为疏，立于学官。天宝三年（744年），令天下家藏《孝经》一本，精勤教习；学校之中，倍加传授；州县官长，明申劝课。

二、专门教育的教学内容

唐代的专门教育，在中国古代教育史上是比较发达的。过去，东汉有艺术专门学校——鸿都门学，南北朝有文科专门学校——文学、史学、玄学诸馆。到唐代，专门学校才比较完备。唐代的算学、医学等自然科学性质的专门学校，是世界上最早出现的实科学校。

算学：修业期限为七年，学生分两组。一组读《九章算术》、《海岛算经》，共学三年，《孙子算经》、《五曹算经》学一年，《张丘建经》、《夏侯阳算经》各学一年，《周髀算经》、《五经算术》共学一年。一组读

[①]《旧唐书》卷一五五《薛放传》。

《缀术》，学四年，《缉古算经》学三年。前者似古典数学专业，后者似应用数学专业。《数术记遗》、《三等数》是公共必修教材。

尤其应当提出的是：李淳风与梁述、王真儒等编定和注释了历史上一批数学名著，统称"算经十书"。唐高宗规定其为国子监的算学教材。这十部算经不仅成为唐以后算学和科举明算科的教材，而且介绍了一些重要的科研成果，成为了解我国古代数学发展史的重要文献。例如，祖暅建立的计算球体体积的一条定理，其计算公式和理论基础，就是通过注释《九章算术》介绍给世人的。这一定理，在一千多年以后，西方才有意大利数学家卡瓦列里证得。

医学：在太医署之下，分医学为医学、针学、按摩学、咒禁学四门，都有博士教授生徒。(1) 医学：内分体疗（内科）、疮肿（皮肤科）、少小（小儿科）、耳目口齿（耳科、眼科、口腔科、牙科）、角法（外科）等科。体疗科修业七年，疮肿科修业五年，耳目口齿科、角法科修业二年。以《本草》和《甲乙脉经》为普通必修教材。理论教学与临床实习结合。学生结业时，按实习时治好病人的多少，考取为医师、医正、医工等职衔。(2) 针学：主要教学生明白经脉孔穴之道，辨别浮沉涩滑之候。学生要学习九针（镵针、圆针、锟针、锋针、铍针、圆利针、毫针、长针、大针）、《素问》、《黄帝针经》、《明堂》、《脉诀》、《神针》等。(3) 按摩学：主要教学生用消息导引的方法，诊除风、寒、暑、湿、饥、饱、劳、逸八种疾病。(4) 咒禁学：主要教生徒以咒禁驱除一切邪恶鬼魅，近于妖术。从前，神仙方士之术代代都有，到唐代才由政府正式设科教学。医学对学生的教学管理极严。学生学习《本草》、《明堂》、《脉诀》、《素问》和《黄帝针经》，务必精熟。医学考试最为严格。每月由博士考试一次，每季由太医令丞考试一次，年终由太常丞总试一次。

律学：《唐律》是我国封建社会最成熟的法典，也是现存最早最完整的一部法典。汉代是引《春秋》经义断狱，到了魏晋时代逐渐把儒家的礼引入法律。经过隋朝到唐初，儒家的礼成为封建立法的重要思想原则。用封建的法强制推行封建的伦理，以封建的伦理来保证封建法的施行，是唐代法律的重要特征。法与礼的紧密结合，广泛加强了唐代法律对社会生活的影响。唐王朝很重视法的教育，设立了律学，并设明法科。在律学中以律令为专业，兼习格式。律、令、格、式是法制文书的主体，范围极广，几乎涉及政治社会、经济生活的各个方面，从国家的政治制度到百姓的户籍婚丧，都有详密的规范。《新唐书·刑法志序》称："唐之刑书有四，曰：律、令、格、式。令者，尊卑贵贱之等数，国家之制度也；格者，百官有司之所常行之事也；式者，其所常守之法也。凡邦国之政，必从事于此三者。其有所违及人之为恶而入于罪戾者，一断以律。"《唐六典》卷六称："凡律以正刑定罪，令以设范立制，格以禁违正邪，式以轨物程事。"律与令的关系是：律具有国家根本大法的性质，令是从诏令中选取长久可行者著为法令。格和式的关系是：格主要是禁人违反的条例，式是要人遵守的章程。

唐高宗永徽三年（652年）诏曰："律学未有定疏，每年所举明法，遂无凭准。宜广召解律人条义疏奏闻……"① 四年（653年）颁布新《律疏》三十卷。唐律完整地保存下来，成为宋、元、明、清的法律的

---

① 《旧唐书》卷五〇《刑法志》。

楷模。令、格、式多已亡佚，保存在《唐律义疏》、《唐六典》、《通典》、《唐会要》等书中的令、格、式，大多已不是完整的原貌。近年来，敦煌莫高窟藏经洞出现的敦煌文书，保存了唐代式令、唐神龙刑部散颁格、唐开元水部式等，虽然都有残缺，但能使我们看到唐令、格、式的大致原貌。它们提供了作为律学教材的有关唐官制、法制以及有关唐水利灌溉等多方面的文献。

书学：除习书法外，兼习时务学和文字学。《三体石经》学三年，《说文》学二年，《字林》学一年。

此外，太仆寺设兽医博士，教授畜牧和兽医；司天台设天文、历数等博士，就天文、气象、历数等分别教授学生；太卜署设卜筮博士和助教教授学生，培养关于卜筮的迷信职业者；校书郎教学生校勘书籍、拓书、抄书技术等。

三、三教调和与教学内容

在魏晋南北朝时期，道教和佛教及其思想，无论在政治方面，或者在学术领域内，都逐渐提高了它们的地位，得到社会部分人士的认可。在教育这块园地上，它们也占得了一席之地。封建统治阶级分出若干利益，扶植宗教，原意是要它们起助顺作用；但在统治者地位动摇时，它们又起助反作用。隋朝的经验使唐朝十分注意儒佛道三种势力的均衡。

在唐代，道教始终得到李唐王朝的扶植和崇奉。道教教主老子不仅被尊为唐宗室的"圣祖"，而且被册封为玄元皇帝，成为天上的至尊神和唐王朝的护国神。唐高祖想提高门第，和李耳攀亲是个简便的方法；

另一目的是以抬高道教的地位来抑制佛教势力的发展。隋时佛教居三教之首。唐武德八年（625年）高祖规定三教的序位是道第一，儒第二，佛第三，佛教从首位降到末位。当时在太学里，徐文远讲《孝经》，沙门慧乘讲《般若经》，道士刘进喜讲《老子》，太学博士陆德明难此三人，各因宗旨，剖析要点，大家都很信服。可见，在唐朝，太学里是讲授三教典籍的。

李世民与李建成争夺帝位，佛教徒以法琳为首，拥护李建成；道教徒以王远知为首拥护李世民。李世民获胜即位后，尽管继续执行唐高祖兴道抑佛的既定方针，但是为了笼络人心，诏令"交兵之处，建立寺刹"。对儒学也很尊崇，贞观二年（628年）始立孔子庙堂于国学，以仲尼为先圣，颜子为先师，"大征天下儒士，赐帛给传，令诣京师，擢以不次，布在廊庙者甚众。学生通一大经已上，咸得署吏"①。

唐高宗以道教徒为自己的拥护者，武则天以佛教徒为自己的拥护者。唐高宗封老子为玄元皇帝，命王公百僚和举子士人皆习《老子》；敕明经加试《老子》策二条，进士加试策三条；调露二年（680年）刘思立奏明经、进士二科并加帖经，又加《老子》、《孝经》，使兼通之。道教地位得到进一步提高。高宗又令诸州营造孔子庙堂和学馆，目的是要合儒道为一个拥李的力量，给佛教徒一种压力。

武则天崇佛抑道，把原先道先佛后的序位改为佛先道后，诏令"释教宜在道法之上，缁服处黄冠之前"②。取消玄元皇帝称号，复称老君。长寿二年（693年）令举子等停习《老子》，改习她作的《臣轨》。武则

---

① 《贞观政要》卷七《崇儒学》。
② 《唐大诏令集》卷一一三。

天这样做，也完全是出于政治上的需要：一是她代唐称帝，曾得到佛教徒的支持；二是唐宗室利用老子反对武氏称帝，她想称帝，必须贬低老子的形象，削弱道教的地位。

唐中宗恢复帝位，下令贡举人停习《臣轨》，依旧学《老子》，恢复老子封号，道教地位有所恢复。睿宗景云二年（711年）制科设"通三教宗旨，究其精微科"。

唐玄宗即位，仍执行重道抑佛的政策，尊老子为"万教之祖"，认为老子是孔子、释迦之师，称老子《道德经》为百家之首，在"六经"之上，是自古以来最高深的理论。他在诏文中说："我烈祖玄元皇帝，乃发明妙本，汲引生灵，遂著玄经五千言，用救时弊。……岂六经之所拟。"[①] 他亲自为《老子》作注，颁行全国，令王公大臣及士庶百姓都学习《老子》。还设立道举，规定贡举人都要兼通道经，并把它作为明经科的考试内容之一，规定士庶都要家藏《道德经》一本；又置崇玄学和玄学博士，并配置生员；定期宣讲道书，令群官百僚观礼；不断派人收集和整理道书，缮写刊印，颁布天下，以广流传，便于学者学习。除了尊称《老子》为《道德真经》外，还称《庄子》为《南华真经》,《列子》为《冲虚真经》,《文子》为《通玄真经》,《庚桑子》为《洞灵真经》，连同《老子》称为"五经"，令崇玄学学生学习。唐玄宗认为这些书"文约而义精，词高而旨远，可以理国，可以保身"[②]。同时，玄宗还注释了《孝经》，也注过《金刚经》。他想在儒释道三家中搞平衡，来达到维持其统治地位的目的。

---

① 《登科记考》卷九。
② 《登科记考》卷八。

天宝元年（742年），曾下诏除崇玄学生外，其余所试《道德经》宜并停，以《尔雅》代之。到德宗贞元元年（785年）再令习《老子》。德宗开三教谈论例以促进三教的调和，贞元十二年（796年）令儒官与和尚、道士讲论。《南部新书》说：三教讲论的格式是"初若矛盾相向，后类江海同归"。这样，三教间矛盾大体趋于调和。

在当时，人们对三教的看法是怎样的呢？开元二年（714年）孙逖在"三圣之教何长"的对策中这样说："务恬朴，贵清净，同术于汤之益谦，合志于尧之克让，此道教所长也。若乃不杀伐，证因果，包太空以为言，化群有而归寂，此释教所长也。皆能惩窒嗜欲，静镇纷躁，王侯得之，以贞天下。至于辨贵贱，立君臣，示之以好恶，因之以诛赏，使礼乐刑政灿然可观……故知孔氏之立教，乃为邦之所急也。"① 实际上，主要的目的，正如李节所说："夫俗既病矣，人既愁矣，不有释氏使安其分，勇者将奋而思斗，知者将静而思谋，则阡陌之人，皆纷纷而群起矣。"② 这里赤裸裸地揭示了统治阶级利用佛教，也包括利用道教，就是要人安于现状，不要起来造他们的反。

由于朝廷要调和三教，有些士人就适应朝廷的需要，成为"三位一体"的人物，如太常卿韦渠牟初读儒书，博览经史，后来做道士，又做和尚；于三家虽未究解，然答问锋生，德宗很赏识他；李白也异其为诗，授以古乐府。宰相韦处厚佩服释教，栖心空门，外为君子儒，内修菩萨行。僧徒行儒业的也很多，中晚唐经常出现诗僧、文僧、草书僧等，可见不少和尚很精通儒的学业。

---

① 《登科记考》卷五。
② 《全唐文》卷七八八《饯潭州疏言禅师诣太原求藏经诗序》。

无论是唐朝推崇道教也好，或者搞三教调和也好，儒学思想在教育领域中还是起主导作用。佛教的书，主要在寺院内传授，在社会上只起社会教育的作用，并不列为学校的教材来讲授。道家的《老子》虽曾列为教材，也设立了崇玄学和玄学科，但是儒家典籍还是学校中的主要教材，儒学的正统地位依然存在，士子还是要进学校读儒书，参加科考，才能加入统治者的行列。由于三教合一的思潮已深入学术界的各个领域，三教之间互相影响渗透，成为一个三教合一的整体。儒家以自己为主，吸收了佛道；佛道也走上三教合一的道路，向儒教的纲常名教靠拢，共同为封建宗法制度服务。

四、厘定经文与统一经义

自从东汉蔡邕写经刻石，做了一番统一经文的工作以后，经过汉魏六朝，诸经文字又有些不同，因之解释各异，传习浸讹，不利于教学和科举考试的进行。唐太宗令颜师古考定"五经"文字。颜师古多所订正，撰成《五经定本》。书成奏上，唐太宗使诸儒详议，于是各执所习，诘难师古，师古辄引晋宋旧文，对答详明，诸儒叹服。唐太宗颁行定本，令学者肄习。以后，诸经文字完全统一，给教育工作的开展提供了有利条件。

陆德明撰《经典释文》，博采诸家，为汉魏六朝以来研究儒家经典音义的总汇。陆德明在自序中说："汉魏迄今，遗文可见，或专出己意，或祖述旧音，各师成心，制作如面。加以楚夏声异，南北语殊，是非信其所闻，轻重因其所习，后学钻仰，罕闻指要。"基于这种认识，他

"研精六籍，采撼九流，搜访异同，校之《仓》、《雅》"，编撰了这部书。这部书共三十卷，博采汉魏六朝音切二百三十余家，兼取诸家训诂，详列各本异同，每字有音切、训义。首为《序录》，详述经学传授源流，为研究经学必读的课本。余为《易》、《书》、《诗》、三《礼》、三《传》、《孝经》、《论语》、《老子》、《庄子》、《尔雅》。书中列《老子》、《庄子》于经典而不列《孟子》，因为《老子》、《庄子》为六朝所竞尚，而《孟子》于宋熙宁以前不列于经。唐太宗看了此书，赞扬陆德明"弘益学者"，说："德明虽亡，此书可传习。"① 宋初经判国子监周唯简等重修，开宝五年（972年）命翰林学士李昉校定，多有改动，已非陆书之旧。

更重要的一项工作是孔颖达等撰定《五经正义》，这是为适应全国政治统一的要求而进行的（另有专文论述）。

此外，在唐代，还有三项对儒经的音训、解释和意见，有的有助于学生的学习，有的对儒经提出一些批评的意见。

一是张参撰《五经文字》。张参在该书序言中说："今制国子监置学书博士，立《说文》、石经、《字林》之学，举其文义，岁登下之，亦古之小学也。自顷考功、礼部课试贡举，务于取人之急，许以所习为通，人苟趋便，不求当否。字失六书，犹为壹事，五经本文，荡而无守矣。"由于这种情况，张参命孝廉生颜传经收集疑文互体，受法师儒，以为定例，凡一百六十部，三千二百三十五字，分为三卷。他编订这本书的根据，如他所说："《说文》体包古今，先得六书之要。有不备者，求之

---

① 《旧唐书》卷一八九《陆德明传》。

《字林》。其或古体难明，众情惊懵者，则以石经之余比例为助。石经湮没，所存者寡，通以经典及《释文》相承隶省，引而伸之，不敢专也。"① 这本书开始写在太学孔庙墙壁上，太和间改用木版，后又改为石刻。北周时雕印成书。这本书对"五经"文字的源流和正音，做了考订统一的工作，对学生学习"五经"有帮助。

二是刘知几怀疑"五经"。中国古代的教材，一直以儒家"五经"、"九经"等为神圣不可侵犯的经典。可是唐代的刘知几对这些教材却提出自己不同的看法，指出其中存在的问题。这种勇于怀疑、不盲目地信而好古的精神是值得肯定的。他打破迷信古人的枷锁，解放思想，独立思考，有独到见解。他不只是对作为教材的"五经"的怀疑者，而且是历史上儒家教材的批判者。他在《史通·疑古》中说：

"案，鲁史之有《春秋》也，外为贤者，内为本国，事縻洪纤，动皆隐讳……故观夫子之刊书也，夏桀让汤，武王斩纣，其事甚著，而芟夷不存。观夫子之定礼也，隐闵非命，恶视不终，而奋笔昌言，云鲁无篡弑。观夫子之删诗也，凡诸《国风》，皆有怨刺，在于鲁国，独无其章。观夫子之《论语》也，君娶于吴，是谓同姓，而司败发问，对以知礼。斯验圣人之饰智矜愚，爱憎由己者多矣。"

在这里他对儒家认为千古圣典的经书，毫无掩饰地进行批判，还提出对《尚书》的十条疑问，如《虞书》赞美尧的"克明俊德"、尧舜的禅让都不可信；《泰誓》一篇，就像"为袁檄魏"；姬昌事殷，如同司马氏臣魏。这些在儒书中都加以美化。他认为"五经"立言，"求其前后，

---

① 《登科记考》卷一一。

理甚相乖"。① 他敢于怀疑和批判作为千古教材的经书，如果没有敢于怀疑的批判精神，是绝对做不到的。

他还揭露《春秋》歪曲史实十二条，认为《春秋》一书"巨细不均，繁省失中"，"真伪莫分，是非相乱"。他还指出后人虚美《春秋》者五事，认为这是由于"儒教传授，既欲神其事，故谈过其实"。②

他也不相信儒家所夸张的尧、舜、禹、汤时期那么美好。这应当说是符合历史事实的，是有进步的历史观的。

三是啖助、陆质（本名陆淳，因避唐宪宗李纯讳而改）等人倾向于弃传求经的学风。啖助撰《春秋集传》和《春秋例统》，认为《左传》叙事虽多，解义多谬，其书乃出于孔氏门人，非左丘明所著，也非一人所为。《公》、《榖》空言说经，啖助反谓《左传》"不如《公》、《榖》之于经为密"。啖助学生陆质裒集啖助所著书，为《春秋集注总例》。他们师生不为旧说所拘，连三《传》也任意驳诘，更不要说照注义推演的《五经正义》。《新唐书》的作者说啖助"不本所承，自用名学，凭私臆决"，"徒令后生穿凿诡辨，诟前人，舍成说，而自为纷纷，助所阶已"。③ 他们不顾经学家法和朝廷功令，独抒己解，虽不合汉学规矩，却为宋学开风气之先。汉学体系由此逐渐转入宋学体系。这对以后宋代的教育产生了很大的影响。

另外，唐文宗时，郑覃判国子祭酒，曾以经籍刓谬、博士陋浅不能

---

① 《史通·疑古》。
② 《史通·惑经》。
③ 《新唐书》卷二〇〇《啖助传》。

正而建言:"愿与钜学鸿生共力雠刊,准汉旧事,镂石太学,示万世法。"① 诏从之。于是将十二部经书,刻在一百一十四块碑石上,共六十五万多字,名曰"开成石经"。

五、教材与文学

唐代教材与唐代文学的繁荣和改革,关系很密切,这可以从以下三方面来说明。

第一,以诗取士与唐诗的兴盛。

唐代是中国诗歌史上的黄金时代。唐诗是唐代文学的代表。《全唐诗》所录共二千余家,录诗四万八千九百余首,遗佚尚多。名家辈出,风格多样。诗歌繁荣的原因不止一端,但是统治者提倡,以诗取士,是一个重要的原因。高宗时,刘思立为考功员外郎,建议进士科试杂文,即试诗赋辞章。《唐会要》说:"进士举人,自国初以来,试诗赋、帖经、时务策五道。中间虽暂改更,旋即仍旧。"② 常衮为相时,"非以辞赋登科者,莫得进用"③。严羽说:"唐以诗取士,故多专门之学……"④ 王应麟在《困学纪闻》中说:"唐以诗取士,钱起之《鼓瑟》,李肱之《霓裳》是也。故诗人多。"爵禄所劝,风行草偃,诗歌成为文人得官取禄的正路,与明清两代的制艺相同,作为当时青年的必修科目。杨绾在

---

① 《新唐书》卷一六五《郑覃传》。
② 《唐会要》卷七六《进士》。
③ 《旧唐书》卷一一九《崔祐甫传》。
④ 严羽:《沧浪诗话·诗评》。

上疏条奏贡举之弊时说:"幼能就学,皆诵当代之诗;长而博文,不越诸家之集。"①元稹在《白氏长庆集序》中说:"予尝于平水市中,见村校诸童竞习诗,召而问之,皆对曰:'先生教我乐天、微之诗。'"白居易也说:"自长安抵江西三四千里,凡乡校、佛寺、逆旅、行舟之中,往往有题仆诗者。"②唐宣宗挽白居易的诗中有这么两句:"童子解吟《长恨》曲,胡儿能唱《琵琶》篇",可见白诗的流行是相当普遍的。学童幼而读诗,长而考诗。这种考诗的制度,提倡作诗的风气,对加强诗歌技巧的训练,对诗歌的普及有重要的作用。《全唐诗·序》说:"盖唐当开国之初,即用声律取士,聚天下才智英杰之彦,悉从事于六义之学,以为进身之阶,则习之者固已专且勤矣。"从幼年起就注意诗歌技巧的普遍训练,是诗歌繁荣的一个重要条件。显然,唐诗成为中国古代诗歌发展的高峰,是同当时以诗取士、以诗歌为教材分不开的。

第二,教材与古文运动的勃兴。

唐代初期,有萧颖士、元结、梁肃、柳冕等人提倡文章的古体。柳冕指出文学衰弊,是由于"六义之不兴,教化之不明"③。他把文学与儒道合而为一。这种理论由韩愈发扬光大。韩愈是唐代古文运动的旗手,他主张文学为载道之器。他的学术思想是尊儒排佛,文学主张是反骈重散。韩愈建立师弟子关系对于开展古文运动起了很大的作用。他两次任国子博士,一次任祭酒。《新唐书·韩愈传》说韩愈"成就后进士,往往知名。经愈指授,皆称'韩门弟子'"。郭绍虞在《中国古典文学

---

① 《旧唐书》卷一一九《杨绾传》。
② 《白居易集》卷四五《与元九书》。
③ 《全唐文》卷五二七《答衢州郑使君论文书》。

理论批评史》中论及古文运动时认为,以"道统自任"和以"师道自任"是韩愈成功的关键。陈寅恪在《论韩愈》中也说:"退之所以得致此者,盖亦由其平生奖掖后进,开启来学,为其他诸古文运动家所不为……"①

那么韩愈用哪些书来教授弟子呢?他在《进学解》中借弟子之口说:"口不绝吟于六艺之文,手不停披于百家之编","上规姚姒,浑浑无涯,周《诰》殷《盘》,佶屈聱牙;《春秋》谨严,《左氏》浮夸;《易》奇而法,《诗》正而葩;下逮《庄》、《骚》,太史所录;子云相如,同工异曲"。②他列举的"五经"、子、史之书是他的必读书和文学典范,也是他开展古文运动所用的教材。

柳宗元是韩愈古文运动的有力支持者、宣传者。韩愈在《柳子厚墓志铭》中说:"衡湘以南为进士者,皆以子厚为师,其经承子厚口讲指画为文词者,悉有法度可观。"③柳宗元在《报袁君陈秀才避师名书》中也说:"往在京都,后学之士到仆门,日或数十人……"④可见他在文学方面给学生的影响是很大的。他在《答韦中立论师道书》中谈了他对文学的主张和经常钻研的书。他说:"始吾幼且少,为文章,以辞为工。及长,乃知文者以明道……本之《书》以求其质,本之《诗》以求其恒,本之《礼》以求其宜,本之《春秋》以求其断,本之《易》以求其动,此吾所以取道之原也。参之《穀梁氏》以厉其气,参之《孟》、

---

① 载《历史研究》1954年第2期。
② 《韩昌黎文集校注》卷一。
③ 《韩昌黎文集校注》卷七。
④ 《柳宗元集》卷三四。

《荀》以畅其支,参之《庄》、《老》以肆其端,参之《国语》以博其趣,参之《离骚》以致其幽,参之太史公以著其洁,此吾所以旁推交通而以为之文也。"① 他认为一方面要在儒家典籍里求圣人之道,同时要参读子史诗赋以求其文辞。这也就是柳宗元教学生学习古文所读的教材。

由此可见,中唐古文运动的勃兴,除了其根本原因应归于文学发展本身的规律以外,韩、柳等人采用这些教学内容,也起了一定的推动作用。

第三,《文选》作为教材的影响。

《文选》是我国文学史上编选最早的一部文学总集,人们能从中读到六朝以前的各家优秀作品,因此受到当时知识分子的重视。曹宪始以《文选》授诸生,魏模、公孙罗、李善相继传授,于是其学大兴。李善为《文选注》,居汴郑间讲授,诸生自远而至,传其业。从此,对《文选》的注释与研究,便发展成一项专门学问——《文选》学。唐文士家家有《文选》,像李德裕自称家不蓄《文选》,那是绝少的例外。《文选》对唐代文学的影响是深远的,对唐代科举,尤其是对进士科的影响也是很大的。李善在《上文选注表》中说:"后进英髦,咸资准的。"杜甫也在《宗武生日》诗中要求儿子"熟精《文选》理"。日本近代学者梁川星岩在《论诗示王香》诗中说:"一部杜诗君试阅,尽从《文选》理中来。"这反映了日本学者对唐代诗学与汉魏六朝文学相互关系的认识是比较深刻的。

---

① 《柳宗元集》卷三四。

六、儒家典籍作为教材流传国外

唐代学术对日本影响深远。在教育制度方面，日本元照天皇时仿唐制设大学寮，在大学寮中讲授儒家经典。如吉备真备自长安回国后即亲自传授，令学生四百人习"五经"、"三史"、明法、算术、音韵、籀篆等六道。与真备约略同时的膳大丘，来唐朝"问先圣之遗风，览胶庠之余烈"，在长安国子监学经史，归日本后为大学助教和博士，传授儒学。伊豫部家守在光仁朝随遣唐使来长安，习经学和《切韵》、《说文》、《字林》，返日本后在大学讲授《左传》、《公羊》、《穀梁》三《传》。《公羊》、《穀梁》之学由此传入日本。膳大丘于唐天宝十一年（752年）入唐留学，专攻儒术，归国后，建议从中土尊孔子为文宣王，是为日本尊孔之始。

除经学外，中国的文学也传入日本。《文选》作为教材，在日本传播很广。《文选》在日本流传的作用，是帮助日本知识分子学习汉文学知识，培养文学意识，作为学习写作的范本，使得当时的文士多在骈俪对偶方面下功夫。白居易的诗文在日本也负盛名。日本江户幕府时期著名儒官林春斋在谈到这段历史时说："《文选》行于本朝久矣。嵯峨帝御宇，《白氏文集》全部始传来本朝，诗人无不效《文选》、《白氏》者。"

黄遵宪在《日本国志》中说："其教之之法，有《周易》、《尚书》、《周礼》、《仪礼》、《礼记》、《毛诗》、《春秋左氏传》之七经，而《孝经》、《论语》则令学者兼习。此外有算学，有书学，有律学，有音学，有天文、阴阳、历、医等学。"奈良朝于大学寮外，专设典药寮。设医博士、针博士、按摩博士,传授诸生。医科习《本草》、《甲乙脉经》,针科习《素问》、《黄帝针经》、《明堂经》、《脉诀》、《赤神鸟针》等。所定制度基本上与唐朝相同。

在蒙学教材方面,唐李瀚的《蒙求》、胡曾的《咏史诗》都盛行于日本。这两种书与梁周兴嗣的《千字文》合刻,作为儿童课本。

在唐代,中国经史学在新罗(朝鲜半岛古代国家之一)传布尤广。788年,新罗设读书出身科,考试书籍有《左传》、《礼记》、《文选》、《孝经》。博通"五经"、"三史"、诸子百家者破格擢用。新罗设国学,以经史及《文选》教授,不断出现擅长汉文的名家。新罗士人还爱读白居易的诗和张鷟的文章。蒙学教材《太公尚书》由中国《太公家教》翻译而成,用到1684年才由新课本代替。

中国的数学成就也在唐代传入新罗。新罗国学设算学科,教授《缀经》、《三开》、《九章》、《六章》。《三开》、《六章》等中国数学书并由新罗传入日本。新罗神文王时,置医学博士,以《本草经》、《甲乙经》、《素问》、《针经》、《脉经》、《明堂经》、《难经》传授学生,制度全仿唐朝。

唐代的教育制度和教学内容传到国外,说明当时的中国文化在亚洲诸国中是比较高的,也说明唐代国力强盛,经济比较发达,封建的政治制度比较完备,因而在学术、文化、教育等方面,也就为外国所取法了。

七、综述

从上述唐代的学校教材情况,综述如下。

（一）在动乱的南北朝之后，重新统一了学校教材。唐王朝是两汉以后最大的王朝，唐太宗大征天下名儒为学官。除了迅速恢复学校，在教育方面的一项重要工作就是统一教材及其注释。贞观年间，即着手进行，由孔颖达总领其事，到高宗永徽四年（653年），结束了这项工作，也结束了中国经学长期纷争的局面。从唐到宋，明经取士都遵从这个本子。它的作用是既作了通用的标准教材，又保存了汉晋以来的部分经注资料。从统治者来说，这是统一思想、巩固统治的锦囊妙计。

（二）各专科学校兴建，初步确定了各科教学内容。因为社会一度比较安定，需要进行各项建设，所以唐政权对专科教育比较重视。专科学校的教学科目和教学内容也开始确定并且扩大。从中国教育史来说，这是一个划时代的进步。科技教育和专科教材，长时期被社会忽视甚至轻视。这时期由于政府提倡，也由于社会比较稳定，科技教育有较大发展，科技教材也受到一定的重视。从前只有儒家的书才称为"经"，到这个时期出现了"算经十书"。算学科的教材也可称为"经"，这不只是一个书名的改变，而是一种学术思想上的升华。

（三）对儒家经书的注释，唐代起了承先启后的作用。在唐代前期，继承了汉代注释经书的传统，主张专守先儒章句。后来，王元感等撰《尚书纠谬》等书，指摘《五经正义》中的一些问题。刘知几、魏知古等人赞同王的见解。到啖助、赵匡解经，都不守旧说，而创立新说。大历以后，责难疏解的人越来越多。这种对经注持怀疑态度的风气，开始冲破官家注解的藩篱。治学思想不拘于成见，不屈于权威，初步活跃起来。涓涓之水，流成江河。这种解经的思想，治学的学风，到了宋朝，就汇成一派汹涌澎湃的洪流。

（四）文学教材与古文运动。唐承隋制，在科考方面尤重进士科，明经及第比较容易，考进士最难，因此有"三十老明经，五十少进士"的谚语。贞观以后，宰相大臣多从进士科出身。进士试诗赋，所以唐代诗人特别多。唐代的诗歌是中国文学史上的高峰，这是同唐代学校重视诗歌的教学分不开的。《文选》一书经曹宪、李善等讲授与注释，发展成为"《文选》学"。李善说："后进英髦，咸资准的。"大诗人杜甫也主张后人"熟精《文选》理"。可见《文选》一书对唐代文学的影响，也可看出它在当时教学和教材中的作用。韩愈"文起八代之衰"与柳宗元倡导古文运动，文风丕变，他们都有一大批弟子，继承衣钵，对唐代的文风和文运产生了很大的影响。《文选》学的提倡与古文运动的兴起，影响了唐代学校的教学内容是显而易见的。

（五）儒家典籍作为教材流传国外。唐王朝国势一度强盛。其政治的稳定、经济的繁荣和文化的兴盛，使得四周一些国家都很向往，纷纷派遣学生前来学习，如日本、新罗等国各遣子弟入学，学生总数多达八千余人。当时传入这些国家的教学内容，不只是儒家的经书，还有文学、史学、科学等方面的教材。从当时来说，这是一个文化大交流的时期，影响是很深远的。

孔颖达与《五经正义》*

一

孔颖达是唐代初期的著名经学家。他在少年时代，便研习服虔注《左氏传》，郑玄注《尚书》、《毛诗》、《礼记》及王弼注《周易》。除儒经以外，他旁及诸子，还钻研历法和算学。

当时中国分裂了很长时间，隋统一时间不久，在经学方面，师说纷纭，初学者凭借现有的经书注解，句读认字，已经足够了。但是要进一步探明系统的经学要义，就得从名师面授。这样，孔颖达便去从刘焯问学。《左传》除服虔注外，他还通习杜预《集解》；《尚书》除郑玄注外，他还通习孔安国传（伪孔传）。

值隋文帝废学之后，一些有名的经学家，如陆德明、鲁世达、刘焯、刘炫等都登坛讲经，当时孔颖达年龄还轻，跟他们论难问对，舌战群儒，表现出青年英锐的气概和旁征博引的学养。

---

* 选自《中国古代学校教材研究》。

中国经学从西汉开始，流派众多，各标师法。后来经师们更生异说，分出家法。南北朝时，所用教材，除《诗》、《礼》都用郑玄注外，其他各经注本不统一。隋设进士科，开科取士，也没有统一的教材，给科举考试带来很多麻烦。由于经注没有定本，评卷也没有一个共同遵守的标准。唐太宗即位后，便下令要孔颖达主持编纂"五经"注疏定本。当时参加这一工作的有颜师古、贾公彦等人。孔颖达主持这一工作，制订义例，考论是非，最后由他定稿。他编订《五经正义》，排除了经学内部的家法师说等门户之见，也摒弃了南学和北学的内部偏见，兼容众说，择优而从，将西汉以来的经学研究成果，部分地保存下来。他进行这一工作的程序，首先在很多经书注本中，选取一家作标准注本，再对经文注文一一加以解释。

《唐会要·论经义》载："贞观十二年，国子祭酒孔颖达撰《五经义疏》一百七十卷[①]，名曰《义赞》，有诏改为《五经正义》。"从受诏到成书，前后只有一年。编辑工作完成得这么快，有两个原因：首先是博士诸儒通力合作，像颜师古、贾公彦、王德韶、马嘉运等人，都是精通经书的专家，工作起来自然驾轻就熟。其次是利用了前人的研究成果。孔颖达从南北朝时的各种义疏中选出好的本子作底本，融会众说，折中己意。但是因为书是匆促完成的，没有进行认真的审订工作，所以出现了一些错误，经历了一段波折。

书成奏上以后，马嘉运摘取《五经正义》中的一些问题，致相讥诋。贞观十六年（642年），太宗令孔颖达组织力量重加审订。《五经正

[①] 《五经正义》共计一百八十卷，这里说是一百七十卷，盖偶误。

义》成书仓促，难免有失误之处。如在《尚书·舜典》："扑作教刑"称"大隋造律，方始废之"；《吕刑》"宫辟疑赦"下称"大隋开皇之初，始除男子宫刑"等。这些都因依据二刘（刘焯、刘炫）疏本，又没有认真删正。审定工作进行得很慢，到贞观二十二年（648年）也没完成。七十五岁的孔颖达，带着遗憾离开了人世。到唐高宗永徽四年（653年）才结束《五经正义》的审定工作。诏令颁行，"每年明经依此考试"。①

由于《五经正义》被唐王朝颁为经学的标准解释本，中国经学从西汉以后的长期纷争到重新统一的演变过程从而完成。皮锡瑞在《经学历史》中说："夫汉帝称制临决，尚未定为全书；博士分门授徒，亦非止一家数；以经学论，未有统一若此之大且久者。此经学之又一变也。"②从唐到宋，明经取士，都遵从这个本子。

关于《五经正义》的编写方法：先串讲经书本义，再对注文疏通证明。《五经正义》有说有证，层次分明，释义清楚。为了说明注文，往往博引古籍和前人解说，资料丰富。如在疏证《毛诗》关于"关关雎鸠，在河之洲"的解释时，引用了《尔雅》、《五经定本》、《俗本毛诗》等文献，兼及郭璞、陆机、扬雄、许慎、李巡等人的解说，参证《诗经》中《江有渚》、《蒹葭》、《谷风》、《采蘩》等篇中《毛诗》郑笺的解释。

关于《五经正义》的编审人员：据《唐书·艺文志》载，《五经正义》的编审者如下。

《周易正义》十六卷（孔序云十四卷）：孔颖达、颜师古、司马才

---

① ② 皮锡瑞著，周予同注释：《经学历史》，中华书局1959年版，第198—200、198页。

章、王恭、马嘉运、赵乾叶、王谈、于志宁等撰，苏德融、赵弘智复审。

《尚书正义》二十卷：孔颖达、王德韶、李子云等撰，朱长才、苏德融、隋德素、王士雄、赵弘智复审。

《毛诗正义》四十卷：孔颖达、王德韶、齐威等撰，赵乾叶、贾普曜、赵弘智等复审。

《礼记正义》七十卷：孔颖达、朱子奢、李善信、贾公彦、柳士宣、范义颇、张权等撰，周玄达、赵君赞、王士雄、赵弘智复审。

《春秋正义》三十六卷：孔颖达、杨士勋、朱长才撰，马嘉运、王德韶、苏德融、隋德素复审。

关于《五经正义》的历史意义：人们可以用《五经正义》来学习五经，寻求定解。从这个意义说，《五经正义》是教科书。在古书散佚的情况下，也可以通过它保存的汉晋经说，来研究这一时期的经学历史。可见，《五经正义》既作为标准教材，嘉惠后学，也保存了部分旧学，继往开来。

关于《五经正义》的失误：后来一些儒者指摘孔颖达疏的失误在三个方面：一是彼此互易，二是曲徇注文，三是杂引谶纬。也有人根据著书的惯例，"注不离经，疏不离注"，所以作疏的只能专宗一家，不能兼取异义，这不能算是孔疏的缺点。由于官修教材，限时紧迫，杂出众手，难免出现错误，不满人意。皮锡瑞有这样一段评定的话："诸儒分治一经，各取一书以为底本，名为创定，实属因仍。书成而颖达居其功，论定而颖达尸其过。究之功过非一人所独擅，义疏并非诸儒所能为也。"① 这个评价是比较公允的。

二

下面分述孔颖达编纂《五经正义》的大致情况。

关于《易经》：孔颖达认为，"夫《易》者，变化之总名，改换之殊称"。变化和运动是世界上一切事物存在的形式。《易》建立的基础就是这种运动和变化。他引《易纬·乾凿度》中孔子之言说："'故《易》者，所以断天地、理人伦而明王道。是以画八卦，建五气，以立五常之行；象法乾坤，顺阴阳，以正君臣、父子、夫妇之义；度时制宜，作为罔罟，以佃以渔，以赡民用。于是人民乃治，君亲以尊，臣子以顺，群生和洽，各安其性。'此其作《易》垂教之本意也。"这里提出"五常之行"，君臣、父子、夫妇三纲之义。一是理人伦，明王道；一是赡民用。老百姓有吃有穿，崇尚三纲五常，才能治理，各安其性。

西汉的梁丘、施、高《周易》之学都亡于西晋，京、孟两家又流于谶纬灾祥，学者不传。南北朝只传郑玄、王弼《易》注。孔颖达对王弼的《易》注称誉备至，他说："唯魏世王辅嗣之注，独冠古今，所以江左诸儒并传其学，河北学者罕能及之。"同时他批评江南其他各家的义疏有虚浮之失。孔颖达选取那些他认为合乎孔子思想、与王弼注并行不悖的说法，著为《五经正义》。

---

① 皮锡瑞著，周予同注释：《经学历史》，中华书局1959年版，第66页。

关于《尚书》：孔颖达认为，"夫《书》者，人君辞诰之典，右史记言之策"。他认为《书》全是历史文献资料。他承袭司马迁的说法，肯定《书》的编者为孔子。孔子讲求圣人的理论教化人心，依据档案资料删繁就简，"上断唐虞，下终秦鲁，时经五代，书总百篇"，都是些"前言往行，足以垂法将来"的内容。

欧阳、大小夏侯的《尚书》本亡于永嘉之乱。汉代《书》注只存郑玄本，南北朝通用。东晋梅赜献《尚书》孔安国传，在南朝地区通行，刘炫、刘焯也研习孔传。孔颖达本习郑玄《尚书》，后于刘焯处得习孔传，于是定伪孔传为标准教本，并且竭力为《古文尚书》辩解，说："古文经虽然早出，晚始得行。其辞富而备，其义弘而雅，故复而不厌，久而愈亮。江左学者，咸悉祖焉。近至隋初，始流河朔。"

孔颖达在《尚书正义序》中批评了以前注释诸人。他说："其为《正义》者，蔡大宝、巢猗、费甝、顾彪、刘焯、刘炫等。其诸公旨趣，多或因循，帖释注文，义皆浅略。"他认为只有刘焯、刘炫的注本"最为详雅"。但是也批评了他们的过失，他说："焯乃织综经文，穿凿孔穴，诡其新见，异彼前儒。非险而更为险，无义而更生义。……使教者烦而多惑，学者劳而少功。"同时也批评刘炫说："炫嫌焯之烦杂，就而删焉。虽复微稍省要，又好改张前义。义更太略，辞又过华。……此乃炫之所失，未为得也。"孔颖达认为刘焯注《书》的缺点在于穿凿附会，标新立异，使教者转滋疑惑，学者费力多而收效少。刘炫在纠正刘焯的"烦杂"时，又有"义略辞华"、"改张前义"的缺点。

关于《诗经》：孔颖达认为，"夫《诗》者，论功颂德之歌，止僻防邪之训"。对于统治者来说，《诗》还可以观为政之得失。"若政遇醇和，则欢娱被于朝野；时当塞黩，亦怨刺形于咏歌。作之者所以畅怀舒愤，闻之者足以塞违从正。发诸情性，谐于律吕。故曰感天地，动鬼神，莫近于诗。此乃诗之为用，其利大矣。"这里也说明了《诗》作为教材的作用。

当时，《齐诗》已亡于曹魏，《鲁诗》亡于西晋，《韩诗》虽然存在，但无人传习，只有《毛诗》郑笺行于当时，于是孔颖达就用《毛诗》郑笺本作为《五经正义》的一种。

《诗经》义疏，当时有余缓、何胤、舒瑗、刘轨思、刘焯、刘炫诸家。孔颖达认为只有刘焯和刘炫"聪颖特达，文而又儒"，他们著的《诗疏》，"特为殊绝"，于是"据以为本"，也匡正他们的轻狂，"削其所烦，增其所简"。他与王德韶等讨论，"辨详得失"，定为《五经正义》本，作为教学之用。

关于《礼记》：孔颖达认为，"夫礼者，经天纬地，本之则大（太）一之初；原始要终，体之乃人情之欲"。礼是本着原始的宇宙精神，根据人情欲望的需要而设置的。

他综合旧说，认为"礼者，体也，履也"。《周礼》属于体，《仪礼》属于履，《礼记》是礼乐精神的理论阐述。所以他用《礼记》来代替《礼》经。《仪礼》、《周礼》为制度仪文，缺乏义理，也没有文采，不如《礼记》文理并具。这也是他选《礼记》作为《礼》经的原因之一。在版本上他采用了通行的郑玄注本。

孔颖达认为《礼记》出自孔氏，但正礼残缺，无复能明；孔子死后，七十二子共撰所闻：有人录旧礼之宜，有人录受礼所由，有人兼记体履，有人杂序得失，编在一起，成为《礼记》一书。

当时,《礼记》有贺循、贺玚、庾蔚、崔灵恩、沈重宣、皇甫侃、徐遵明、李业兴、李宝鼎、侯聪、熊安生等家义疏。其中以皇甫侃、熊安生二家最流行。孔颖达指出二家的缺点,认为熊安生"违背本经,多引外义";皇甫侃的章句详备,但有些繁杂,既遵郑氏,又乖郑义。最后他的结论是:"以熊比皇,皇氏胜矣。"所以他据皇甫侃为本,其有不备,用熊安生的疏本来补充。他的原则是"必取文证详悉,义理精审,剪其繁芜,撮其机要"。这一工作是他同朱子奢等共同商定进行的。

关于《春秋》:孔颖达认为《春秋》之作,是由于周室东迁,王纲不振,孔子生逢乱世,"欲垂之以法则无位,正之以武则无兵,赏之以利则无财,说之以道则不用","既不救于已往,冀垂训于后昆,因鲁史之有得失,据周经以正褒贬"。也就是说,孔子在当时,"手无斧柯",只有著书立说,以申是非,以示褒贬,借鉴历史,垂训将来。

《春秋》有《公羊》、《穀梁》、《左氏》三《传》。《公羊传》、《穀梁传》空言说经,望文生义,不如《左传》事实详赡,文字优美。于是孔颖达采用《春秋左氏传》。他又以为杜预《集解》"专取丘明之传以释孔氏之经",释义贴切,比较起来,"杜为甲矣",因此采用了杜预的注本。

《春秋左氏传》义疏,当时流行的有沈文何、苏宽、刘炫诸家。孔颖达虽然批评刘炫"意在矜伐,性好非毁","虽规杜过,义又浅近",但仍然肯定地说"刘炫于数君之内,实为翘楚"。因此他依据刘炫的疏,补以沈文何的意见;如果认为两家都不妥当,就按照自己的见解来进行注疏。

三

《五经正义》颁行以前，在唐代初期，对《正义》产生过影响的主要有以下两本书。

一是颜师古的《五经定本》。颜氏对"五经"考定文字，多有订正。唐太宗使诸儒详议，经过辩论，颜师古对答详明，诸儒叹服。颜的《五经定本》崇尚南学，遵循他的先人颜之推《家训》传统。自《五经定本》颁行后，诸经文字完全统一，不再有因文字不同、解释各异之弊。

二是陆德明撰《经典释文》。本书详列各经本异同，每字各有音切、训义，基本上保存了汉魏六朝的儒经音训。在"五经"的文字方面，主要根据颜师古的本子。《经典释文》有《序录》一卷，详述经学传授源流，为研究经学必读的本子。陆德明采集诸儒二百三十多家的音切和训诂，给汉魏六朝经学做了结束的工作。《经典释文》也为南学，开唐人义疏之先声。

《五经正义》颁行以后，经学教材定于一尊。可是执守一家之言，容易引起人们的责难。到武则天长安年间，王元感撰写《尚书纠谬》、《春秋振滞》、《礼记绳愆》三书，指出《五经正义》中的问题。诏令弘文馆和崇贤馆的学士们进行讨论。讨论中形成两派：以学士祝钦明、郭山恽、李宪为代表的一派，专守先儒章句，反对王元感的指摘；另一派如魏知古、徐坚、刘知几、张思敬等人为王辩护，甚至称其书为"五经指南"，联疏推荐。于是下诏褒奖，以为儒宗。唐玄宗时，命元行冲与诸儒集义作疏，将立学官，由于张说反对而作罢。到大历年间，啖助、赵匡、陆质解《春秋》，施士匄解《诗》，仲子陵、袁彝等解《礼》，蔡广成解《易》，强蒙解《论语》，都不守旧说，但有些穿凿，因此这些经解都像昙花一现。大历以后，经学解释，新说日多。开始是责难古疏，接着便责难注解，后来发展到主张离传言经。由于朝廷的功令具在，并且《五经正义》施行已久，有较强的生命力，尽管众说纷纭，《五经正义》作为教材，还是流传了下来。

五代学校教材*

　　五代十国是中国历史上一个纷扰割据的时期。随着唐王朝灭亡,新起的藩镇为了扩大势力,展开了剧烈的割据和兼并。欧阳修在《新五代史》中曾说:"五代,干戈贼乱之世也,礼乐崩坏,三纲五常之道绝,而先王之制度文章扫地而尽于是矣!"①的确,这个时期,中国一片混乱,根本谈不到什么"礼乐文章",学校的教学内容和科举制度,基本上继承唐代的做法,而且遭到严重的破坏。

　　五代十国中,后唐、后周和南唐、后蜀比较注意教育,因而在教学内容方面可得而述的也就较多些,其他各国在这方面可以介绍的就不多了。

　　后唐号称恢复唐制。在贡举方面,三京(洛阳、东京魏州、西京雍州)诸道,依常年惯例,解送士子到洛阳应试。诸色举人考试词艺和经典。要将举人考试的诗赋、帖经成绩向尚书省申报。及第进士还要通过吏部铨注才能任官。考试的项目有本业、诗赋、判文。由此可见,词

---

* 选自《中国古代学校教材研究》。
① 《新五代史》卷一七《延煦、延宝传》。

艺、经典是教学内容的两个主要方面，及第进士还要修习判文。

后唐庄宗李存勖稍习《春秋》，通大义。同光二年（924年），令吏部、礼部，"抡材考艺，必尽于精详"①，可见当时"考艺"还是士子晋升的途径。

明宗天成元年（926年），举人许维岳等上书，认为新定格文规定三《礼》、三《传》每科只放两人，士子"纵谋进修，皆恐留滞"。足见当时对三《礼》、三《传》的教学是不重视的。后唐曾经下令："传科不精《公》、《穀》，虚有其名；礼科未达，《周》、《仪》如何登第？"②并令此后贡院应试三《传》、三《礼》。

时值中原扰攘，武人执政，认为有了长枪利剑就能维护统治，后来才慢慢觉察到经书对统治人民的作用。有一次，明宗问李从荣："尔军政之余，习何事业？"李从荣回答："有暇读书，与诸儒讲论经义尔。"明宗说："经有君臣父子之道，然须硕儒端士，乃可亲之。吾见先帝好作歌诗，甚无谓也。汝将家子，文章非素习，必不能工，传于人口，徒取笑也。吾老矣，于经义虽不能晓，然尚喜屡闻之，其余不足学也。"③从明宗的这段话里，可以看出他比较重视儒家的经书，认为只有"硕儒端士"才能讲论经义，也只有经义才值得学习。他轻视诗歌，把它看作"无谓"的事情。

天成四年（929年），国子监想改进教学内容，提高"五经"、《论语》等在教学中的作用，特为上奏明宗，说："伏以国家开设庠序，比

---

① ②《登科记考》卷二五。
③《新五代史》卷一五《秦王从荣传》。

要教授生徒。所以日就月将,知讨论之不废;卜禘视学,明考校之有程。"① 认为"学徒所好,可以教亦随机"。接着指出讲授各经的目的和重点,说:"如有好《春秋》者,教之以属辞比事,三体五情,尊王室而讨不庭,昭沮劝而起新旧。其所异同者,则引之以二传也。如有好《礼》者,则教之以恭俭庄敬,长幼尊卑,言揖让而知献酬,明冠昏而重丧祭。其所沿革者,则证之以二礼也。如有好《诗》者,则教之以温柔敦厚,辨之以草木虫鱼,美盛德而刺淫昏,歌《风》、《雅》而察正变。如有好《书》者,则教之以疏通知远,释之以训诂典谟,思帝德而敬王言,稽古道而统皇极。如有好《易》者,则教之以洁净精微,戒之以躁动竞进,体十翼而分六爻,应吉凶而先拟议也。至于历代子史,备述变通,既属异端,诚非教本。但以适当凝冻,将近试期,欲讲小经,以消短景。今已请《尚书》博士田敏讲勘《论语》、《孝经》,行莫大于事亲,道莫逾于务本。如有京中诸官子弟及外道举人,况四门博士赵著见讲《春秋》,若有听人,从其所欲。颛俟放榜,别启诸经。既温故而知新,惜寸阴而轻尺璧。颛经者若能口诵,硕学者又得指归,自然縻好爵以当仁,策科名而得俊。幸不孤于选士,冀有益于化风。"② 明宗同意这封奏疏的建议。这封奏疏,备述了作为教材的"五经"和《论语》、《孝经》的意义和作用,可是在那个时候,尽管明宗同意,但在实践中并没有很好地执行这些建议。

  周世宗略通书史和黄老之学。他延请儒学文章之士,考制度,修

---

① 《登科记考》卷二五。
② 《全唐文》卷九七四《请设官讲明经义疏》。

《通礼》，定《正乐》，议《刑统》。范文澜在《中国通史简编》中说："周世宗精明强干，志气弘大，内政和军事，都取得成就。"① 其政治成就主要是"整顿纪纲"、"减轻民困"、"准备统一"三大项。他尝夜读书，见元稹《均田图》，叹曰："此致治之本也，王者之政自此始！"② 乃诏颁这个均田图法，使吏民先习知之。不久他死了，此事当然没有实行，但可以看出他要求改革政治、向古人学习的心情。

后周对科举考试进行过改革。广顺三年（953年）进士科不用帖经、对义，改试杂文与策文。因为这两者比较能反映举人的政治判断能力。但是不久又恢复了帖经，又比较重视经书的教学。政府重视什么，教学内容就随着这根指挥棒转。

周世宗重视考生的成绩，要求较为严格。显德二年（955年），礼部奏进新及第进士李覃等十六人诗论、文论、策文的试卷。世宗阅卷以后，只录取了李覃等四人，谓严说等十二人"艺学未精，并宜勾落，且令苦学，以俟再来"③。教学内容一如以前，但是对教学质量的要求有所不同。

在十国中，南唐和后蜀比较重视教育。陆游在《南唐书校注》中说："盖自烈祖以来，倾心下士，士之避乱失职者，以唐为归。"④ 可见南唐是当时士人的避难所。这样也推进了南唐地区文化教育事业的发展。李昪选用深通经义和法律的儒生，注重这两科的教学。徐锴少年时

---

① 范文澜著：《中国通史简编》修订本第三编，人民出版社1965年版，第389页。
② 《新五代史》卷一二《周本纪·恭帝》。
③ 《旧五代史》卷一一五《周书·世宗纪》。
④ 《南唐书校注》卷一一。

即擅长文学,"议者以文人浮薄,多用经义、法律取士"①,于是杜门不求仕进。李景逷尊崇《六经》,排斥佛教;颍州朱元通《左氏春秋》;李仲宣三岁即诵《孝经》,不遗一字。这些都说明南唐虽尊崇佛教,但儒家经书的教学还是有一定地位的。由于李煜长于诗词,妙于音律,当时的文艺教学也被重视。

后周统治者也设立学馆,招致文人,并刻版印刷《九经》,以培养统治阶级的人才。

五代如后梁、后晋、后汉等朝代,教育既不被重视,教学内容可得而述的也就更少了。

后梁征战不休,但仍实行科举制。开平二年(908年),诸道送京应试的举人共一百五十七名。科举制度比起唐代来有些改变,如停止拔解、设立文科等。

后汉天福五年(940年),从礼部侍郎张允奏请,废明经、童子科。因诏并停宏辞、拔萃、明算、道举等科。张允在奏疏中说:"每岁明经一科,少至五百以上,多及一千有余,举人如是繁多,试官岂能精当?况此等多不究义,惟攻帖书,文理既不甚通,名第岂可妄与?"② 当时明经科举人很多,滥竽充数的不少。士子不解经义,不通文理,只知道帖书,以求侥幸一逞。可见当时教学质量是很低下的。

十国中吴越、闽的文教虽然不及南唐、后蜀之盛,但也招纳中原儒生,或设立学校,使两浙和福建的文化获得一定的发展。

---

① 《南唐书校注》卷五。
② 《旧五代史》卷一四八《选举志》。

五代时期有些士人喜读《春秋》，尤其喜读《左氏春秋》。如后唐史匡翰好读书，尤喜《春秋》三《传》，与学者讲论，终日无倦。乌震少好学，通《左氏春秋》。幽州人张希崇也通《左氏春秋》。这与当时政局的纷扰、战事的频繁不无关系。

五代承唐代崇尚文学的余习，有些人在学习方面比较爱好文学作品。当时六朝绮靡的文风，虽然还盛行，但是唐代兴起的古文运动，影响也不小。如后梁李愚"好学，为古文"，后唐马胤孙"少好学，学韩愈为文章"。① 有些士人爱读唐诗，如孙晟长于诗，尤其爱读贾岛的诗，甚至把贾岛的画像挂在墙壁上。刘洞隐居庐山，长于五言唐律，自言得贾岛诗法。冯道常为明宗诵读聂夷中的《田家诗》，认为其言浅近易懂，明宗命人把诗录下来，经常朗诵。

也有人攻读《说文解字》，进行研究，并有著述。如徐铉早年仕吴，入南唐官吏部尚书，精小学篆隶，精研《说文解字》；其弟徐锴著有《说文解字系传》、《说文通释》等书。

关于童子的教学内容和教学质量，后唐作过一些规定。天成三年（928年），在敕令中谓"近年诸道解童子，皆越常规"，此后，贡院"将解到童子精加考校"，须是"念书合格，道字分明"。②

五代时期的蒙学教材，《兔园册》（又名《兔园策》）比较盛行。有一次，冯道退朝，任赞和刘岳走在他的后面。冯道一面走，一面把头回转来看。任赞问刘岳：冯道掉转头来看什么。刘岳用一种轻蔑的口吻说，大概是丢下了《兔园册》吧！冯道听到了，愤愤地说：《兔园册》

---

① 《新五代史》卷五四《李愚传》、卷五五《马胤孙传》。
② 《文献通考》卷三五《选举考八·童科》。

是名儒所集,我能背诵它;你们只学科场文辞,便算是举业,借此窃取公卿高位,未免太浅狭了吧!《新五代史·刘岳传》中说:"《兔园册》者,乡校俚儒教田夫牧子之所诵也。"刘岳用来讥讽冯道,使得冯道大为不满。《兔园册》是唐蒋王李恽命僚佐杜嗣先仿效应试科目的策问,制成问答题,引经史解释而编成的。唐代以后作为启蒙课本,因此受到士大夫的轻视。《宋史·艺文志》称《兔园策》十卷,敦煌有唐贞观写本《兔园策府》残卷和杜嗣先序。

五代是一个战乱频仍、礼崩乐坏的时代,但是统治者为了维护统治,也想乞灵于礼教。郑余庆尝采唐代士庶吉凶书疏的式样,掺杂一些当时的礼仪为《书仪》二卷。明宗诏刘岳找来通知古今的文学之士,进行删定。刘岳和段颙、田敏等增删了一些内容。但是"事出鄙俚……往往转失其本",可是"犹时有《礼》之遗制……公卿之家,颇遵用之"。①

自印刷术发明以后,儒家经书作为教材的普及率就逐步提高了。方以智《通雅·器用》称:"雕本,印书也,隋唐有其法,至五代而行,至宋而盛,今则极矣。"沈括在《梦溪笔谈·技艺》中说:"板印书籍,唐人尚未盛为之。自冯瀛王始印五经,已后典籍皆为板本。"

可见,雕本印书始于隋代,唐代还没盛行。唐中期以后,才有雕印书籍出售,如在成都有卖占卜书和字书、小学印本的。不过精品都要手抄,如吴彩鸾写《唐韵》卖给士人。到五代印刷"五经"以后,教材就盛行印刷本。朱翌《猗觉寮杂记》卷六称:"雕印文字,唐以前无之;唐末,益州始有墨板;后唐方镂九经,悉收人间所有经史,以镂板

---

① 《新五代史》卷五五《刘岳传》。

为正。"

后唐长兴三年（932年），中书门下奏请依石经文字刻"九经"印板。后唐政府集博士儒生，将石经本各以所业本经抄写注出，仔细校读。然后招集雕字工匠，按各部经书依次镌刻印板，到948年"五经"刻成，颁行国内。后汉国子祭酒田敏出使湖南，路过荆南，送高从诲印本"五经"。同年，国子监奏请续刻《周礼》、《仪礼》、《公羊》、《穀梁》四书。到周太祖广顺三年（953年），全书刻成，又刻成《五经文字》、《九经字样》两书。955年，周世宗准宰相奏请，刻《经典释文》三十卷。此后，作为教材的"九经"印本传布渐广了。

关于印刷经书这些教材的事，在《册府元龟》中有较详细的记载。冯道、李愚重视经学，因言"汉时崇儒，有三字石经，唐朝亦于国学刊刻。今朝廷日不暇给，无能别有刊立。尝见吴蜀之人鬻印板文字，色类绝多，终不及经典。如经典校定雕摹流行，深益于文教矣"①。长兴三年（932年）："近以遍注石经，雕刻印板，委国学每经，差专知业博士儒徒五六人勘读并注。今更于朝官内别差五人充详勘官：太子宾客马缟、太常丞陈观、祠部员外郎兼太常博士段颙、太常博士路航、屯田员外郎田敏等。朕以正经事大，不同诸书，虽已委国学差官勘注，盖缘文字极多，尚恐偶有差误。马缟已下，皆是硕儒，各专经业，更令详勘，贵必精研。兼宜委国子监于诸色选人中，召能书人谨楷写出，续付匠人雕刻。"②

到后周广顺三年（953年），田敏献印板书《五经文字》、《九经字

---

① ②《册府元龟》卷六〇八《学校部·刊校》。

样》各二部，一百三十策。上奏说："臣等自长兴三年校勘雕印九经书籍，经注繁多，年代殊藐，传写纰缪，渐失根源。臣守官胶庠，职司校定，旁求援据，上备雕镌。幸遇圣朝，克终盛事，播文德于有载，传世教以无穷。"①

在这个时期，不只刻印"九经"发行，还刻印其他一些书。如后晋时，令道士张荐明雕印《道德经》颁行天下；刘崇远著的《金华子》，和凝的一百卷集，都雕印成书。这些是五代时北方印书的记载。

南方也有印书的记载。后蜀主孟昶曾在成都刻立石经。但是担心石经流传不广，正当北方刻成"九经"的953年，依宰相毋昭裔所请，改雕木板。蜀"九经"本是被称为精品的。毋昭裔又令门人勾中正、孙逢吉写《文选》、《初学记》、《白氏六帖》，镂板印行。据王明清《挥尘录》载，毋昭裔"贫贱时，尝借《文选》于交游间，其人有难色，发愤异日若贵，当板以镂之遗学者。后仕王蜀为宰，遂践其言，刊之"。同时南唐印《史通》、《玉台新咏》。吴越国主钱俶雕版印佛经。闽国徐寅在《自咏十韵》诗中有句云："拙赋偏闻镂印卖，恶诗亲见画图呈。"这些都说明南方也在刻印"九经"、《文选》这些教材。南北方对儒家经书的刻印，不仅解决了教育工作中的教材问题，而且印书的相互流通，对于南北方的文化交流也产生了一些影响。

---

① 《册府元龟》卷六〇八《学校部·刊校》。

第六编

论宋代教材

宋代学校教材与学术思想*

一

从唐代开始,作为学校通用教材的有《诗》、《书》、《易》、《礼记》、《周礼》、《仪礼》、《春秋左氏传》、《公羊传》、《穀梁传》,称为"九经"。唐文宗刻石经,将《孝经》、《论语》、《尔雅》列入经部。宋代又将《孟子》列入,因有"十三经"之称。南宋以前,注、疏分别单行。宋绍熙年间,三山黄唐始有合刻本,以后又有建本,附《释音注疏》的十行本。清代阮元在《重刻宋板注疏总目录记》中说:"谨按《五代会要》,后唐长兴三年,始依石经文字刻九经印板,经书之刻木板,实始于此。逮两宋,刻本浸多。有宋十行本注疏者,即南宋岳珂《九经三传沿革例》所载建本附释音注疏也。其书刻于宋南渡之后,由元入明,递有修补,至明正德中,其板犹存。是以十行本为诸本最古之册。"当时阮元家所藏的十行宋本,只有十一经,缺少《仪礼》、《尔雅》两种,苏州有

---

* 选自《中国古代学校教材研究》。

北宋所刻的单疏版本，为贾公彦、邢昺的原书。阮元所作《十三经注疏校勘记》，虽然不专主十行本和单疏本，但主要是依据这两种宋本。全书共计四百一十六卷。兹将书名、卷数、注疏三者列表于下：

书名	卷数	注疏
周易正义	九卷①	魏王弼、晋韩康伯注，唐孔颖达等正义
尚书正义	二十卷	汉孔安国传（伪）唐孔颖达等正义
毛诗正义	七十卷	汉毛亨传，郑玄笺，唐孔颖达等正义
周礼注疏	四二卷	汉郑玄注，唐贾公彦疏
仪礼注疏	五十卷	汉郑玄注，唐贾公彦疏
礼记正义	六三卷	汉郑玄注，唐孔颖达等正义
春秋左传正义	六〇卷	晋杜预注，唐孔颖达等正义
春秋公羊传注疏	二八卷	汉何休注，唐徐彦疏
春秋穀梁传注疏	二〇卷	晋范宁注，唐杨士勋疏
论语注疏	二〇卷	魏何晏等注，宋邢昺疏
孝经注疏	九卷	唐玄宗注，宋邢昺疏
尔雅注疏	十卷	晋郭璞注，宋邢昺疏
孟子注疏	十四卷	汉赵岐注，宋孙奭疏

从以上所列表可以看出，作为宋以后学校教材的"十三经"，从汉

---

① 《十三经注疏》称《周易正义》共十卷，实为九卷。阮元在《重刻宋板注疏总目录》中称《注疏》总数为四百一十六卷，则附于《周易正义》后的《经典释文》一卷，不应计算在内。

代开始，一直到宋代才全部形成，并且才有了完整的注与疏。从注疏的学派来看，有属于汉学的，有属于玄学的；有属于古文经学派的，有属于今文经学派的，兼容并包，不主一家，但是属于古文经学派的为多。

宋初讲经，大都遵循唐人，"九经"注疏国学已经镂板，著为功令，就是《论语》、《孝经》、《尔雅》三疏，也是确守唐人正义的法例。这三种书的疏都由邢昺所编订，但是《论语》以何晏《集解》为主，邢疏采用唐皇侃本刊定而成，稍傅以义理，关于章句、训诂、名器、事物很详悉，所以有人说，这是汉学、宋学在注疏中的交接点。《孝经》以唐玄宗注为主，邢疏也是取唐元行冲所撰为主，简约而成。《尔雅》以郭璞注为本，邢昺与杜镐等为作义疏。可见三书所主，虽然一为魏，一为晋，一为唐，但都属南学的体系。《孟子》疏按赵岐注，旧本署孙奭撰疏，可是《宋史》中孙奭与邢昺等校定诸疏没有《孟子》。司马光《涑水记闻》载孙奭著书，也没有《孟子正义》。所以《朱子语录》说是邵武士所撰，不是出于孙奭之手。又《孟子》一书，《汉书·艺文志》以下都归入子部，宋儒尊崇《孟子》，于是与《论语》、《孝经》、《尔雅》并列于经书，并且用以试士。由此可见，宋初所用诸书，基本上属于唐人《正义》的范围。所以清钱大昕说：宋初诸生帖括，遵守汉唐注疏；谈经者墨守注疏，有记诵而无心得。章太炎也说，邢昺、杜镐、孙奭之流，所习不出《五经正义》，上不足理群经，下犹不入孔颖达、贾公彦之室。他们对宋初学者的治经工作是持批评态度的。

唐代以"九经"取士，经过五代到宋朝，这一制度没有改变。宋太宗端拱年间，命孔维、李觉等校定孔颖达的《五经正义》，刻版印行。后来，判国子监李至上言，认为以前校订的诸经音疏，还有很多错误，希望重新刊正。真宗咸平年间，刘可名也说诸经版本错误很多，命祭酒邢昺主持校订"五经"。舒雅、李维等参加了这一工作。李至又上言说，《公羊传》、《穀梁传》、《周礼》、《仪礼》、《孝经》、《论语》、《尔雅》七经还未校刊，请重加校订。又命邢昺主持这项工作。景德年间，真宗到国子监问邢经版有多少，邢说：国初还不到四千，现在已经有十多万了，经传正义齐全；并且说，他年少时经典有疏的百无一二，现在版本大备，一般读书人家都有了印版书。可见当时印版教材，已经比较多了。这样，一方面减少了辗转抄写的文字上的以讹传讹，另一方面学者得到印刷本比较容易，经书作为教材传播也就快了。

属于论述群经总义的有刘敞的《七经小传》。"七经"是指《尚书》、《毛诗》、《周礼》、《仪礼》、《礼记》、《公羊传》、《论语》。王应麟说，自汉至宋庆历年间，谈经者守故训而不凿，《七经小传》出而稍尚新奇。由此，宋儒讲授经学，有些人逐渐摆脱了汉儒的窠臼，不局限于一家一派，旁征博引，自辟蹊径。《易经》有胡瑗的《易解》，为义理说《易》之宗，为程子《易传》所本；司马光有《温公易说》，深辟虚无玄渺的说法；苏轼有《东坡易传》，推阐理势，多切人事；李光有《读易详说》，杨万里有《诚斋易传》，李杞有《周易详解》，三家都博采史籍以相证明。《书经》则有《东坡书传》，偏重于驳斥王安石的新经义；林之奇有《尚书全解》，贯串史事，辨析异同；郑伯熊有《敷文书说》，此书为士人应科举而作，也阐明了经世立教之义。《诗经》有欧阳修的《毛诗本义》，苏辙的《诗集传》；王质的《诗总闻》，多出新意，自成一家。吕祖谦有《家塾读诗记》，博采众家，剪裁贯穿，也有所发明。严粲的《诗缉》与吕氏书并称说诗善本。关于《礼》的有李如圭的《仪礼集释》,全录郑玄注,旁征博引,多发贾公彦疏所未备;还有叶时的《礼经会元》,多能阐发体国经野的深意。《春秋》一书在宋朝的教材中受到重视,研究和提倡《春秋》的较多,如孙复有《春秋尊王发微》,大抵根据陆淳的见解而增加新意,王皙有《春秋皇纲论》,考辨三《传》和啖助、赵匡的得失;孙觉有《春秋经解》,大旨以抑霸尊王为主,以《穀梁》为本;苏辙有《春秋集解》,其说以《左氏》为主;崔子方有《春秋经解》,推本经义;胡安国《春秋传》,其书事按《左氏》,义取《公》、《穀》,因为书成于南渡之后,感于时事,往往借《春秋》以寓意;陈傅良有《春秋后传》,以《公》、《穀》之说参之《左氏》;吕祖谦有《春秋左氏传说》、《左氏博议》,《博议》随事立义,评论得失,《传说》持议与《博议》略同,而论述更为详尽。当时只有王安石对《春秋》表示有些怀疑。

宋朝到了庆历年间,有些学者不满意于汉儒到唐代学者解经的窠臼,想突破这个藩篱,虽然在教材上不能离开儒家经书,但是在解释经书方面,产生一些怀疑,想有所突破。这种情况在唐代虽然已见端倪,但到这个时候,更加明显了。欧阳修对孔颖达奉诏编撰的《五经正义》提出批评,认为这部教材"所载既博,所择不精,多引谶纬之书,以相杂乱,怪奇诡僻,所谓非圣之书,异乎正义之名"。他请求"诏名儒学官,悉取九经之疏,删去谶纬之文,使学者不为怪异之言惑乱,然后经义纯一,无所驳杂"。[①] 他明确地提出删去诸经之疏。要知道,《五经正义》从唐太宗时起就成了国家法定的教材,根深蒂固,现在对它提出正

[①]《欧阳修全集》卷一一二《论删去九经正义中谶纬札子》。

式批评，并且提出要加以删订，可见社会文化在发展，思想认识在变易。当时的学者孙复也给范仲淹上书，建议召集鸿儒硕老重为注解，使"六经廓然莹然，如揭日月，以复虞夏商周之治"①，孙复想连诸经的传注一齐摒弃，比起欧阳修只请删疏来，就大大地跨前一步了。虽然这两种意见都没有实施，但可见当时学术界一些人思想活跃，旧注疏的地位已经开始动摇了。所以陆游说："唐及国初，学者不敢议孔安国、郑康成，况圣人乎！自庆历后，诸儒发明经旨，非前人所及。然排《系辞》，毁《周礼》，疑《孟子》，讥《书》之《胤征》、《顾命》，黜《诗》之《序》，不难于议经，况传注乎！"② 这样就引起了一些学者的非难，司马光就说："窃见近岁公卿大夫好为离奇之论……至有读《易》未识卦爻，已谓《十翼》非孔子之言；读《礼》未知篇数，已谓《周官》为战国之书；读《诗》未尽《周南》、《召南》，已谓毛、郑为章句之学；读《春秋》未知十二公，已谓三传可束之高阁；循守注疏者谓之腐儒，穿凿臆说者谓之精义。"③ 对当时那些怀疑群经注疏的人，司马光是持反对态度的。

　　由此可见，汉儒对儒家经书的注释的地位至此发生了动摇，新的学术思想要起来代替旧的学术思想，已经跃跃欲试，呼之欲出了。作为封建社会的意识形态的儒家思想，虽然还动摇不了，但是要有所改变，有所发展，利用旧的躯壳，灌注新的血液，来作为新形势下的精神支柱，这是社会发展和文化发展在同一社会形态下的变化，也是儒家典籍作为

---

① 钱大昕：《重刻孙明复小集序》。
② 王应麟：《困学纪闻》卷八《经说》。
③ 《司马温公集》卷四五《论风俗札子》。

教材在不同时代的表现形式。作为灌输儒家文化的源泉的"五经"和"十三经"不能变，但是解释这些教材内容的注疏，可以随着时代的发展、社会的需要、学术的变迁而具有新的内涵。这是由当时中国社会发展的特性决定的。另一方面，这些教材在巩固和延续这个社会制度和社会思想方面，也起了一定的作用。

  儒家经书作为教材，到这个时候，汉儒的注释已经不能满足时代和社会的需要了，需要有新的思想来解释来代替它。宋代理学的兴起就负起了这个除旧布新的任务。

二

  宋明理学是在中国封建社会后期，在经学、佛学、道教结合的基础上孕育发展起来的统治思想。它起源于北宋，经南宋而进一步发展。从11世纪到17世纪，历时约七百年，比历史上的经学、玄学、佛学统治的时期长。它以儒家思想的内容为主，也吸收了佛学和道教思想。

  南宋时期，学术思想、教育思想异常活跃，讲学之风甚盛。这时期教育思想的主要特征，首先是理学教育的兴起。理学教育起源于北宋时期，到南宋，朱熹是理学思想的集大成者，也是理学教育的大力传播者。理学教育摆脱了汉儒章句训诂之学和迷信的谶纬神学，把自然观、认识论、人性论、道德观融为一体，使之成为哲理化的富有思辨的思想体系。理学家所论述的问题，大部分与教育思想有关，有不少是论述教材的。其次宋代统治者尊孔崇儒的内容是重振封建纲常，以加强政治思想上的统治。宋代教育把伦理道德放在教育的首位。理学思想虽然到南宋末年才得到官方的承认和推崇，但是南宋影响很大的理学家，几乎都是教育家。他们门徒众多，影响很大，因此对南宋和以后的教育和教材，产生了深刻的影响。

理学家把儒家典籍纳入理学轨道。他们的办法是用理学观点来注释儒家典籍。朱熹的《四书章句集注》就是这样做的。该书除朱熹自己注释外，所引别人的注释，主要是二程及其弟子尹焞、谢良佐、游酢、杨时等人的言论。这样做，把《论语》纳入程朱理学的轨辙，重在义理，不重训诂，抛开了汉儒注经的传统。

理学家的理学思想，除用经注形式阐述外，还大量用语录阐述，如《东见录》、《上蔡语录》、《朱子语类》等。还写成讲义，如《玉山讲义》、《严陵讲义》等。由于雕版印刷的广泛应用，理学著作大量印行。经过庆元学禁，朱学遭到打击。但到宁宗时，朱学统治地位渐渐确立，重要的儒家经典，有《伊川易传》、蔡沈《书传》、朱熹《诗集传》和《四书章句集注》、胡安国《春秋传》等。"四书"、"五经"中都有了程朱理学代表作。只有《礼》无成书，朱熹的门人黄榦、陈安卿、廖子晦等张大其学。

宋代理学家着重研究和传授的儒家经典，首先是《易》。周敦颐、张载、程颐、朱熹都研究《易》。周敦颐著《太极图说》、《易通》，张载著《横渠易说》，朱熹著《易本义》、《易学启蒙》。二程尤明《易》道。程颐常与弟子论《易》，晚年著成《易传》，援佛入儒，以佛教华严宗的观点来解释《易》。这本书系统地论述了程颐的理学思想，是程朱学派的理学经典著作之一，其地位与《四书章句集注》同等重要。

其次是《春秋》。《春秋》是儒家的重要经典之一，也是理学家说经的一个重点。清人谓"说《春秋》者莫盛于两宋",足见《春秋》之学在宋代经学教育中所处的地位。宋儒治《春秋》,大体循唐经学家啖助、赵匡、陆淳一派的学术路径,弃专门而求通学,虽名为"弃传从经",实则兼采《春秋》三《传》,断以己意。胡安国以治《春秋》见长,撰《春秋传》三十卷,为元、明两朝科举取士的经文定本。

《春秋》大义始倡于孟子,认为《春秋》之作有事有义。此后,古文学家详事不详义,《左传》及主其传者属此派;今文学家略事详义,或借事明义,《公羊》属此派。宋儒从孙复起多以义理说《春秋》。孙复治《春秋》,特发尊王大义。程颐治《春秋》,谓"其义虽大,炳如日星,乃易见也"[①]。张载认为"非理明义精,殆未可学"[②]。这说明宋代理学家论《春秋》重在明其大义,与今文学家有相通之处。

宋儒重视《春秋》的研究和学习,除了学术本身的发展以外,还跟宋代外患频仍、国势阽危有很大的关系。儒家学者发挥《春秋》"尊王攘夷"的思想,作为他们抵御外侮、维护宋王朝统治的思想武器。

再次是《诗》、《书》。程颐著《诗解》,朱熹著《诗集传》,杨简著《慈湖诗传》。蔡沈的《书集传》是一部在数百年封建文化教育史上很有影响的著作。此书为朱熹嘱沈所作,蔡序称二《典》三《谟》经朱熹亲自点定。陈澔著《礼记集说》。四库全书的编者看不起陈注,谓"自明永乐中,敕修《礼记大全》,始废郑注,改用陈澔《集说》,《礼》学遂荒"。可是《礼记集说》一书流传颇久。

儒家典籍中被阐释最多的为"四书"。自二程提倡"四书",朱熹作

[①] 程颐:《春秋传序》。
[②] 张载:《近思录拾遗》。

《四书章句集注》、《四书或问》之后,"四书"作为教材使用的地位高过"五经"。

《大学》、《中庸》本是《小戴礼记》中的两篇文章,韩愈、李翱把它们看作与《孟子》同样重要的经书。二程接受这种观点,竭力推崇它们在经书中的地位。二程说:"《大学》,孔氏之遗言也。"① 从此理学家便把《大学》看作人们入学的启蒙教材。二程重新编定了《大学》的章次。朱熹在《记〈大学〉后》文中说:《大学》"简编散脱,传文颇失其次,子程子盖尝正之"。二程定章句于前,朱熹整理于后,"格物致知"章由朱熹补充。

宋朝将《孟子》一书列入"十三经"。就在这时,发生了贬孟与尊孟之争。李觏著《常语》,首先否定孟子,说他以仁义乱天下,其仁义之说,与纵横家的欺骗、兵家的诡诈,来源虽不一,而"乱天下"的结果相同。二程极力推崇孟子,说"孟子有大功于世"。余隐之写了《尊孟辨》,驳斥贬低孟子之说。朱熹写《读余隐之〈尊孟辨〉》,为孟子辩护,尊孟和贬孟之争才算结束,孟子的地位和《孟子》一书作为教材才被确定下来。

二程把《大学》、《中庸》、《论语》、《孟子》提高到与"六经"相同的地位。《宋史·程颐传》说:程颐之为学,"以《大学》、《语》、《孟》、《中庸》为标指,而达于六经"。这和后来朱熹所说"四子,六经之阶梯"② 的意思相同。通过读《四子书》来了解"六经"的内容。可见"四书"并行,最初是出于二程的提倡。"四书"并行,是继董仲舒建议

---

① 《二程粹言》卷一。
② 《朱子语类》卷一〇五。

罢黜百家、表彰"六艺"之后,在学术思想史上和教材发展史上的又一重大事件。"五经"立于学官,成为封建社会的经典,取得了统治思想的最高地位。由二程始以"四书"并行到朱熹作《四书章句集注》,"四书"风行后世,在经书中夺取了"五经"在教材中的地位。朱熹认为读"四书"须先读《大学》(朱熹弟子陈淳在《读书次第》里认为《大学》"规模广大而本末不遗,节目详明而始终不紊");其次读《论语》,因《论语》"皆圣师言行之要所萃";再次读《孟子》,以为体验充广之端;最后读《中庸》,因为这本书"上达之意多,而下学之意少,非初学所可骤语"。他认为通"四书"是读书的根本一关。陈淳写《读书次第》上距朱熹在漳州刊刻"四书"二十七年,时《四书章句集注》尚未大行。

朱熹的学生讲经虽然重在义理,但也讲名物训诂。传授"五经",皆有专门,如蔡渊撰《周易经传训解》,蔡沈撰《书集传》,辅广撰《诗童子问》,黄榦撰《仪礼经传通解》,张洽撰《春秋集注》。他们都能申述师说,自成一家。世谓朱熹集宋学之大成,犹汉学之有郑康成,洵非过誉。

宋儒治经传经,不唯喜好新奇,还有两个特点:一是疑经,如欧阳修不信河图洛书,陆希声也深病爻辞之不类,吴棫渐觉古文《尚书》是伪书,朱熹也很怀疑。二是改经,钱大昕谓熙宁以后,儒者竟以己意说经。如龚鼎臣改定《洪范》,刘敞改定《武成》,王柏《书疑》动以脱简为辞,苏辙删去《诗集传小序》中的大部分,郑樵《诗传》、《诗辨妄》尽删小序而以己意为之序。王柏《诗疑》删去《召南》、《邶风》、《鄘风》中的诗三十余篇。刘敞《春秋传》,经文杂用三《传》,不主一家,每以经、传连书,不复区分,又好减损三《传》字句;程颐改《论语·

乡党》章，朱熹删《孝经》中的文字。秦火以后，经有残脱，本是事实，刘歆、荀悦都有不全之叹。不过只当提出怀疑，不应该删改正文。因为这样做，大家以己意随便删改，结果会以讹传讹，面目全非。刘师培说："自宋儒以臆说改经，而流俗昏迷，不知笃信好古，认宋儒改订之本为真经，不识邹鲁遗经之旧，可谓肆无忌惮者矣。"[1] 随便改动古书，固然不对，但是"笃信好古"，不善怀疑，也不是治学传经的正确态度。

三

宋代学者对教材的意见很多，除上面引到的一些人以外，这里举几位代表人物略为论述（关于王安石、朱熹论教材和教学内容，另有专文，不赘）。

（一）胡瑗

胡瑗是宋代一位成绩卓著的教育实践家。他在苏州、湖州长期从事教育实践，所谓"苏湖教法"就是他对教学实践的总结。现为归纳如下。

第一，实行分科教学。这是他办学的一个特点。他不用传统的"一揽子"的教学方式，而是根据国家社会对人才的需求和学生的才识器局，分设经义、治事二斋，凡学生之"心性疏通、有器局、可任大事者"[2]，令入经义斋，讲习经义，培养治术人才和学术人才，其余则入

---

[1] 刘师培：《汉宋章句学异同论》。
[2] 《宋元学案》卷一《安定学案·文昭胡安定先生瑗》。

治事斋。

第二，注重培养实用人才。为了培养社会所需要的各种实用人才，他在治事斋分设许多科目，如治民科、讲武科、堰水科、算历科等。中国教育一向偏重于经学的传授，后来又注重讲授词章，尤其是唐代以诗赋取士，士子们把心思都用在诗辞歌赋方面，培养不出对社会有益的实用人才。这是教育上的一个大问题，也是国家办教育的一个重大损失。胡瑗看出了这个问题，特别注意培养实用人才，这是他的教育思想有远见卓识之处。

第三，在学校中设立主科副科。胡瑗规定，凡入治事斋的学生，至少要学习两科，以一科为主，以一科为副。学生应当进哪一斋、哪一科，一方面由教师审定，一方面由学生自己选择。这样比较客观，学生学习起来较有兴趣，专业思想较强，所造就出来的人才能学有专长，设立副科，使学生容易就业，不致造成人才上的浪费。

第四，实行分组教学。胡瑗在太学任教时，把学生分组，讲课前先由学生自习，然后由教师召集讨论。讨论的方式是：或由学生各述所学，教师从旁指点，提示纲要；或由学生提出问题，让大家解答，教师小结；或由教师提出问题，让学生讨论。他不用传统的灌注式，而是采取启发诱导的方法，所以教学效果好。

胡瑗在苏、湖的教学，取得了很好的效果。欧阳修称胡瑗的弟子"各以其经转相传授。其教学之法最备，行之数年，东南之士莫不以仁义礼乐为学"[①]。蔡襄也说胡瑗"解经至有要义，恳恳为诸生言其所以

[①]《欧阳修集》卷二五《胡先生墓表》。

治己而后治乎人者"，学生千数，"信其师说，敦尚行实"。① 胡瑗在湖州时的学生刘彝对仁宗说："臣师当宝元、明道之间"，"以明体达用之学授诸生。夙夜勤瘁，二十余年"，"出其门者无虑数千余人。故今学者明夫圣人体用，以为政教之本，皆臣师之功"。② 胡瑗在太学时的学生王得臣说："朝廷命主太学，时千余士，日讲《易》……先生每引当世之事明之。"③ 这些人都是胡瑗同时代的人，对胡瑗的了解较深，他们对胡瑗的评价，当是较为符合实际的。

（二）陈亮和叶适

宋代事功学派的代表人物陈亮、叶适等人，根据他们的培养目标，提出了相应的教学内容。当然，在儒家思想统治的时代，教学内容不可能跳出儒家典籍的范围，但是着重点有所不同。他们主张读书要经世致用，虽然要讲习儒经，但儒经不过是古代文献，具有史的性质。陈亮在《三国纪年序》中认为，《易》是上古史，《书》是唐虞、三代史，《礼》载周代礼物，供后世考查，《诗》记兴亡和各国风化，《春秋》是"事几之衡石，世变之砥柱"。叶适在《进卷·总义》中说明"六经"主要是讲治道的历史文献，并不是什么神圣不可侵犯的东西。

由于对经书的看法与理学家不同，事功学派代表人物认为将经书作为教材，主要是要求学生从经书中所载的治迹治道中得到启发，研究当前的情况，发为因时制宜的实政。因此，他们重视读史，主张了解并研究历史上兴亡成败的原因，考订各代名物制度的沿革，以为世用。他们

---

① 《蔡忠惠集》卷三三《太常博士致仕胡君墓志》。
② 《宋元学案》卷一《安定学案·文昭胡安定先生瑗》。
③ 王得臣：《忠说》，王得臣撰，俞宗宪点校：《麈史》，上海古籍出版社1986年版，第15页。

与朱熹的理解不同，朱熹教学生读史是为了加强扶翼纲常名教；事功学派代表人物认为读史是从史实中吸取政化隆替、策略安危的经验教训，以利于开物成务。他们崇尚博洽，认为百家杂流都是学的内容；重视见闻广博，反对理学家废耳目之实而讲道义。叶适说："古人多识前言往行，谓之畜德。近世以心通性达为学，而见闻几废……"①

叶适也很尊崇《大学》，他认为《大学》用于天下国家，可谓"切且至"。又说：《大学》"以弥纶六经、百氏之道，为圣人之遗书，而天下之人非是则无以学也"。②

他们还重视艺能的学习，把一些兵农实用的知识列入学习的范围。他们反对朱熹那种"一艺一能皆以为不足自通于圣之道"③的说法，提倡学艺能以理百事，强调民生日用，特别是农事，认为"古人未有不先知稼穑而能君其民，能君其民未有不能协其君者"④。他们虽然也重视学习艺能，但是重点还在于学文献。

（三）陆九渊

陆九渊从他的唯心主义哲学思想出发，对学校的教学内容和教学方法提出了自己的看法。他作为宋代儒学一个流派的代表人物，认为教学内容不能超越儒家的范围，还是读儒家的经书，只是在教学方法方面，有他自己的看法。首先他大胆地提出"六经皆我注脚"⑤的观点。这是从他的心学观点出发的。他批评有些人"疲精神，劳思虑，皓首穷年，

---

① 《叶适集》卷二九《题周子实所录》。
② 《水心别集》卷七《大学》。
③ 《陈亮集》卷二四《送吴允成运干序》。
④ 叶适：《习学记言序目》卷六。
⑤ 《陆九渊集》卷三四《语录·门人傅子云季鲁编录》。

以求通经学古，而内无益于身，外无益于人"①。有人认为他反对读书，其实不然，他只是反对有些人只在字面上下功夫，没有把书中的精神实质化为自己的血肉。他说："所谓读书，须当明物理，揣事情，论事势。且如读史，须看他所以成，所以败，所以是，所以非处。优游涵泳，久自得力。"② 他认为读书不能满足于通晓文义，而要了解其意旨所在，要优游涵泳，玩索有得。他主张学习要善于怀疑，要通过自己的思考，不能人云亦云。他说："为学患无疑，疑则有进。"③ 对于书本知识，他认为要经过思考、鉴别，才能确定是非，决定取舍。书中所讲的，如果合于理，虽然不是圣人说的，也可以吸取；否则就是圣人说的，也不能饰非为是，或者囫囵吞枣，真伪不分。陆九渊的这种学贵有疑的精神，是应当肯定的，问题在于，他的所谓"理"，不是客观的是非标准，而是一种主观臆断，属于唯心的范畴。

在教学方法方面，陆九渊主张要而不烦，有针对性。他说："大纲提掇来，细细理会去，如鱼龙游于江海之中，沛然无碍。"④ 这就是孟子所谓"使自得之"的意思。要使学习成为学生乐于探求的事，学生学习到了这个境界，就会乐此不疲，乐而忘返，所谓"知之者不如好之者，好之者不如乐之者"⑤。学生如果能够游泳于知识的海洋，好像鱼龙游于江湖一样，那将何等自在！必须指出，这种境界，主要是从"心"、"精神"来说的，不是指对知识的寻求、科学的探索、真理的追

---

① 《陆九渊集》卷三二《取二三策而已矣》。
② 《陆九渊集》卷三五《语录·门人李伯敏敏求所录》。
③ 《陆九渊集》卷三五《语录·荆州日录》。
④ 《陆九渊集》卷三五《语录·门人周清叟廉夫所录》。
⑤ 《论语·雍也》。

求。陆九渊认为，人的资质各有不同，教学不可能整齐划一。他说："人之资质不同，有沉滞者，有轻扬者。……有恣纵而不能自克者，有能自克而用功不深者"①，"人各有所长，就其所长而成就之"②。这种观点虽然是古来"因材施教"的继续，但是陆九渊特别重视这个原则。他在象山讲学五年，来学的有几千人，据他的学生冯元贞说："随其人有所开发，或教以涵养，或晓以读书之方……"③ 可见他是认真地实践了这一原则的。

四

从以上宋代教材的发展情况来看，可以综述出以下几点。

（一）对经学笺注的怀疑。到宋代初期，孔颖达所编定的《五经正义》作为法定教材已经使用了三百年。一些士人对传统的经学笺注产生了怀疑。如欧阳修请求删改经疏，朱熹怀疑《诗序》，王柏作《诗疑》、《书疑》。时人敢于疑经，更不要说经注了。尽管统治阶级扩大经书范围，从"五经"、"七经"、"九经"到"十三经"，但也无法挽救经学笺注的没落。新的时代需要有新的学术思想来替换旧的学术思想。这种疑经的学风，使教材呈现生气，打破了过去那种笃信好古的旧学传统。有些人逐渐摆脱了汉儒的束缚，自辟蹊径，开阔思路，使经学从烦琐的虫鱼笺注中摆脱出来，走向一个新的思辨哲学的学术境界。

---

① 《陆九渊集》卷三五《语录·包扬显道所录》。
② 《陆九渊集》卷三五《语录·荆州日录》。
③ 《陆九渊集》卷三六《年谱》。

（二）宋代教材在注释和重点方面，派别较多，不像以前那样统一了。宋代前期，汉学训诂的学风，在教材中还有一定的地位。后来理学崛起，用理学思想来诠释经书，逐渐占据注释教材的地位，学风为之一变。其中又有朱熹偏重"道问学"，陆九渊偏重"尊德性"，对经书的理解各有侧重点。新学一派，王安石的《三经新义》和《字说》作为教材，产生过一定的影响。事功学派注重事功，讲求实学，产生的作用虽然不大，但是从教材的实用化来说，意义较大。

宋代一些学者阐述作为教材的经书，百家蜂起，各持己见，各有特点。由训诂到义理，由考据到论述，异彩纷呈，尽管不是学术上的百花齐放，而是在儒家这个学术范围内旁征博引，争奇斗艳。

（三）宋代教材的多样性反映出宋代学术的发展。但是作为教材的主流，北宋还是偏重于继承唐代的传统经学，南宋逐渐走向理学化。教材虽然变来变去，但总是脱离不了儒家典籍的范围，学术政治上的各个派别，只能在注释上做文章，渗透本学派的思想。这是由中国古代社会发展的特性所决定的。

（四）"十三经"的确定。由唐代的"九经"发展到宋代的"十三经"，并且经版齐备，都有义疏，由经、注分编到经、注合刊，这在教材史上是一个大的变化。《大学》、《中庸》、《孟子》的地位大大地提高了；开展了对《孟子》的辩论，《孟子》一书终于进入"十三经"的行列。

（五）教材为现实政治服务表现得比较明显。如王安石的《三经新义》和《字说》，很明显是为他的变法服务的。《春秋》一书受到重视，是由于宋代外患日亟，国势日危，士大夫爱国心切，想借《春秋》一书来严夷夏之防，唤醒国人的爱国意识。

（六）"四书"作为统一的教材，从宋儒开始，阐释最多，影响很大。《论语》在汉代就开始作为教材，可谓源远流长。要尊崇儒学，就要灌输儒家的基本思想，讲授孔子的言论著作，是很自然的。《大学》、《中庸》作为《礼记》中的两篇，过去没有突出的地位。二程和朱熹把它们的身价抬高，与《论语》平起平坐，并且把它们作为儒家哲学的基石，作为学校的必修教材。《孟子》一书，虽然有些学者很反对，但是由于一些理学家的提倡，公然与前三书并列。朱熹作《四书章句集注》，这四部书作为教材的地位，在封建社会就牢固而不可破了。

宋代的蒙学教材[*]

一

在宋代，梁周兴嗣编写的《千字文》是作为儿童教材使用的。据王应麟《玉海》称："太宗谓近臣曰：'《千文》盖梁得钟繇破碑千余字，周兴嗣次韵而成，词理亡可取。'"可见赵匡胤对《千字文》是有贬辞的。不过由于《千字文》作为儿童教材，有深厚的社会基础，有广泛的文化覆盖面，所以它由梁至宋，历数百年而不衰。

宋时还有仿照这种体裁编儿童课本的。如胡寅（致堂）的《叙古千文》是一本蒙学历史教材，简单地概括了从古代到宋代的历史轮廓，不过措辞深奥难懂，如果没有黄灏作注，不但幼年读者不理解，就是有一定文化的成人，也不易完全理解。淳祐年间，李昴英在《书胡致堂叙古千文后》中称这本书"上下数千载，关系大处包摄略尽"。朱熹对这本书也曾给予很高的评价，说"其叙事立言，昭示法戒，实有《春秋》经

---

[*] 原载《课程·教材·教法》1990 年第 5 期。

世之志","新学小童朝夕讽之而问其义,亦足以养正于蒙矣"。① 这本书一经朱熹宣传,于是流传到广州、南康、衡阳等地。

另外,侍其玮撰有《续千文》。葛胜仲谓《续千文》贯穿经传,词义粲然;黄庭坚也说《续千文》当与《凡将》、《急就》并行,评价也很高。刘绍佑撰《续千字文》,欧阳守道为之作跋,谓:"天文地理人事之端,往古来今废兴得失之迹,纳巨于细,该繁于约,使幼学者口诵心惟,预为方来大学之地……"② 根据当时人们对这些教材的评价,可知它们在当时还是有一定影响的。

除上述千字文体蒙学教材外,宋代有几本流传很广、历时很久、影响很大的蒙学教材:一本是《三字经》,一本是《小学》,一本是《百家姓》,一本是《千家诗》。

关于《三字经》的作者,说法不一。清人夏之翰在为王应麟(字伯厚)所编《小学绀珠》写的序文中说:"迨年十七,始知其(指《三字经》)作自先生,因取文熟复焉,而叹其要而该也。"《三字经注解备要》的原叙中说:"宋儒王伯厚先生《三字经》一出,海内诲子弟之发蒙者,咸珍若球刀。"乔松年《萝藦亭札记》也说是王伯厚所作。可是褚人获在《坚瓠集》中认为《三字经》史实疏误,与王伯厚学识造诣不合,而否认为王所作。明末屈大均认为《三字经》作者为顺德人区适子,他说:"童蒙所诵《三字经》乃宋末区适子所撰。"③ 另一位广东学者凌扬

---

① 《朱文公文集》卷八一《跋叙古千文》。
② 欧阳守道:《巽斋文集》卷二〇《刘绍佑千文跋》。
③ 《广东新语》卷一一。

藻也认为是南海区适子所撰。① 清南海伍崇曜也说："今童蒙所诵《三字经》，实为吾粤宋区适子所撰。"② 虽然《三字经》的作者还难确定，但是《三字经》一书撰成于宋代末年，似乎可以肯定。《三字经》叙述历史部分最早到宋止。清王相训诂本中"炎宋兴，受周禅，十八传，南北混，十七史，全在兹"，已经写完宋的世系，并作了结笔（也有人说似作成于元延祐恢复科举以后）。元明以来，不断补充，流传日广。

《三字经》的清初本共三百八十句，一千一百四十个字。字数虽然不多，包括的内容却比较广泛，涉及教育、伦理、日用知识、典籍、历史知识、学习典范等各个方面。它从传统文化中撷取了一些有益的知识，又进行封建伦常、化民成俗的说教，把封建思想教育和日常文化知识结合起来，言简意赅，纵横交错。其中叙史部分只用了三百二十四个字，就把各个朝代顺序介绍清楚，使学生从幼年起就对我国的历史沿革有一个大致的了解。全书用通用的字，三字一句，简短易读，隔句用韵，适合儿童的语言习惯，也容易记忆。

由于上述这些原因，《三字经》流传很广，版本很多。清以来增补、注释、注音、绘图、翻刻，以及译成少数民族文字和外文等各种版本者更多。其中，清王相注的《三字经训诂》和贺兴思注的《三字经注解备要》，都是翻刻较多的本子。少数民族文字本有崧岩富俊译的《蒙汉三字经》、陶格敬译的《满汉三字经》。译成外文的有裨治文的英译本（1835年）、儒莲的法译本（1864年）、翟理斯的英译本（1873年）、左

---

① 王廷兰：《紫薇花馆杂纂》。
② 伍崇曜：《叙古千文跋》。

托立的拉丁文译本（1879年）、艾泰尔的英译本（1892年）、翟理斯的第二次英译本（1900年）等。

《小学》六卷，朱熹撰，明陈选集注。这本书的发凡起例出于朱熹，而类次编定则出于朱熹弟子刘清之，是当时向儿童进行封建思想教育的教材。明成化初，陈选为《小学》作集注以教诸生。清张伯行、黄登、蒋永修皆有集解。

朱熹十分重视儿童教育的理学化、知识化、通俗化三者的结合。他从儒家典籍中选辑有益于儿童教育的文献编了此书。朱熹说："后生初学，且看小学书，是做人底样子。"又说："小学之事，知之浅而行之小者也"，"大学之道，知之深而行之大者也"。① 他认为小学和大学理一分殊，小学是事，大学是发明此事之理。（参看本书《朱熹的理学思想与教材》）

《百家姓》作为一本姓氏书，流传很广。它的作者失传。南宋诗人陆游在他的诗注中说："农家十月乃遣子入学，谓之冬学。所读《杂字》、《百家姓》之类，谓之村书。"② 可见这本书在南宋时已很流行。据宋王明清《玉照新志》（三）说："如市井间所印《百家姓》，明清尝详考之，似是两浙钱氏有国时小民所著。何则？其首云'赵钱孙李'，盖钱氏奉正朔，赵乃本朝国姓，所以钱次之；孙乃忠懿（钱俶）之正妃；又其次，则江南李氏。次句云'周吴郑王'，皆武肃（钱镠）而下后妃，无可疑者。"王明清这个考究是有一定根据的。

《百家姓》以姓氏编为四言韵文，现印本共五百六十八字，包括单

---

① 《小学集注》。
② 见陆游《秋日郊居》诗"原注"。

姓和复姓五百多个，但还不能包括所有的姓氏。这本书是四言韵文，便于诵读，简短易记，特别是在农村，曾广为流传。这本书只是搜罗了当时的姓氏，把它连贯起来，使读者知道社会上有哪些姓。这在封建社会注重族姓的时代，是有它的作用的。因此，长期以来，它是儿童学习的杂字课本。

《千家诗》旧署谢枋得（号叠山）选，到底是谁编的，不能确定，但这本诗集是根据宋刘克庄编的《分门纂类唐宋时贤千家诗选》（简称《千家诗选》）增删而成，是能确定的。《千家诗选》二十二卷，所收都是近体诗，后出的《千家诗》上集七言绝句八十余首，下集七言律诗四十余首。刻本很多，后来通行的版本为王相注本。王相并补《五言千家诗》附刻于后。所选诗按季节顺序编排，多是浅近易懂的名家作品。因为唐代以来在科举考试中要考诗篇，同时学习诗歌可以陶冶儿童的心灵，所以儿童入学要学习诗歌。这本诗集限于律诗和绝句，便于儿童理解和背诵，所以被用作蒙学教材，流传很广，影响很大。

除了上述四种普及广、影响大的儿童教材以外，宋代编写的蒙学教材还有很多种，有的影响较大，有的影响小，流行面窄；有的流传下来，有的失传。下面简略地介绍几种。

《童蒙须知》，朱熹编订。朱熹按照儿童应当养成的良好的行为习惯，依次编为五篇：衣服冠履第一，言语步趋第二，洒扫涓洁第三，读书写文字第四，杂细事宜第五。朱熹认为习与性成，儿童从小养成一些良好的行为习惯，一生受用不尽；在这个基础上发扬光大，就能"入于大贤君子之域"。陈宏谋认为，朱子既尝编次《小学》，"尤择其切于日用，便于耳提面命者，著为《童蒙须知》"。从微细的行为生活做起，

"以闲其放心,养其德性,为异日进修上达之阶"。① 这些都说明了朱熹编写此书的教育目的。

《少仪外传》,吕祖谦撰。这本书开始名为《帅初》,后改名为《辨志》,最后才改名为《少仪外传》。吕祖谦的弟弟吕祖俭在为此书写的跋中说:"盖以始学之士,徒玩乎见闻,汩于思虑,轻自大而卒无据,故指其前言往行所当知而易见者,登之于策,使之不待考索而自有得于日用之间。其于未易遽知而非可卒见,则皆略而不载。"② 这里说明了吕祖谦编写本书是因为有些人"轻自大而卒无据",所以摘取一些"前言往行所当知而易见者",使学者玩索有得,身体力行。绍熙三年(1192年),谭元献始刊本书于学宫。

《性理字训》,程端蒙撰。《性理字训》三十条,共四百二十八字。此书形式类似词典,内容是从"四书"和朱熹《四书章句集注》中提出命、性、心、情、才、志等三十个范畴,加以通俗疏解,作为青少年学习理学基本知识的启蒙教材。全书可分为三部分:第一部分讲人性论,包括命、性、心、情等。说明性根源于天理,心是一身的主宰等。第二部分讲认识论,包括明性和修身两项内容。第三部分讲宇宙观,包括天理、人欲、义、利、善、恶等范畴。

《性理字训》的社会效果,从元代程端礼《程氏家塾读书分年日程》可以看出。《性理字训》列为八岁前儿童的必读书,"日读《字训》纲三五段,以此代世俗《蒙求》、《千字文》,最佳"③。《字训》以简短的文

---

① 陈宏谋:《五种遗规·养正遗规》卷上。
② 吕祖谦:《少仪外传》卷下。
③ 程端礼:《程氏家塾读书分年日程》卷下。

字,整齐的韵语,使易于记诵。南宋程若庸所著《性理字训讲义》即是以《性理字训》为蓝本增广而成的。

《小学诗礼》,陈淳(北溪)编。陈宏谋谓:"北溪陈氏复辑《曲礼》、《少仪》、《内则》诸书,择其要且切者集为五言,次以韵语,俾童子时时讽诵而服习焉,题之曰《小学诗礼》。盖歌咏所以养性情,而步趋因以谨仪节。过庭之训,殆于兼之。"① 内分"事亲"、"事长"、"男女"、"杂仪"等题。陈淳是朱熹的学生,他从理学的观点,用封建伦常的要求来编写这类儿童教材,以求达到"养正于蒙"、"化民成俗"的目的。

《童蒙训》,吕本中撰,三卷。此书是吕本中家塾训课的教材。所记有师友遗闻和立身、处世、读书、仕宦的要道。吕本中的曾祖是吕公著,祖父是吕希哲,父亲是吕好问,是北宋的故家。从此书可以看出封建官僚世家教育子弟的梗概。

《心相篇》,相传作者为宋陈抟,有人认为是后人托名而作。现有《四部备要》本。该书辑录了封建社会一些立身处世的道理。谈到"心"与"行"的关系,该书说:"心者貌之根,审心而善恶自见;行者心之发,观行而祸福可知。"有些话鞭辟入里,发人深省。如说:"开口说轻生,临大节决然规避;逢人称知己,即深交究竟平常";称道"功归人而过归己",反对"责人重而责己轻"。但其中也有不少因果报应的话语及"簪缨奕世"的俗见,显然是应当批判的。

在南宋,蒙学教材还有《孝弟蒙求》、《止堂训蒙》等。《孝弟蒙求》

---

① 陈宏谋:《五种遗规·养正遗规》卷上。

为金华邵万州著。邵氏按照李氏《蒙求》韵，辑录古今孝悌事。魏了翁为此书作序说："是不惟纂言用韵之工，盖见诸行事之实者也。夫学莫大于求仁，仁则五性之本；求仁必自孝弟始，则孝弟又所以为仁之本也。""是书于始学尤为有益，非徒记诵之云。"①《止堂训蒙》为彭止堂所著，魏了翁说该书"诹经考传，韵联辞属，以便于学士之习读"。魏了翁刻梓此书于泸州，称此书"扶世而善俗"，"乃作圣之功，毋徒以训蒙目之也"。② 可见此书也是进行封建道德教育的启蒙书。这两本书流行面不广，影响也不大，但可以看出南宋时期蒙学教材的轮廓和趋势。

关于宋代的蒙学历史教材，有王令（逢原）编著的《十七史蒙求》。这本蒙学历史教材，流行较广，使用的时间也较长。该书初刊于北宋徽宗建中靖国元年（1101年）。王献可在序言中说，王令"富学该博，十七史书莫不通究。其间圣君、贤相、忠臣、义士、文人、武夫、孝子、烈妇，功业事实以类纂集，参为对偶，联以音韵，分为十六卷，目曰《十七史蒙求》，以资记诵讨论"③。作者王令死得较早，此书不传。王献可得其遗稿，谓"难以自秘，当与学者共之"④。于是该书得以刊印传世。

"十七史"是指从《史记》到《新五代史》。《十七史蒙求》还采用了《左传》、《国语》、《东观汉记》、《说苑》等书中的史料。每则提出一个历史人物故事，上下两句成对，不考虑史事发生的时间顺序。文字简练，剪裁适当。不过用来教育儿童，他们不容易理解，必须有注释来帮

---

① 魏了翁：《鹤山先生大全文集》卷五四《邵万州〈孝弟蒙求〉序》。
② 魏了翁：《鹤山先生大全文集》卷五五《〈止堂训蒙〉序》。
③ ④ 王献可：《王先生〈十七史蒙求〉序》，见康熙刻本《十七史蒙求》卷首。

助他们了解历史事实。由于作者采取了一些传说故事，有的内容并不完全符合历史事实。

二

综观宋代的蒙学教材，值得注意的有以下一些方面。

（一）宋代重视蒙学教材的编写工作，跟比较重视儿童教育有关。宋代三次兴学，兴学的目的，一是为了培养统治人才，一是为了"化民成俗"。编写教材，在进行识字教育的同时，更多的是进行封建思想教育。宋代编写的蒙学教材，使用的时间很长，这有客观的社会原因，也有教材本身的因素。这些教材在形式和内容上已经满足了这个缓慢发展的封建社会文化的需要。一直到西学东渐，社会性质逐渐起变化，新的教材应运而生，新的教材的内容和形式才逐渐代替旧的教材的内容和形式。

（二）蒙学教材与理学兴起的关系。理学兴起于宋代，当时在学术思想领域虽然还不占统治地位，但是由于几位著名的理学家，同时也是教育家，他们给学生传授理学思想，编写渗透这种思想的教材是很自然的。理学家们继承了儒家特别是孟子性善的思想，认为"人之初，性本善"，但是如果不进行教育，性就会发生变化，慢慢走向恶的方面，所谓"苟不教，性乃迁"。因此他们重视教育的作用，重视蒙学教材的编写工作。如朱熹编写了《小学》，吕祖谦编写了《少仪外传》等。这些教材的影响很大。从幼年起，就给儿童灌输理学思想及一些为人处世的道理，使他们耳濡目染，习与性成。在宋代以后，传播这些思想的教材产生了很大的影响。其中有糟粕，也有可取的内容，现在我们要用历史的态度及一分为二的方法来分析这些教材。

（三）蒙学教材的内容逐渐多样化。既不是单一的识字教育，也不是纯粹的封建说教，而是既注意封建的伦理品德教育，也注意日常生活应用；既注意扩充儿童的知识领域，也注意陶冶儿童的情操。在编写的形式方面，有分类编写的趋势，如识字教育、品德教育、历史知识、技术、诗歌等内容，逐渐分化开来，各种杂文教材开始流行，有由综合走向分科的趋势。如历史知识方面有胡寅编写的《叙古千文》，用四字一句的形式，勾画了从古代到宋代的轮廓。

（四）蒙学教材的编印与印刷术的发展有密切关系。在印刷术发明以前，入学儿童念的书都要抄写。到唐代后期，由于印刷术的兴起，教材的传播逐渐由书写转向印刷。柳玭随唐僖宗入蜀，在成都见到"阴阳、祭祀、占梦、相宅、九宫、五纬之流及字书、小学"都是印刷书，可见当时印刷品的种类已经不少了。明胡应麟说："雕本肇自隋时，行于唐世，扩于五代，精于宋人。"① 由于印刷术"精于宋人"，宋代的教材也就容易传播，因而编写和出版的教材也就多了。

（五）蒙学教材的内容，既有综合的，也有分科的。如《三字经》就是综合性的，寥寥一千余字，包括广泛的社会历史知识，使儿童容易记忆，容易掌握，既收到识字的效果，又掌握了多方面的简易知识。在这个基础上，可以使儿童进一步扩大知识面，加以巩固提高。此外还有分科性的，如名物、制度、器用、历史和自然常识等方面的教材。因为

---

① 胡应麟：《少室山房笔丛》卷四。

社会上需要农工商各方面的知识和书写技能，所以各种实用性和知识性的蒙学教材应运而兴是很自然的事。

（六）在蒙学教材的编写形式上，也是多种多样的。有三个字一句的，有四个字一句的，有五个字至七个字一句的。按照儿童的心理发展和接受能力，规定句型的长短，进行教学，儿童就容易接受，容易领会。如发蒙儿童，开始多半是用《三字经》作教材。因为句型短，又押韵，读起来朗朗上口。儿童虽然并不一定懂得其中的意义，可是他们能够记住原文，经久不忘；随着年龄的增长，知识的增加，理解能力的提高，就能逐步了解其中的意思。

（七）用诗歌或诗歌形式编写教材，既利于儿童朗诵，又可于潜移默化中陶冶儿童的情操。用诗歌作为教材，在宋以前就已经流行开了。宋代编选的《千家诗》，按七绝、七律等分类编选一些流行的唐宋诗，在社会上广为流传，历数百年而不衰。用诗歌作蒙学教材，适合儿童的阅读心理，可启发并培养儿童的美感，符合儿童形象思维的特点，在音节上也适应儿童的语言习惯。还有一个重要的社会原因，就是唐以来科举考试要考诗作，学生必须从儿童时期开始就学习读诗、作诗。

（八）由学者名人编写儿童教材，内涵较深，流传较广，影响较大。中国古代流传较长久的儿童教材多是由学者名人编写的。这些人不认为蒙学教材很浅近而不屑于编写，反而在这方面肯花脑筋，肯费精力。宋儒尤其如此，不少著名的学者都从事儿童教材的编写工作，因为他们重视儿童的早期教育，认为儿童接受力强，可塑性大，所以他们十分注意儿童的启蒙教育，自然也就重视蒙学教材的编写了。

王安石的变法与教材改革[*]

一

王安石是中国11世纪时的改革家。他在北宋神宗时期所进行的政治改革运动,是当时阶级矛盾和民族矛盾交织下的产物。为了有效地进行政治改革,他还进行了一系列的教育改革,如明确提出教育的目的是培养"经世应务"的实用人才,改革学校教育制度,发展专科教育,改革科举考试制度及其内容等。特别是他注意到了改革教学内容,改革教材。

王安石改革教材的目的有二。一是统一思想。他知道要改革政治,如果不统一思想认识,就很难保证改革的顺利进行,而要统一思想,最好从教材着手,使未来的改革人才从学校时起就受到改革思想的熏陶。这样可以化阻力为助力,收到水到渠成之效。二是培养实用人才。王安石说:"朝廷礼乐刑政之事,皆在于学。士所观而习者,皆先王之法言

---

[*] 原载《课程·教材·教法》1989年Z2期。

德行治天下之意，其材亦可以为天下国家之用。苟不可以为天下国家之用，则不教也。"① 又说："今士之所宜学者，天下国家之用也。"② 他主张通经致用，所以他要改革教学内容，亲自改编教材。

王安石教材改革的理论根据，是他的博学多闻的教育观点。王安石是宋代卓越的政治家、思想家、文学家。他博学多才，主张读各方面有用的书，触类旁通，博观约取，认为只读经书，就会钻牛角尖，不能理解经书的道理。他在给曾巩的信中说："读经而已，则不足以知经。故某自百家诸子之书，至于《难经》、《素问》、《本草》、诸小说无所不读，农夫、女工无所不问，然后于经为能知其大体而无疑。"③ 他把人才分为文吏和诸生，这两种人都要知古今，习典礼，天文人事，无所不晓。他在《取材》中说："所谓文吏者，不徒苟尚文辞而已，必也通古今，习礼法，天文人事，政教更张，然后施之职事，则以详平政体，有大议论，使以古今参之是也。"至于诸生，则"不独取训习句读"，还须"习典礼，明制度，臣主威仪，时政沿袭，然后施之职事，则以缘饰治道，有大议论，则以经术断之是也"。④ 他批评当时教学内容都是些不当学的无用的东西，教师只是"讲说章句"和教"课试之文章"，这些东西"大则不足以用天下国家，小则不足以为天下国家之用"。⑤ 他说："今之教者，非特不能成人之才而已，又从而困苦毁坏之，使不得成才……"⑥ 这种批评深中时弊。另一方面他也反对二程"近取诸身，百理皆具"的说法。基于这些认识，他要重新注释儒家经书，反对传统的章句传注，

---

① ② ⑤ ⑥《临川先生文集》卷三九《上仁宗皇帝言事书》。
③《临川先生文集》卷七三《答曾子固书》。
④《临川先生文集》卷六九《取材》。

充实新的内容，提出新的见解，为推行新法提供理论基础。

二

王安石在教材改革方面编订了《三经新义》。"三经"是指《诗》、《书》、《周礼》。《周礼》由王安石自己阐释，谓之《周官新义》；《诗》、《书》由其子王雱和吕惠卿共同诠释，谓之《毛诗义》、《尚书义》。三者总称《三经新义》。《三经新义》于神宗赵顼熙宁八年（1075年）颁予学校，作为学生必读教材。

《三经新义》只有《周官新义》保存下来，还残缺了一部分。王安石在《周礼义序》中认为"士弊于俗学久矣"，指出他训释《周礼》是为了"立政造事"，"惟道之在政事，其贵贱有位，其后先有序，其多寡有数，其迟速有时，制而用之存乎法，推而行之存乎人。其人足以任官，其官足以行法，莫盛乎成周之时；其法可施于后世，其文有见于载籍，莫具乎《周官》之书"。①《周官新义》在某些方面虽然是对《周礼》的诠释，但实际上是王安石自己政治思想的表述。全谢山在《荆公〈周礼新义〉题词》中说："《周礼》则亲出于荆公之笔，盖荆公生平用功此书最深，所自负以为致君尧舜者俱出于此。是固熙宁新法之渊源也，故郑重而为之。"②

王安石对《诗》的评价也很高，在《诗义序》中说："《诗》上通乎道德，下止乎礼义。放其言之文，君子以兴焉；循其道之序，圣人以成

---

① 《临川先生文集》卷八四。
② 《宋元学案》卷九八"附录"。

焉。"但是他认为《诗》的意义很难弄明白,他说:"孔子之门人赐也、商也,有得于一言,则孔子悦而进之。盖其说之难明如此……"① 据全谢山引容斋记《毛诗》"八月剥枣",荆公一闻野老之言,辄改其说。可见他广泛地、虚心地听取意见,对《诗》的释义工作是很认真的。

熙宁二年(1069年),王安石曾以《尚书》侍讲。他参政以后,其子王雱接着担任《尚书》的侍讲工作。王安石在《书义序》中说:"惟虞、夏、商、周之遗文,更秦而几亡,遭汉而仅存,赖学士大夫诵说,以故不泯,而世主莫或知其可用。天纵皇帝大知,实始操之以验物,考之以决事,又命训其义,兼明天下后世。"② 王安石深为此书的兴废而动情,并且认为它是"验物"、"决事"的从政之书,自己承命训义是为了"兼明天下后世"的。朱熹对《尚书》的释义工作推崇四家,王安石的《书义》是其中的一种。朱熹说,王安石"不强作解事"③,就是说,王安石的释义工作实事求是,不强不知以为知,这是一种近乎科学的治学态度。

关于其他几种儒家经书,据林竹溪《鬳斋学记》说:"和靖曰:'介甫未尝废《春秋》。废《春秋》以为断烂朝报,皆后来无忌惮者托介甫之言也。韩玉汝之子宗文,字求仁,尝上介甫书,请六经之旨,介甫皆答之。独于《春秋》曰:"此经比他经尤难。"盖三《传》皆不足信也。介甫亦有《易解》,其辞甚简,疑处甚缺。后来有印行者,名曰《易义》,非介甫之书。'和靖去介甫未远,其言如此,甚公。今人皆以断烂

---

① ②《临川先生文集》卷八四。
③《宋元学案》卷九八"附录"。

朝报为荆公罪，冤矣！"① 王安石曾对神宗说："《春秋》自鲁史亡，其义不可考。"② 全谢山说：《礼记》、《春秋》之"不立学官，则公亦以其难解而置之，而并无断烂朝报之说……予观《宋志》，荆公尝作《左氏解》一卷，则非不欲立，明矣"。又说："而《礼记》之方、马数家，亦禀荆公之意而为之者，至今《礼记》注中不能废"，"荆公又尝与陈用之、许允成解《论》、《孟》……"③ 由此可见，除了《周礼》、《诗》、《书》三经以外，其他儒家各经，王安石也很重视。至于《春秋》一书，也只因为它"比他经尤难"，"其义不可考"，并不如人们经常指责的他诋《春秋》为"断烂朝报"。

与《三经新义》相配合，王安石还编撰一部文字训诂方面的书——《字说》。当他第二次罢相时，编撰《字说》的工作刚开始。回到江宁后，他继续编撰这本书。他认为编撰《字说》意义重大，对这一工作估价很高。他在《熙宁字说序》中说："文者，奇偶刚柔，杂比以相承，如天地之文，故谓之文。字者，始于一二，而生生至于无穷，如母之字子，故谓之字。其声之抑扬开塞、合散出入，其形之衡纵曲直、邪正上下、内外左右，皆有义，皆本于自然，非人私智所能为也。与夫伏羲八卦，文王六十四，异用而同制，相待而成《易》。先王以为不可忽，而患天下后世失其法，故三岁一同。同之者，一道德也。"又说："余读许慎《说文》，而于书之意，时有所悟，因序录其说为二十卷，以与门人所推经义附之。惜乎先王之文缺已久，慎所记不具，又多舛，而以余之

---

① ③《宋元学案》卷九八"附录"。
②《续资治通鉴长编》卷二四七《熙宁六年九月纪事》。

浅陋考之，且有所不合。虽然，庸讵非天之将兴斯文也，而以余赞其始？故其教学必自此始。能知此者，则于道德之意，已十九矣。"① 王安石对字的意义有他自己的理解，认为字"皆有义，皆本于自然"，要通过对字的了解来统一思想（或道德）；并且认为《说文》的作者许慎所记不完备，又多舛误，他从事这项工作，是"天之将兴斯文"，他是多么自负啊！他特别提出"教学必自此始"，认为儿童入学应当学习这本《字说》，作为教材，以达到"蒙以养正"的目的。

《三经新义》和《字说》是经过几起几落的。宋朝颁布《三经新义》，把它作为全国统一教材。到1085年，神宗死，高太后临朝听政，司马光、吕公著为左右丞相，废除新法，规定科举考试时经义要参用古今诸儒解说，不得专用王氏《新义》，后又禁止引用《字说》，即在仕途出身方面，排斥了王氏新学。高氏死，哲宗亲政，起用新党章惇为相，尽复新法，并规定以《新义》、《字说》取士。后来，新法尽废，作为统一教材的《三经新义》和《字说》，遭到反对派的抵制和围攻。

黄隐任国子司业，把《三经新义》焚毁了，当时有很多人不以为然，上章弹劾。按《山堂考索》所载：元祐元年（1086年）十月，刘挚言："国子司业黄隐，学不足以教人，行不足以服众。故相王安石经训，视诸儒义说，得圣贤之意为多，故先帝立之于学，程式多士。"他认为黄隐这种做法，不足以"劝率学校"。② 吕陶也说："经义之说，盖无古今新旧，惟贵其当。先儒之传注未必尽是，王氏之解未必尽非。"他指责黄隐这种手段是"可鄙"的。③

---

① 《临川先生文集》卷八四。
② ③《宋元学案》卷九八"附录"。

三

　　《三经新义》和《字说》在当时的影响是很大的。据《宋史》称："一时学者，无敢不传习，主司纯用以取士，士莫得自名一说，先儒传注，一切废不用。"① 汪藻说："熙宁以来，学者非王氏不宗。"② 周葵说："科举所以取士。比年主司迎合大臣意，取经传语可诿者为问目，学者竞逐时好。"③ "凡士子应试者，自一语以上，非《新义》不得用。于是学者不复思索经意，亦不复诵正经，惟诵安石、惠卿书，精熟者辄得上第。"④ 这些记载都证明了《三经新义》在当时的权威性。"禄利之势使然"，这是可以想象得到的。朱弁也说："科举自罢诗赋以后，士趋时好，专以《三经义》为捷径，非徒不观史，而于所习经外，他经及诸子无复有读之者。故于古今人物及时世治乱兴衰之迹，亦漫不省。"⑤《字说》盛行时，翟栖筠请以《字说》为标准，分次部类，名为"新定五经字样"，颁发给学校。私人撰述也多，如：唐耜、韩兼各撰《字说解》数十卷；太学生作《字说音训》十卷；刘全美作《字说偏旁音释》一卷、《字说备检》一卷，又以类相从为《字会》二十卷。陆彦远和"霄"字韵诗云："虽贫未肯气如霄。"有人不理解，陆彦远说："此出《字说》'霄'字，云：'凡气升此而消焉。'"胡浚明酷好《字说》，王

---

① 《宋史》卷三二七《王安石传》。
② 汪藻：《浮溪集》卷二一《答吴知录书》。
③ 《宋史》卷三八五《周葵传》。
④ 《续资治通鉴长编》卷四八〇。
⑤ 朱弁：《曲洧旧闻》卷三。

瞻叔也"笃好不衰，每相见，必谈《字说》，至暮不杂他语；虽病，亦拥被指画诵说，不少辍"。① 可见《字说》一书，在当时一些知识分子中间广为流行，影响很深。

当时学校师生对待《三经新义》、《字说》的态度是不一样的：有些人始终认为王氏新学是正确的，如龚原、陈过庭等。龚原任国子司业，王安石改学校法，引龚原相助。后来，司马光同龚原谈话，讥斥王氏，龚原反复辩论，一点也不改变他自己的观点。司马光叹息说：王氏思想扎根得这么深啊！龚原把《字说》、《洪范传》和王雱撰著的《论语孟子义》刊版流传，"一时学校举子之文，靡然从之"②。有一次，礼部讨论王安石编的教材，祭酒杨时指斥王安石的书为邪说，说他"几危社稷"，请夺安石配享，"使邪说不能为学者惑"。陈过庭认为这种做法太过火了，说王氏著作为邪说更是错误的。学生们习用王学，群起而攻，大骂杨时，杨时吓得躲起来，学生才散去。直到罢免了杨的祭酒职，才算了事。③

有些人自始至终抵制王氏新学，如常安民、王居正等。据《宋史》载，常安民"入太学，有俊名。熙宁以经取士，学者翕然宗王氏，安民独不为变"④。神宗爱其策，将置之第一，执政说他不熟悉经学，列为第十。王居正入太学时，习《三经新义》、《字说》者，主司辄置高选，居正说："穷达自有时，心之是非，可改邪？"⑤ 因此流落十多年。

---

① 陆游：《老学庵笔记》卷二。
② 《宋史》卷三五三《龚原传》。
③ 《宋史》卷一五七《选举三》。
④ 《宋史》卷三四六《常安民传》。
⑤ 《宋史》卷三八一《王居正传》。

也有些人本来是靠吹捧《三经新义》、《字说》这些教材爬上去的。等到王氏失势，新政不行，他们调转头来杀回马枪，像黄隐、吴元中就是这类人物。黄隐原来推崇《三经新义》，后来看到新政多所更改，科举内容也要改变，就妄意迎合，废弃其学。看到生徒试卷有引用《三经新义》的，辄加指斥或黜降。吴元中在辟雍试经义五篇，全引《字说》，得到免省赴廷试的优待。后来他做了宰相，反攻王氏，不遗余力。有人讥讽他这种做法是"逆取顺守"。张舜民《画墁集》中有诗《哀王荆公》云："去来夫子本无情，奇字新经志不成。今日江湖从学者，人人讳道是门生。"可见这种"讳道是门生"的现象是比较普遍的。

在《三经新义》和《字说》这两种教材推行的过程中，同新法的推行一样，学术界、教育界充满着尖锐的矛盾和激烈的斗争。当时程颢不只反对新法，还从学术思想方面攻击新学，说"大患者却是介甫之学"，"坏了后生学者"。① 程颐和他们的弟子也极力攻击"王氏之学"。道学与新学之争，新教材与旧的传注之间的斗争，是当时政治斗争的组成部分。当时和以后横加给这些教材的罪名是多种多样的，略举如下：

其一，认为释经不严，肤浅繁芜，错误很多。汪藻谓王安石所注的《三经新义》"类皆掇取前人咳唾之余，熟烂繁芜，喋喋谆谆，无一字可喜者"②。魏了翁在《师友雅言》中说："王介甫错看'膳夫'一义，以为王者受天下之奉。后王黼等置应奉司，以成政宣之祸，至于亡国，不知他经原无此义。古人只说恭俭，释经不可不严哉！"③ 又认为按

---

① 程颢、程颐著：《二程集》，中华书局1981年版，第38页。
② 汪藻：《浮溪集》卷二一《答吴知录书》。
③ 《宋元学案》卷九八"附录"。

"泉"、"息"二字，郑康成根据汉制和王莽制度解释错了，王安石以讹传讹，跟着错了，说"介甫错处，尽是康成错处"。吴叔扬说："《字说》，'诗'字从言从寺，谓法度之言也。诗本不可以法度拘，若必以法度言，然则'侍'者法度之人，'峙'者法度之山，'痔'者法度之病也？不知此乃谐声。"①

其二，认为三经之学是杂老、释、申、商来解释儒家经典。正统的儒家人物认为《三经新义》是专以"济其刑名法术之说"的。如《尚书新义》有"敢于殄戮，乃以乂民。忍威不可讫，凶德不可忌"一类话，汪应辰、朱熹等人认为"皆害理教，不可以训"。②晁景迂说王安石"援释、老诞谩之说以为高，挟申、韩刻核之说以为理，使斯士浮伪惨薄"。魏了翁说："荆公尝以道揆自居，而不晓道与法不可离。……道正寓于法中。后世以刑法为法，故流于申、商。"③陈次升入太学时，学官始得《字说》，令诸生诵习，次升说："丞相岂秦学邪？美商鞅之能行仁政，而为李斯解事，非秦学而何？"④

其三，认为王安石诋诬圣人，破碎大道；学术害人心，甚于政事。陈公辅说："议者尚谓安石政事虽不善，学术尚可取。臣谓安石学术之不善，尤甚于政事。政事害人才，学术害人心。"又说："《三经》、《字说》诋诬圣人，破碎大道，非一端也。"⑤

其四，认为是邪说淫辞，甚至把靖康祸乱都归咎于新学。林之奇

---

① ③《宋元学集》卷九八"附录"。
② 汪应辰：《驳张纲谥文定奏状》，转引自《朱子语类》卷七八。
④《宋史》卷三四六《陈次升传》。
⑤《宋史》卷三七九《陈公辅传》。

说:"王氏三经,率为新法地。晋人以王、何清谈之罪,深于桀、纣。本朝靖康祸乱,考其端倪,王氏实负王、何之责。在孔、孟书,正所谓邪说、诐行、淫辞之不可训者。"① 胡宏说:"人皆知安石废祖宗法令,不知其并与祖宗之道废之也。邪说既行,正论屏弃,故奸谀敢挟绍述之义以逞其私……遂使敌国外横,盗贼内讧,王师伤败,中原陷没……"②

直到近代,梁启超对王安石以《三经新义》试士也很反对,认为这种做法很可笑,是其"政术之最陋者"③。

四

从王安石变法与教材改革的关系,可以看出以下几个问题。

首先是政治改革与思想意识、学术理论的关系。王安石知道要实施新法,一定要从思想意识、学术理论上改变过来,否则就是无源之水、无本之木。不从学术思想上提供理论的依据,形成改革的舆论,政治改革就不可能取得成功。这也同善战者作战一样,攻心为上,攻城次之。反对派也明白这一点,认为"介甫之学"才是"大患"。他们说:"政事害人才,学术害人心。"政争的双方都意识到这点,所以在对待新学和对待新教材问题上,展开了你死我活的斗争。

其次是政治改革与教育改革、教材改革的关系。政治的改革不能离开教育的改革。政治改革要取得成功,一要统一认识,二要培养人才。

---

① 《宋史》卷四三三《林之奇传》。
② 《宋史》卷四三五《胡宏传》。
③ 梁启超:《王荆公》,《饮冰室全集》第七册。

要做到这两者,主要是通过教育这条渠道。这一点了解的人比较多。庆历新政的倡导者范仲淹实施政治改革,首先建议改革和发展教育事业。王安石不仅采取了改革教育的一系列措施,而且从教材改革着手,亲自动手做这项工作。他知道教材的重要作用,知道教材在教育工作中的重要地位:它从学生的儿童时期开始,就把思想的、精神的"血液"注射到儿童的"血管"里。学校组织是躯壳,教学内容是灵魂。所以他不惮烦劳,虽在"疾病之间",还在"考正误失"。[1] 司马光拜相,有人告诉王安石"近有指挥,不得看《字说》"[2] 时,王安石受到很大刺激,陷入极大的愤懑和痛苦之中。不只是在教育的宏观方面,而且在教育的微观方面进行改革,这是王安石有远见卓识之处。

再次,王安石重视《周礼》作为教材的作用。中国历史上有些政治家在政治改革中很重视《周礼》的作用。这是一个值得研究的问题。王莽改制,把《周礼》作为一面大旗树起来。苏绰辅助宇文泰实行汉化,崇尚《周礼》。王安石实行政治改革,也以《周礼》来号召。他在《周礼义序》中把《周礼》捧得很高,说"其法可施于后世,其文有见于载籍,莫具乎《周官》之书"。《三经新义》中,实际上只有《周官新义》是他亲自撰写的。这可能主要因为:《周礼》是一部介绍古代政治体制的较为完备的书,要进行新的政治改革,"托古改制",就似乎名正言顺,可以减少阻力。就像后来的康有为变法,分明是学习西方资本主义,却要著《孔子改制考》,讲公羊"三世"之说。再者,儒家在政治上"法先王",在学术上"信而好古"的思想给予王安石的影响很深。

---

[1]《临川先生文集》卷四三《乞改〈三经义〉误字札子》。
[2] 曾慥:《高斋漫录》。

这也是王安石笃信《周礼》的一个原因吧！章太炎说，《周礼》是"经国家、定社稷之书"，"后之论者，以王莽、王安石皆依《周礼》施政而败，故反对《周礼》。余谓二王致败之由在不知《周礼》本非事事可法，只可师其意，而不可袭其迹。……宇文周时，关陇残破，苏绰为六条诏书奉施行之……盖亦以《周礼》为本，终能斫雕为朴，变奢从俭。隋及唐初，胥蒙其福"。① 这些人宣扬《周礼》、实施《周礼》，都有他们各自的政治目的；至于有的成功，有的失败，原因很多，不可一概而论。

最后，从上述情况可以看出，当时实行教材改革的斗争是尖锐的。教材改革实际上是政治改革的反映。两种政治势力，两种学术派别，对教材改革的态度，旗帜鲜明，壁垒森严，针锋相对，此起彼伏。王安石退出政治舞台以后，所谓新学和新的教材就逐渐销声匿迹，版毁书亡。尽管王安石的新学和教材改革只是昙花一现，但是，他在历史上留下的一瞥闪光，是不会磨灭的，是耐人寻味、发人深思的。

---

① 章太炎著：《章太炎先生国学讲演录》，南京大学中文系古典文学教研室、南京大学学报编辑部1982年编印。

朱熹的理学思想与教材*

一

朱熹（1130—1200）是宋代著名的思想家、教育家。他的理学思想和教育思想对后世产生过很大影响。

朱熹从十九岁中进士到六十九岁罢官还乡，五十年中从事讲学活动共三十多年，就是在担任地方官吏的十四年中，他也经常参与教育活动。他在任期间，鼓励设置州学、县学。如在同安创办过县学，在南康重建白鹿洞书院，在台州设武夷精舍，知漳州时常去学校讲学，在潭州修复岳麓书院，在建阳修沧州精舍。每当他讲学之时，学生纷集。他确是一位好学不厌、诲人不倦的教育家。

朱熹在长期的教育实践中积累了丰富的经验。他对教学的内容和方法提出了很多精辟的见解。他还亲自编写教学用书，并注释儒学典籍作为教材，影响很大。研究朱熹关于教学内容的论述，对于了解朱熹的整

---

* 选自《中国古代学校教材研究》。

个教育思想,研究中国古代教学论的继承和发展,以及南宋以后封建社会的教育思想,都是很有必要的。

朱熹关于教学内容的主张,跟他的教育目的论密不可分。朱熹的教育目的论是以儒家的伦理道德为基础的。他认为教育的根本目的是明人伦。他说:"先王之学,以明人伦为本。"① 在《白鹿洞书院学规》中他提出的"五教之目"是"父子有亲,君臣有义,夫妇有别,长幼有序,朋友有信"。他还说:"学者学此而已。"② 他认为,古昔圣贤教人为学意在"讲明义理以修其身,然后推以及人"③。朱熹关于教学内容的理论都是围绕着这个总的教育目的提出的,也就是为封建伦理教育的总任务服务的。

朱熹关于教育内容的观点跟他对教育作用的看法也是有联系的。他认为教育的作用是"变化气质"。他说:"为学乃能变化气质耳。"④ 他从他的人性论出发,认为"人之性皆善。然而有生下来便善底,有生下来便恶底,此是气禀不同"⑤。气质之性,有清有浊,有善有不善。"须知气禀之害,要力去用功克治,裁其胜而归于中乃可。"⑥ 怎样去"用功克治","裁其胜而归于中"?那就要进行教育。只有通过教育来澄浊为清,去不善而从善,才能变"气质之性"为"天地之性"。朱熹还认为教育的作用是"去人欲,存天理"。他说:"圣贤千言万语,只是教人明

---

① 《近思录》卷九注文。
②③ 《朱文公文集》卷七四。
④ 《朱子语类》卷一二二。
⑤⑥ 《朱子语类》卷四。

天理，灭人欲。"①"学者须是革尽人欲，复尽天理，方始是学。"② 他认为能革尽人欲，使心与天理浑为一体，那么就是"道心"了。朱熹的这一理论成为封建统治者用以麻痹人民的精神鸦片。戴震曾批判说："酷吏以法杀人，后儒以理杀人……"③"人死于法，犹有怜之者；死于理，其谁怜之!"④

朱熹基于他的教育目的论和教育作用论，提出了关于教学内容的主张。他按照受教育者的年龄，规定了小学和大学两种不同的教学内容。

(一) 小学阶段

朱熹把八岁至十五岁定为小学阶段。他很重视小学教育，认为一个人要在这个时期打好做人的基础，"教之以洒扫应对进退之节，礼乐射御书数之文"⑤。小学教育的主要内容，一是基本的行为规范，二是礼乐和日用的知识技能。它的教学特点是"学其事"，让儿童在实际行动中去学习，养成一些好的行为习惯，同时读一些格言和故事，树立一些"做人的样子"。

由于对小学教育的重视，朱熹在五十八岁的时候，参照《曲礼》、《少仪》、《弟子职》等篇，专门为儿童编写了《小学》。这本书分内、外二篇，共三百八十五章，以立教、明伦、敬身、稽古为纲，以父子、君臣、夫妇、长幼、朋友、心术、威仪、衣服、饮食为目。关于这本书的指导思想，朱熹自己说："古者小学教人以洒扫应对进退之节，爱亲敬

---

① 《朱子语类》卷一二。
② 《朱子语类》卷一三。
③ 《戴东原集》卷九《与某书》。
④ 戴震：《孟子字义疏证》卷上。
⑤ 朱熹：《大学章句序》。

长、隆师亲友之道，皆所以为修身、齐家、治国、平天下之本，而必使其讲而习之于幼稚之时，欲其习与智长，化与心成，而无扞格不胜之患也。今其全书虽不可见，而杂出于传记者亦多。……今颇搜辑，以为此书，授之童蒙，资其讲习，庶几有补于风化之万一云尔。"① 编书的目的很明确，就是为了"有补于风化"。

这本书的影响很大。明成化初，陈选以御史督学河南，为作集注，以教学生。清张伯行、黄澄、蒋永修都有集解。后世一些儒者对此书评价很高。如许衡在给他儿子的信中说："《小学》、四书，吾敬信如神明，自汝孩提，便令讲习，望于此有得。"② 张履祥说："《小学》是读书、做人基本。"③陆陇其说："《小学》一书尤为学者入德之门。"④《小学》一书不仅在国内作为儿童教材影响很大，还流传到日本、朝鲜等国，朝鲜李氏王朝一个君主甚至把它作为殉葬品，可见它的影响之远了。

朱熹还编了《童蒙须知》，内有衣服冠履、言语步趋、洒扫涓洁、读书写文、杂细事宜等节。

（二）大学阶段

朱熹把十五岁之后定为大学阶段。在这阶段教以格物致知及所以为孝悌者的道理。他在《大学章句序》中说："及其十有五年，则自天子之元子、众子，以至公、卿、大夫、元士之适子，与凡民之俊秀，皆入大学，而教之以穷理、正心、修己、治人之道。"大学的教学特点是"学其理"，在小学"学其事"的基础上去探究它的道理。小学教学生做些什么，怎样去做；到了大学，就教他们为什么要这样做，说明道理，

---

① 朱熹：《题小学》。
②③④ 张伯行：《小学集解·小学辑说》。

提高认识。大学和小学的教学内容,有先后之分、深浅之分,但是目标都是围绕着"学以明伦"这个总目标而规定的。所以朱熹说:"古之教者,有小学,有大学,其道则一而已。小学是事,如事君、事父兄等事;大学是发明此事之理……"①

朱熹为同安县主簿时,开办县学,分为"志道"、"据德"、"依仁"、"游艺"四斋,各置斋长一人,或由学生充当,或另聘职事。这已有分科培养的意思。他订的《白鹿洞书院学规》列出了"五教之目",规定博学、审问、慎思、明辨、笃行为"为学之序",还规定了修身、处事、接物之要。这个学规,对于后来的教学,尤其是书院的教学,产生了很大的影响。

要了解朱熹关于大学教学内容的意见,就须先了解他的格物致知论。他在《大学章句》中说:"是以大学始教,必使学者即凡天下之物,莫不因其已知之理而益穷之,以求至乎其极。至于用力之久,而一旦豁然贯通焉,则众物之表里精粗无不到,而吾心之全体大用无不明矣。此谓物格,此谓知之至也。"朱熹教人穷"天下之物"的"理",并且重视"用力之久"以达到"豁然贯通"的境界,就是由"渐悟"达到"顿悟"的过程。朱熹所说的"理",是指:"如读书以讲明道义,则是理存于书;如论古今人物以别其是非邪正,则是理存于古今人物;如应接事物而审处其当否,则是理存于应接事物。"② 可见他所说的"穷理",是指对这几方面所体现的天理的体验、认识。

朱熹是不是完全不注意客观的"物"和"理"呢?我认为也不是。

---

① 张伯行:《小学集解·小学辑说》。
② 《朱子语类》卷一八。

他曾说:"虽草木亦有理存焉。……如麻麦稻粱,甚时种,甚时收,地之肥,地之硗,厚薄不同,此宜植某物,亦皆有理。"① 这个"理",应当是指客观规律。他又说:"至若万物之荣悴与夫动植小大,这底是可以如何使,那底是可以如何用……皆所当理会。"② 他认为这些也应当了解,不过要有"先后缓急之序"③。他认为"穷天理,明人伦,讲圣言,通世故"④都属于"先"和"急"之类,是第一位的;而"草木器用"之理,是属"后"和"缓"之类的。他的所谓"格物致知"的着眼点,在于前者而不是后者。

朱熹认为,小学教育和大学教育是相对独立的两个阶段,任务、内容和方法各有侧重和特点,二者又有内在联系。他说:"学之大小,固有不同,然其为道,则一而已。是以方其幼也,不习之于小学,则无以收其放心,养其德性,而为大学之基本。及其长也,不进之于大学,则无以察夫义理,措诸事业,而收小学之成功。是则学之大小所以不同,特以少长所习之异宜,而有高下、浅深、先后、缓急之殊……今使幼学之士,必先有以自尽乎洒扫应对进退之间,礼乐射御书数之习。俟其既长,而后进乎明德新民,以止于至善。"⑤ 这里明确地说明了两个阶段教育的区别和联系。

二

朱熹的《四书章句集注》在南宋以后成为学校的必修教材。它是用

---

① ②《朱子语类》卷一八。
③ ④《朱文公文集》卷三九《答陈齐仲》。
⑤ 张伯行:《小学集解·小学辑说》。

宋儒理学观点来解释《论语》、《孟子》、《大学》、《中庸》四种儒家著作的。朱熹对《四书章句集注》用力很深，自信心也很强，认为"添一字不得，减一字不得"，"不多一个字，不少一个字"。[①] 他在《答胡季随》的信中说："熹于《语》、《孟》、《大学》、《中庸》，一生用功，粗有成说。"一种充满自信的心情流露于字里行间。

朱熹还规定了学习"四书"的次序和目的。他说："某要人先读《大学》，以定其规模；次读《论语》，以立其根本；次读《孟子》，以观其发越；次读《中庸》，以求古人之微妙处。"[②]

南宋绍熙元年（1190年），朱熹在漳州刊刻《四书章句集注》，这套书就开始传播了。宁宗嘉定五年（1212年），从国子司业刘爚之请，以《论语孟子集注》立学。理宗宝庆三年（1227年），下诏称朱熹所注"四书"，"发挥圣贤蕴奥，有补治道"[③]。

元仁宗皇庆二年（1313年），正式规定以《四书章句集注》取士。从此，"四书"成为学子必读的经书。实际上，它超越了"五经"，取得了在学校教材中的领先地位。

陈北溪说，朱熹表出"四书"，"以为初学入道之门，使人识圣门蹊径"[④]。黄东发也说："晦庵先生表章四书，开示后学。"[⑤] 这些都说明朱熹是"四书"作为整套教材的奠基者。

关于"四书"与"五经"的关系，朱熹说："四子，六经之阶

[①]《朱子语类》卷一九。
[②]《朱子语类》卷一四。
[③]《宋史》卷四一《理宗本纪》。
[④][⑤]《宋元学案》卷四九"附录"。

梯。"① 又说："河南程夫子之教人，必先使之用力乎《大学》、《论语》、《中庸》、《孟子》之书，然后及乎六经。盖其难易、远近、大小之序，固如此而不可乱也。"② 这种读书程序好像是从难易确定的，实际上因为"四书"是直接表达孔孟之道，而"五经"则是孔孟以前的先王之教。

朱熹还汇集了周敦颐、二程、张载的语录六百二十二条，编成《近思录》十四卷，作为读"四书"的入门书。

下面分别介绍朱熹对《论语》、《孟子》、《大学》、《中庸》四种教材的编辑注释工作。

（一）《论语》

《论语》作为教材，历史很久，从西汉起，就是学生的必读课本。朱熹对《论语》一书的注释，倾注了很多的精力。按照时间顺序，工作大致是这样进行的：

1.《论语要义》：孝宗隆兴元年（1163年）著。那时他年三十三岁。他认为魏何晏作《论语集解》、宋邢昺作《论语疏》，都只是在章句、训诂等方面用力，疏于义理。他对王安石父子作的《论语》新注攻击尤力，说是"逞其私智"。只有二程"独得孟子以来不传之学于遗经"，才正确地阐发了《论语》的义理。《要义》是《论语集注》较早的前身。他说："圣人之意，其可以言传者具于是矣……"

2.《论语注解》：他自己认为对此书下过一番功夫，"遍求古今诸儒之说，合而编之"。

---

① 《朱子语类》卷一〇五。
② 《朱文公文集》卷八二《书临漳所刊四子后》。

3.《论语训蒙口义》：隆兴二年（1164年）编写。他认为虽然编写了《论语要义》，还不是启蒙学生所能接受的。为了便于童子学习，他把《要义》一书作了删节，编成此书。

4.《语孟精义》：孝宗乾道八年（1172年）编著。朱熹对这本书的编著比较满意，认为该书的优点是"明圣传之统，成众说之长，折俗流之谬"。

5.《论语集注》：写成于孝宗淳熙四年（1177年）。朱熹认为《集注》是《精义》之精髓。这就是后来作为通用教材的本子。

朱熹在编著有关《论语》诸书时，主要引理学家对《论语》的解释和发挥，重在阐述义理；很少引汉魏隋唐注家诠释名物训诂的文字，抛开了汉儒注经的传统。

（二）《孟子》

《孟子》在汉代虽有赵岐注本，可并没有引起人们的重视。二程继韩愈之后是尊孟的，说："孟子有功于圣门，不可胜言"，"孟子有大功于世"。[①] 以后余隐之写《尊孟辨》反驳李觏、郑叔友等贬孟之说。朱熹写了《读余隐之〈尊孟辨〉》一文，进一步尊崇孟子，认为李觏诋毁孟子的仁义之道，是"不识圣贤所传本心之体"；认为郑叔友的议论是"诡僻颠倒"。其结论是必须尊孟。从此孟子的地位提高，《孟子》一书作为教材的地位也就确定了。

（三）《大学》

《大学》本是《礼记》中的一篇文章。韩愈、李翱把它看作与《孟

---

① 朱熹：《孟子集注·孟子序说》。

子》、《易经》同样重要的经书。二程、朱熹祖述这个观点，竭力尊崇它在经书中的地位。二程说："《大学》，孔氏之遗书，而初学入德之门也。"① 朱熹根据二程这个观点，认为《大学》一书是古之大学所以教人之法。他说：这本书是"因小学之成功，以著大学之明法，外有以极其规模之大，而内有以尽其节目之详"。他还说，大学所教，是"穷理正心、修己治人之道"；《大学》是"为学纲目"，"先通《大学》，立定纲领，其他经皆杂说在里许。通得《大学》了，去看他经，方见得此是格物致知事"。② 他把《大学》当作儒家学说的一个总纲，先把这本书学习好了，就能纲举目张，粲然大备，就能实现"下学而上达"的目标。他继二程之后，对该书更为采辑，补其缺略，编成现在的本子。

（四）《中庸》

《中庸》原来也是《礼记》中的一篇。朱熹十分推崇这篇，认为它"提挈纲维，开示蕴奥"，"前圣之书"没有这样"明且尽"的。他根据"孔门传授心法"这一理学要求，划分了《中庸》的篇章，使之"脉络贯通"，把它们巧妙地纳入理学范畴，使之系统化、结构化。

朱熹断定《中庸》为子思所作，在《中庸章句序》中说："《中庸》何为而作也？子思子忧道学之失传而作也。"他说他早年就曾受读此书，"沈潜反复，盖亦有年"，似乎得到该书的一些要领，于是他"会众说而折其中"，使得这本书"脉络贯通，详略相因，巨细毕举，而凡诸说之同异得失，亦得以曲畅旁通，而各极其趣"。

朱熹还写了一篇《书中庸后》，说明他是如何为《中庸》定章句的。

---

① 朱熹：《大学章句》第一章。
② 《朱子语类》卷一四。

《中庸》一书共三十章。他认为第一章是子思"推本先圣所传之意以立言，盖一篇之体要"。以下十章引用孔子的话来加以说明。第十二章是子思的话。以下八章又引孔子的话。从第二十一章到末了一章，都是子思"反复推说，互相发明"。他还根据自己的意见，给《中庸》分了章句。可见朱熹对《中庸》一书，确实做了一番编次和注释的工作，目的是要使学者"得于辞而能通其意"。

朱熹从他的思想论点出发，对《中庸》各章作了剖析，把自己的观点和理解，注入到书的各章中。从优点说，他给此书作了一些分析，不过这些分析是从他自己的认识出发的。这些注解影响了中国学术界几百年，一直被奉为金科玉律，成为理解原书的一把钥匙。今天我们看他的注释，要用自己的思维去分析、去判断哪些是对的，哪些是不对的。

另外，朱熹还训释了《易》、《诗》诸书，命学生蔡沈按照他的意思著了《书集传》；还根据《春秋》义法著了《通鉴纲目》。这些书多半成为元、明、清三代的官书，成为科举考试的依据。

（一）关于《周易》

朱熹认为《易经》的卦为伏羲所画，有"交易"、"变易"的意思，所以叫作"易"。《易经》的辞是文王、周公所作，所以叫《周易》。《传》十篇是孔子所作的。这些论断经后儒考证，很难为据。

朱熹对《周易》推崇备至，并且把它神秘化，说什么《周易》一书，"得之于精神之运、心术之动，与天地合其德，与日月合其明，与四时合其序，与鬼神合其吉凶，然后可以谓之知《易》也"①。在他看

---

① 朱熹：《周易本义·周易序》。

来，这简直是一本无所不包、神妙莫测的"天书"。

(二) 关于《诗经》

朱熹在《诗集传序》中，从人的心理来说明诗的起源，认为人生来就有欲望，有思想，也就有语言，语言表达未了的就发于咨嗟咏叹、音响节奏，也就产生了诗。在这篇传序中他还说明了诗之所以为教及诗之为经，众理毕具，最后还说明了怎样学《诗》。

他对《风》、《雅》、《颂》都作了注释。他说："《风》者，民俗歌谣之诗也"，"《雅》者，正也，正乐之歌也"，"《颂》者，宗庙之乐歌"。①他从理学的观点出发，认为《风》都"被上之化以有言"，把一些生动活泼、充满着生活气息，反映着民俗风情和男女爱情的诗篇，都蒙上一层理学的薄纱。

怎样学《诗》呢？在《诗集传序》的最后，朱熹提出了他的意见。他说："本之二《南》以求其端，参之列国以尽其变，正之于《雅》以大其规，和之于《颂》以要其止，此学《诗》之大旨也。于是乎章句以纲之，训诂以纪之，讽咏以昌之，涵濡以体之，察之情性隐微之间，审之言行枢机之始，则修身及家、平均天下之道，其亦不待他求而得之于此矣。"这种学习态度和方法，也是从理学的角度来阐述的。

(三) 关于《书经》

宁宗庆元五年（1199 年），朱熹命他的学生蔡沈作《书集传》。第二年，朱熹就去世了。蔡沈花了十年的工夫，完成了这个任务。蔡沈在序言中说："二《典》、《禹谟》，先生盖尝是正，手泽尚新。"这说明

---

① 朱熹：《诗集传》卷一、卷九、卷一九。

《尧典》、《舜典》和《大禹谟》、《皋陶谟》等篇,是经过朱熹亲自审订的。蔡沈在《书集传序》中说:"《集传》本先生所命,故凡引用师说,不复识别。"可见该书中其他各篇的注释,也采用了朱熹的一些意见。

三

朱熹为了用宋儒理学的观点来宣传儒家的思想,不但花了大半生精力来讲授和注释儒家的教材,而且非常注意讲授这些教材的方法。他说:"古之教者,自其能食能言,而所以训导整齐之者,莫不有法,而况于家塾党庠遂序之间乎!"① 他提倡的教学方法主要如下。

(一)因材施教。朱熹从孔子、孟子等人的教育理论和实践中总结出了一条重要的教育原则——因材施教。他在《孟子集注·尽心章》"有成德者,有达材者"注中说:"此各因其所长而教之者也。"又说:"圣贤施教,各因其材,小以成小,大以成大,无弃人也。"在《论语集注·雍也》中说:"教人者当随其高下而告语之,则其言易入而无躐等之弊也。"《论语集注·先进》提到孔门分德行、政事等四科时注云:"孔子教人,各因其材,于此可见。"这条原则,尽管当时还不能从科学角度来加以论证,但它反映了教育的客观规律。朱熹在自己的教育实践中运用了这条原则。

(二)质疑问难。朱熹认为学习要善于怀疑,进行独立思考,才进步得快。他说:"学者读书,须是于无味处当致思焉。至于群疑并兴,

---

① 《朱文公文集》卷八二《跋程董二先生学则》。

寝食俱废，乃能骤进。"① 又说："读书，始读未知有疑，其次则渐渐有疑，中则节节是疑。过了这一番后，疑渐渐解，以至融会贯通，都无所疑，方始是学。"② 根据这些见解，朱熹继承汉儒讲经、质疑问难的传统，在教学中，总让学生提问题，反复辩论，从而提高学生的认识。例如，他修复白鹿洞书院以后，"每休沐辄一至，诸生质疑问难，诲诱不倦"③。绍熙五年（1194年），他已经六十四岁了，但在修复岳麓书院以后，"夜则与诸生讲论，随问而答，略无倦色"④。黄榦在《朱子语录后序》中也说："先生所与门人问答，门人退而私窃记之"，"师生函丈间往复诘难，其辨愈详，其义愈精"。可见朱熹对成年学生的教学，不是用"满堂灌"的注入式教学法，而是采取讨论的方式，师生之间，"往复诘难"，开展辩论，共同探讨，使教学气氛生动活泼。

（三）循序渐进。朱熹在《论语集注·宪问》中解释"下学而上达"时说："此但自言其反己自修，循序渐进耳……"程端礼归纳朱熹的六条读书法，第一条就是"循序渐进"。关于这条原则，朱熹说："以二书言之，则通一书而后及一书；以一书言之，篇章句字，首尾次第，亦各有序而不可乱也。量力所至而谨守之，字求其训，句索其旨。未得乎前，则不敢求乎后；未通乎此，则不敢志乎彼。"⑤ 又说："故圣人之教，循循有序……使之得寸则守其寸，得尺则守其尺。"⑥ "若奔程趁

---

① 《朱子语类》卷一〇。
② 《宋元学案》卷四八《晦翁学案上·语要》。
③ ④ 王懋竑：《朱子年谱》卷二、卷四。
⑤ 《宋元学案》卷八七《集庆路江东书院讲义》。
⑥ 《朱文公文集》卷五四《答王季和》。

限,一向趱看了,则看犹不看也。"①

与"循序渐进"的原则相联系,朱熹提出了"学以渐而至"的论点。他在《孟子集注·尽心章》中说:"学当以渐,乃能至也。"

朱熹还提出了从低到高、由浅入深的学习步骤。他说:"譬如登山,人多要至高处。不知自低处不理会,终无至高处之理。"② 他还说:"读书,须是遍布周满。某尝以为宁详毋略,宁下毋高,宁拙毋巧,宁近毋远。"③ 这就是说,在学习的程序上,要由低到高,由近而远;在态度上宁肯笨拙一些,不要取巧贪便。如果作风不踏实,好高骛远,就会弄巧成拙,结果适得其反。

(四)专心玩味,熟读精思。孟子提出要专心致志,并且以"弈秋诲二人弈"为喻,说明了这个道理。朱熹继承了这个思想,提出学习要专心的重要性。他在谈到学习时说:"今且放置闲事,不要闲思量。只专心去玩味义理,便会心精;心精,便会熟。"④ 又说:"读书,须是要身心都入在这一段里面,更不问外面有何事,方见得一段道理出。"⑤ 他进一步指出学习要有"打破沙锅问到底"的精神。他告诫学生,看人文字,"须是一棒一条痕,一掴一掌血","如酷吏治狱,直是推勘到底,决是不恕他,方得"。⑥ "看人文字,不可随声迁就。我见得是处,方可信。"⑦ "学者所患,在于轻浮,不沉着痛快。"⑧

---

① 《宋元学案》卷八七《集庆路江东书院讲义》。
② 《朱子语类》卷八。
③ ④ 《朱子语类》卷一〇。
⑤ 《朱子语类》卷一一。
⑥ ⑧ 《朱子语类大全》卷一〇。
⑦ 《朱子语类大全》卷一一。

朱熹肯定荀卿"诵数以贯之"的学习方法，认为张载的"教人读书必须成诵"是"道学第一义"。在这个基础上，他提出"熟读精思"的主张。他在《答王季和》的信中说："读书不可贪多。今当且以《大学》为先，逐段熟读精思，须令了了分明，方可改读后段。如此庶易见功……"① 怎样才算"熟读精思"？他指明了二层意义：一是熟读。"遍数已足，而未成诵，必欲成诵；遍数未足，虽已成诵，必满遍数。"② 二是弄懂。读书不但要诵读正文，而且要了解注中的训释。三是要反复玩味，就是要思考。他这样把学与思结合起来，以期达到"通透"的境界。

（五）切己体察，反躬内省。用朱熹的话说，切己体察是："入道之门，是将自个己身入那道理中去，渐渐相亲，与己为一。"③ 他继承儒家的内省法而提出："学者读书，须要将圣贤言语体之于身。"④ 他在《答路德章》的信中说："日前为学，只是读史传，说世变，其治经亦不过是记诵编节，向外意多，而未尝反躬内省，以究义理之归。"⑤ 可见他教人记诵，是为了更好地探究义理。

朱熹关于教学内容以及传授这些内容的方法的论述，我认为值得注意的主要有以下几点。

（一）朱熹始终把对学生的思想品德教育放在重要地位。他把德育和智育融为一体，教学生以知识，又教他们怎样做人。虽然他所要求的思想品德教育内容是封建伦常道德，但他重视思想教育的作用，这对我们今天来说，还是应当深刻体会和切实继承的。

---

① ⑤《朱文公文集》卷五四。
② ③ ④《宋元学案》卷八七《集庆路江东书院讲义》。

（二）朱熹重视基础教学。他认为洒扫应对、爱亲敬长以及"六艺"这些内容，都要"讲习于幼稚之时"，使其"习与智长，化与心成"。在这个基础上进一步进行大学内容的教学，"因小学之成功，以著大学之明法"①。基础教学搞好了，进行大学教育，就能事半功倍，不会有"扞格不胜之患"。

（三）朱熹反对为"钓声名、取利禄"而采择教学内容。他对当时那种为了应付科举考试而办教育的做法进行了尖锐的批评。他说："自圣学不传，世之为士者，不知学之有本而唯书之读，则其所以求于书，不越乎记诵、训诂、文词之间，以钓声名、干禄利而已。"②他批评太学"为声利之场"，"殊非国家之所以立学教人之本意"；③认为科举正"夺人志"④，必须进行改革。他与陆九渊尽管学术观点不同，还是请他来自鹿洞书院给学生讲学，陆的讲题是"君子喻于义，小人喻于利"，朱熹听了，很受感动，把讲稿刻在石上，使学生时时有所警惕。朱熹的所谓"圣学"、"正学"，不外乎是儒家的教义，但他反对把读书当作猎取利禄的敲门砖，反对教学内容随着科举考试的指挥棒转，这还是有其进步意义的。

（四）朱熹重视教学形式的创新。在教师讲授方面，朱熹主张采取问答的方式，启发学生思考，不搞满堂灌，主张因材施教，不搞一刀切；在学生学习方面，主张循序渐进，学思结合，善于怀疑，专心致志

---

① 朱熹：《大学章句序》。
② 《朱文公文集》卷八〇《福州州学经史阁记》。
③ 朱熹：《学校贡举私议》。
④ 《朱子语类》卷一三。

等原则；在学习态度方面，他教人"抖擞精神"，反对随声附和，"肆为浮说"。这些都是我们在教学中应当重视的。

（五）朱熹在教育理论和方法方面，善于总结前人的经验，继承前人的遗产。这对我们也是很有启示的。我国历代的教育家提出了很多宝贵的意见，值得我们借鉴。朱熹的教育思想，是在继承前人成果的基础上，通过教育实践而逐步形成和发展的。研究朱熹的教育思想，包括关于教育内容的思想，对于丰富和提高我们的教育科研工作是有益的。当然，我们对朱熹的教育思想，要用科学的观点和方法加以分析总结，不能不加选择地盲目照搬。

第七编

论辽金元教材

辽金两代学校教材*

一

辽（907—1125年）是由契丹族建立的政权。辽的先世为审吉国，传到雅里，才立制度，置官属，刻木为契。玄祖时始教民稼穑。德祖始置铁冶，教民鼓铸。其弟述澜教民种桑麻，习织组。德祖的儿子耶律阿保机始建辽国，即辽太祖。

辽建国于907年。社会的发展，政权的建设，要求辽统治者加速封建化的进程，学习先进的治国之道、生产技术和科学文化，并且采取推行汉化教育的文教政策。在这一政策的推动下，逐渐兴办了各级学校，并建立了科举考试制度。

辽在推行汉化教育的同时，还力图保持自己的文教习俗。辽有自己的文字，把民族传统作为主要的教学内容，较多地保留了尚武精神，注重骑射武艺的训练，还有"以国制治契丹，以汉制待汉人"的做法。

---

* 选自《中国古代学校教材研究》。

辽为了在社会制度和文化方面加速汉化，首先采取尊孔崇儒的政策。为此必须推崇儒家的典籍，把它们作为学校的教学内容。辽道宗耶律洪基曾亲颁《五经义疏》给国学；辽兴宗重熙年间，重用契丹族儒学大师萧韩家奴，以"明礼义，正法度"。不过，辽代早期对本族的青年和学者基本上禁止他们参加科举考试。耶律庶箴因为让儿子参加科考，竟受到"鞭之二百"的处罚。中原的文化教育和社会道德意识在契丹族人士中逐步扩散，沟通了当时汉族和契丹族人民的思想。同时，文化事业的发展和科举范围的扩大对契丹族文人和青年产生了很大影响。他们渴望学习先进的汉文化和各方面的知识。到辽代中后期，一些契丹族的知识分子也可通过科举进入仕途。

随着辽代社会的进步，经济形势的变化，汉人官吏的任用，以及整个朝廷与社会封建化的需要，科举制度便逐步建立起来。景宗保宁八年（976年）诏南京①恢复礼部贡院，建立并健全了科举的管理机构。保宁九年（977年），圣宗统和二年（984年）、五年（987年），相继开进士科。统和六年（988年）圣宗"诏开科举"，表明辽代的科举制度正式建立起来。最初每年只考中一两人。从圣宗时起，每年考中几十人；到兴宗、道宗时，中进士常有百余人。在考试内容方面，起初只考诗、词、赋和法律，后来增加了明经、茂才异等和其他科目。据《契丹国志·试士科制》载："圣宗时，止以词赋、法律取士，词赋为正科，法律为杂科。"后来，"程文分两科，曰诗赋，曰经义，魁各分焉"。到了最后，也和唐朝一样，以诗赋和明经两科为常科，其他为特科。从圣宗

---

① 即南京析津府，为辽国陪都，人称燕京（今北京西南广安门一带）。

统和六年（988年）到兴宗重熙元年（1032年）四十四年里，开科取士成为定制。在教学方面，随着科考项目的增多而增加了内容。

辽圣宗、兴宗、道宗三朝是辽代发展的高峰。他们重用了汉族、契丹族中一批知识分子，对辽代的教育有直接影响。他们在国子监旁设立了孔子庙和节义寺，以示对传统儒学和中原文化道德传统的崇敬和继承。

圣宗耶律隆绪幼喜书翰，十岁能作诗；既长，精射击，晓音律，好绘画。统和七年（989年），宋进士十七人带着家属来归附，耶律隆绪命有司考录那些成绩优秀的补国学官，其余的人授予县主簿、尉。圣宗开泰元年（1012年），辽的属国铁骊的国主那沙乞赐儒书，耶律隆绪遂赐《易》、《诗》、《书》、《春秋》、《礼记》各一部。十二月，归州奏言该地居民本是由新罗迁来的，没有学习过文字，请设立学校进行教育，辽朝廷同意了他们的请求。太平四年（1024年），放进士四十七人；五年（1025年），增加到七十二人。考试内容主要是赋诗，按照工拙评定高下。宋匡世在统和年间曾被授予《毛诗》博士职。圣宗很爱好诗歌，从考试内容可以看出当时教学主要是讲授诗歌。他受汉文化尤其是诗歌文化的影响很深。

圣宗的长子兴宗善骑射，好儒术，通音律，与契丹族文学家耶律谷欲为诗友；继位后喜读唐高祖、太宗、玄宗三人本纪。后来他对辽代文教事业和科举制度的发展起了重要的推动作用。辽代教师之职多为汉族知识分子。兴宗重熙时，国子祭酒刘日泳、教授姚景行等人都是博学的汉族文人。兴宗对于学习汉文化中礼的内容，甚为重视。重熙十五年（1046年），下诏给萧韩家奴说："古之治天下者，明礼义，正法度。我朝之兴，世有明德，虽中外向化，然礼书未作，无以示后世。卿可与庶成酌古准今，制为礼典。事或有疑，与北、南院同议。"① 萧韩家奴受诏后，博考经籍，选择那些礼仪制度可行于世的撰书三卷。为了让兴宗知道古今成败之迹，萧韩家奴译了《通历》、《贞观政要》、《五代史》等书。

道宗耶律洪基即位，诏设学养士，颁"五经"传疏，置博士、助教等职。每年录取的进士人数大大增加，仅第五年就放进士一百一十五人。咸雍二年（1066年）放进士一百零二人。咸雍六年（1070年）耶律白请"编次御制诗赋"②。可见辽代这几个君主喜爱读诗作诗，他们也以此来要求士人读诗。这是辽代教学内容的一个特点。他们一向爱好骑射，可是现在却爱好"吟风弄月"，显然这是受汉文化的影响，尤其是受唐代诗歌教学的影响。

就在1070年，辽设贤良科。这一科本来是招揽"贤良"的人才，可是也规定应考的先要"以所业十万言进"③。除了以"德"为录取标准外，还注意学习的内容和程度。道宗大安五年（1089年）诏析津、大定二府精选举人以闻，要求学者当"穷经明道"。"穷经"的目的是为了"明道"，"经"是儒家的书，"道"是儒家的道。可见当时在教学内容方面受汉文化的影响是很深的。

辽代有些帝王喜好作诗，上行下效，有些士人也擅长此道，将诗词作为教学内容中的一个重要组成部分。如马得臣好学博古，善属文，尤

---

① 《辽史》卷一〇三《萧韩家奴传》。
② 《辽史》卷二一《道宗本纪一》。
③ 《辽史》卷二二《道宗本纪二》。

长于诗。萧柳作诗千篇，编为《岁寒集》。耶律资忠博学，工辞章，在狱中作《兔赋》、《寤寐歌》。杨皙幼颖悟，圣宗诏试作诗。耶律蒲鲁幼时，尝应诏赋诗，其父耶律庶箴曾寄给他《戒谕诗》，蒲鲁答以赋，大家称它典雅。耶律韩翁工为诗，重熙时，诏进《述怀诗》，帝为嘉叹。耶律孟简六岁时，其父晨出猎，让他赋《晓天星月》诗，孟简应声而成，既长，善属文。耶律俨好学，有诗名。王鼎幼年好学，博通经史。时马唐俊有名燕蓟间，适逢上巳，同朋友们袚禊水滨，饮酒赋诗。王鼎恰好去了，马唐俊见他朴野，让他坐在下席，想以诗来困窘他，先把所作的诗给他看并要他即席赋和，王鼎立即提笔成诗。马唐俊惊叹他诗才敏妙，因而跟他定交。

上面只是举一些例子，说明辽虽起源漠北，早期文化不高，但中后期受汉文化的影响比较深，尤其是在将诗作为教学内容方面，在士大夫当中比较普遍。

辽代家庭教育的教材也是儒家经书。如邢简妻陈氏涉通经史，尤善吟咏，时人称她为"女秀才"。有六子，亲教以经。邢抱朴与弟抱质后来都以儒术著称。

有的人兼通辽汉典籍。如萧阳阿认识辽汉文字，通天文相法。萧乐音奴通辽汉文字，兼善骑射。萧韩家奴博览经史，通辽汉文字。辽义宗耶律倍是辽太祖的长子，"通阴阳，知音律，精医药、砭焫之术。工辽、汉文章，尝译《阴符经》"[①]。耶律蒲鲁幼聪颖好学，能诵契丹大字；习汉文，未十年，博通经籍，诗才敏捷；兼善骑射，是一个文武双全的人才。

[①]《辽史》卷七二《义宗倍传》。

* * *

综观辽代学校的教学内容，有以下几种情况值得注意。

首先，辽以武力建国，骑射为先，开国之始，不注意文事，尤其是对本民族的青年，专教武术。因为统治者害怕本朝青年接触书本知识很快汉化，只希望他们善于骑马射箭，掌握好兵权，永远居于统治地位。

其次，开始崇儒尊孔和实行科举制度，主要是朝廷对汉人的一种政策。一方面可以学习汉唐特别是唐代的治国经验，尊重中原文化；一方面又可以笼络汉族地主阶级及其知识分子，为巩固他们的统治服务。

再次，用儒家经书来作为科举考试的内容，对朝廷的统治，对改变政权的结构，特别是促进北方社会文化教育事业的发展，起了积极的作用。辽代进士有不少在朝廷任官，加速了统治阶级汉化的过程，促进了各民族的融合。

最后，在辽代学校的教学内容中，除了以儒家典籍作为教材外，很重视诗歌的教学。有几位君主爱好并擅长此道，上行下效，相习成风，于是以诗赋作为录取士子的考试内容。

二

金（1115—1234年）是由女真族建立的政权。金人由于受到汉族封建经济、文化的影响和汉人对他们的帮助，逐渐建立了封建的国家制度，经济和教育方面都有所恢复。金人以战争起家，金太祖（完颜阿骨打）时期，用了一些辽国的旧人，同时使节往还，文化渐启。金太宗伐宋，取汴京的经籍图书，并且掳获一些宋的知识分子，接受了儒家文化，以儒家文化作为思想统治的武器。金世宗、金章宗时期，儒风振兴，学校也建立起来，知识分子从科第位至宰辅的逐渐增多。当时儒者虽然没有专门名家之学，然而"朝廷典策，邻国书命，粲然有可观者矣"①。在教育、科举方面，继承了前代的制度和内容，在教学内容方面，也是沿用儒家的典籍。

金朝廷感到教育的重要，是从他们需要人才开始的。金太祖天辅二年（1118年），完颜阿骨打刚立国三年，就下令："国书诏令，宜选善属文者为之。其令所在访求博学雄才之士，敦遣赴阙。"②他感到学习文化知识的重要，士子们也感到只有学习了文化知识才有前途，于是开始重视这方面的学习。虽然金初置太学是在金世宗大定六年（1166年），但在此以前就已感到治理国家需要一批博学能文之士。元好问谓"金源氏有天下，典章法度几及汉唐"③，虽然有些溢美，但金在北方崛起，确是文治斐然，为辽、西夏所不及。尤其在大定以后，金的文化教育颇有发展，在文学方面成就较大。余谦说："金源氏自大定后，颇尚艺文，词家辈出。"④ 这是有根据的。

据《金史·选举志》记载：金代学校的教材，《易》用王弼、韩康伯注释本，《书》用孔安国注释本，《诗》用毛苌注、郑玄笺本，《春秋左氏传》用杜预注释本，《礼记》用孔颖达疏本，《周礼》用郑玄注、贾公彦疏本，《论语》用何晏集注、邢昺疏本，《孟子》用赵岐注、孙奭疏

---

① 《金史》卷一二五《文艺传上》。
② 《金史》卷二《太祖本纪》。
③ 《金史》卷一二六《元好问传》。
④ 李瀚：《遗山先生文集序》。

本,《孝经》用唐玄宗注本,《史记》用裴骃注本,《汉书》用颜师古注本,《后汉书》用李贤注本,《三国志》用裴松之注本,《老子》用唐玄宗注疏本,《荀子》用杨倞注本,《扬子》用李轨、柳宗元、宋咸、吴祕注本。这些书都由国子监印刷,政府统一发给各级学校使用。教材的版本是选最好的。

学生会课,三天作策论一道,又三天作赋、诗各一。规定了定期考试的制度,三月一私试,在每季最后一个月月初先试赋,隔一天试策论,从最优者中选出五名报礼部录用。

金代主要设词赋、经义二科取士。所有考生,不论报考哪一科,除考本科外,一律加考时务策,还要经过答辩。金太宗天会元年(1123年),由于急欲得汉族知识分子来帮助治理新占领的地区,取士初无定数,也无定期。天会五年(1127年),以河北、河东职员多缺,辽宋制度不同,遂诏南北各依据过去所学习的内容取士,号为"南北选"。词赋进士试诗、策、论各一道,经义进士试所治一经义、论、策各一道。初从经传子史内出题,后来规定逐年改一经,也允许从注内出题,按《诗》、《书》、《易》、《礼》、《春秋》为顺序。这一规定使学生的学习内容扩大了:一是不但从经传里出题,还可以从子史书里出题;二是不但从正文内出题,还可以从注内出题。这样学生所要学习的范围就更广了。有一次,金世宗问群臣:"有司以谓经义不若词赋,罢之何如?"李仲略说:"经乃圣人之书,明经所以适用,非词赋比。乞自今以经义进士为考试官,庶得硕学之士。"① 可见当时对学词赋的用途,看得比学

---

① 《金史》卷九六《李仲略传》。

经义要广,词赋在士子心目中的地位,比学经义要高,因而在学习中自然重词赋而轻经义。

除了经义、词赋两科进士以外,金代还有策论进士。这是专为女真族士人设立的。丞相完颜希尹初制女真字、设学校,使讹离剌等教之。其后学生渐多,转习经史。据《金史·选举志》载:"若夫以策论进士取其国人,而用女直(真)文字以为程文,斯盖就其所长以收其用,又欲行其国字,使人通习而不废耳。"金世宗大定四年(1164年),曾调集一批女真文士,组建金国译经所,用女真文翻译儒家经书,专供女真官员诵读。大定六年(1166年),颁行《史记》、《汉书》。选诸路学生三十余人,命温迪罕缔达教以古书,习作诗、策。大定二十八年(1188年),金世宗对宰相说:女真进士只考试策论,时间久了,事先可以预备,现在可不可以用经义考试?宰臣回答:"五经"中的《书》、《易》、《春秋》已经译出,等《诗》、《礼》全译出后,可以试试。金世宗说:经书义理深奥,不经过长期研习,就不能通晓;现在只能在经内先考试论题,以后再逐渐做到考试经义。又说:我之所以要译出"五经",就是想使女真人知道仁义道德。"五经"全部译出以后,下令颁行。由是这些教材都有了女真文译本。此外译成女真文的还有《论语》、《孟子》、《老子》、《文中子》、《扬子法言》、《刘子》、《新唐书》等儒学或史学著作,供朝廷官员研读。侍卫亲军完颜乞奴建议,要令武官猛安、谋克都先读女真字经史,才能继承官位。金世宗听了很高兴,说:只要稍为读书明理,知道一点古今的事情,就不会为非作歹。金世宗还把《孝经》女真文本一千部付给点检司,分赐护卫亲军作为教材。

金人除用本民族文字翻译经史用作教材外,还用契丹文译经教学。

金世宗说：契丹文字年远，观其所撰诗，义理深微，当时何不立契丹进士科举。丞相完颜守道请令用契丹文翻译经书，并说如果使用的时间久了，就可以与汉人的文章媲美了。

金朝的统治者为了加快汉化的过程，加紧学习汉族的文化。皇统元年（1141年），金熙宗主祭孔庙回来后，对侍臣说："朕幼年游侠，不知志学，岁月逾迈，深以为悔。孔子虽无位，其道可尊，使万世景仰。"① 从此读《尚书》、《论语》和《五代史》、《辽史》等书。他自己学习经书和史书，从这里吸取治国的道理和经验，也以这些书来教育学生，培养治国的人才。金世宗令完颜匡教章宗、宣宗学习汉文，规定每天先教汉字，到下午申时才停止汉文的学习，改教女真小字，学习本民族文字。他把学习汉文看得比学习本民族文字更重要。

金人学习汉文，主要是想吸取汉人的文化，学习汉人的统治经验。海陵王完颜亮命考试除从"五经"中出题外，还可从"三史"正文中出题，这样就使学生不但读"五经"，还要读"三史"。金章宗也说过，当时的进士连《唐书》中的一些史实也多半不知道。对这种情况他很不满意。大臣徒单镒上疏说："教化之行，兴于学校。今学者失其本真，经史雅奥，委而不习，藻饰虚词，钓取禄利，乞令取士兼问经史故实，使学者皆守经学，不惑于近习之靡，则善矣。"② 他病时文之弊，谓："诸生不穷经史，唯事末学，以致志行浮薄。可令进士试策日，自时务策外，更以疑难经旨相参为问，使发圣贤之微旨、古今之事变。"③ 金章

---

① 《金史》卷四《熙宗本纪》。
② 《金史》卷九九《徒单镒传》。
③ 《金史》卷五一《选举志一》。

宗听从他的建议，诏为永制。徒单镒认为如果不读经史，只是"藻饰虚词"，这样会使学子"惑于近习之靡"，流于"志行浮薄"。学者如果不想"失其本真"，就一定要学习经史，领会"圣贤之微旨"，了解"古今之事变"。

金代两位学者兼诗人——赵秉文和元好问，对当时的教学内容也进行了批评，提出了他们的意见。

赵秉文关于教学内容的思想，一是反对雕章琢句的文学教学。他说："今之学者，则亦异于古之所谓学者矣。为士者，钩章棘句，骈四俪六，以圣道为甚高而不可学，蔽精神于謇浅之习。"① 又说："自功利之说兴，入仕者以簿书狱讼为听断之计，而不知正谊明道之实；为士者以缔章绘句为进取之阶，而不知治心养性之术。"② 二是主张士子要认真地学习"六经"。他认为"降周迄汉，异端并起"，"以六艺为经传章句之学，归之儒流。不知六艺者，夫子所以载唐虞三代之道，众流之所从出，而儒为之源也。圣人得其全，诸子得其偏。后世偏听曲说，沿其流而忘其源，用其偏而不得其全"，"不知本于圣学之传，无复治古气象者，良以此也"。③ 他认为"六经"载"唐虞三代之道"，"本于圣学之传"，把"六经"归于儒流是不对的。他把儒家同"六经"分别开来，认为学习"六经"不只是学习儒家思想。这种看法是颇有见地的。

元好问批评当时虽然以词赋、经义取士，但实际上经义不被重视，即使词赋也只是钓取高官厚禄的诱饵。他说："国初，因辽、宋之旧，以词赋、经义取士。预此选者，选曹以为贵科，荣路所在，人争走之。"

---

① 《金文最》卷二六《商水县学记》。
②③《金文最》卷七〇《邓州创建宣圣庙碑》。

"至于经为通儒，文为名家，良未暇也。"① 徐世隆说，元好问"好奖进后学"，"所在士子从之如市。……学者知所指归，作为诗文，皆有法度可观，文体粹然为之一变"。② 可见元好问虽然是金代文学（尤其是诗词）的殿军，但是"所在士子从之如市"，可见他在这方面的影响是很大的。

金代的一些士人学习汉文化，对汉文化有较深的造诣。如李纯甫初业词赋，喜读《左氏春秋》，为经义之学，擢经义进士。他写文章，师法庄周、列御寇、左丘明等人。当时的一些青年学生以他为榜样，走他的学习路子。又如李麻九博通"五经"，尤长于《易》和《春秋》，也学习算数。胡砺（字元化）任定州观察判官，定州的学校在河朔是首屈一指的；他督教不倦，教写考试文章，时称他的程文为"元化格"。

还有一些颇有名望的学人，除了精于经书外，对传统教材有所阐述，或者对其他学科很感兴趣，学有成就。如赵秉文曾著《易丛说》、《中庸说》，并删集《论语》、《孟子》各十卷。杨云翼颇精历算，曾著《勾股机要》、《象数杂说》等书。《金史》称他们为"金士巨擘"，不是偶然的。

金朝廷为了培养各方面的实用人才，设置了律科、宏词科等。律科规定学生读律令，考试从律令内出题。中选的标准是文理优，拟断当，用字切。金章宗时，有人说律科的学生只知读律，不知道教化的本原，可使他们学习《论语》、《孟子》来涵养他们的气度。于是章宗下令此后

---

① 元好问：《闲闲公墓铭》。
② 徐世隆：《元遗山集序》。

要从《论语》、《孟子》两书中出题,考试小义一道。王汝梅由律学为伊阳主簿,生徒从他学法经的,兼授以经学。

宏词科学生要学习写骈体文,考试诏、诰、表、章、露布、檄书等,都用骈体文;另外写诫、谕、颂、箴、铭、序、记这类文字,或者用古今体,或者参用骈体文。这样他们就得着重学习这类体裁的文字。

纪天锡精于医术,为《难经》集注五卷,大定时上其书,获授医学博士。李庆嗣学医,读《素问》等书,洞晓其义。

杜时升博学知天文,隐居嵩洛一带,跟他学习的人颇多。他还以伊洛之学教其弟子。

*　　　*　　　*

金代学校的教学内容,继承了前代的传统。由于金代开始时没有文字,后来虽然创制了文字,但就整个文化来说,还是接受了中原文化。尤其是后来疆土扩大到华北平原,直到淮河流域,汉族悠久的文化传统,自然就为金所接受。金人也知道本民族文化贫乏,乐意接受中原文化,没有什么扞格。因此女真族的汉化过程比较深入,也比较迅速,金世宗、金章宗时期尤其是这样。

在这种情况下,开办学校也就很自然地接受了过去的教材传统,在教学和科举考试中,完全采用了儒家经书和传统注释。就这样,金培养了一批女真族的知识分子,接受并宣传了儒家的文化思想;同时汉族的一些士人通过教学和教材这个媒介,把中原文化继承下来,传播出去。这是民族的大融合,也是文化的大融合。

除了讲授经书以外,金代比较重视史学的教学。这是一个特点。女真族扩张了领土,统治华北这么大一片土地,不学点统治术是不行的。

注重学习历史就是为了学习历史上的统治经验。海陵王认为可从"三史"中命题试士，徒单镒建议"取士兼问经史故实"，就是从这个需要出发的。可是也有反对学习历史的，如移剌履反对学《左传》，认为"左氏多权诈"①。不过从总的趋势来看，金代还是比较注重学习历史的。所以，在史学著作方面，除了上列诸史以外，还有《晋书》、《宋书》、《齐书》、《梁书》、《陈书》、《后魏书》、《北齐书》、《周书》、《隋书》、新旧《唐书》、新旧《五代史》，也都由国子监刊印，发给学校。

还有文学的教学，在金代的儒士中也比较受重视。赵秉文所谓"为士者，钩章棘句，骈四俪六"，就是反映的这一局面。他批评这种风气，正从反面说明了当时士子的学习风尚。因此，金代的文风比较盛，还培育了像元好问等这样的著名诗人。

金立国一百二十年（1115—1234年），在教育设施方面，虽然远远超过了辽与西夏，但是比起当时的宋代来，就显得大为逊色。在教学内容方面，墨守成规，不敢越雷池一步，这与女真族的文化历史短暂有关，也与金朝廷总忙于战争，无更多精力顾及文化教育事业有关。

---

① 《金史》卷九五《移剌履传》。

元代学校教材[*]

元朝是我国历史上第一个由北方游牧民族统治者建立的统治全国的封建王朝。元统治者以少数民族来统治这个以汉族为主体的多民族的国家，自己又没有更高的文化来作为民众的精神支柱，来维系这样一个人口众多、历史悠久的多民族国家，只有借重于儒学，尤其是理学化了的儒学。因为三纲五常这套思想正是统治者要用来作为社会的精神支柱的。这样就必须读儒家的书，以儒家典籍作为教材。

元世祖至元二十四年（1287年），立国子学于大都，设博士统掌学事，分教三斋学生，讲授经旨，订正音训。首先讲授《孝经》、《小学》、《论语》、《孟子》、《大学》、《中庸》，其次讲《诗》、《书》、《周礼》、《春秋》、《易》。博士、助教亲授句读音训。

1308年元武宗即位，命王约等节译《大学衍义》一书，与图像《孝经》、《列女传》一起刊行。中书左丞以蒙古文译《孝经》送给武宗，武宗下诏说："此乃孔子之微言，自王公达于庶民，皆当由是而行。其

---

[*] 选自《中国古代学校教材研究》。

命中书省刻版模印，诸王以下皆赐之。"①

仁宗即位后，曾经下诏："若稽三代以来，取士各有科目，要其本末，举人宜以德行为首，试艺则以经术为先，词章次之。浮华过实，朕所不取。"② 这说明统治者提倡经术，把它列在教育的首位，认为词章是次要的，反对浮华过实。

仁宗皇庆二年（1313年），规定汉人和南人明经、经疑二问，从《大学》、《论语》、《孟子》、《中庸》内出题，并用朱熹章句集注，再以己意作结。经义一道，各治一经。《诗》以朱熹注为主，《书》以蔡沈注为主，《周易》以程颐、朱熹注为主。以上三经兼用古注疏。《春秋》用三《传》和胡氏《传》。《礼记》用古注疏。朝廷以此取士，教材的取舍就随着这根指挥棒转。朱熹的《四书章句集注》等书也就身价倍增，成为法定的教材。这种情况一直沿袭到清代。

一、汉化与反汉化的斗争和教材

元王朝接受汉文化是经过了一个斗争过程的。开始，元朝的统治者看不起汉文化，认为汉文化没有可学习的东西，只是课赋吟诗，于国无补。元世祖至元十六年（1279年），大臣赵良弼说江南士人多废学，宜设经史科以育人才。元世祖忽必烈说："高丽，小国也，匠工奕技，皆胜汉人……汉人惟务课赋吟诗，将何用焉！"赵良弼说："此非学者之

---

① 《元史》卷二二《武宗本纪一》。
② 《元史》卷八一《选举志一》。

病，在国家所尚何如耳。尚诗赋则必从之，尚经学则人亦从之矣。"①

曾任国子祭酒和中书左丞的许衡推行汉化，也遇到一些蒙古权贵的阻力。如阿合马等人竭力从中作梗，阻止汉化。可是许衡力劝元世祖忽必烈坚持汉化，他论述"以道事君"时，强调"北方之有中夏者，必行汉法，乃可长久"。他说："考之前代，北方之有中夏者，必行汉法，乃可长久，故后魏、辽、金，历年最多，他不能者，皆乱亡相继……"②这样用历史对比的方式来说明汉化的必要性，终于使元朝的统治者接受了他的建议。

所谓"行汉法"，就是"改用中原之法"，也就是实行封建制度，必须读儒家的书。后来忽必烈任用大批汉族儒士大夫，以汉法定官制，立朝仪，尊信儒学，并几经周折，终于把阻挠汉化的像阿合马这些蒙古权贵压服了。许衡主持元初国学，以儒家"六艺"为教学内容。后来，一批元朝官员出自许衡的门下。这一批经过中原文化熏陶的官员，对推动汉蒙文化的交流，起到了积极作用。

二、理学的确立与教材

朱熹集宋学之大成。自宋理宗宝庆年间起，朱学开始盛行，凡治经的莫不崇尚朱学。不过由于宋王朝当时偏安江左，南北道途阻梗，朱学只流传于当时的南宋地区。后来元兵下江汉，赵复以所记程朱著诸经传

---

① 《续资治通鉴》卷一八四。
② 《续资治通鉴》卷一七八。

注，全部记录下来交给姚枢。元世祖筹建太极书院，请赵复担任教授。后来姚枢退隐苏门（位于今河南辉县市境内），传赵复之学。由是许衡、郝经、刘因都得赵复之书并尊信其学。北方知道有程朱之学是从赵复开始的。赵宋亡后，金履祥、许谦、胡一桂、胡炳文、陈栎等人传朱子之学，教授讲习，于是朱熹诠释的儒家典籍就成为以后学校的必修教材。

朱熹注解的儒书在元代传播，还跟许衡的大力提倡有关系。许衡为元议学校科举之法，罢诗赋，重经学，定为新制。这个建议虽没有来得及推行，但是许衡表彰朱熹，朱学由此益尊。虞集谓，经许衡一提倡，朱子之书，衣被海内。苏天爵也说："国家初有中夏，士踵宋、金余习，以记诵词章相夸尚。许文正公始以孔孟之书、程朱之训，倡明斯道……"① 仁宗延祐年间，制定科举条例，采用前议，取士以德行为本，试艺以经术为先，经以《大学》、《论语》、《孟子》、《中庸》为限，并用朱熹章句集注。诸经所主，侧重朱学；《春秋》、《礼记》，朱熹无注，所以无法采用。《易》、《书》、《诗》、《春秋》，犹与古注疏相参。《礼记》专用古注疏。这说明元人还没有完全废弃汉唐之学。

元代学校确定以朱注经书为主要教材以后，朱熹的理学思想通过这条渠道得以传播开来。这个学派的士人，根据朱熹的理学思想加以阐明解释，为之羽翼。例如，墨守朱学来阐释《易经》的有胡一桂的《易本义附录纂疏》、《易学启蒙翼传》，胡炳文的《周易本义通释》，熊良辅的《周易本义集成》等；兼采程朱之学并略抒己意来阐释《易经》的有赵采的《周易程朱传义折中》，龙仁夫的《周易集传》，梁寅的《周易参

---

① 苏天爵：《滋溪文稿》卷一四《内丘林先生墓碣铭》。

义》等。《诗经》方面株守朱熹《诗》说的有刘瑾的《诗传通释》，梁益的《诗传旁通》，朱公迁的《诗经疏义》，刘玉汝的《诗缵绪》，梁寅的《诗演义》等。《书经》方面有陈栎的《尚书集传纂疏》，董鼎的《尚书辑录纂注》，陈师凯的《书蔡传旁通》，朱祖义的《尚书句解》等，都是墨守朱熹弟子蔡沈的注释。注释《礼记》一书的有陈栎的《礼记集义详解》，以朱熹之学为准；陈澔的《礼记集说》也是借朱熹的余荫得以流传后世的，因为陈澔的父亲陈大猷是黄榦学生饶鲁的弟子，而黄榦又是朱熹的得意门生和女婿。《春秋》一书有王元杰的《春秋谳义》，也是朱学一派。尤其是《论语》一书，阐述朱熹一家之学的有赵德的《四书笺义纂要》、刘因的《四书集义精要》、陈栎的《四书发明》、胡炳文的《四书通》、倪士毅的《四书辑释》等。

  元代学者继承和发扬了宋儒，尤其是朱熹的理学传统，在"四书"、"五经"这些儒家教材的注疏和阐述方面大做文章，所编著的书名目繁多，有集义、纂疏、集成、讲义、通考、发明、纪闻、管窥、辑释、音考、口义、通旨等。程敏政说："宋末元盛之时，学者于六经、四书，纂订编缀……不可数计。六经注脚，抑又倍之。"①

三、科场考试与教材

  元仁宗皇庆二年（1313年），程钜夫、元明善、贯云石等人参与制定科举条格，由中书省奏陈，其中说"明经内四书、五经，以程子、朱

---

① 程敏政：《篁墩集》卷九三《答汪佥宪书》。

晦庵注解为主"①。接着，诏颁科场试士，不管蒙古人、色目人、南人、汉人，第一场明经科都规定"四书"用朱注本。如蒙古人、色目人在《大学》、《论语》、《孟子》、《中庸》内设问，汉人、南人也从这四部书内出题，用朱熹章句集注。延祐二年（1315年）正式开科取士，并用朱熹章句集注。从此朱注被国家定为科场试士的程式，开始成为官学。苏天爵在《伊洛渊源录序》中说：元仁宗即位，"其程试之法，表章六经。至于《论语》、《大学》、《中庸》、《孟子》，专以周、程、朱子之说为主，定为国是，而曲学异说，悉罢黜之"②。

因为科场以朱注为官本，自然要影响到整个社会的读书、讲学之风，影响到教材的使用。虞集说："群经、四书之说，自朱子折中论定，学者（赵复）传之。我国家（元）尊信其学，而讲诵授受，必以是为则，而天下之学，皆朱子之书。"③

四、几位学者与教材

在元代，确定主要以宋儒理学诠释的"四书"、"五经"为教材，以下几位学者的影响较大。

在这方面走在前面的是赵复。忽必烈进兵南宋，俘获赵复，请他传授程朱理学。北方的儒士姚枢、刘因、许衡、窦默、郝经等接受了理学。由是朱熹所注诸书才由政府规定为法定教材，逐渐传播开来。虞集

---

① 《通制条格》卷五《科举》。
② 苏天爵：《滋溪文稿》卷五。
③ 虞集：《道园学古录》卷三六《考亭书院重建朱文公祠堂记》。

在《跋济宁李璋所刻九经四书》中说:"昔在世祖皇帝（忽必烈）时，先正许文正公，得朱子四书之说于江汉先生赵氏，深潜玩味，而得其旨……而朱氏诸书，定为国是，学者尊信……"北方有胡氏《春秋》学，也是由赵复传授的。虞集发挥胡氏旨意，使胡氏《春秋》学在元代特盛。以至延祐开科取士，其中的《春秋》一经，即以胡氏《春秋传》为教材，直延至明、清两代。

许衡是元代的理学大儒，通过他的表彰，更将赵复传授的朱注"四书"扩大推行。他首创元代的国子学，坚持以《小学》作为学习儒学的入门书。也就是先学朱熹辑定的儒家关于立教、明伦、敬身、稽古的语录以及嘉言善行，而后学"四书"、"五经"。

许衡抄录了《伊川易传》和朱熹的《四书章句集注》、《小学》、《四书或问》。他向忽必烈疏陈《时务五事》，中心是行汉法，重儒学，以儒学六艺教蒙古子弟。在元朝，许衡是继赵复之后，一位促使朱熹的《四书章句集注》在元延祐年间定为科场程式，逐渐成为统治阶级的统治思想的有力人物。

以儒家典籍为教材，刘因有他的一些看法。首先，他在《叙学》中提出《诗》、《书》皆史的论点。他说："古无经史之分。《诗》、《书》、《春秋》，皆史也，因圣人删定笔削，立大经大典，即为经也。"他这个论点，实开章实斋"六经皆史"观点的先河。其次，他提出先传注、再注释而后议论的读经顺序。他说："六经自火于秦，传注于汉，疏释于唐，议论于宋，日起而日变。……传注疏释之于经，十得其六七，宋儒用力之勤，铲伪以真，补其三四而备之也。故必先传注而后疏释，疏释而后议论，始终原委，推索究竟……"这就是要求先要弄懂，再来议论。他不偏袒汉唐，也不偏袒宋学，而认为有先有后，学习要有顺序。最后，他认为"六经"有体用精粗之别，他说在六经中，"《诗》、《书》、《礼》为学之体，《春秋》为学之用"，而《诗》、《书》、《礼》、《春秋》与《易》之间，又有粗与精、名与实的关系。他说："五经不明，则不可以学《易》。夫未知其粗者，则其精者岂能知也。"其实，这几种书作为教材各有它的目的和作用，很难以体用精粗来强为分类。

吴澄是元代一位知名的教育家，他规定了四条教法：一曰经学，二曰行实，三曰文艺，四曰洛学。他推崇唐代啖助、赵匡、陆淳等人对《春秋》一书的贡献，说他们"始能信经驳传，以圣人书法，纂而为例，得其义者十七八。自汉以来，未闻或之先也"①。吴澄对"十三经"之一的《仪礼》一书进行了认真的整理和疏解，摆脱了汉唐局限于文字训诂的方法，使《礼》经与《易》、《诗》、《书》、《春秋》四经一起，完成了由汉唐的典章训诂转入宋元的义理疏注的过程。

上述几位学者在"五经"的疏解中所发挥的义理，具有主观探讨的精神。

五、程端礼的《程氏家塾读书分年日程》

在元代教学方面值得特别介绍的是程端礼制订了《程氏家塾读书分年日程》。这是元代制订的一个学校教学计划，在过去中国教育史上是很少有的。程端礼是一位理学教育家，长期从事教育工作，有丰富的教

---

① 《宋元学案》卷九二《诸经序说》。

学经验。他认为学校最重要的事是制订好教学计划，使学生遵循一定的步骤来学习。他谈到当时教育上的问题时说："曾未读书明理，遽使之学文。为师者虽明知其未可，亦欲以文墨自见，不免于阿意曲徇，失序无本，欲速不达。不特文不足以言文，而书无一种精熟，坐失岁月，悔则已老。"他根据朱熹的学生辅汉卿所编《朱子读书法》的原则，制订了这个计划，目的是希望做到"经之无不治，理之无不明，治道之无不通，制度之无不考，古今之无不知，文词之无不达，得诸身心者无不可推而为天下国家之用"。

在这一计划中，他规定儿童八岁入学以前，在家里进行预备教育，读程逢原改编的《性理字训》，以此来代替《蒙求》、《千字文》之类，同时学习朱熹的《童蒙须知》。这是儿童入学前的预备教育。儿童八岁入学，接受基础教育，开始读朱熹编的《小学》，从每天读一二百字到近千字。再读"四书"和《孝经》，依次学习《易》、《书》、《诗》、三《礼》和《春秋》三《传》正文。这样才能打下进一步学习的扎实基础。大约要费六七年工夫。到十五岁，学生接受提高的教育，读朱熹的《四书章句集注》，同时进一步研习经书。在这个基础上学习历史书，先读《资治通鉴》，参读《资治通鉴纲目》、《史记》、《汉书》等。再学习韩愈的文章和《楚辞》。他认为学习文史须先掌握经书的精神，这样才基础扎实；有了明辨是非的能力，才能做到学有根底，认识端正。二十岁以后，再专心学作科举文字，准备参加科举考试。

为了掌握学习进度，做到刻日计功，他设计了五种表格，如"读经日程"、"读看史日程"、"读看文日程"、"读作举业日程"、"小学习字演文日程"，让学生每天填写学习情况。这样教师就能根据具体情况随时检查，随时指导。《程氏家塾读书分年日程》是元代的一部教育专著，当时国子监曾将此颁行郡县学校。清代陆陇其还特别刊刻此书，可见其影响之深远。

这个教学计划很有特点，首先，它循序渐进地安排了教学内容，把读经、读史、读文安排得很具体；其次，它强调读、写、作，即字音、字义、阅读、写字、作文等的基本训练；最后，它还注意学习进度、复习、考核等。程端礼也注意到儿童在学习时要适当休息，不能"困其精神"，"习为悠缓"，而要使他们"暂歇少时，复令入学"，以便培养儿童的学习兴趣。他很重视书要熟读，"无一句生误，方是工夫已到"。但是他也反对记问之学。他主张"倍读熟书，逐字逐句，要读之缓而又缓，思而又思"，使"理与心浃"。只有这样，才能做到虚心涵泳，温故知新。他总结了过去教学法的经验，详尽地规定了各个教学环节的衔接和细节。从当时来说，教学程序安排得这样具体，考虑得这么周密，的确是难能可贵的。

六、蒙古字的创制与教材

忽必烈在文化上实行过一个重大措施，就是创制和推行八思巴字。元世祖至元六年（1269年），将八思巴创制的文字颁行全国，下诏说："国家创业朔方，制用文字，皆取汉楷及辉和尔（旧作畏吾儿）字，以达本朝之言。考诸辽、金及遐方诸国，例合有字。今文治浸兴，字书尚缺，特命国师帕克斯巴（旧作八思巴）创蒙古新字，颁行诸路，译写一切文字,期于顺言达事而已。"① 蒙古新字约有一千余,以谐声为主。不久诏诸路蒙古字学各置教授。

蒙古字亦称八思巴字,是一种拼音文字。它的字母是参照藏文设计出来的。后来元王朝规定路府州蒙古字学的教授官员比儒学教授高一级,生员学成后经过考试,可担任学官或译史。元王朝在京师设蒙古国子学,选各民族官僚子弟入学,也着重教八思巴字。由于元王朝以行政手段大力推行,八思巴字当时在一定范围内得到使用。蒙汉各族中都有一些人把它学会了。当时,用八思巴字编译的一本《通鉴节要》,由官方刻印颁发,作为京师和各地的教材。一些学者还用八思巴字译过一些儒家著作以及《贞观政要》、《帝范》等书。这些译作都已失传。现在还可以看到用八思巴字拼写汉语的《百家姓》和《蒙古字韵》等书。八思巴字使用的时间只有一百来年,作为教材内容使用的时间就更短。由于这种文字难学难用,它基本上只是官方使用的文字,在民间没有普遍流行。元亡后,这种文字也就失去了原来的使用范围。

七、元代的专科教材

元代重视医学教育。中央有一所太医院。元世祖中统二年(1261年),元王朝还没有完全统一中国,就令诸路设立医学,学生专习医经文字,试以十三科疑难题目。至元二十三年(1286年)制定了《选试太医法》,规定三年选试一次,考试的内容是考校医经和辨验药方。所

---

① 《续资治通鉴》卷一七九。

谓医经是指《素问》、《难经》、《圣济录》、《本草》、《千金翼方》。这些书是医科学生的必修教材。大德九年（1305年），泽州知州王称认为，医生是掌握人的生命的，首先要钻研经训，建议各处有司要广设学校，学生都要学习"四书"，否则不得行医；医科教材主要是《素问》、《难经》、王叔和《脉诀》等书。于是太医院制定了考试法，一是合设科目，一是各科合试经书，由中书省下令通行。这说明元代的医学教育，不只注重医学专科教材的讲授，还重视医生的医德教育。许谦的学生朱井溪从罗知悌学医学，罗给他讲述《内经》。朱发挥罗氏之学，著《格致余论》等书，对后来的医学教育很有影响。

医学考试分两种：一是私试，每月举行一次，考试疑难题目，根据成绩优劣量加劝惩；二是公试，每年举行一次，先由学内教官出十三科疑难题目，送太医院审定，再发下诸路医学，令生徒依式学习医义，到年终置簿送上以定优劣。

元代有些学者在数学教育方面有成就。王恂以算学知名，尝说："算数，六艺之一；定国家，安人民，乃大事也。"① 王曾任国子祭酒。至元十三年（1276年），诏凡儒学及通晓天文历数之士，具以名闻。许衡兼国子祭酒，令学生兼习书算。京师蒙古国子学也令学生兼习算学。在数学教材方面也有些著述，如李治（《元史》作"李冶"）精于算法，著《测圆海镜》一书。他说："有从余求其说者，于是乎又为衍之，遂累一百七十问。"可见他是在教学当中编著这本书的，这本书也就是他教学时的讲义。在这本书中，作者论述了一百七十个解直角三角形的容

---

① 《元史》卷一六四《王恂传》。

圆问题。该书是我国现存最早的对天元术进行系统叙述的著作和教材。他病重时对他的儿子说，他平生的著作都可以烧掉，只有《测圆海镜》一书，花了很多精力，是可以垂之久远并广为传播的。可见他对此书的编著花了很多工夫，并且很有自信心。还有朱世杰编著《四元玉鉴》三卷，提出了二百八十个问题，对于多元高次方程组的解法等有独到研究；还编写了《算学启蒙》一书，从乘除加减到天元如积，一共二十门，比起前书来便于初学算法的人学习。郭守敬是元代的一位科技大家。他从刘秉忠受学，精于水利、历数和仪象制造之学。他的学生齐履谦称他纯德实学，为世师法。郭守敬著述很多，并制作了不少仪器，对元代和以后的科技教育产生了深远的影响。

元代还设立了阴阳学。中央只有司天台，没有设学。世祖至元二十八年（1291年），在各路设立了这种学校；到仁宗延祐初年，规定各路府州阴阳学由专人管理，上面由中央的太史管理。学生学习有关天文、术数方面的书，如占算、三命、五星、《周易》、六壬、数学等；又有《三元经书》，所谓"三元"指婚元、宅元、茔元。学生学习成绩优异的被送到京师参加考试，成绩及格的分配在司天台工作。这方面的教育和教材有不少是关于迷信方面的。

八、综述

（一）元代以儒家经籍为教材，实现了汉化的过程。元世祖了解到统治中国必须用中国旧有的统治术，因而留心并罗致儒生，加以优礼；要借助于儒家文化，就要用儒家的书作为学校的教材。在这个过程中，虽然遇到很大阻力，如阿合马等人极力反对，阻止汉化，但是统治者听从了许衡等人的建议。许衡主持国学，以儒家经书为元代教学内容，奠定了经书在教材中的地位。

（二）朱熹的《四书章句集注》和他注解的一些经书成为元代法定教材，朱学开始确立。从赵复在北方开始传授程朱之学，许衡表彰朱熹，朱学更为社会所重视。延祐年间，制定科举条例，"四书"并用朱注，其他各经虽然没有完全废弃汉唐之学，但也侧重朱学，这样使得理学思想传播开来。当时的一些注释家，也继承朱学衣钵，宣扬朱学，这就为儒学的理学化奠定了基础。

（三）程端礼的《程氏家塾读书分年日程》，开制订教学计划的先河。过去还没有过这样一个详细的教学计划。程端礼根据他长期的丰富的教学经验，制订了这个计划，总结了过去教学法的经验，规定了各个教学环节，的确是教学史上的一个创举。当时国子监曾经把这个计划发到郡县学校，足见当时对这个教学计划的重视。从今天教育科学的观点来看，其中有些不符合教学规律和儿童心理发展特点，但这是不能苛求于古人的。

（四）制定蒙古新字，翻译教材。蒙古本无文字，元世祖始命八思巴创制蒙古新字，颁行全国。政府一切公文，限定新字为主，其他文字为副。各路设蒙古字学，汉官子弟也多入学读蒙古文字。规定蒙古文字比各种文字地位高。京师和各路立蒙古学校，将儒家经书和《贞观政要》等书译为蒙古文作为教材。这对于汉、蒙文化的交流是有益的。

第八编

论明代教材

明代学校的经学教材[*]

一、明王朝对教材的统制

明王朝建立了统一强大的封建帝国。这个政权的特点是君权更集中,是一个极端专制的封建王朝。朱元璋为了加强思想统治,颁禁例八条于全国学校。洪武十五年(1382年)将此禁例刻勒卧碑,置于明伦堂。由明朝创始的八股文,成为封建专制政权控制人民的重要手段。这种文体支配了科举考试达五百年之久,大大地扼杀了知识分子的自由思想,阻碍了学术文化和教育的发展。

在封建社会,科举规定了教材的方向,科举重视什么,教材也跟着重视什么。明代科目沿唐宋的旧法,稍加改变。洪武三年(1370年)明王朝颁布科举条例,规定考试分三场:第一场考试经义,范围限于程朱注释的"四书"、"五经",考察生员对儒家经典的理解与熟悉的程度;第二场考试论、判、诏、诰、表等,考核生员对各种文体的掌握和运用

---

[*] 选自《中国古代学校教材研究》。

的情况；第三场考试经史时务策论，考核生员对某个问题的政治见解。以第一场为最重要。洪武十七年（1384年）规定了乡试和会试的办法："四书"主朱熹《集注》，《易》主程颐《传》、朱熹《本义》，《书》主蔡沈《传》和古注疏，《诗》主朱熹《集传》，《春秋》主《左氏》、《公羊》、《穀梁》和胡安国、张洽《传》，《礼记》主古注疏。

国子监共分六堂，在程度上分初级、中级、高级。监生只通"四书"、不通"五经"的编入初级肄业。在初级学习一年以上，如果文理通畅的升入中级。在中级肄业一年半以上，经史兼通、文理俱优的升入高级。到了高级就实行积分制。每季考三次：孟月试本经义一道；仲月试诏诰表一道；季月试经史策一道，判语二条。每次试卷分三等：文理俱优的给一分，理优文劣的给半分，文理俱劣的无分。在一年内积满八分的为及格，不满八分的为不及格。及格的准予毕业，可以派充相当的官职；不及格的仍留校继续学习；才学超群的加恩任官。

国子监的功课还有三门：一是写字，每天写一张纸，每纸十六行，每行十六字；必须端楷有体，合格书法。逐月通考，违者予以严重处分。二是背书，三天背书一次，每次《大诰》一百字，本经一百字，"四书"一百字。还要懂得书中的意义，如果背诵讲解不合格的要"加以痛决"。三是作文，每周要作文六道，本经义、"四书"义、文书体各二道。

国子监除教学经书外，还令学生略习算术，兼习骑射。洪武三十年（1397年）《明律》告成后，颁发学官，用以课士。还选监生三十八人入翰林院，学习外文译书。由此可见，明代初年，学校的教学内容有所扩充，由过去的只读儒家经书，增加了一些教学科目，扩充了教学内容。

明王朝为了加强专制统治，特别注意在学校中讲授明朝的诰令，规定国子监的教材有《御制大诰》、《大明律令》、《御制为善阴骘》、《孝顺事实》、《五伦书》等。其中主要是《御制大诰》，这是朱元璋自己编写的，包括《大诰》、《大诰续编》、《大诰三编》、《大诰武臣》四部分。主要内容是列举受刑者的罪状，和关于人民安分守己、纳税服役的训话。他下令说："朕出是书，昭示祸福，一切官民诸色人等，户户有此一本。"还定下惩奖办法，如果家里有这本书的，"犯笞杖徒流罪"的可以减一等定罪，否则就要罪加一等。出《大诰续编》以后，他又下令，说这是"臣民之至宝"，家家必须有这本书；如果有"不敬与不收"的，那就是"非我治化之民"，要"迁居化外，永不令归"。① 他用减刑充军、威吓利诱，来迫使民众读他的书。洪武十九年（1386年），以《大诰》发给监生。二十四年（1391年）令礼部："《大诰》颁行已久，今后科举岁贡生员，俱出题试之。"② 礼部还令国子监严督诸生熟读讲解，以资录用，否则以违制论。尽管如此，人民还是不买他的账。陆容在《菽园杂记》中说："《大诰》，惟法司拟罪云有《大诰》减一等云尔。民间实未之见，况复有讲读者乎？"《大明律令》是培养官僚的必读书，因为它载"国家法制"，读了它还"可远刑辟"。③ 朱元璋这个专制君主，要将这些法律作为教材，把人民的手脚统统都捆起来。

删改《孟子》，去精取粗，是朱元璋实施专制政治的另一手法。他

---

① 《续文献通考》卷一七二。
② 《南雍志》卷一。
③ 《国榷》卷七。

想以一手掩尽天下人耳目，但正暴露了他钳制思想的狂妄想法。洪武五年（1372年）朱元璋面谕国子博士赵俶说，"汝等一以孔子所定经书诲为教"①。孔子的思想，尊王正名，君君臣臣父父子子这一套，是符合朱元璋的需要的。可是对孟子就不同了。有一次，他读《孟子》到"草芥"、"寇仇"一段，认为这不是臣子应当说的话，遂取消孟子配享的资格，把他赶出孔庙，并且封住人们的嘴，说如果有人来劝阻，就以大不敬治罪。钱唐冒险入谏，说："臣为孟轲死，死有余荣。"② 朱元璋出于笼络士心的需要，不久便恢复了孟子配享的资格。可是他认为《孟子》这本书有"反动"的毒素，须经过严密检查，实行消毒。洪武二十七年（1394年），他下令组织审查，要翰林学士刘三吾负责。检查结果是删去了《孟子》中的八十五条，如"民为贵，社稷次之，君为轻"，"国人皆曰贤"、"国人皆曰可杀"一章，"时日曷丧，予及汝偕亡"，"桀纣之失天下也，失其民也。失其民者，失其心也"一章，"天与贤则与贤"，"天视自我民视，天听自我民听"，"君有大过则谏，反复之而不听则易位"，"闻诛一夫纣矣，未闻弑君也"，"君之视臣如土芥，则臣视君如寇仇"，等等。朱元璋认为这些话不合名教，但实际是这些话触犯了他的忌讳，于是全给删掉了。把剩下的章句，认为不会损及他的统治的，刻版颁行全国学校。现在看来，上面举出的这些删去的句子，恰恰都是《孟子》一书中比较有民主性的部分，也是孟子思想中的精华部分；可是朱元璋认为这些都是有毒的东西，都是糟粕，要全部删去。这种钳制思想的拙劣做法，尽管能取快于一时，但是这只能暴露出封建统治者专

---

① 《明史》卷一三七《赵俶传》。
② 《明史》卷一三九《钱唐传》。

制独裁的嘴脸罢了。

关于宗学和武学的教学内容，有一部分是与国子学相同的，还有专设的科目和教材。

明代的宗学招收世子、长子、众子和将军中尉等官的子弟。入学年龄为十岁。教材以《皇明祖训》、《孝顺事实》、《御制为善阴骘》诸书为主科，以"四书"、"五经"、《通鉴》、《性理》等书为辅科。

武学创设于洪武年间，当初即于大宁等卫儒学内设置武学科目，教导武官子弟。学科分两类：一类为《小学》、《论语》、《孟子》、《大学》，一类为《武经七书》、《百将传》。每人于各类中任习一书，务使通晓大义。明代立国方针是右文左武，所以武学课程和儒学无大差异。所谓"武经七书"，是指宋神宗元丰年间颁布的七种武学必读之书，即《孙子》、《吴子》、《六韬》、《司马法》、《三略》、《尉缭子》、《李卫公问对》。《百将传》为宋张预撰，翟道安注，一百卷，选择历代名将百人，始于周太公望，终于五代刘词，各为之传，综论他们的行事和兵略。

明代地方学校的教学内容也有所增加。洪武二年（1369年）令各府州县立学。每个学生专治一经，以礼、乐、射、御、书、数分科设教，培养实用人才。洪武二十五年（1392年），重行规定课程，分礼、射、书、数四类，删去了乐、御两类。关于礼的教学内容，有经史、律诰、礼仪等方面的书，凡生员都要熟读掌握。关于射的教学内容，凡逢初一、十五日演习射法，由长官引导比赛，中者有奖。关于书的教学内容，临摹名人法帖，如王羲之、智永、欧阳询、虞世南、颜真卿、柳公权等人的字帖，每天规定习五百字。关于数的教学内容，要精《九章》算法。

社学是设于乡镇的官立小学，洪武八年（1375年）朱元璋下令设立，招收十五岁以下的儿童。规定除学习"四书"、进行识字教育外，还读《御制大诰》。《明律》告成以后，诏乡里塾师用作教材，以进行法制教育，加强封建统治。正统时（1436—1449年）准许成绩优良的学生补儒学生员。弘治十七年（1504年）又下令各府州县，学习内容增加讲习冠婚丧祭等礼节。社学这种官立小学，可以说是州郡学的预备学校，目的还在于进行封建专制主义的政治思想教育。全祖望在《明初学校贡举事宜记》一文中说："乡里则凡三十五家皆置一学，愿读书者尽得预焉。又谓之社学，盖即党庠、术序之遗也。""其教之也，以百家姓氏千文为首，继及经史律算之属。"可见，社学除了进行启蒙教育外，还进行较高级的教育，既注重识字教育，又进行封建思想教育。它的作用比较广泛，对于普及文化知识、巩固基层统治，是有利的。

二、作为主要教材的三种《大全》

永乐年间，在朱棣的亲自主持下，以程朱为标准，汇辑经传、集注，编为《五经大全》、《四书大全》、《性理大全》，诏颁天下，以统一思想，所谓"合众途于一轨，会万理于一原"，"使国不异政，家不殊俗"，使程朱理学成为统治思想。对于程朱的经传、集注和接近程朱的其他注解，只是加以辑注，目的并不在于发明。正如章懋所说："经自程朱后不必再注，只遵闻行知，于其门人语录，芟繁去芜可也。"[1]

---

[1] 《明儒学案》卷四五《文懿章枫山先生懋》。

三部《大全》共二百六十卷，修成于明成祖永乐十三年（1415年），其中《五经大全》一百五十四卷，《四书大全》三十六卷，《性理大全》七十卷。这三部《大全》的编纂，标志着明初朱学统治地位的确立，也是明代教材统一的一件大事。

元仁宗皇庆年间，明令科举以朱熹《四书章句集注》和"五经"的朱学传注为思想准绳。明洪武时，解缙上书建议修书，以关闽濂洛上接唐虞夏商周孔，"随事类别，勒成一经"，作为"太平制作之一端"。①这就开启官修理学教材之端，其用意在于树立程朱理学的统治地位。这一建议，实开朱棣修三部理学巨著的先声。

朱棣永乐十二年（1414年）开始纂修《五经大全》、《四书大全》、《性理大全》。据史书记载，永乐十二年十一月，上谕胡广、杨荣、金幼孜曰："五经、四书，皆圣贤精义要道，其传注之外，诸儒议论有发明余蕴者，尔等采其切当之言，增附于下。其周、程、张、朱诸君子性理之言，如《太极》、《通书》、《西铭》、《正蒙》之类，皆六经之羽翼，然各自为书，未有统会，尔等亦别类聚成编。二书务极精备，庶几以垂后世。命广等总其事。"② 于是立即着手这项工作，由胡广等主持其事。由于朱棣亲自过问，敦促很急，不到一年，就完成了这项编纂工作。据《国榷》卷十六永乐十三年（1415年）九月己酉条称："《五经四书大全》及《性理大全》书成……上亲序之。临海陈燧常曰：'始欲详，缓为之。后被诏促成。诸儒之言，间有不暇精择，未免牴牾。虚心观理，自当得之，不可泥也。'"

---

① 《明史》卷一四七《解缙传》。
② 《大明太宗孝文皇帝实录》卷一五八。

这三部书成书仓促，质量不高。那么朱棣为什么要这样急急忙忙在几个月之内就把这些书编出来呢？下面还是用他自己的话来说明。朱棣在三部《大全》的序言里说："六经者，圣人为治之迹也。六经之道明，则天地圣人之心可见，而至治之功可成。六经之道不明，则人之心术不正，而邪说暴行侵寻蠹害，欲求善治，乌可得乎？朕为此惧，乃者命儒臣编修五经、四书，集诸家传注而为《大全》。凡有发明经义者取之，悖于经旨者去之。又辑先儒成书及其论议格言，辅翼五经、四书，有裨于斯道者，类编为帙，名曰《性理大全》。书编成来进，总二百二十九卷，朕间阅之，广大悉备……"于是"命工悉以锓梓，颁布天下，使天下之人获睹经书之全，探见圣贤之蕴。由是穷理以明道，立诚以达本，修之于身，行之于家，用之于国，而达之天下。使国不异政，家不殊俗，大回淳古之风，以绍先王之统，以成熙皞之治"。

胡广等人的《进五经四书性理大全表》中也说："以是而兴教化，以是而正人心……俾人皆由于正路，而学不惑于他歧，家孔孟而户程朱，必获真儒之用，佩道德而服仁义，咸趋圣域之归，顿回太古之淳风，一洗相沿之陋习。"

朱棣是一个凶残的君主，但在纂修《大全》的事业中，却俨然以发扬道统的圣王兼教主面貌出现，不能不使人感到是对儒术的讽刺。朱棣对这三部《大全》作了极高的评价，认为"广大悉备"，三部《大全》印行以后，天下之人得以"睹经书之全，探见圣贤之蕴"，从而达到"国不异政，家不殊俗"的"熙皞之治"。这就是说，修身、齐家、治国、平天下，就靠这三部《大全》了。由此可见，要防止"邪说暴行，侵寻蠹害"，"使国不异政，家不殊俗"，"俾人皆由于正路，而学不惑于他歧"，是颁行《大全》的终极目的。他要用这套经他们装扮了的封建经典作为教材，来统一这个封建国家的思想。这三部书的颁行，标志着朱学统治地位的最终确立。

下面主要介绍前两部《大全》的内容梗概。

(一)《四书集注大全》

《四书集注大全》是《四书章句集注》的扩充和放大。《凡例》指出："《四书大全》，朱子集注诸家之说，分行小书，凡《集成》（吴真子《四书集成》）、《辑释》（倪士毅《四书辑释》）所取诸儒之说有相发明者，采附其下，其背戾者不取。凡诸家语录、文集，内有发明经注，而《集成》、《辑释》遗漏者，今悉增入。"可见《大全》的作用在"发明经注"，即发明朱熹在《四书章句集注》中注文的含义，使之更加明白晓畅，而朱熹的集注原文，仍保留不动。

《大全》引用先儒之说，《凡例》列出一〇六家，其中大多数是程朱学派中人，朱熹学生和后学特多，可见是一部朱学著作。

《大全》包括四个部分：(1)《大学章句》、《大学或问》；(2)《中庸章句》、《中庸或问》；(3)《孟子集注大全》；(4)《论语集注大全》。四部章句只编入朱熹四部原注，而两种《集注大全》，则在朱的集注之中，逐章逐节附入诸儒之说。

《孟子集注大全》引了很多朱子学派理学家的言论，朱学色彩特浓。《大全》引韩广、陈栎、蔡模诸家说，以发挥《序说》的义蕴，使内容加深加广。《大全》还对文字作了训诂和校勘，对集注在理论上作了引申发挥，又竭力加以回护，使朱学得到阐发和巩固。《大全》引诸家之说来发明诸家义蕴，这种做法有似唐人义疏之学。

《论语集注大全》是《论语集注》的放大和加深。在《序说》中引程颐的话，谓《论语》成于有子、曾子的门人，所以在这本书里只有这两个人称为"子"。《大全》所引朱熹的话，指出程颐之言的根据。《大全》编者按照程颐的意思，把《论语》看成政治教材，要求读者掌握它以评断是非，以修身进德。

(二)《五经大全》

关于《五经大全》的卷数：《周易大全》二十四卷，《书传大全》十卷，《诗经大全》二〇卷，《春秋大全》七〇卷，《礼记大全》三〇卷，共一百五十四卷，几占三部《大全》总数的三分之二。《五经大全》所据经注，都是朱学著作。《周易大全》据《伊川易传》和朱熹《周易本义》，《书传大全》据蔡沈《书集传》，《诗经大全》据朱熹《诗集传》，《春秋大全》据胡安国《春秋传》，《礼记大全》据陈澔《云庄礼记集说》。胡安国私淑程门，蔡沈是朱熹的学生，陈澔的父亲陈大猷师饶鲁，饶鲁师朱熹学生黄榦，所以《五经大全》所据经注，无一不是朱学著作。这些都是元仁宗皇庆年间定科举法所用的经注，明初相沿未改。朱棣修《五经大全》都是根据元人的规定，只有《礼记》由用郑注改用陈注。

《周易大全》是程颐《伊川易传》和朱熹《周易本义》的综合体。《大全》是据这两部书而博采诸家《易》说而修的。这部分的经部分据《伊川易传》原本，而以朱熹《周易本义》合之，各以类从。传部分《系辞》以下，因程传缺，就从《周易本义》。《四库全书总目提要》谓《周易大全》"取材于四家之书，而刊除重复，勒为一编，虽不免守匮抱残，要其宗旨，则尚可谓不失其正"。所谓"四家"是指董楷的《周易传义附录》、董真卿著《周易会通》、胡一桂著《周易本义附录纂疏》、胡炳文著《周易本义通释》。

自元皇庆后,《书》以《集传》为主,兼用古注疏。朱元璋命刘三吾等作《书传会通》,参考古义,颁行全国。《书》全主蔡《传》,《书传》旧为六卷,《大全》分为七卷。大旨根据陈栎《尚书集传纂疏》和陈师凯《书蔡传旁通》。《纂疏》墨守蔡《传》,《旁通》于名物度数考证特详。朱彝尊认为此书在《五经大全》中尚为差胜。《书传大全》在经文下以《集传》为主,以诸家注分注其后。《凡例》中说:"朱子之说,或有与蔡传不合,及前后说有相同异处,亦不敢遗,庶几可备参考,其甚异者则略之。至于诸家之说,或节取其要语。"

《诗经大全》以朱熹《诗集传》为主,并采诸儒的议论以为羽翼。此书名为官修,实际上根据元刘瑾《诗传通释》稍为损益。修成后,颁行天下,取士即以为准。《四库全书总目提要》说它"征实之学不足,而研究义理,究有渊源,议论亦颇笃实"。

《春秋集传大全》在《发凡》中说:"纪年依汪氏《纂疏》,地名依李氏《会通》,经文以胡氏为据,例依林氏。"实际上全袭元汪克宽的《春秋胡传附录纂疏》成书。汪氏《纂疏》备列三《传》传文,并以胡《传》为宗。这是为了适应当时科举考试的需要。因为元仁宗时《考试程式》规定"《春秋》许用三《传》及胡氏《传》"①。汪氏的书是为了满足士子治《春秋》应试的需要而编的。

《礼记集说大全》以陈澔《云庄礼记集说》为宗,采掇诸儒之说凡

---

① 《元史》卷八一《选举志一》。

四十二家。陆元韩说诸经《大全》攘窃成书，征之《礼记大全》一书也是如此。《礼记大全》引陈氏《集说》旧例，谓："凡名物度数，据古注正义；道学正论，宗程子、朱子；精义详尽，则泛取诸家；发明未备，则足以己意。"后人谓其"略度数而推义理，疏于考证，舛误相仍"。可见这部书以朱学义理见长，而名物度数则疏略。朱彝尊《经义考》谓："云庄《集说》，直兔园册子耳，独得颁于学官，三百余年不改。"这是讥刺澔书只是应科举考试的俗书，不足以语于经学著述。《四库全书总目提要》说它"用为训蒙则有余，求以经术则不足"。可见这部书的学术水平不高。

《五经大全》抄袭成书，为世诟病。顾炎武谓"仅取已成之书，抄誊一过，上欺朝廷，下诳士子"，"岂非骨鲠之臣已空于建文之代，而制义初行，一时人士尽弃宋、元以来所传之实学，上下相蒙，以饕禄利，而莫之问也"。"自八股行而古学弃，《大全》出而经说亡，十族诛而臣节变，洪武、永乐之间，亦世道升降之一会矣。"① 顾炎武的这些批评是尖锐的，也是中肯的。

朱棣从建文帝手里抢夺了皇位，自然要粉饰太平，制礼作乐。更主要的是他要统一思想，使封建季世也还能"一道德而同风俗"，巩固统治。他命令在九个月之内，编出这二百六十卷的大部头书，即使有再大的学问，如不抄袭成书也是办不到的。

为了培养应科举考试的后备力量，就按科举要求，用朱学传注教授生徒。这样，朱学在教育部门占了统治地位。顾炎武认为汉人的解诂，

---

① 顾炎武：《日知录》卷一八《四书五经大全》、《书传会选》。

唐人的义疏，考证典故，具明根底，有助于后学，而《大全》只是誊抄，无所发明。《大全》的纂修颁行，标志着朱学的确立。朱学的成书编集在《大全》之中，朱学的理学思想被奉为"一道德而同风俗"的理论指导，八股取士，代圣贤立言，必须以《大全》为依据。士人被《大全》所禁锢，对朱学以外的探讨涉猎，都被斥为"杂览"而非"正学"。《大全》的颁行，其意义如同汉武帝的"罢黜百家，独尊儒术"。

唐修《五经正义》，越八百年而修《五经大全》，封建学者认为是盛事。可是《大全》内容固陋，为通儒所讪笑，其垄断又为明哲所"诋諆"。理学史上的朱学统治阶段，不见光辉。后来陈献章倡"自得之学"，王阳明倡"致良知"之学，唾弃传注，直指本心，学风于是一变。

三、八股取士与教材

明代以八股取士，加强思想统治，大大地扼杀了知识分子的自由思想，阻碍了学术文化和教育的进步。由明代定型的这种八股文支配了科举考试五百年。这样，士子不但不求实用的知识，连经书也不注重了，只要读一些为了准备参加科举考试的现成文章——"闱墨"，就可以侥幸取中，走进仕途。虽然没有明令八股文为教材，但实际上代替了"四书"、"五经"这些传统教材。

据顾炎武的考证，八股文的形式始于成化年间。在此以前，场屋文字不过类演传注，或对或散，初无定形。在此以后，15世纪到19世纪，八股文成为中国封建王朝考试制度所规定的一种特殊文体。

八股文每篇由破题、承题、起讲、入手、起股、中股、后股、束股等部分组成。起股至束股这四个段落正式发挥议论，中股为全篇文字的重心。在这四个段落中，每一段落都有两股两相比偶的文字，合共八股，所以叫八股文，也称为八比。

自明代实行八股取士，八股文便成为士子必读的文章。虽然它不是正式的教材，但是它比教材的影响还大。并不是这类文章有什么价值，只因为它是取得功名利禄的敲门砖；不擅长这种文体，就无法取得功名，就无晋升之阶。

从明代开始，八股文选本、稿本在社会上流行。这两种本子选材的方式不同。选本选的文章不止一家，类似选集，目的在于包容量大，推行面广。编这种选本必须由专人负责。明代最著名的，如艾南英选编的《明文定》、《明文待》，钱禧、杨廷枢编的《同文录》，马世奇编的《澹宁居集》等。坊间刻本兴起于隆庆、万历年间，种类逐渐加多，主要的有四种：一曰"程墨"，这是乡会试主考、房考拟作或选中试士子的文章编成的；二曰"房稿"，如十八房进士的写作；三曰"行卷"，为举人本房的写作；四曰"社稿"，为诸生会课的写作。编写这些书稿的作用就是提供这方面的作品，给应试的人有所取法。此外还有一种合编本，如黎淳选辑成化以前的时文编为《国朝实录》，共六百四十卷；《明史·艺文志》所载的《四书程文》共二十九卷；苏翔凤选天启甲子到崇祯癸未一百二十种为《甲癸集》；周立勋、徐孚远编《古今业》等。这些制艺选本成为学生的必备书，因为读了这些东西，就可以参加科考，取得功名。

稿本只载一个人的时文，由于自行编订，与别集有点类似。成化年间王鏊的《守溪文稿》，最为风行。唐顺之、归有光都是写时文的能手。

他们的时文成为士子学习写作的样板。清俞长城编有《百二十名家选》，就是把各家的稿本编选而成的。其中明文选了九十三家，可见明代时文影响之深远。

社会上有了八股文的这些选本和稿本，青年士子将其看作是他们猎取功名富贵的法宝，于是舍弃经书不读，专走这条捷径，朝夕呻唔，奉为典范，以便有朝一日攀上科第的高峰。这些东西虽然如过眼烟云，但在当时不知消磨了青年学子多少宝贵时光！

这种八股文束缚人们的思想，锢没人们的性灵，几百年来成为专制帝王愚昧欺骗知识分子的有力工具。正如顾炎武说的："八股之害，等于焚书，而败坏人材，有甚于咸阳之郊所坑者但四百六十余人也。"[1]曹雪芹在《红楼梦》一书中对八股文也作了无情的揭露和批判。他借贾宝玉的口说："我最厌这些道学话。更可笑的，是八股文章，拿他诓功名，混饭吃，也罢了，还要说'代圣贤立言'。好些的，不过拿些经书凑搭凑搭还罢了；更有一种可笑的，肚子里原没有什么，东拉西扯，弄的牛鬼蛇神，还自以为博奥。这那里是阐发圣贤的道理？"[2] 这些批评真是一针见血，搔到痒处。后来的人甚至把它同鸦片烟、女子缠足列为封建社会最有代表性的三种祸害。可是当时有多少知识分子一头钻进去，出不来，终生禁锢其中。八股取士真不知糟蹋了多少人才，给社会进步和文化科学学术的发展带来了多少祸害和阻力！

---

[1] 顾炎武：《日知录》卷一六《拟题》。
[2]《红楼梦》第八十二回。

四、西方自然科学著作开始传入中国

由于西方科学开始传入中国，中国少数学术界人士受到西方传教士的影响，译述了西方的一些自然科学著作，在中国传播，对中国的学术、教育和教学内容，都产生了启蒙的作用。涓涓之水，汇成江河。这虽然是涓涓之水，但是它代表着新的趋向、新的潮流，给中国学术文化注入了新的血液，若干年后，在中国大地上，终究汇成滚滚向前的长江大河。

明代万历（1573—1619 年）中叶，西方自然科学开始传入中国，对中国的学术思想产生了很大的影响，对中国的教育思想和教育内容也起了很好的作用。当时首先传入中国的自然科学是天文学，其次是数学和物理学。明万历九年（1581 年），意大利人利玛窦来中国，著《天学实义》，制浑天仪、天球仪、地球仪等。徐光启、李之藻等跟他学习。李之藻著《浑盖通宪图说》，这是中国人介绍西洋天文学的第一部著作。万历三十八年（1610 年），周子愚上疏请令西洋人庞迪我、熊三拔尽译携来的西法书。崇祯时，"选畴人子弟"学习西法。在数学方面，利玛窦著的《天学实义》下卷言数，是为西方数学传入中国之始。万历三十五年（1607 年）《几何原本》六卷译出。崇祯四年（1631 年），徐光启上《割圆八线表》和《大测》二书，都是由历局诸西人所著的。

明万历时，王征与传教士邓玉函合作译绘了《远西奇器图说录最》三卷，并于天启七年（1627 年）与他自著的《诸器图说》合刻于扬州。《远西奇器图说录最》是我国第一部力学与机械工程学专著，在我国古代科技史上具有重要地位。

万历四十八年（1620年）法国传教士金尼阁再次来华，带来七千多部图书。他与王征合作，完成了《西儒耳目资》一书。明末，西方人到中国来，语言是首先要克服的障碍。这本书主要是为了满足这一需要而编的一部汉语教科书。它不仅为来华的西方人学习汉语提供了方便，而且首次公布了一个完备的以拉丁字母拼合汉字读音的方案，为汉字注音提供了一种方法，与传统的反切法比较，发音准确简便，因此受到后来音韵学者和文字改革家的推重。1957年，我国文字改革出版社重新影印出版了这本书，以供讨论汉语拼音方案借鉴。金尼阁在陕西还创办了一家印书铺，印行了西方名著《伊索寓言》，还印了《推历年瞻礼法》等书。西方的一些名著开始以译文本在中国出版，使中国开始接触西方文化。

这个时期，西方人也开始把中国传统的儒家教材介绍到西方去。崇祯七年（1634年），葡萄牙人郭崇仁来华，将"四书"之一的《大学》译成拉丁文；清康熙元年（1662年）在江西刊印了中文拉丁文对照本。这是"四书"西文译本最先付印的一部。这样使西方人也开始直接读到中国的古典教材。

在教育学方面，天启三年（1623年），艾儒略著《西学凡》，介绍西方建学育才的方法。这是西方教育学传入中国的开始。其他如地理学、语言学、逻辑学等，也由西方传入中国。明末治西学的，除徐光启、李之藻、周子愚、王征等人外，还有李天经、方以智、焦勖等人。其后学习天文学和数学的渐多，学习其他科学的人渐少。自然科学的传入，对中国的教育和学术不能不产生影响，但是这种影响毕竟是小的。

西方的自然科学真正成为中国学校的教学内容是在鸦片战争以后，特别是在清末废科举、兴学校以后。

五、综述

兹将明代的教材情况综述于下。

（一）明代对教育的控制充分反映在对教材的控制上。明代在政治上的专制统治超过了前代，因而表现在教育、教材等方面，同样采用了极为苛刻的手段。除了对儒家经书进一步利用宋儒的注释本，更为露骨的是对《孟子》一书的态度。朱元璋看了《孟子》中有民主性的语句和段落，认为这还了得，简直是大逆不道，于是他大笔一挥，砍掉了《孟子》书中的精华部分。他想用一手掩尽天下人耳目，殊不知公道自在人心，这样做的结果，并无损于《孟子》一书的价值。这些段落的光辉思想，更加如烈火真金，璀璨夺目。无独有偶！朱元璋删节《孟子》于前，朱棣又急急忙忙拼凑教材于后，手段各异，目的则同。朱棣夺取了建文帝的皇位，一些有正统观念的知识分子对此在思想上是有抵触的。尤其是江南一带的知识分子，有的公开反对，不惜遭到杀身之祸，如方孝孺、齐泰、黄子澄等人；有的采取消极旁观的态度。后者占多数。朱棣为了笼络人心，在文化教育上采取统一教材的手段，来标榜自己尊圣重道，崇尚文治。不然，他为什么这样急如星火，在九个月之内，编纂出三种《大全》来呢！在这一工作中，他亲自过问，亲自写序言。尽管是粗制滥造，他还要瞎吹一通，说什么"广大悉备，如江河之有源委，山川之有条理"，"圣贤之道，粲然而复明"，他的用心不是昭然若揭吗？

也就是说，用武力夺取了政权，还要用文治来粉饰太平，拉拢一些知识分子，同时取得"国不异政，家不殊俗"的效果。

（二）八股文这一文体的确立。封建帝王要巩固他们的王位，人民的愚昧对他们是有利的。对统治者来说，不能没有教育，因为当时的教育主要有双重作用，一是培养他们所需要的为他们服务的知识分子，一是为了"化民成俗"，培养一些服服帖帖的老百姓来巩固他们的统治。要使教育起到这两层作用，除了以儒家的经书作为教材外，还要让人们的思想僵化。于是就想出了这种八股文体，使青年学子终年困在这里面，不能自拔，读的是八股文，习作的也是八股文。学子"代圣人立言"，学圣人的腔调，敷衍成文，自己没有头脑，没有思想。同时，统治者把八股的框架规定得死死的，学子不敢越雷池一步。于是使得青年学子不读什么经书，一天到晚，只念八股文就行了。因为科举考试考的是八股文，你不读它、不学它，就无法进入科举之门，就没有前途。这简直是封建统治者设下的一副圈套！

（三）朱元璋为了加强封建统治，感到只让士子读儒家经书还不够，似乎这是讲的一般道理，没有切合当时的实际。于是他亲自动手，编写了《御制大诰》、《御制为善阴骘》等，阴阳并举，双管齐下，威吓利诱，以期达到家有其书的目的。尽管在那种淫威之下，人民还是不买他的账，所谓"民间实未之见"，就是当时的真实写照。

（四）明代的几部著名小说，对几百年来的中国社会起了很大的作用。因此在介绍明代的教材时，应当提到它们。例如，罗贯中的《三国演义》，通过具体历史故事的叙述，塑造了许多具有鲜明性格的典型人物。它所描写的故事内容，为以后的戏剧和说唱文学提供了丰富的题材。作为历史小说，在向民众普及历史知识方面，也发挥了一定的效用。施耐庵写的《水浒传》是描写宋代农民起义的著名长篇小说。吴承恩写的《西游记》是一部描写神魔斗争的幻想小说。这三部书虽然是小说，不是作为教材用的，但是它们的传播很广，影响很深，甚至起了比教材影响更深更广的作用。这些书的一些章节，在清末直到现在的教科书中，经常被选编进去，成为正式教材的内容。

（五）明代有几部著名的科技著作，虽然也不是作为教材编撰的，但在学术方面成就很大。如李时珍的《本草纲目》，所收药物近1 900种，载入药方近11 100个。它是一本重要的中医科学著作，也是学习中医的一部必读教材。该书于1606年传入日本，出版过两种日文译本，后来又被译成拉丁文、法文、朝鲜文、德文、英文、俄文等。徐光启编写的《农政全书》，共五十多万字。它总结了农业各方面的经验，在社会上起了教材的作用。更可贵的是中国的知识界历来轻视农业劳动和农业技术，更不注意农事经验的总结和传播，徐光启毅然负此重任，做知识分子不屑做和不愿做的工作，体现了他卓越的见识和冲破世俗的勇气。徐霞客穷毕生之力，跋山涉水，实地考察，取得了第一手资料，写出了《徐霞客游记》一书。他不迷信书本，经过实地勘探，纠正了过去的一些错误说法。这部著作不仅是中国地理方面的真实记录，更是一本传播地理知识、进行爱国主义教育的教材。宋应星编著的《天工开物》，总结了对发展社会经济有益的科技知识和生产经验。他破除成见，打破当时知识界鄙视农事、技术的浅见，重视和总结生产经验，实际上成为工农业方面的社会教育教材。

（六）由于时代的推移，社会的进展，西方的学术文化和自然科学知识直接间接地传入中国，在儒家文化占统治地位的中国大地上，射出了一线曙光。尤其是西方的自然科学知识，在明代后期开始传入中国，给中国的学术文化界注射了一些新的血液，也在中国的教育园地上撒下了新的种子，这不能不对中国的学校教育内容产生影响。"梅花点点报春来"，尽管这些在当时还成不了什么气候，但是新生事物的力量是无穷的！

（七）事物总是在矛盾中发展的，没有矛盾，就没有发展。明代统治者的政治压力越大，就一定会产生反作用的力量。明代以理学的教义作为思想统治的护身符。陈献章、王阳明等人对此就有些怀疑。到了李贽，就以"双手搏猛虎"的胆量和气魄，想冲破一切思想上的罗网，怀疑一切，目标直指圣经贤传。他对作为教材的经书，提出了一些新的看法。学风改变了，对教材的内涵也要重新认识。

特别应当指出的是，明代末期实学思潮兴起，对作为教材的"四书"、"五经"更要重新评价。实学派对汉代的章句训诂之学和宋代以来的义理心性之学，都提出了怀疑和批判，主张学必务实，学以致用。于是学风渐变，教学内容也就跟着逐渐改变和扩大了。

明代的蒙学教材*

明代的蒙学教材,主要是过去流传下来的《千字文》、《三字经》、《百家姓》等。此外明代的知识分子也编了一些儿童教材和启蒙读物,有的影响很大。兹略述于下。

《龙文鞭影》

此书原名《蒙养故事》,明萧良有撰,夏广文注。杨臣诤补订,改名《龙文鞭影》。杨在序言中说:"《蒙养故事》,明中楚萧汉冲先生为加惠幼学而作,取古事之相类者摘而成偶,又各谐之以韵,聪慧者日可数十事,迟钝者亦日可数事,不似声杂无伦者之难可强记也。"清李恩绶说:"明贤《龙文鞭影》一书风行已久。童子入塾后,为父师者暇即课其记诵,盖喜其字句不棘口,注中隶事甚多也。"周蒆陔也说,这本书"简而明,详而核,不独课童蒙之闻见,且便于句读师之讲授"。从这些言论中可以看出明清一些知识分子对这本书的评价是相当高的。

这本书的内容主要是历史神话故事,为四言韵文,按韵部编排,流

---

* 原载《课程·教材·教法》1991年第11期。

畅顺口。《龙文鞭影》作为书名，是勉励孩子们学习像龙文这种骏马一样，不需鞭策就飞奔疾驰。在本书的开始四句交代了编写本书的目的："粗成四字，诲尔童蒙。经书暇日，子史须通。"书中收辑了两千多个典故，可以说是一本"典故汇编"。举"四支"韵几句为例：

伏羲画卦，宣父删诗。高逢白帝，禹梦玄彝。寅陈七策，光进五规。鲁恭三异，杨震四知。邓攸弃子，郭巨埋儿。

这样的书流行这么广，影响这么大，因为它是适应封建社会和封建科举教育的需要而编写的。这本书的作用：一是通过这些宣扬封建道德要求的事实，向儿童进行封建伦理道德教育，使他们从儿童时期开始，受到历史文化的熏陶，达到符合封建道德要求的目的；一是封建社会的知识分子写作文字，需用大量的典故，为了适应这个需要，把大量的典故组织起来，学生可以用较短的时间，较小的精力，记忆大量的掌故，写作起来，可以收到得心应手、左右逢源的效果。

《幼学故事琼林》

此书原名《幼学须知》，亦称《成语考》、《故事寻源》，为明代程登吉（字允升）所编（也有人说是明丘濬编），清邹圣脉增补注释，改名《幼学琼林》。这是一本流行全国的蒙学课本，也是一本成人社会教育的教材。它在内容上吸收了多种《蒙求》的教材，涉及的范围很广。全书分四卷，计三十三个门类，包括天文、地理、家庭、社会、宫室、器用、制作、技艺、鸟兽、花木等方面的内容。编者把过去人们常用的词句、成语、典故，用对仗的形式加以分类组合。其中有很多社会上流行的语句，也有经久流传、人们习见的典故，还包括许多神话传说、历史故事。有些是属于解释成语的，如"唇亡齿寒，谓彼此之失依；足上首下，谓尊卑之颠倒"，"所为得意，曰吐气扬眉；待人诚心，曰推心置腹"，"彼此不合，曰龃龉；欲进不前，曰趑趄"。属于这一类解释性的内容，在书中占的篇幅较多，作用也较大。书中还收辑了很多格言、成语和典故，要言不烦，发人深省。如"求士莫求全，毋以二卵弃干城之将；用人如用木，毋以寸朽弃连抱之材"，"一息尚存，此志不容少懈；十手所指，此心安可自欺"，等等。该书在清代流行全国，新中国成立前在社会上还有一定的影响。

《女儿经》

这本书大约成书于明代，经过不断增删，在民间流传很广。主要版本有明万历、天启间赵南星加注刊印的《女儿经》，署壬戌初冬天津高氏版的《裘氏女儿经》。后来有清代同治年间贺瑞麟订正过的《女儿经》、《改良女儿经》，光绪年间安徽屯溪聚文堂校印的《女儿经》等。

《女儿经》是一本宣扬封建礼教的妇女教材。它的总纲是"三从四德"。全书分"大纲"、"细目"、"合总"、"广义"四部分。在"大纲"中明确地揭示该书的内容是宣传"女德"、"女容"、"女言"、"女工"。在"女德"部分，有很多内容是用封建礼教来束缚压迫妇女的。本书以俗语为主，押韵对仗，所以在过去容易传播。有些内容属于家常日用的事情，对妇女的一些家庭生活琐事提出劝告，有些是有劝诫意义的。在过去的社会里，不少不怎么识字的妇女，也熟悉这本书中的一些内容，所以它也成了实施社会教育的妇女教材。

《小儿语》和《续小儿语》

吕近溪（名得胜）的《小儿语》选辑了一些儿童容易诵读和记忆的流行口语。作者批评梁宋以后流传的一些儿歌为"盘脚盘"、"东屋点灯西屋明"之类，没有什么意义，对儿童没有补益。他认为"蒙以养正，有知识时，便是养正时"。编辑此书的目的是"以立身要务谐之音声，如其鄙俚，使童子乐闻而易晓"。他认为这样，"欢呼戏笑之间，莫非理义身心之学。一儿习之，可为诸儿流布，童时习之，可为终身体认"。

全文分四言、六言、杂言。四言如："一切言动，都要安详，十差九错，只为慌张。""先学耐烦，快休使气，性躁心粗，一生不济。""自家过失，不消遮掩，遮掩不得，又添一短。"六言如："儿小任情骄惯，大来负了亲心，费尽千辛万苦，分明养个仇人。"

吕近溪还有《女小儿语》，是专为进行女子教育而编撰的。该书分"女德"、"女言"、"女容"、"女工"、"通论"、"杂言"、"补遗"诸篇。前五篇四字一句，后两篇有四言、五言、六言、七言一句的。编入该书的多是一些很浅近易懂的话语，谈一些日常的为人处世之道。如"件件要能，事事要会，人巧我拙，见他也愧"，"一米一丝，贫人汗血"，"邻里亲戚，都要和气，性情温热，财物周济"等。其中有不少宣扬封建妇女道德的说教。陈宏谋说该篇"警醒透露，无一字不近人情，无一字不合正理，其言似浅，其义实深。闺训之切要，无有过于此者"。这种评价，即使从当时社会的观点来看，有些褒奖也是过当的。

吕近溪的儿子吕坤（字新吾）承其父命，写了《续小儿语》。他在序言中说："语云：'教子婴孩。'是书也，诚鄙俚，庶几乎婴孩一正传哉！"他谈到《小儿语》和《续小儿语》的教学效果时说："小儿习先君

《语》如说话，莫不鼓掌跃诵之，虽妇人女子亦乐闻而笑，最多感发。习余《语》如读书，謇謇惛惛，无喜听者。拂其所好，而强以所不知，理固宜然。"这就是这两种蒙学教材的两种教学效果。可见吕坤已经感觉到儿童教材应当符合儿童心理和儿童的语言习惯；如果成人化，学习效果就不好。这是他的经验之谈。

《续小儿语》也分为四言、六言、杂言。四言如："从小做人，休坏一点，覆水难收，悔恨已晚。""害与利随，祸与福倚，只个平常，安稳到底。"六言如："因循惰慢之人，偏会引说天命，一年不务农桑，一年忍饥受冻。""大凡做一件事，就要当一件事，若是苟且粗疏，定不成一件事。"杂言如："线流冲倒泰山，休为恶事开端。""无忽久安，无惮初难。"《续小儿语》比《小儿语》的篇幅要多，《小儿语》比《续小儿语》的内容更通俗易懂。内容主要是宣扬封建社会的立身处世之道，其中有的话语到现在还有意义。

吕坤在所著的《社学要略》中，提出了对社学教材的意见，他说："初入社学，八岁以下者先读《三字经》以习见闻，《百家姓》以便日用，《千字文》亦有义理。"他很重视诗歌对振奋儿童精神的作用。他主张："每日遇童子倦怠懒散之时，歌诗一章，择古今极浅、极切、极痛快、极感发、极关系者，集为一书，令之歌咏，与之讲说，责之体认。"他很注意讲授教材要让学生体会其精神实质，并与自己的思想行为对照，这样才能对本人的身心有益，不致视为具文，成为口说。

吕坤还辑《闺范》一篇。他在序言中说："《女训》诸书，昔人备矣，然多者难悉，晦者难明，杂者无所别白，淡无味者，不能令人感惕。闺人无所持循，以为诵习。"于是他"辑先哲嘉言，诸贤善行"，编为此书，还为绘制图像，间为注释，以便阅读，有所感发兴起。关于该书，陈宏谋在《教女遗规》中作按语说，吕坤"因事垂训，实具苦心。当时士林，乐诵其书，摹印不下数万本，直至流布宫禁"。可见这在当时是一本进行社会教育的书，作用和影响是相当大的。

《家诫要言》

《家诫要言》为明吴麟征编。吴为浙江海盐人，明天启年间进士。该书编入《丛书集成初编》。《家诫要言》所谈的都是治家处世、立身做人的道理，一开始便揭明该编的旨趣，说："进学莫如谦，立事莫如预，持己莫若恒，大用莫若畜。"他提出，熟读经书是为了明义理，通世务，反对"驰逐名场，延揽声气"。他认为"农桑根本之计"，是治生要道。他要求士人志在"经世"，"器量须大，心境须宽"。作者生在世乱时期，经常提到处乱世之道，如说："世变弥殷，止有读书明理，耕织治家"，"处乱世与太平时异，只一味节俭收敛，谦以下人，和以处众"。

《幼仪杂箴》

这是明初方孝孺编写的一本儿童品德教育纲要。全文共有二十条，从坐、立、行、寝、食、饮到好、恶、取、与，都提出具体的要求。方孝孺在《序》中说："道之于事，无乎不在。古之人自少至长，于其所在，皆致谨焉而不敢忽。"他批评"后世教无其法，学失其本。学者汩于名势之慕、利禄之诱，内无所养，外无所约，而人之成德者难矣"。因此，他从那些"近而易行"的事情中列出应当勉励的细目，逐一为箴，作为从儿童起的行为准则。

兹举出二箴为例：

诵箴：诵其言，思其义。存诸心，见乎事。以敬畜德，以静养志。日化岁加，山立川驶。圣德卓然，焉敢不至？

书箴：德有余者，其艺必精。艺本于德，无为而名。惟艺之务，德则不至。苟极其精，世不之贵。汝书不美，自视不善。德不若人，乃不知忧。先乎其大，后乎其细。大或可传，人不汝弃。

在这些幼仪箴言里，他强调的是品德教育。他要求"以敬畜德，以静养志"，认为"德有余者，其艺必精"，"惟艺之务，德则不至"。从幼儿教育开始，就应当"先乎其大，后乎其细"，否则就是舍本逐末。

《声律启蒙》、《声律发蒙》

《声律启蒙》为车万育著。车为湖南人，清康熙进士，平生所作杂著诗文不少。《声律发蒙》为杨林兰著。这两本书是给儿童进行诗歌启蒙教育的教材，是适应科举考试诗作的需要而编写的。清乾隆时孙人龙在为《声律发蒙》写的序言中说："先生（指杨林兰）文甚夥，奈明末屡经兵燹，残缺不全，传写多讹。惟《发蒙》一书，切于幼学。"可见这本教材成书于明代。但是据清代的四川人赵藩说："南海谭叔裕言曾见有元人板本，与今坊本相同，则其由来已久。"他也说，他曾看到孙人龙的刊行本，"其用韵以东钟山寒合部，似遵洪武正韵，殆于元人旧帙有所增损也"。如果确有元人版本，那么后来流行的本子，应是由杨林兰增订而成的。

这两本书是作者按照诗韵的顺序，按韵缀句，对仗成文，辞藻优美，文采斐然。可见作者是适应科举的要求，花了一番心力而编写的。

《童蒙习句》

明赵古则（字㧑谦）撰。《四库全书》存一卷。《四库全书提要》说，这本书是"乡塾训课之作"，也是"仅存之本"。它的体例是凡列一字，必载篆、隶、真、草四体字。小篆和真书都有定格，隶书变体很多。

赵古则是小学名家。他编这本书的目的，在"书后"中写得很清楚："虑童幼之士，汗漫不得其要。复习子母偏旁，凡千二百字，炼成四方言句，庶乎守约而博施也；以四体书之，庶乎酌古以准今也。"这本书共一千二百字，四个字一句，用四体字书写，是为了使学生知道字形的沿革变化，所谓"酌古以准今"。

明代的丘濬、李东阳诸人先后在岭南找这本书，都没有发现。可见这本书在当时社会上有影响，引起了丘、李这些学者的注意，但是印数太少。

《鉴略妥注》

该书也叫《五字鉴》、《五言鉴》，因为是采用五言韵语的形式编写的。据说为明代万历年间晋江李廷机编著，张瑞图校正，清代邹圣脉重校，但是没有确凿的根据。分上、中、下三卷。该书叙述了从上古到明代的历史，文字明白流畅，是一本学习初步历史知识的儿童教材。

作者的文字概括力比较强，如写陶侃云："陶侃少孤贫，事母全孝敬。母剪发延宾，范逵为举进。都督过八州，功被于四境。"寥寥三十字，把陶侃的少年情况、陶母的贤良、范逵的识才以及陶的官阶和功绩，全包括在内。有的段落夹叙夹议，笔端夹杂着悲愤之情，如写宋代徽钦二帝被俘："二帝被金俘，国市如一洗"，"尺地无所存，惟有烟尘起。……四海尽悲伤,百姓皆下泪"。有的段落给封建帝王涂脂抹粉,例如写元代的开国之君,说什么"以德化黎民","用夏变夷道,风俗尽还淳。轻徭薄税敛,节用省繁刑",把统治者的虐政掩盖起来,加以美化。

书中不少地方反映了作者的封建历史观,有的取材不够严谨。

《名贤集》

该书多用格言成语,文字通俗。农村子弟和小工商业家庭子弟读书识字,多以此与杂字配合,用作课本。书中有些句子给儿童灌输消极思想和命运观念,如"休争三寸气,白了少年头","百年还在命,半点不由人"等。

《小四书》

该书为朱升编。朱升辑录了宋元时期四种蒙学课本:宋方逢辰《名物蒙求》、程若庸《性理字训》、黄继善《史学提要》和元陈栎《历代蒙求》,名曰《小四书》。这本书既宣传了宋儒理学,又注意到了日用常识,还包括简要的历史知识,成为一本综合性的儿童教材。现存明代刊本。

《女四书》

王相编的《女四书》包括汉班昭的《女诫》、唐宋若莘的《女论语》、明成祖皇后徐氏的《内训》、王相母刘氏的《女范捷录》四种女子教育书籍。王相对这四本书都作了笺注。明天启四年(1624年)由多文堂合刻为《闺阁女四书集注》。后来广称《女四书》,流传较广。另外,朱元璋曾命朱升与诸儒生修《女诫》一书。

明代还有周履靖编《广易千文》、李登编《正字千文》等。

综观明代的蒙学教材，有以下几点值得注意。

第一，蒙学教材宣传理学思想较多。理学思想肇源于宋代。元代在学术上继承了宋代的思想，没有什么发展。明代统治者为了加强封建专制的思想统治，从蒙学起就给儿童灌输理学思想，用三纲五常这些绳索来束缚儿童的头脑。如明初儒家学者方孝孺编写《幼仪杂箴》，吕近溪父子编写《小儿语》和《续小儿语》，这些教材的指导思想都是理学思想。

第二，为科举考试作准备编写教材。明代的科举作为一种选拔人才的考试制度，逐渐定型。学子们要记忆大量的掌故成语，来适应他们进一步学习和社会应用的需要，满足他们参加科举考试的需要。如《龙文鞭影》、《幼学琼林》这类书，就为学子们提供了这方面的资料。往往在一种书里，天文地理，包罗万象。学子们读了以后，能用较短的时间、较小的精力来掌握大量的掌故和词汇，以备异日科考之用。

第三，妇女教材逐渐问世。封建统治者虽然反对妇女受教育，认为"女子无才便是德"，但是随着社会的发展，妇女对受教育的要求越来越迫切，同时统治者也认为通过教育可以进一步钳制妇女的思想，所以像《女儿经》、《闺范》等这类教材便应运而生。

第四，在编辑形式上出现了几种蒙学教材的合编本。它的效果是分量增加，内容扩大，如《小四书》、《女四书》之类，使学生从一种书里接触到较广泛的知识，得到不同的启迪。

王守仁论教学内容*

王守仁（阳明）是明代中叶的著名哲学家和教育家。他生活在明王朝由稳定开始进入衰败的时期。这个时期，不仅政治危机严重，还出现了思想危机，旧有的理学思想已难以稳定现实的社会秩序。有些人对理学产生怀疑，于是另辟蹊径，寻找新的理论体系。与程朱理学大相径庭的"心学"，在陆九渊之后得到发展。王守仁是这一发展中的重要人物，对封建社会后期的教育思潮产生了重要影响。

王守仁从三十四岁开始，在从政之余进行讲学活动，一直到他去世。他在五十岁以后回乡的五年间，专门从事讲学。他每到一个地方，就设立学校，创办书院，成立社学。他认为社学是进行初等教育的场所，"延师教学，歌诗习礼"；书院则是进行高等教育、培养高级人才的学府。

关于王守仁哲学思想的形成，黄宗羲在《明儒学案·姚江学案》中有一段概括性的叙述："先生之学，始泛滥于词章，继而遍读考亭之书，

---

* 选自《中国古代学校教材研究》。

循序格物，顾物理吾心终判为二，无所得入。于是出入于佛、老者久之。及至居夷处困，动心忍性，因念圣人处此更有何道？忽悟格物致知之旨，圣人之道，吾性自足，不假外求。其学凡三变而始得其门。"由此可以看出，他青少年时期研习词章；接着读朱熹的书，窥宋儒理学的堂奥；后来想从佛老学中探讨人生的究竟。谪居贵州龙场以后，居夷处困，受尽了艰难挫折，困心衡虑，才悟出"圣人之道，吾性自足，不假外求"。可见他的学习道路，是随着他的生活道路不断改变、不断深入的。

王守仁提出的教育目的，是要"明学术"、"明人伦"、"变士风"，培养一批以"学圣贤"为志的豪杰之士。他想改变那种"驰骛于记诵辞章，而功利得丧分惑其心"的士风，以达到"人伦明于上，小民亲于下，家齐国治而天下平"①的目的，也就是儒家一向提倡的修齐治平之道。

关于作为教材的"六经"，王守仁有一段总的评述。他说："天下之大乱，由虚文胜而实行衰也。使道明于天下，则六经不必述。删述六经，孔子不得已也。""孔子以天下好文之风日盛，知其说之将无纪极，于是取文王、周公之说而赞之，以为惟此为得其宗。于是纷纷之说尽废，而天下之言《易》者始一。《书》、《诗》、《礼》、《乐》、《春秋》皆然。《书》自《典》、《谟》以后，《诗》自二《南》以降，如《九丘》、《八索》，一切淫哇逸荡之词，盖不知其几千百篇；《礼》、《乐》之名物度数，至是亦不可胜穷。孔子皆删削而述正之，然后其说始废。如

---

① 《王文成公全书》卷七《万松书院记》。

《书》、《诗》、《礼》、《乐》中，孔子何尝加一语？今之《礼记》诸说，皆后儒附会而成，已非孔子之旧。至于《春秋》，虽称孔子作之，其实皆鲁史旧文。所谓'笔'者，笔其旧；所谓'削'者，削其繁：是有减无增。孔子述六经，惧繁文之乱天下，惟简之而不得，使天下务去其文以求其实，非以文教之也。"①

王守仁从他的论点出发，认为天下之乱，由于注重虚文，不务实行。春秋以后，繁文益胜，天下益乱，秦始皇焚书得罪，是由于他这一做法出于私意，且不应该焚烧"六经"。如果是"志在明道"，焚去那些"反经叛理"的书，正是"暗合删述之意"的。②春秋战国时期，百家争鸣，正是中国历史上学术繁荣的黄金时期。王守仁不理解这个时期思想活跃、学派繁兴的时代根源和历史意义，认为秦始皇焚去那些他认为"反经叛理"的书是正确的。这种观点显然是错误的。什么是"反经叛理"，各人的看法不同。秦始皇认为儒家的书是"反经叛理"，妨害他的统治，所以他才把它们烧掉。而这些儒家的书，正是王守仁列入不应焚烧之类的。

王守仁把教育的目的归结为"致良知"。他说："吾平生讲学，只是'致良知'三字。"③ 首先，学习的目的在"致良知"。他说："譬之植焉，心其根也；学也者，其培壅之者也，灌溉之者也，扶植而删锄之者也，无非有事于根焉耳矣。"④ 其次，学习的过程就是"致良知"的过程。他把博学、审问、慎思、明辨等过程都归结为"致良知"的过程。

———————

① ②《王文成公全书》卷一《传习录上》。
③《王文成公全书》卷二六《寄正宪男手墨》。
④《王文成公全书》卷七《紫阳书院集序》。

最后，学习的效果也以能否"致良知"为标准。他认为良知是人人具有的，"致良知"是人人都能做到的功夫。其结论是："圣人之学，惟是致良知而已"，"致良知之外无学矣"。①

王守仁在学习"六经"和追求真理方面，有一些独到的见解，冲破了儒家的桎梏和宋儒的罗网。首先，他反对盲从"六经"，提倡自知、自得，认为"六经"是"吾心之记籍"②。儒家的"六经"，只是从不同角度记录吾心罢了。"吾心"才是"六经"之实，所以学习不能死抠书本，盲从书本，为书本所束缚。他反对"从册子上钻研，名物上考索，形迹上比拟"③，对烦琐注释的学风进行抨击。他认为这样学习，言益详，道益晦，以致"世之学者，章绘句琢以夸俗，诡心色取，相饰以伪"，"而圣人之学遂废"。④ 其次，他反对迷信古圣先贤，提倡"惟是之从"⑤，认为"圣人亦是学知"、"人胸中各有个圣人"⑥，肯定每人都有独立思考的能力，判断是非的能力。最后，他反对道学教育对本性的束缚，主张发挥学生独立思考的能力来解决问题。他在实际教学中绝少长篇讲述，大多是三言两语指点性的答疑，启发学生自己得出结论。他认为"六经"只是从不同角度记录"吾心"，"吾心"才是"六经"之实。他是从唯心的观点才这样说的。但是他反对盲从和迷信书本，提倡服从真理，即"惟是之从"；认为圣人也不是生而知之，而是学而知之。

①《王文成公全书》卷八《书魏师孟卷》。
②《王文成公全书》卷七《稽山书院尊经阁记》。
③《王文成公全书》卷一《传习录上》。
④《王文成公全书》卷七《别湛甘泉序》。
⑤《王文成公全书》卷五《答方叔贤》。
⑥《王文成公全书》卷三《传习录下》。

这些论点，冲破了"信而好古"的儒家教育思想的氛围，是有积极意义的。

关于儿童的教学内容和教学方法，王守仁在《训蒙大意示教读刘伯颂等》中说得比较透辟。这是他关于儿童教学的一篇很有价值的讲话。他认为儿童教育首先应当重视伦理道德教育。这是他一贯的教育思想。他说："古之教者，教以人伦。后世记诵词章之习起，而先王之教亡。今教童子，惟当以孝、弟、忠、信、礼、义、廉、耻为专务。"① 教育的方法是"诱之歌诗以发其志意，导之习礼以肃其威仪，讽之读书以开其知觉"②。他提出歌诗、习礼、读书是对儿童栽培涵养的方法。他批评当时人们认为歌诗、习礼不切时务的看法。他从儿童心理的角度来阐明这个问题，说："大抵童子之性，乐嬉游而惮拘检，如草木之始萌芽，舒畅之则条达，摧挠之则衰痿。今教童子，必使其趋向鼓舞，中心喜悦，则其进自不能已。譬之时雨春风，沾被卉木，莫不萌动发越，自然日长月化。若冰霜剥落，则生意萧索，日就枯槁矣。"③他用春风化雨的比喻，形象地说明启发诱导在儿童教育中的作用。他也从反面指出冰霜剥落、摧残生意的问题。

王守仁很重视歌诗、习礼、读书三者在儿童教育中的作用。他说："故凡诱之歌诗者，非但发其志意而已，亦所以泄其跳号呼啸于咏歌，宣其幽抑结滞于音节也；导之习礼者，非但肃其威仪而已，亦所以周旋揖让而动荡其血脉，拜起屈伸而固束其筋骸也；讽之读书者，非但开其知觉而已，亦所以沉潜反复而存其心，抑扬讽诵以宣其志也。"④他不只

---

① ② ③ ④《王文成公全书》卷二《训蒙大意示教读刘伯颂等》。

指明了歌诗、习礼、读书在宣志意、肃威仪、开知觉方面的作用，还深一层地指出它们在音乐、体育和思想教育方面的意义。他认为这三方面的教育，可以使儿童顺导志意，调理性情，潜消鄙吝，默化粗顽。他批评当时的教育工作者只是责督儿童整天念书，对待学生像囚徒一样，行棍棒教育，使得学生把学校看同牢狱，把老师看同仇人，想方设法躲避他们，而去干坏事。这是把学生赶到罪恶的道路上去。王守仁在这里指出了三方面的教育内容，更重要的是指出要提供一些良好的教学条件，培养儿童愉快的学习心情。在封建社会里这确实是一个重要问题。

对歌诗等三方面的教学，王守仁在《教约》中有详细的规定和要求。每天早晨，给学生教读，要"随时就事，曲加诲谕开发"。教读时，声音要清朗，节调要均匀，不能急躁，不能喧嚣。久而久之，自然精神宣畅，心气和平。他要求把学生分为四班，每天由一班歌诗，其他三班在座位上肃听。每隔五天就把四班集合起来演习一次。每月初一、十五，在书院里集合歌唱，彼此观摩。习礼时规定要"澄心肃虑"，不能急忽，从容而不迂缓，谨饬而不拘促。这样训练久了，就会体态纯熟，德性坚定。其余一同歌诗的规定。授书贵精熟，不贵多。按照学生的天资，能够学二百字的只教一百字，使儿童的精神充沛，力量有余。这样就有自得之乐，而无厌苦之心。读书时要求专心致志，还要反复玩味。他还规定每天的教学程序：先考德，次背书诵书，次习礼或作课仿，接着再诵书、讲书。他虽然作了这些规定，但最后他说，"神而明之，则存乎其人"，就是说应当根据具体情况灵活运用。

关于作为教材的"六经"，王守仁在《稽山书院尊经阁记》中曾经反复地说明它们的性质和作用。他说："经，常道也，其在于天谓之命，其赋于人谓之性,其主于身谓之心。"① 从这个理论引申开来,他又说:"以言其阴阳消息之行焉,则谓之《易》;以言其纪纲政事之施焉,则谓之《书》;以言其歌咏性情之发焉,则谓之《诗》;以言其条理节文之著焉,则谓之《礼》;以言其欣喜和平之生焉,则谓之《乐》;以言其诚伪邪正之辩焉,则谓之《春秋》。"最后他归结到这些都是所谓心、性、命。他进一步说:"六经者非他,吾心之常道也。""君子之于六经也,求之吾心之阴阳消息而时行焉,所以尊《易》也;求之吾心之纪纲政事而时施焉,所以尊《书》也;求之吾心之歌咏性情而时发焉,所以尊《诗》也;求之吾心之条理节文而时著焉,所以尊《礼》也;求之吾心之欣喜和平而时生焉,所以尊《乐》也;求之吾心之诚伪邪正而时辩焉,所以尊《春秋》也。"这就是说,一切只要求之于心,一切客观的事物,只要求之于主观的精神世界。为此,他还作了一个通俗的比喻。他说,圣人述"六经","犹之富家者之父祖虑其产业库藏之积,其子孙者或至于遗忘散失,卒困穷而无以自全也,而记籍其家之所有以贻之,使之世守其产业库藏之积而享用焉,以免于困穷之患。故六经者,吾心之记籍也"。他责备当时的学者,"不知求六经之实于吾心,而徒考索于影响之间,牵制于文义之末,硁硁然以为是六经矣"。他认为"六经"之学不明于世,不是一朝一夕之故,有乱经的,有侮经的,有贼经的。"尚功利,崇邪说,是谓乱经;习训诂,传记诵,没溺于浅闻小见,以涂天下之耳目,是谓侮经;侈淫辞,竞诡辩,饰奸心盗行,逐世垄断,而犹自以为通经,是谓贼经。"总之,他认为作为教材的"六经"都是

---

① 本段引文都见《王文成公全书》卷七《稽山书院尊经阁记》。

人心的记录和引申。学习这些古籍，目的和作用只有一个，那就是明心复性。

王守仁对于汉以后作为教材的"六经"都有评述。

关于《诗经》。王守仁认为当时的《诗经》不是孔子删定的旧本。他的理由是：首先，孔子主张"放郑声，郑声淫"。又说："恶郑声之乱雅乐也。郑、卫之音，亡国之音也。"这是孔子的一贯思想，那么为什么在现存的《诗经》中还保留了这些诗篇呢？显然，传下来的《诗经》本子不全是孔子删定的。其次，孔子所定三百篇都是所谓"雅乐"，都是可以在乡党和郊庙里演奏的。他选材的宗旨是"宣畅和平，涵泳德性，移风易俗"，怎么会保留这些"长淫导奸"的郑卫之诗呢？① 最后，王守仁断言现存的《诗经》是秦朝焚书以后，世儒附会来凑足这三百篇之数的。因为这些淫佚的歌词在社会上容易传播，得以保留下来。他这种推论，与传统的说法显然有出入。但是他不迷信古人，有些独创的见解，可以发人深思，开展研究。

关于《书经》。王守仁认为孔子删《书》，唐虞夏四五百年间，不过几篇。这是因为要删去繁文；后来的儒者不然，只顾添上。他的学生徐爱对此很不理解，提出疑问：五霸以下的事情，圣人不想详细记载，那么尧舜以前的事，为什么也略而少见呢？王守仁说："羲、黄之世，其事阔疏，传之者鲜矣。此亦可以想见，其时全是淳庞朴素，略无文采的气象。此便是太古之治，非后世可及。"徐爱又问：像《三坟》这类书也有传下来的，孔子为什么不删去呢？王守仁说："纵有传者，亦于世

---

① 《王文成公全书》卷一《传习录上》。

变渐非所宜。风气益开，文采日胜，至于周末，虽欲变以夏、商之俗，已不可挽，况唐、虞乎！"① 在这里王守仁似乎理解一点社会进化的道理。社会不是停滞不进的，更不能开倒车。时移世变，应当跟随着时代的脚步前进。但是他美化远古时代的社会，认为那个社会是完美无缺的。哪有这样的事情呢？

关于《易经》。王守仁认为《易》具备了三才之道。"古之君子，居则观其象而玩其辞，动则观其变而玩其占。"② 他贬谪在龙场的时候，曾筑玩《易》窝，开始研究《易》的内容，"仰而思焉，俯而疑焉"。当有得于心时，"沛兮其若决，瞭兮其若彻"。后来玩味其中的奥义，就感到"优然其休焉，充然其喜焉"，"视险若夷，而不知其夷之为陂也"。③ 他高兴地说，现在他才知道怎样度过他这一辈子；孔子读《易》韦编三绝，《易》学的道理精微，他钻研《易》理，需要几十年才可以不致有大错哩！

关于《礼》。王守仁在《博约说》中说："天命之性具于吾心，其浑然全体之中，而条理节目森然毕具，是故谓之天理。天理之条理谓之礼。"④ 又说："礼也者，理也。"⑤ 他就是这样从唯心的观点来解释礼的。关于礼的具体实施，他说："是礼也，其发见于外，则有五常百行，酬酢变化、语默动静、升降周旋、隆杀厚薄之属；宣之于言而成章，措之于为而成行，书之于册而成训……"⑥

---

① 《王文成公全书》卷一《传习录上》。
②③ 《王文成公全书》卷二三《玩易窝记》。
④⑥ 《王文成公全书》卷七《博约说》。
⑤ 《王文成公全书》卷七《礼记纂言序》。

他批判了老庄和世儒对于礼的见解，认为老庄之徒外礼以言性，世儒却外性以言礼，认为礼只限定在器数制度方面，这样使得先王之礼烟蒙灰散。他曾经想取《礼记》一书所载，阐明它的大经大本，疏解它的条理节目，以便做到"器道本末"的一致，可是这一计划没有完成。他说，朱熹也慨叹《礼》经的芜乱，曾经想考正删定，以《仪礼》为经，以《礼记》为传，这一计划也没有实现。可见王守仁对于礼的仪注和实质，是有很多见解的，可是没有来得及整理。

关于《乐》教。儒家原重视乐教，认为音乐可以陶冶性情，正如后来曾国藩所说的"养活一团春意思"①。明代在科举考试和朱熹理学思想的影响下，教育表现出严重的形式主义和主知主义倾向。王守仁对此有不同主张。他重视乐教。在他五十三岁的时候，嘉靖三年（1524年），八月中秋之夜，月明如昼，他与门人百余人同游碧霞池上，歌声渐动，击鼓投壶。他作诗有"铿然舍瑟春风里，点也虽狂得我情"② 之句。可见他的教育思想，是要借助于乐教，培养一些活泼的、生气勃勃的、充满着生活情趣的年轻人。

关于《春秋》。王守仁对《春秋》有经与史两重看法。有一次，徐爱问他："先儒论六经，以《春秋》为史。史专记事，恐与五经事体终或稍异。"王说："以事言谓之史，以道言谓之经。事即道，道即事。"③他在《五经臆说十三条》中解释"春王正月"，认为这是人君改过迁善、修身立德之始，立政治民、休戚安危之始。改元本来是一件平常的事，

---

① 曾国藩：《求阙斋日记类钞》卷一《问学》。
② 《王文成公全书》卷二〇《月夜二首》。
③ 《王文成公全书》卷一《传习录上》。

他却在这里大做文章，以宣讲他的思想。同样，对"鲁隐公元年"、"郑伯克段于鄢"，也作了同样的阐述。他对后者的评论是："天下之人皆以为段之恶在所必诛，而郑伯讨之宜也。是其迹之近似，亦何以异于周公之诛管、蔡。故《春秋》特诛其意而书曰'郑伯克段于鄢'，辨似是之非，以正人心，而险谲无所容其奸矣。"① 这样一些论述，是从他自己的思想出发，来分析《春秋》作者的原意。

关于《大学》。王守仁认为《大学》古本是孔门相传旧本。朱熹怀疑古本有脱误，为之改正补辑，分成章节。王守仁却说旧本没有脱误，并且旧本流传很久，现在读它的文辞，明白易懂；如果说到实践功夫，也"易简可入"，那么根据什么而断定它段落错置呢？又有哪里缺简、应当补充呢？他在《大学古本序》中认为，把《大学》的旧本加以肢解，就失去了圣人立言之意。他说："合之以经而益缀，补之以传而益离。吾惧学之日远于至善也，去分章而复旧本……"显然，他是主张用《大学》古本作为教材的。

王守仁竭力反对世儒之学，认为这些世儒"搜猎先圣王之典章法制，而掇拾修补于煨烬之余"，"于是乎有训诂之学，而传之以为名；有记诵之学，而言之以为博；有词章之学，而侈之以为丽。若是者纷纷籍籍，群起角立于天下，又不知其几家"。② 他主张："学校之中，惟以成德为事，而才能之异，或有长于礼乐，长于政教，长于水土播植者，则就其成德，而因使益精其能于学校之中。"③他认为学校的主要任务是对学生进行品德教育。至于或学礼乐，或学政教，或学水土播植，那就根

---

① 《王文成公全书》卷二六《五经臆说十三条》。
② ③ 《王文成公全书》卷二《答顾东桥书》。

据各人的爱好和素养，因材施教，使有成就。

王守仁虽然服膺孔子之学和孔子删订的书，但是他不迷信圣贤，也不迷信书本。他说："夫学贵得之心。求之于心而非也，虽其言之出于孔子，不敢以为是也，而况其未及孔子者乎！求之于心而是也，虽其言之出于庸常，不敢以为非也，而况其出于孔子者乎！"[1] 这种怀疑的精神、批判的精神，在把孔子的思想言论看作神圣不可侵犯的时代，敢于这样"叛道非圣"，是有其独到的见解和"虽千万人吾往矣"的勇气的。

---

[1]《王文成公全书》卷二《答罗整庵少宰书》。

明代几位学者论教学内容*

明代的知识分子所指的教材，当然都是儒家的书，但是各人对这些教材的作用的看法，也有所不同。

宋濂（1310—1381）

明初的宋濂认为古之为治不能离开教育。他从宋明心学的观点出发，阐述了"六经"对人的教育作用。他说："六经所以笔吾心之理者也，是故说天莫辨乎《易》，由吾心即太极也；说事莫辨乎《书》，由吾心政之府也；说志莫辨乎《诗》，由吾心统性情也；说理莫辨乎《春秋》，由吾心分善恶也；说体莫辨乎《礼》，由吾心有天叙也；导民莫过乎《乐》，由吾心备人和也。人无二心，六经无二理。"宋濂认为，"六经"之言概括了"吾心之理"，吾心与"六经"一致，二者如形影的关系。所谓"六经"是记录。"吾心之理"，是指圣人之心与"六经"的关系而言。对于"众人"来说，他们心中虽生而禀赋着理，但蔽于私伪，"欲则害之"，故其心不得其正。因此，记录圣人之心的"六经"，对于

---

* 选自《中国古代学校教材研究》。

一般人说，有"教之以复其本心之正"的作用。① 这就是要把"六经"作为教材的原因。

宋濂还分别论述了"六经"对人的思想修养的作用。他说："圣人复因其心之所有，而以六经教之：其人之温柔敦厚，则有得于《诗》之教焉；疏通知远，则有得于《书》之教焉；广博易良，则有得于《乐》之教焉；洁静精微，则有得于《易》之教焉；恭俭庄敬，则有得于《礼》之教焉；属辞比事，则有得于《春秋》之教焉。"② 他引用古人的说法来说明自己的见解。

宋濂对自秦汉以后的学者对"六经"的看法，进行了评述。他说："不知六经实本于吾之一心。所以高者涉于虚远而不返，卑者安于浅陋而不辞。"他认为：京房溺于名数，世人不复知有《易》；孔、郑专于训诂，世人不复知有《书》、《诗》；董仲舒流于灾异，世人不复知有《春秋》；至于大、小戴氏所记，多有未醇，以致世人不复知有《礼》。他引申说："经既不明，心则不正；心既不正，则乡间安得有善俗，国家安得有善治乎？"他认为只有那些"善学"之人摆脱传注，体验本经，浸渍有得，则"经与心一"。今人学经，为何不及古人，因为"心与经如冰炭之不相入"；只是割裂文义，以资进取（这里所谓"进取"，是指读书中科举，博取利禄而言）。③ 这是"六经"作为教材所遇到的一种厄运。

宋濂强调学经必须有师。师以传经为尚，如田何传《易》，夏侯胜传《书》，浮丘伯传《诗》，刘歆传《礼》，张苍传《春秋》，都是递相祖

---

① ② ③ 宋濂：《文宪集》卷二八《六经论》。

述,"不敢妄为穿凿之说",所以结果是"人心壹而教化美"。后来"师废民散之余,学者不必有师,师不必以传经为意",于是家自为学,人自为政,因而大道隐晦。① 他主张传经要谨守师说,不能越雷池一步。可见他传经是很拘泥保守的。这种情况,除了宋濂本人思想保守外,还与当时朱元璋的专制统治的政治气候有关。

陈献章(1428—1500)

陈献章是明代中期著名的思想家和教育家。黄宗羲在《明儒学案》中说,明儒"作圣之功,至先生而始明,至文成而始大"②,对陈献章在明代学术上的贡献,评价是很高的。陈献章少年时读书勤勉,张诩说他"闭户读书,尽穷天下古今典籍,旁及释老、稗官、小说。彻夜不寝,少困则以水沃其足"③。可见他为学之勤,学有根底。二十七岁时,陈献章从江西吴与弼学习。吴平常要求学生严格,他要陈献章每天黎明即起,挖土、种菜、编篱笆。有一天,天刚蒙蒙亮,吴与弼已经起床劳动,可是陈还在呼呼地睡大觉,吴与弼把他狠狠地批评了一顿。就这样,陈献章一生不忽视体力劳动。在他的教育过程中有劳动教育的内容。他躬耕田野,同学生一起参加农业生产劳动。他要求学生"半为农者半为儒"。他也不放弃武事教育,经常教学生习射练武。可见在他的教学内容中除了书本知识外,还有劳动教育和武事教育。这在当时来说是难能可贵的。

陈献章认为教育的目的是变化气质,学为圣人。他主张教学内容要

---

① 宋濂:《宋学士文集》卷九《赠会稽韩伯时序》。
② 《明儒学案》卷五《文恭陈白沙先生献章》。
③ 《陈献章集》附录二《白沙先生行状》。

有益于世道人心，反对将训诂、辞章和科举时文作为教学内容。他说："舍是而训诂已焉，汉以来陋也。舍是而辞章已焉，隋唐以来又陋也。舍是而科第之文已焉，唐始滥觞，宋不能改，而波荡于元，至今又陋之余也。"[1] 他对自汉以后的教育目的和教学内容，一概指斥为"陋"，而要求教育变化人的气质。这与儒家一脉相承的教育主张是相吻合的。

陈献章也强调学习知识的重要性，认为书本知识是"圣贤垂世立教之所需"。但他要求领悟书中的道理，随机运用，不要沉没在故纸堆里。他还主张学贵自得，说："夫学贵自得，苟自得之，则古人之言，我之言也。"[2] 所谓"学贵自得"，也是教人不要做古人思想上的奴隶，不要作茧自缚，要能独立思考，择善而从，优游浸渍，游刃有余。

当然，在那个时代，他不会反对以"六经"作为教材，但是他在《道学传序》中反对"徒诵其言而忘其味"，如果不能深入体会书中的深义，身体力行，只是当作一种口头禅，那么"六经"也同糟粕一样，只会使人玩物丧志。

他主张乡里基层要办社学，用朱熹的《小学》作教材。他说："以小学言之，朱子《小学》书，教之之具也；社学，教之之地也……"又说："天下之事，无本不立。小学，学之本也。"[3] 他认为兴办社学的目的，在于"正淑人心、正风俗、扶世教"，而朱熹的《小学》又是塑造儿童心灵最合适的教科书。

除了教学生主要学习经书和注意农业劳动及武事训练以外，他还注

---

[1]《陈献章集》卷一《古蒙州学记》。
[2] 焦竑：《玉堂丛语》卷一《文学》。
[3]《陈献章集》卷一《程乡县社学记》。

意书法的练习。他写字常于"动上求静",把他的哲学思想也运用在书法中。他说:"法而不囿,肆而不流,拙而愈巧,刚而能柔。……以正吾心,以陶吾情,以调吾性,此吾所以游于艺也。"① 这也反映了他的教育思想和教育内容。

湛若水(1466—1560)

湛若水强调学生为学必先立志,如同盖房子一样,要先定好基址。其次要虚心,不要"先泥成说,以为心蔽"。如有所得或有没弄明白的地方,才去看看古人的训释。他规定学生"进德修业须分定程限,日以为常",每天从早到晚,什么时候讲读新书,什么时候温习旧书,什么时候练习写作,都规定好时间。他认为这样可以养成一种有计划地学习的习惯,日积月累,自然有新的长进。他还规定教师在讲课时,"务以发明此心此学";学生要虚心听受,领会书中的精神实质,这样"乃有大益"。他也强调"游观山水"的重要性,认为这样"使人乐学鼓舞而不倦",有助于学习精神的提高。②

湛若水对于"六经"为什么作为"经",提出了"径"和"警"两种解释。他说:"夫经也者径也,所由以入圣人之径也",也可以说是"警也,以警觉乎我也"。经是一个人成为圣人的路径,也是自我警觉的意思。他说:"夫学,觉也,警觉之谓也。是故六经皆注我心者也,故能以觉吾心。《易》以注吾心之时也,《书》以注吾心之中也,《诗》以注吾心之性情也,《春秋》以注吾心之是非也,《礼》、《乐》以注吾心之和序也。"接着他说:"'然则何以尊之?'曰:'其心乎!'故学于《易》

---

① 《陈献章集》卷一《书法》。
② 湛若水:《甘泉文集》卷六《大科书堂训》。

而心之时以觉，是能尊《易》矣；学于《书》而心之中以觉，是能尊《书》矣；学于《诗》而心之性情以觉，是能尊《诗》矣；学于《春秋》、《礼》、《乐》而心之是非和序以觉，是能尊《春秋》、《礼》、《乐》矣。"他批评当时两种流行的观点：一种是认为聪明知觉不必外求诸经的观点，一种是忘其本的徒诵"六经"的观点。他的见解是：良知是我原来就有的，但是要开导它，扩充它。学习，受教育，就是起开导、扩充的作用。他认为"观之于勿忘勿助之间焉，尊之至矣"，"六经"作为教材的作用和学习方法也就在这里。①

湛若水曾经对作为教材的儒家典籍进行过厘定，其著述有《四书训测》、《古本小学》、《春秋正传》、《二礼经传测》、《古易经传测》、《尚书问》、《诗经厘正》、《古乐经传》等。湛氏这些著作的用意在于订正古人的错误。他说："吾于五十以前，未尝理会文义，后乃稍稍有见。"② 他根据《论语》"《诗》三百"一语，断定今《诗经》超过三百之篇，都是被孔子删去的淫诗；据《中庸》"礼仪三百，威仪三千"和《礼记》"经礼三百，曲礼三千"立"二礼"之说，以《礼记·曲礼》附以《少仪》为"上经"，而《仪礼》定为"下经"；又自拟度数为《补乐经》，而以《乐记》为传，都有"自信太过"、"殊伤琐碎"之弊。他认为只有《春秋正传》稍有可取。

王廷相（1474—1544）

王廷相认为教育有变化气质的作用。他强调学以济世，认为学问有两种内涵：一是"致知之道"，一是"力行之道"。他说："君子之学，

---

① 湛若水：《甘泉文集》卷一八《广德州儒学新建尊经阁记》。
② 湛若水：《甘泉文集》卷七《答王德征》。

博文强记，以为资借也；审问明辨，以求会同也；精思研究，以致自得也：三者尽而致知之道得矣。深省密察，以审善恶之几也；笃行实践，以守义理之中也；改过徙义，以极道德之实也：三者尽而力行之道得矣。"①

他强调行在认知中的作用，只有在行的过程中才能获得真知。他说："讲得一事即行一事，行得一事即知一事，所谓真知矣。徒讲而不行，则遇事终有眩惑。"② 他批评当时学者有两大弊端："一则徒为泛然讲说，一则务为虚静以守其心，皆不于实践处用功，人事上体验。往往遇事之来，徒讲说者，多失时措之宜，盖事变无穷，讲论不能尽故也；徒守心者，茫无作用之妙，盖虚寂寡实，事机不能熟故也。"③ 因此，他反对"虚静养心"和"泛讲求知"两种做法，认为只有"实体诸己"才能有"左右逢源"之妙。

他认为学问的造端，"必有事焉而后可"。他说："夫心固虚灵，而应者必借视听聪明，会于人事，而后灵能长焉。"④ 一个婴孩，如果不让他接触任何事物，那么长大以后，什么也不知道。他说："传经讨业，致知固其先务矣，然必体察于事会而后为知之真。"⑤ 也就是说，真知灼见来源于接触实际，亲知体察。他用操舟来作比喻，对于操舟之术，如果只听讲说，而不去亲自操作，只是"虚讲而臆度"，那是"不足以擅其工"的。那些"徒泛讲而无实历者"⑥跟这种情况是一样的。

他认为读书的作用在于变化气质，反对那种记问之学和徒事词藻。

---

① 王廷相：《慎言》卷六《潜心篇》。
② ③ 王廷相：《与薛君采二首之二》。
④ ⑤ ⑥ 王廷相：《石龙书院学辩》。

"气质弗变,而迷谬于人事之实,虽记闻广博,词藻越众,而圣哲不取焉。"①

变化气质就要"闻道"。他说:"学者读书,贵在闻道。"② 道在哪里?就在"六经"之书里。所以教育内容也就是"六经"之书。他在《同年序齿录序》中说:"道之府,非六经乎?学之至,非圣人乎?言道而不本于六经,九流足以乱其真;言学而不底于圣人,邪说足以蔽其明。"但他反对空洞不切实用之学,说:"饰词藻者猎奇,执往范者泥迹。猎奇则实用乏,泥迹则时宜迷。斯二者,文之弊也,故君子不贵。"③ 他批评当时教育的流弊,指出:"近岁以来,为之士者,专尚弥文,罔崇实学!求之伦理,昧于躬行;稽诸圣谟,疏于体验……"④他慨叹当时的"父兄师友,以训教期待子弟者,遂以习作文词,进取科第为要事"⑤。学习经书也不要泥古不化,当作教条。"其于经书史传之中,但系圣贤讲论治世之道,及古人行事得失之迹,便当以自己身心处之,参之于古而验之于今,务求可行之具,以为后日居位治事之本。"⑥ 他批评当时的教学内容只是专尚虚文,习作文词,以便谋取科第;特别提出读书的目的是经国济世,应当以治事为本,为有用之学;对待经书也要"参之于古而验之于今",不能盲目迷信,以为往圣先贤的话都是对的。这种批判的态度,从当时来说是很可贵的。

他认为学习应当认真思考和实地考察,尤其重视两者的结合和渗

---

① 王廷相:《慎言》卷六《潜心篇》。
②④⑤⑥ 王廷相:《督学四川条约》。
③ 王廷相:《华阳稿》卷下。

透。他说:"圣贤之所以为知者,不过思与见闻之会而已。"① 他特别强调思与习的重要性,他说:"广识未必皆当,而思之自得者真;泛讲未必吻合,而习之纯熟者妙。是故君子之学,博于外而尤贵精于内,讨诸理而尤贵达于事。"② 他认为徒然"广识"与"泛讲"是不足取的,贵在"思之自得"和"习之纯熟"。

王廷相还主张对学生进行武艺教育。他认为文学和武艺二者不可偏废,要求学生每月十五日到射圃亭习射;武生还要读《武经七书》、《百将传》等书,不仅要求学生学好武艺,而且要有军事方面的理论知识。

张居正(1525—1582)

张居正当政,强调教育的作用,认为教育的目的在于经世致用。在教育内容方面,他反对揭一"话头"空谈道德的讲学派,也不赞成那徒尚文辞的科举派。他说:"修身正心、真切笃实之学废,而训诂词章之习兴","学不本诸心而假诸外以自益,只见其愈劳愈敝也矣"。③ 又说:"盖学不究乎性命,不可以言学;道不兼乎经济,不可以利用。故通天地人而后可以谓之儒也。""操觚染翰,骚客之所用心也;呻章吟句,童子之所业习也。二三子不思敦本务实,以眇眇之身任天下之重,预养其所有为,而欲借一技以自显庸于世,嘻!甚矣其陋也!"④ 张居正作为一个务实的政治家,主张在教育中培养敦本务实的学风,在教学内容方面讲究经济利用的实学,认为只有这样才能培养出"任天下之重"的

---

① 王廷相:《雅述》上篇。
② 王廷相:《慎言》卷六《潜心篇》。
③ 《张太岳集》卷九《宜都县重修儒学记》。
④ 《张太岳集》卷一五《翰林院读书说》。

"笃实"、"有为"的人才。

关于学校所用的具体教材，他在《请申旧章饬学政以振兴人才疏》[1]中提出了具体的意见。他说："国家明经取士，说书者以宋儒传注为宗，行文者以典实纯正为尚。今后务将颁降四书、五经、《性理大全》、《资治通鉴纲目》、《大学衍义》、历代名臣奏议、文章正宗及当代诰律典制等书，课令生员诵习讲解，俾其通晓古今，适于世用。"他还建议："所出试题亦要明白正大，不得割裂文义，以伤雅道。"对于武职子弟，规定除学习《武经七书》、《百将传》外，还要操练武艺。对于社学学生，规定要经过考试，要求行止无亏，训诂、句读、音韵没有"差讹"，字画端正，否则即令退学。

关于会试出题，他要求"明白正大"，不能"离析章句以为奇异"，"避忌趋好以长谀佞"；评定文章要"崇尚雅正"，不要"眩华遗实，以滋浮靡"。如果文章能够"综览古今，直写胸臆"，虽然文字质朴一些，应予录取；否则虽然文字工丽，也应予摈弃。[2] 这些都表现出他在学习态度、教学内容等方面，都有崇尚"务实"的精神，充分表现出他有独到的见解与"力挽狂澜"的气魄。

李贽（1527—1602）

泰州学派的巨子李贽旗帜鲜明地反对程朱理学与封建纲常名教，对历来当作教材的"六经"、《论语》、《孟子》等书提出了新的评价。

首先，他主张读书明理，保护童心。他认为读书是为了明义理，保持童心，使之勿失。他说："夫童心者，真心也。"又说："夫童心者，

---

[1]《张太岳集》卷三九。
[2]《张太岳集》卷七《辛未会试录序》。

绝假纯真,最初一念之本心也。若失却童心,便失却真心;失却真心,便失却真人。"① 他认为道理闻见都从多读书、识义理而来,但是多读书是为了保护童心,使之勿失。如果学者读书反而蔽障了这种童心,那是错误的。

其次,他提倡学习要独立思考,不能盲从附和,吠影吠声。他尖锐地批评一些人学习是随声附和,不能独立思考。他说:"人人非真知大圣与异端也,以所闻于父师之教者熟也;父师非真知大圣与异端也,以所闻于儒先之教者熟也;儒先亦非真知大圣与异端也,以孔子有是言也。……儒先臆度而言之,父师沿袭而诵之,小子矇聋而听之。万口一词,不可破也;千年一律,不自知也。不曰'徒诵其言',而曰'已知其人';不曰'强不知以为知',而曰'知之为知之'。至今日,虽有目,无所用矣。"② 这些话批评那些耳食之徒,只是人云亦云,不通过自己的思考与实践,这样的学习是徒劳无功的。

再次,认为穿衣吃饭都是人伦物理,由此才可以"达本而识真源"。他首先从普通民众的物质生活来考虑哪些是有用之学。他说:"穿衣吃饭,即是人伦物理;除却穿衣吃饭,无伦物矣。世间种种皆衣与饭类耳,故举衣与饭而世间种种自然在其中,非衣饭之外更有所谓种种绝与百姓不相同者也。"③ 学习就应当从这些有用之学入手,只有这样才能"达本识源"。这也是他为与当时空虚之学针锋相对,有感而发的。

最后,他对作为教材的"六经"和《论语》、《孟子》均作出了重新

---

① 李贽:《焚书》卷三《童心说》。
② 李贽:《续焚书》卷四《题孔子像于芝佛院》。
③ 李贽:《续焚书》卷一《答邓石阳》。

评价。他认为"六经"、《论语》、《孟子》不是史官过为褒崇之词，就是那些臣子极为赞美的话，或者是那些门徒弟子记忆师说，有头无尾，得后遗前，按照他们自己的意志，笔之于书。后来的士子习焉不察，便以为全出于圣人之口，把它捧为"经"书。哪知道这里面大半不是圣人的话。其次，这些话纵或是圣人讲的，圣人也是有所为而发，只是因病下药，随时处方，以补偏救弊，来纠正门徒们的偏见误解罢了。所谓"药医假病，方难定执"，这些话怎么可以拿来作为千秋万世的至论呢？因此，他断言，"六经"、《论语》、《孟子》，"乃道学之口实，假人之渊薮"。① 李贽对当时奉为金科玉律的"六经"、《论语》、《孟子》这些教材，提出这样严厉的批评和独到的意见，充分表现出他的勇气与卓识。

徐光启（1562—1633）

徐光启是明代著名的学者。他长期从事天文、历数、农学等方面书籍的著译工作，主张把自然科学作为学校的教学内容，开近世自然科学进入中国讲坛的先声。

他二十五岁举乡试以后，以教授为业，同他的学生一起，"咀嚼诗书之英华，斟酌文章之醇醨"②。四十二岁成进士后，留心经世致用之学，曾经从西人利玛窦学习天文、历数、火器，并研习屯田、盐策、水利诸书，从事实际工艺操作，扩大了学习内容的范围，改变了过去徒事诵读的学习方法。

他综合中西科研成果，修订了《大统历》，编译了《崇祯历书》；与利玛窦一起译著了《几何原本》的前六卷、《泰西水法》、《测量异同》、

---

① 李贽：《焚书》卷三《童心说》。
② 程嘉燧：《寿怀西徐翁序》。

《勾股义》等。在农学方面，他总结了中国农业的经验，编著了《农政全书》，打破了中国知识分子长期以来轻视农业、轻视传授农业知识和技能的旧传统。他痛切地指出："唐宋以来，国不设农官，官不庀农政，士不言农学，民不专农业，弊也久矣。"① 过去中国是一个农业国，可是不重视农业科学的研究工作，知识分子根本不去学习农业知识，这是一种反常的现象。这样农业怎么能够发展呢！徐光启慨乎言之，并亲自做这方面的科研著述工作，是有远见卓识的。

徐光启的教育思想，主张打破只由科甲一途用人的旧框框，广泛地发现和培养人才。对当时士子争相模拟、以猎取功名的时文，他斥之为"直是无用"，同时也批评高谈名理的儒生，认为他们"土苴天下之实事"②。他任职历局时给一批官生讲授，用他们编撰的历书作课本。他倾心于西方的"实心、实行、实学"，认为西学是一种"格物穷理之学"。他给当时教学内容这块园地，吹进了一阵阵清风。他特别推崇"象数之学"，说："象数之学，大者为历法，为律吕；至其他有形有质之物，有度有数之事，无不赖以为用，用之无不尽巧极妙者。"③

他非常重视几何学的学习。他认为他们编译的《几何原本》一书，能使"学理者祛其浮气，练其精心；学事者资其定法，发其巧思"④，所以每个人都应当学习这门学科。他说："《几何原本》者度数之宗，所以穷方圆平直之情，尽规矩准绳之用也。"⑤ 他曾历述翻译此书的经过：

---

① 《徐光启集》卷一《拟上安边御房疏》。
② 《徐光启集》卷二《刻同文算指序》。
③ 《徐光启集》卷二《泰西水法序》。
④ 《徐光启集》卷二《几何原本杂议》。
⑤ 《徐光启集》卷二《刻几何原本序》。

"利先生（指利玛窦）从少年时，论道之暇，留意艺学"，"与不佞游久，讲谭余晷，时时及之，因请其象数诸书，更以华文。独谓此书未译，则他书俱不可得论，遂共翻其要。约六卷，既卒业而复之，由显入微，从疑得信，盖不用为用，众用所基，真可谓万象之形囿，百家之学海"。接着他转述利玛窦的话说："是书也，以当百家之用，庶几有羲和般墨其人乎？犹其小者；有大用于此，将以习人之灵才，令细而确也。"① 这就是说，几何这门学问可以培养人们灵巧的才智，达到精细而确当的目的。他进一步说："能精此书者，无一事不可精；好学此书者，无一事不可学。"② 他认为我国算数之书，特废于近世数百年间，废的原因有两个：一是"名理之儒土苴天下之实事"，一是"妖妄之术谬言数有神理，能知来藏往，靡所不效"。这样使得"往昔圣人所以制世利用之大法，曾不能得之士大夫间"。③ 这是历史上一件很可惜的事。

徐光启不只重视数理书籍的翻译与学习，还建议系统地介绍西方的文化科学知识。他建议："择内外臣僚数人，同译西来经传。凡事天爱人之说，格物穷理之论，治国平天下之术，下及历算、医药、农田、水利等兴利除害之事，一一成书，钦命廷臣共定其是非。"④ 这是一个庞大的翻译西方书籍、引进外来文化科学知识的建议，可惜当时明王朝行将崩溃，这一建议没能实现。但是他在这方面付出了很多的心血，作了不少的努力，有助于形成中国科学的启蒙时期，其功绩是不可泯没的。

---

① 《徐光启集》卷二《刻几何原本序》。
② 《徐光启集》卷二《几何原本杂议》。
③ 《徐光启集》卷二《刻同文算指序》。
④ 《徐光启集》卷九《辨学章疏》。

徐光启毕竟是一位深受中国文化熏陶的学者，对中国古代文化有深厚的感情，有承先启后的愿望。对于宋代诸学派尊崇朱熹，他也认为学习"六经"要从学习朱熹的书入手。他说："夫学而果求诸六经，又果求诸孔氏之六经，则舍紫阳其将何途之从而致之哉？"① 如果能够认真读朱熹的书，他认为，"其实行实功，有体有用，将必因朱子以见宣尼之正脉，而俾天下国家实受真儒之益"②，所以他校订了朱熹的书，重新刊印，以广流传。可见他为学的根本，是因朱熹的书来探究儒家的"正脉"，而推广朱注的经书以作为教学用书。这跟明清两代规定的教学用书，显然是完全一致的。

方以智（1611—1671）

明末的思想家、科学家方以智为学甚博，对天文、地理、历史、物理、医药、文学、音韵都有研究。他特别强调"质测"的知识，主张"寓通几（哲学）于质测"，即哲学不能离开科学，科学应当以哲学为指导。他接受了明末西方传来的科学知识，批判西学"详于质测而拙于言通几"，也反对"离器以言道"的宋明理学。

方以智对明初的《四书大全》、《性理大全》等书进行了批评，认为它们"执一"，而不能综合各种学术流派，没有新的内容。他指出理学家的缺陷，说："宋儒惟守宰理，至于考索物理时制，不达其实，半依前人。"③ 又说："象数、律历、声音、医药之说，皆质之通者也，皆物理也。"④ 这是方以智的学科分类法。他在《物理小识》中说："历数律

---

① ② 《徐光启集》卷二《刻紫阳朱子全集序》。
③ 方以智：《通雅·音义杂论》。
④ 方以智：《通雅·文章薪火》。

度,是所首重。儒者多半弗问,故秩序变化之原,不能灼然。"① 又说:"穷理见性之家反不能详一物者……"② 他所谓"历数律度"是指天文、数学等自然科学基础知识,早在宋代,理学家便不加重视。他们说:"名数之学,君子学之而不以为本。"③ 理学家的"重道轻艺"传统,是形成中国历史上自然科学不受重视、不能发达的主要原因,而方以智身处明清之际,接触到当时西方传来的自然科学知识,认识到它的重要意义,认为知识分子应当学习天文、数学这些自然科学知识,这在当时来说,的确是"空谷足音"。

---

① 方以智:《物理小识·天类》。
② 方以智:《物理小识·总论》。
③ 《宋元学案》卷二二《景迂学案》。

第九编

论清代前期教材

清代前期学校教材与学术变迁*

清王朝是中国封建社会最后一个专制王朝。为了在政治上巩固统治，在思想上征服人心，清统治者还得使自己的统治在政治上适应固有的封建基础，从而确立自己的正统地位。康熙在《日讲四书解义序》中说："万世道统之传，即万世治统之所系也。""道统在是，治统亦在是矣。"就是说，要以道统来支持治统，以治统来卫护道统。表面上看，二者相互为用，实际上是要道统来支持和强化治统。康熙崇尚理学，笼络一班理学家来为他服务，同时自己以卫道士的面目出现，目的就在这里。

此外，用暴力的手段来镇压人民的反抗，还用文字狱和八股文两件法宝，来扼杀和钳制人们的自由思想，以达到巩固封建王朝统治的目的。

---

* 选自《中国古代学校教材研究》。

一、教材使用的一般情况

清初，太学仿明代制度，分为六堂，即率性、修道、诚心、正义、崇志、广业。课程仿胡安定法，分经义、治事二科。经义科以"御纂"经说为主要教材，兼教诸家的学术。治事科教兵、刑、天官、河渠、乐律一类材料。每个学生各习一科，务求探讨它们的源流，评论它们的得失。

太学的教学内容，不外《四书大全》、《五经大全》、《性理大全》和《资治通鉴》等书。每月上大课三次，祭酒、司业每月各升堂讲经一次。平日由助教、学正、学录课以制义和策论。监生每天练习楷书六百字以上。

考试分月考、季考二种。凡月考列在一等的给成绩一分，二等的给半分。如有"五经兼通，全史精熟，或善摹钟、王诸帖"①的，虽作文不及格，也给一分。在一年之内，积满八分的为及格。

据《清朝文献通考》载，地方儒学教材为《四子书》、《五经大全》、《性理大全》、《资治通鉴纲目》、《大学衍义》、《历代名臣奏议》、《文章正宗》等书。这些书由政府颁行于各直省儒学，并许书商刻版流行。据《大清会典》载："若非圣贤之书，一家之言，不立于学官者，士子不得诵习。"

诸生初次取中叫"入学"，实际上并未留学肄业，只是在一定的时

---

① 《清史稿》卷一〇六《选举志一》。

候参加考试。一为岁考，一年举行一次；一为科考，隔年举行一次。岁考内容为书艺二道，经艺一道。科考内容为书艺、经艺、时务策各一道。试卷的内容要模仿圣贤语气，要求理解清晰，字体楷正。

清代设有宗学、觉罗学、八旗学校等。这些属于贵族学校。宗学课程分清书、汉书、骑射三科。考试分月考、季考二类。宗学开设于顺治九年（1652年），雍正二年（1724年）才有比较详细的课程。招收王公、贝勒、贝子等宗室子弟。由于皇族子孙逐年增加，宗学不能容纳这么多学生，雍正七年（1729年）设立了觉罗学，也分清书、汉书和骑射三科。八旗学校的课程与宗学的课程大致相同。

清代一仍明旧，通过科举考试选拔人才，所以科考的内容决定了学子学习的内容。据《大清会典》载：乡会试第一场试书艺三道，论一道；第二场试经艺四道，五言八韵排律一首；第三场试时务策一道。举子平日可自由选修一经，考试经义按本经出题。清初，经解标准完全根据宋儒注释。关于文诗取录的标准，经书文以雅正为佳，诗以清华为尚，策以切实为主。诗文写作的教学也以此为准绳。

武科乡会试内容，分术科和学科，以术科为主。术科试骑射和步射。学科试论和策。论题的范围一是《论语》、《孟子》，一是《孙子》、《吴子》和《司马法》。武学平日的教学内容就是这些书。

翻译的教材，从考试内容可以知道。清廷于常科外，对八旗满蒙子弟，能够将汉文译为满蒙文的，一律给予秀才、举人和进士称号，与常科同。考翻译秀才的内容，满人初试马步箭，翻译《四书直解》三百字为满文；蒙古人不试术科，只译清字"四书"成蒙文。翻译满文的乡会试：将《四书释义》、《易经解义》、《性理精义》、《孝经衍义》、《大学衍义》、《古文渊鉴》、《资治通鉴纲目》等书译成满文，限二百字，还考判论或表策等。译蒙古文的乡会试比较简单：译清字"四书"三百字，译清字奏疏一道。

二、经学教材

清朝初期，汉学刚刚复兴，士子都以宋学为根底，这是以宋学为主流的时期。乾隆以后，许、郑之学大为昌明，治宋学有成就的人已经少了。讲说经书多主张实证，不主空谈义理。这是汉学昌盛时期。嘉庆、道光以后，又由许郑之学溯源而上，就是西汉的今文经学。

清初，"四书"、"五经"完全用宋人的注本，比起元、明初期兼用古注疏还有些不同。顺治二年（1645年）规定的试士例："四书"主朱熹《集注》，《易》主程、朱二《传》，《诗》主朱熹《集传》，《书》主蔡沈《传》，《春秋》主胡安国《传》，《礼记》主陈澔《集说》。康熙曾刊定《性理大全》、《朱子全书》，因而朱熹等注释的经书，仍都被用为教材。顺治十三年（1656年），命大学士傅以渐撰《易经通注》，颁于学官。

后来康熙亲自主持编纂的诸经注疏，都根据宋注本。康熙十九年（1680年），命大学士库勒纳等编《日讲四书解义》，二十二年（1683年），令编《日讲易经解义》。还命撰《春秋传说汇纂》，虽于胡《传》有所订正，但仍以胡《传》标题列三《传》之次。五十年（1711年）命撰《周易折中》，虽然没有全用程《传》和朱熹《本义》，但仍以程《传》和朱熹《本义》为主。六十年（1721年）命撰《钦定书经传说汇纂》，也以蔡沈《传》为主。《钦定诗经传说汇纂》不全用朱《传》，但以朱《传》为主。雍正即位，即刊行康熙钦定的《书》、《诗》"汇纂"二书，亲自写了序文。又编定《圣祖日讲春秋解义》。五年（1727年），编定《御纂孝经集注》。乾隆元年（1736年），诏排印《圣祖日讲礼记解义》；十三年（1748年），撰《钦定周官义疏》、《钦定仪礼义疏》、《钦定礼记义疏》。二十三年（1758年），命撰《御纂春秋直解》；二十五年（1760年），命撰《周易述义》、《诗义折中》；三十年（1765年），命撰《春秋集解》。编撰这些书的原则是：关于《周易》，酌取汉《易》、宋《易》的注疏，不涉及虚渺之学和术数之学。《诗》兼采毛苌、郑玄二家，分章多半根据郑玄说，征事多半根据《小序》。《周礼》采辑群言；《仪礼》多宗敖说（元敖继公著《仪礼集说》），但都兼采郑注；《礼记》采汉唐遗文，对陈澔《集说》则弃短从长。《春秋》采三《传》的精华，在序文中指出胡《传》的臆断之说。因此，"七经"虽为"御纂"，前后又有所不同。章太炎曾经批评："若康熙、雍正、乾隆三世，纂修七经，辞义往往鄙倍……时援古义，又椎钝弗能理解……"①

清代经学复兴，学者们对"十三经"的研究成绩卓著，对于作为教材的"十三经"都有诠释阐明，起了"羽翼"的作用。如代表清儒《易》学的，惠栋著《周易述》、《易汉学》，张皋文著《周易虞氏义》等，焦循著《易章句》、《易通释》等。清初学者对于研究《尚书》的功绩，给东晋伪《古文尚书》和伪《孔安国尚书传》宣判了死刑。研究今文《尚书》的是江声的《尚书集注音疏》、王鸣盛的《尚书后案》、孙星

---

① 章太炎：《訄书·清儒》。

衍的《尚书今古文注疏》，三家的注主要采辑马、郑注。孙的注文简明，说出注文来历。胡渭的《禹贡锥指》是清代研究古地理学的专著。清儒在《诗》学上最大的功绩在于解释训诂名物，如陈启源的《毛诗稽古编》，朱鹤龄的《毛诗通义》，当时称为名著。清代《礼》学复兴，研究的人很多，孙诒让著《周礼正义》，张尔岐著《仪礼郑注句读》，杭世骏著《续礼记集说》，保存了不少文献。《春秋》三《传》，《左传》分史和经的研究两派：前者有顾栋高的《春秋大事表》，后者大抵于杜注孔疏有所补正。治《公羊传》的有孔广森的《公羊通义》，当时称为绝学。研究《穀梁传》较有成就的为柳兴恩的《穀梁大义述》。研究《论语》的有刘宝楠的《论语正义》。研究《孟子》的有焦循的《孟子正义》。研究《尔雅》的有郝懿行的《尔雅义疏》。关于综合评释诸经的有朱彝尊的《经义考》、臧琳的《经义杂记》、王引之的《经义述闻》。

《说文》一书，清以前的学者不大重视。这与当时的学术风气有关。到乾隆中期，惠栋著《读说文记》十五卷，这是清人第一次阐述推崇《说文》的书。戴震对《说文》很有研究，他的学生段玉裁著《说文解字注》。卢文弨对《说文解字注》给予很高评价，谓："盖自有《说文》以来，未有善于此书者。"① 朱筠说："经学本于文字训诂，周公作《尔雅》，《释诂》居首；保氏教六书，《说文》仅存。"② 于是他刊布许氏《说文解字叙》，说之以教士，后来还刻《御制说文》于太学，以统一字体，便于教学。王念孙谓："盖千七百年来无此作矣。"③ 可见当时的人

---

① 谢启昆：《小学考》卷一〇引。
② 《清史稿》卷四八五《朱筠传》。
③ 《说文解字注》卷首。

对《说文解字注》已推崇备至了。梁启超谓："茂堂（段玉裁字）此注，前无凭借，在小学界实一大创作，小有舛误，毫不足损其价值……"①

为了改正教材中的错字，改善教材的版本，清政府采取了一些措施。如编辑《考文提要》一书行世。诏书中说："国家以四书、五经取士，士子诵读多系坊本，错讹衍缺，不一而定，因编《考文提要》一书镌板颁行，使士子知折中正义。"

朱筠曾请仿汉唐故事，择儒臣校正"十三经"文字，刻石太学。奉令缓办。乾隆五十六年（1791年），命在太学刊立石经，以蒋衡所书"十三经"为底本刻石，称为"乾隆石经"，共一百九十块。嘉庆八年（1803年），复命磨改尽善。这样有了"十三经"的标准本，避免了以讹传讹，错误百出，同时对于参加科举考试的士子，也有了一个范本。

关于学习"十三经"的顺序，江藩在《经解入门》中提出了他的意见。他指出治经要有次序：先读毛《诗》，其次读三《礼》。因为《诗》、《礼》两种最切人事，义理比起其他的经书来，较为明白易懂。接着可读《尚书》、《春秋》。《春秋》三《传》旨趣不同：《公羊传》理密事疏，《左传》事详理略，《穀梁传》师说久微。学习时要掌握它们的特点。至于《周易》统贯天人，没有确解定论。总之，学习这些经书，要先明大义，融会贯通，才有益处。他还主张读古书古注，因为去古未远，解经较为确切。"读书贵博、贵精，尤贵通"，不要躐等。

---

① 梁启超：《中国近三百年学术史》之十三《清代学者整理旧学之总成绩（一）》。

三、文学和数学教材

作为范本的诗文选本，有以下几种。

1.《古文辞类纂》。姚鼐编，七十四卷。选录战国至清代的文章。依文体分为十三类。内容着重选录《战国策》、《史记》、两汉文、唐宋八大家文以及明归有光、清方苞和刘大櫆等人的作品。书首有序目，略述各类文体特点及其义例，宣传桐城派的文学观点。嘉庆时康绍镛刻本为姚氏初稿本。道光时吴启昌重刻本及光绪间李承渊刊本为姚鼐晚年所定。

关于该书选材的分类，大致如下。(1) 论述类。源于古之诸子，但先秦诸子的文章都没有选录。(2) 序跋类。认为司马迁、欧阳修的表志序论是"序之最工者"，所以打破了该书"不载史传"的限制，选录了《史记》和《新五代史》中的几篇序。(3) 奏议类。录自战国以下，选编了自汉以后的表、奏、疏、议、上书、封事和对策。(4) 书说类。韩愈给友人的书信选得最多。(5) 赠序类。姚氏认为韩愈的赠序"得古人之意，其文冠绝前后作者"，所以韩愈的作品入选的篇数也较多。(6) 诏令类。姚氏认为汉至文景的诏令辞意俱美；而东汉以后辞气衰薄，故采录很少。(7) 传状类。刘大櫆认为"文士作传，凡为圬者、种树之流而已"。姚氏同意这个观点，因此这类录文很少。(8) 碑志类。这种文体本于诗，"歌颂功德，其用施于金石"。所录墓志文，以韩愈、欧阳修、王安石的这类文章选得最多。(9) 杂记类。柳宗元的游记也收入这一类。(10) 箴铭类。姚氏认为这是"圣贤所以自戒警之义，其辞尤质而意尤深"。(11) 颂赞类。也是"诗颂"一类的作品。(12) 辞赋类。姚氏认为这是"《风》、《雅》之变体","独辞赋则晋宋人犹有古人韵格存焉",所以入选了。只有齐梁以下,由于"辞益俳而气益卑",就不予选录。(13) 哀祭类。姚氏认为这类文体"楚人之辞至工",后世只有韩愈、王安石擅长此体。

《古文辞类纂》的分类,现在看来,不完全合理。如把韩愈的《祭鳄鱼文》列在诏令类,《毛颖传》列在传状类,又谓杂记类亦碑文之属,可是所选的文章主要是游记,颂赞类只选了六篇文章,很可以归并到另外类似的类去,等等。

2.《古文约选》。雍正十一年(1733年),方苞替和硕果亲王编。这是为士人提供一部"义法"的示范书。在《序例》中阐明了道统与文统统一的问题,揭出"助流政教之本志"。该书在当时即"刊授成均学生"。乾隆初年,又"诏颁各学官",成了官定的古文教材。这样,方苞所写的倡导"义法"的《序例》,也就具有"钦颁"的权威性,"义法"之说,成了二百余年桐城文派的理论根据。

3.《唐宋文醇》。乾隆三年(1738年)"御定",五十八卷。清初储欣增订明茅坤《唐宋八大家文钞》,加入唐李翱、孙樵两家,为《唐宋十大家全集录》。此书即以储欣书为蓝本,重加改订。采录各家评语,为之品题,并常引正史、杂说以考辨史实,有清乾隆年间内府大字本等。

4.《唐宋诗醇》。乾隆十五年(1750年)"御定",四十七卷。选录唐李白、杜甫、白居易、韩愈,宋苏轼、陆游六大家诗。各家前有总评,各篇后亦常有编者评语,如谓杜甫为"忠君"诗人的典范,李白、陆游诗中"忠爱之志"与杜甫固无不同，白居易《新乐府》"不失温厚和平之意"，皆可见其旨意所在。有乾隆年间内府本等。

另有《古文观止》、《唐诗三百首》等，将在蒙学教材部分介绍。

关于数学教学和教材概述如下。

康熙比较重视数学教学。他自己对这方面有所研习，所以知道学习数学的重要性。五十二年（1713年）设算学馆于畅春园，由精于数学的官员主其事，选八旗子弟学算法。同时命梅珏成等编纂《数理精蕴》五十三卷，为《律历渊源》的第三部分，主要内容是介绍1685年以后传入中国的西方数学。至雍正元年（1723年）告成，镌板颁行。在序文中说："际此数理大备之时，正当渊源传授……应于八旗官学增设算学，教习十六人，教授官学生算法。"

乾隆三年（1738年），停止教八旗官学算法，原因是"算学理数精微，非童稚所能骤通"①。后来在国子监设算学，教《数理精蕴》，凡线、面、体三部分，各学习一年，后来改为二年；七政（指日、月、五星，即天文学）限二年通晓。由算学大臣会同钦天监考试。

许如兰曾说："古人以句股方程列于小学，童而习之，人人能晓，今则老宿不能通其义。一则时尚帖括，视句股为不急之务；再则习为风雅，不屑持筹握算，效畴人子弟所为。"② 这就说出了当时轻视数学教学的社会原因。学了八股文可以考取科名；反之，学了数学，只能"持筹握算"，做一些"畴人子弟"做的事情。这也是封建社会科学教育不发展的社会原因。

---

① 《国子监志》卷一六《学志八》。
② 《清史稿》卷五〇六《许如兰传》。

四、注重旗人的骑射训练

清人依靠武力统一中国，清朝初年，对旗人的军事训练十分重视，曾下诏令，谓："国家造就八旗人材，以骑射为根本，其考试文艺乃末技耳。"认为"增此一途"，是为了"广登进之路"，纵或"缺此一途，亦于八旗人材无损"。[①] 顺治八年（1651年），吏部疏言："八旗子弟多英才，可备循良之选，宜遵成例开科，于乡、会试拔其优者除官。"[②] 从这年起，八旗子弟才开始参加乡会试，可是仍然规定"旗人报考文场，必先试以马步射，方准入闱，以示不忘本也"[③]。这是由于科甲人员升迁较快，于是害怕骑射而争趋文事，甚至考试文童，竟有人私减年岁，以图免试骑马射箭的。乾隆十年（1745年）诏曰："我朝崇尚本务，宗室子弟俱讲究清文，精通骑射。诚恐学习汉文，流于汉人浮靡之习。世祖谕令停习汉书，所以敦本实、黜浮华也。"此诏规定清室子弟都要娴习武艺，"储为国家有用之器"。[④]

可见，在清朝立国初期，为了保持实力，巩固政权，是十分注重旗人的军事训练的。反之，对于旗人的文事教育看得可有可无，认为是"末技"。可是，事与愿违，很多旗人竟舍难就易，习文事而惮武事。

[①][③]《清朝续文献通考》卷九五《学校考二·旗学》。
[②]《清史稿》卷一〇八《选举志三》。
[④]《清史稿》卷一〇六《选举志一》。

五、科举取士与八股文

清代继承明代的考试制度，规定以经义取士。于是士子竞习制艺，八股文成为"四书"、"五经"以外的教材，甚至比起"四书"、"五经"来还要为学子所重视。乾隆元年（1736年）下令："国家以经义取士，将以觇士子学力之浅深，器识之淳薄。……当明示以准的，使士子晓然知所别择。"① 于是命方苞选定明清诸大家时文四十一卷，名曰《钦定四书文》，颁为程式。既然有了一个争取功名的标准，于是士子便趋之若鹜，把这本书当作必读的教材。行之既久，攻制艺的人或剽窃陈词，不知根底，居然也能取得科名，求得一官半职，甚至成为有些人以后飞黄腾达的阶梯。

同时，明代以来的稿本、选本继续盛行，而且每科的乡、会试闱墨，如雨后春笋，层出不穷。选本有俞长城的《百二十名家选》，多选明文，清文只选了二十人；王汝骧选《明文治》风行一时；纪晓岚编《近科房行书菁华》；王步青选编《八法集》；桑调元有《评选明人制义》；等等。稿本流行的也很多，如顺治时杨雍建有《弗过轩制义》，施闰章有《施愚山稿》，张玉书有《张京江文稿》等；康熙时李光地有《榕村制义》，陆陇其有《陆稼书稿》，韩菼有《有怀堂制义》，尤侗有《尤西堂传稿》，何焯有《何屺瞻稿》，方苞有《抗希堂稿》；雍正时王步青有《敦复堂稿》，张江有《张太史时文》三集，陈宏谋有《横塘陈氏

---

① 《清史稿》卷一〇八《选举志三》。

一门朱卷》；乾隆时杭世骏有《镂冰集》，袁枚有《袁太史稿》，翁方纲有《复初斋时文》，吴锡麒有《有正味斋集》，张腾蛟有《思庭应试文》；道光时曹之升有《曹寅谷制义》，汤鹏有《海秋制义》，路德有《仁在堂全集》。其中，以《仁在堂全集》最著称，路德以试文课徒先后二十年，历年主讲关中、宏道各书院。

顾炎武《日知录》卷一六《拟题》中有一段话，对于我们今天了解封建社会的教学内容和教材使用情况很有帮助。他说："今日科场之病，莫甚乎拟题。且以经文言之，初场试所习本经义四道，而本经之中，场屋可出之题不过数十。富家巨族延请名士，馆于家塾，将此数十题各撰一篇，计篇酬价，令其子弟及僮奴之俊慧者记诵熟习。入场命题，十符八九，即以所记之文抄誊上卷，较之风檐结构，难易迥殊。四书亦然。发榜之后，此曹便为贵人……天下之士，靡然从风，而本经亦可以不读矣。予闻昔年五经之中，惟《春秋》止记题目，然亦须兼读四传。又闻嘉靖以前，学臣命《礼记》题，有出《丧服》以试士子之能记否者。百年以来，《丧服》等篇皆删去不读，今则并《檀弓》不读矣。《书》则删去《五子之歌》、《汤誓》、《盘庚》、《西伯戡黎》、《微子》、《金縢》、《顾命》、《康王之诰》、《文侯之命》等篇不读，《诗》则删去淫风变雅不读，《易》则删去《讼》、《否》、《剥》、《遯》、《明夷》、《睽》、《蹇》、《困》、《旅》等卦不读，止记其可以出题之篇及此数十题之文而已。……昔人所须十年而成者，以一年毕之；昔人所待一年而习者，以一月毕之。成于剿袭，得于假倩，卒而问其所未读之经，有茫然不知为何书者。故愚以为八股之害，等于焚书，而败坏人材，有甚于咸阳之郊所坑者但四百六十余人也。"阎若璩在《潜邱札记》中也说："三百年文章学问不能直追配唐、宋及元者，八股时文害之也。"他们对当时教学的情况，以及八股的危害，揭露得淋漓尽致。从中可以看出，"五经"等书，当时只要"记其可以出题之篇"就足够了。本来，作为教材的"四书"、"五经"是封建社会士子猎取功名利禄的敲门砖，现在连这块敲门砖也要扔掉了。

六、综述

清代前期使用教材的情况，可以大致归结为以下几点。

（一）清代前期的教学内容，由于清人以骑射为本，不重视文事。这是因为他们以征战起家，要依靠武力统一全国，巩固政权。同时由于他们文化根底不深厚，认为文化教育这东西可有可无，对于立国来说无关紧要，只要有了武力，就可以保住江山，长治久安。后来康熙认为光靠武力不能治理国家，还要重视文事。他自己就是一个博学多知的人。同时满族人对文事的爱好也日益提高。这是由于国家崇尚文事，念书的出路比从事武艺要好。也由于清王朝平定了三藩之乱，对四境的一些民族也征服了，对武力的需要不那么迫切，而需要文治的人才日益增加。清初重视旗人武事训练的要求，后来也逐渐放松了。他们的子弟要学习本民族文字的书，虽然这些书都是从汉文翻译过去的。后来直接读儒家的书，以儒家的经书为教材，从文化到文字，就逐渐汉化了。

（二）为了加强思想控制，屡次颁发《圣谕广训》之类的东西。顺治刊刻《卧碑文》，严禁生员立社集会和上书陈言。康熙颁布《圣谕》十六条，雍正又编《圣谕广训》。每月的初一、十五，文武官员要向百姓兵丁宣讲，并要求做到家喻户晓，以达到他们所谓"愚民感发天良，戾气消而和气聚"的目的。童生参加考试，教官要对考生宣读《卧碑文》和《圣谕广训》。考试时，考生要默写《圣谕》一节。《圣谕》的主要内容是宣扬所谓"明伦纪，辨名分，正人心，端风俗"的说教，企图用告诫的方式来消除反抗统治的思想，培养服服帖帖、受其统治的臣民。

加强思想控制的另一种手段是大兴文字狱。康熙、雍正、乾隆三朝就先后发生了数十起大大小小的文字狱。在我国封建社会中，清朝的文字狱可算是达到了极点。谢济世因注《大学》，以毁谤程朱罪被参。指出《大学》中"见贤而不能举"两节注文是借以抒发怨望诽谤之私，罚谢去当苦差。陆生楠写了《通鉴论》十七篇，雍正骂他"狂肆逆恶"，把他处死。这样，士子在教学时，战战兢兢，不敢越雷池一步。

（三）几种"钦定"教材标志着统治者控制教材内容。从汉代以来，历代统治者在教育方面都要抓住教材这一环不放（秦代规定以法律为教材也是这样），因为是给学生的精神食粮，学生从小接受了什么思想影响，就在行动上反映出来。清代统治者在这方面抓得更紧。从顺治到乾隆，在教材方面都花了力量。例如几种"钦定"的教材，虽然内容都是儒家的典籍，但是在教材的着重点、经文的注释等方面，都渗透了统治者的思想意志，并且要打上"钦定"、"御纂"的印记，表示这是经过统治者认可的。学子以此为标准教材，科举以此为准的。这是在思想统治方面的一条锁链。

为了同一目的，除了"钦定"教材以外，还编印了《十三经注疏》和《考文提要》，两次镌刻石经，还花了很大的人力、物力、财力，编印了《皇清经解》。后者虽然不是教材，但是解释经书的著作，起了教学参考书的作用。可见清统治者在教材工作上花了多大的力量！

（四）重视理学，以理学为维系统治的思想武器。清朝从顺治开始就尊崇孔子，推崇朱熹，利用儒家学说来巩固他们的统治，做到以心理征服来替代武力征服。康熙进一步崇尚儒学，进一步表扬孔孟程朱，称朱熹是"集大成而继千百年绝传之学，开愚蒙而立亿万世一定之规"[①]。康熙五十一年（1712年）把朱熹升入孔庙大成殿的十哲之次。康熙还说统治天下当"以讲学明理为先务"[②]。他不仅自己写书宣扬理学，还命李光地等编辑《朱子全书》、《性理精义》等书，广为刊印，来扩大理学的思想影响。

康熙一生读书不倦，请儒臣讲解儒学，研习"四书"、"五经"、《通鉴》、《性理》等书。这样他从汉族地主阶级手中夺过儒家旗号，作为满族统治阶级的思想统治武器，利用儒家提倡的一套治平之道，来拉拢汉族地主阶级及其知识分子，强化对全国人民的统治。这在清代前期的教材中起了很大影响。实际上，"四书"、"五经"作为教材是"外壳"，宋明理学是这些教材的"内核"。

（五）经学勃兴对教学内容有所改变和充实。在雍、乾时期，考据学复兴。这是政治上镇压的产物。这个时期，清王朝的统治获得了相对的稳定，对知识分子采取了严酷的统治政策。乾隆时屡次禁书籍，兴文字狱。当时的知识分子为了逃避现实的政治，把精力放在对古书的整理和考证方面。这样做，不会背离封建统治阶级的理论准则，而且成为日

---

① 《清朝文献通考》卷二二五《经籍考十五》。
② 《东华录》卷七一。

益衰落的程朱理学的辅助和补充。因此，乾隆更是大加鼓励。上行下效，在学术领域中出现了"家谈许郑，人说贾马"的情况。

在这种形势下，作为教材的《十三经注疏》就重新整理出版了。他们反对宋明理学好发空议论的弊病，注意对书本疑难问题进行考据订正。以惠栋为首的吴派崇拜汉学；以戴震为首的皖派，以语言文字学为治经的途径，在文字音韵方面作出了贡献。这在学术研究方面，在作为教材的经书的考证方面，是有贡献的。

（六）明代以八股文取士，束缚了知识分子的思想。清代认为这是一个笼络知识界的法宝，如法炮制。士子只要读一些八股文的范本，剽窃模拟，就有可能获得功名利禄，甚至连经书之类都可以束之高阁。当然，也有些知识分子在取得功名以后，继续在学术的园地里探寻。但这毕竟是极少数。绝大多数的人在凭借八股文这个工具，在科场上取得胜利以后，就可以得到一官半职，而进入士大夫阶层，成为统治阶级的一员。这样，怎么能培养出合格的人才，学术文化怎么能够振兴呢！

（七）清代前期有几种文学教材，发行面很广，使用的时间很长，影响很大。如《古文辞类纂》、《古文观止》、《唐诗三百首》、《唐诗合选》等。两种古文读本，选材都从古代起直到明清，时间跨度很长，大多是些脍炙人口的名篇。《古文辞类纂》选韩、柳、欧、王的文章比较多，作为桐城派古文的源流，是有代表性的。两种诗选也是学子学诗的入门书，虽然只选了唐代的诗作，但大多是精粹之作。比起宋代选编的《千家诗》来，选材的质量较高，示范性比较大。

（八）数学等自然科学的教学开始被提倡。这在只注重经学教材的传统教学中出现了科学的启蒙教育。康熙对学习数学的重要性有所认识。他设立了算学馆,招收学生学习算学。他自己喜好和钻研数学。李光地曾把梅文鼎的《历算疑问》三卷进呈,康熙很钦佩。他到南方巡视,三次召见梅文鼎,并赐给他"积学参微"的匾额。梅文鼎在算学上的主要贡献是把西方的算学介绍过来,并和中国古代算学相互比较增补。他还善于用中国古代的传统算学思想,对西方算学作简要说明,对比中法和西法的异同之处,这样就容易被一般人所接受。由于康熙提倡数学,数学这门学科的重要性,在某些知识分子中间有所认识。这对于科学教学内容的扩大有所推进。

清代前期的蒙学教材*

清代前期的蒙学教材,主要还是用《三字经》、《百家姓》、《千字文》、《女儿经》等。学童稍为识字以后,就读"四书"。用儒家思想来教育年轻一代,是封建社会一贯的教学主张。此外,清代的学人,根据当时的时代要求和社会需要,还编选了一些蒙学教本。兹撮其要者分述于下。

《古文观止》

清康熙年间吴楚材、吴调侯编选。上起先秦,从《左传》、《国语》开始,直至明代,共十二卷,选文二百二十二篇。选的绝大部分是散文,也收了极少数骈文。每篇有简要评注。按时代先后编排。

吴兴祚在序言中说:"阅其选简而该,评注详而不繁,其审音辨字无不精切而确当。"又称编选者二人"才器过人,下笔洒洒数千言无懈漫,盖其得力于古者深矣"。可见编者的古文根底颇深,所以取材较为恰当。过去作为少年儿童读本,繁简适中,流传较广。

---

* 原载《课程·教材·教法》1992 年第 3 期。

书中选司马迁文十五篇，韩愈文二十四篇，柳宗元文十一篇，苏轼文十七篇，欧阳修文十三篇。选文不少是名家名作，所以它深受读者的欢迎，成为过去学子的必读教材。直到今天，还有一定的生命力。

《古唐诗合解》

这本诗集选录了先秦到唐代有代表性的古近体诗六百余首。编纂者为清雍正时长州王尧衢（翼云）。合十六卷：古诗四卷，分别为古歌和汉歌谣词、汉诗、六朝乐府、晋及六朝五古等；唐诗十二卷，分别为五古、七古、五七言绝句、五七言律诗、五七言排律等。

编者在序言中谈了对诗的见解和编选该书的目的。他认为"诗不从三百篇始。上古赓歌初起，载在《典》、《谟》、《击壤》、《康衢》，即有韵语"。所以该书选古诗从相传为上古流传的诗歌开始，直到隋朝。编者认为做什么事都要有法可循，"离朱输巧，不出准绳；贯札穿杨，不忘彀率"，"凡有兴作，不闻废法"。所以该书可用为"作诗之权舆"，"由是潜契默悟，能神游于法之外者，即巧生于法之中"。这就是编该书的目的和作用。

编者把古诗和唐诗编在一起，认为这是"欲抉诗之原本以及流，而得其全"。就是说要了解诗歌的源与流，古诗是源，学诗者不可不探本寻源。

编者选诗的标准，是取"格调平稳，词意悠长，而又明白晓畅，皆人所时常诵习者"，目的是使人"资近体之揣摩"。

编者还作了一些评注，"观其立局命意而分疏之"。现在看来，有些评注头巾气太重，且有评注不当的地方。

过去，这本诗集用作儿童学诗的教材。在分量上，比《唐诗三百首》和《唐诗合选》分别多二三百首。至于选材的精当和普及程度，都不及《唐诗三百首》。

《唐诗合选》

清乾隆年间刘文蔚（豹君）编纂。共选唐诗三百六十八首，比《唐诗三百首》的内容要广泛些。两书选诗不同的篇目有二百七十多首。入选的诗以杜甫诗为多，共八十五首，占全书的百分之二十三多；其次李白诗四十九首，王维诗二十七首。

原序作者称该书"考核典雅，注释详明，于章句间条分缕析，得其肯綮"。其实，该书所以能流传下来，过去被用作学生的唐诗教材，主要是因为它选材比较得当。编者选诗的标准比较注意思想性较强的作品。如该书所载杜甫的诗，有《后出塞》、《羌村》、《石壕吏》、《新婚别》等，这些诗在《唐诗三百首》中都是没有被选入的。其他被选入的多是名家的一些脍炙人口的名篇。可是集中有些名家的诗作似嫌选得过少，如选白居易、李商隐的诗各只两首。

在所选各诗体的前面，摘录了一些名家对这种诗体的评述，可以帮助读者了解这种诗体的做法。

集中选录了一些应制诗，尤其在五律中选了不少。这类诗歌功颂德，是读者感到味同嚼蜡的。

《唐诗三百首》

清孙洙（蘅塘退士）编选。成书于乾隆二十八年（1763年），是一部流传很广的唐诗选集。编选者孙洙，字临西，江苏无锡人，乾隆十六年（1751年）进士。该书所选的诗多是精粹之作，在唐诗中具有一定的代表性。孙洙在《原序》中说："世俗儿童就学，即授《千家诗》，取其易于成诵，故流传不废。但其诗随手掇拾，工拙莫辨，且止五七律绝二体，而唐宋人又杂出其间，殊乖体制。"所以他选录唐诗中脍炙人口之作，如五古、七古、五七律、五七绝、乐府，共三百一十首，分体编排，"为家塾课本，俾童而习之，白首亦莫能废"。后来四藤吟社本增补了杜甫《咏怀古迹》三首。光绪年间四藤吟社主人谓该书"风行海内，几至家置一编"。可见这是清代一本流行最广、影响很大的唐诗选本。

选入该书的有七十五位唐代诗人的作品（外加无名氏二人）。所选诗占《全唐诗》的一百六十分之一，分量比较合适，注意到入选作品的代表性。但所选多描写个人情怀之作，人民性较强的作品选得很少。如杜甫的《三吏》、《三别》，白居易的乐府诗，杜荀鹤、聂夷中的一些作品，都没有入选。这不能不说是该选本的一个缺陷。

过去该书有多种版本，以陈婉俊的补注本流行较广。序言中谓注释"字梳句栉，考核精严"，"津逮初学，功匪浅鲜"。虽不无溢美之词，但注者在词句的出处方面，寻源探本，确尽了不少心力。新中国成立前有喻守真的《唐诗三百首详析》，特点在于详细地讲解作意作法。由中华书局出版，新中国成立后重印过几次。

《朱子治家格言》

朱柏庐（1627—1698）编写。朱柏庐名用纯，柏庐为其自号，江苏昆山人。明生员，由明入清，康熙时坚辞不应博学鸿词科。他的《朱子治家格言》，世称《朱子家训》。《朱子治家格言》是我国一部家教名作。它通俗流畅，易于普及，三百年来，在社会上广为流传，成为清代以来家庭教育的教材。

《朱子治家格言》以修身齐家为宗旨，五百余字总结了治家处世之道。其中有些句子到现在还广为传诵，如"黎明即起，洒扫庭除，要内外整洁"，"一粥一饭，当思来处不易"，"宜未雨而绸缪，毋临渴而掘井"，"居身务期质朴，教子要有义方"，"因事相争，安知非我之不是，须平心再想"，等等。

陈宏谋说："古人治家之言颇不少，独取乎是者：其言质，愚智胥能通晓；其事迩，贵贱尽可遵行。"文字质朴无华，谈的都是些日常切身的事情，没有什么深奥的道理。所以它不但流传下来，而且传播很广，影响颇大。虽没有列为正式教材，但是它所产生的影响，比有些教材还要大。

朱柏庐还有《劝言》四则，即孝悌、勤俭、读书、积德，虽然也不是教材，但都是封建社会进行社会教育的一些处世准则。他谈到读书"不但记其章句，而当求其义理"，又说"要知圣贤之书，不为后世中举人进士而设，是教千万世做好人"。例如，教学生读《论语》，如果读了以后跟未读时一个样，这就不算读了。他认为，一个人如果能通"六经"及《性理大全》、《通鉴纲目》、《大学衍义》诸书，固然是"上等学者"，但如果读了《孝经》、《小学》、"四书"本注，能够踏踏实实，身体力行，也是很好的。可见《劝言》这本书的效用，着重在立身处世的力行方面，而不是为了求知识，广见闻，成为口头禅或猎取功名富贵的工具。

《千金裘》

清嘉庆时蒋义彬编。关于编这本书的目的，编者在《自序》里说："爰于典故中择其合于时尚者，裁成对语，以为初学诗赋之资。"可见这是适应当时科举考试和初学诗赋的需要而编撰的，编者在二集的《凡例》中说:"诗赋与四六骈体,固须腹笥富有,要必贵新、贵工、贵巧。"还说:"是编为应制之用,典故多取冠冕。"明清时代,士子读书应考,除了要学习八股文外,还要学习和熟记一些成语成词。为了供读者在写应试诗文和骈文时得心应手,左右逢源,于是编纂了这本书。

编者在该书的《凡例》中说:"近科馆阁诗赋以及乡会试帖,俱力扫陈腐,领异榜新。其所用字眼,总不外风云、山川、伦类、形体、草木、鸟兽以及干支、卦名、方位、颜色、数目;再或取象杂物等类。大抵皆假借为用,活变为对。兹集专仿此意。"从此可见编纂此书的体例大意。

该书的内容分为天、地、人、物四部。天、地二部取材很窄,各编为一卷。人、物二部分以子目,各类依韵编次。人部分帝王、仕宦、科名、性道、人品、文学、武功、礼仪、乐舞、伦类、形体、居住、服饰、饮食、农桑、杂艺、闺阁、仙释。物部分珍宝、文具、武备、杂物、鸟兽虫鱼、草木蔬果。附录部分有虚字对。该书摘取两个字到四个字,各类依韵编次。兹举例句如下。天部如:"雨师,风伯","两三点雨,廿四番风";地部如:"桃叶渡,杏花村";人部如:"雁塔,鸿都","潜夫论,幼妇碑","五柳宅,百花庄";物部如:"露刃,霜锋","丝鸡蜡燕,竹马鸠车"。每条下都注明原文和出处,使读者了解全文的意义。

时移世易,今天写文章,不依靠这样类书一般的教材,这种书作为教材的使用价值就不存在了。可是我们可以从中了解一些古代语言的特点,为研究古代文化和古代教材提供资料。

《增广贤文》

《增广贤文》选录了一些劝人处世的箴言，运用它来进行封建伦理道德的通俗教育，在民间的影响比较广泛而深远。过去有人评论这本书说："《贤文》一篇，古谚三千。""读了《增广》会说话。"这是民间对该书的评价。这些通俗流行的语言，有的在民间广为流传，并且作为为人处世的准则。有的在儿童当中也颇为流行，家长常用此书或书中的一些语句来教育子弟。

该书在开首几句就说明了编书的意图："昔时贤文，诲汝谆谆。集韵增广，多见多闻。观今宜鉴古，无古不成今。"这里说明了该书搜辑了过去的一些成语，用来对人们进行教育，使他们见多识广，了解一些人情世故；知道现在是过去的继续，知道一些古人体验过的道理来作为观察当前世事的依据。这就是编者编纂这本书的目的。

原书的编者不详。清朝同治年间，周希陶取此书加以增补，以平上去入四韵重新编排，称为《重订增广贤文》。他除了补充儒家的一些说教以外，还补充了一些佛家的内容。但是社会上流行较广的还是原来编选的本子。

《弟子规》

清李毓秀撰。原名《训蒙文》。经贾存仁修订后，改名为《弟子规》。它是以学规、学则的形式对儿童进行学习指导和品德修养的启蒙读物。全书以《论语》中"弟子入则孝，出则弟，谨而信，泛爱众而亲仁，行有余力，则以学文"一章为总纲，分为数节，各选择《论语》、《孟子》、《礼记》、《孝经》和朱熹语录纂辑而成。

《笠翁对韵》

清李渔著。按平声三十韵编撰，字字对仗。书中写景咏物的句子很多，如"风高秋月白，雨霁晚霞红"，"竹径风声籁，花溪月影筛"，"陌上芳春，弱柳当风披彩线；池中清晓，碧荷承露捧珠盘"。有关于历史知识的，如"马援南征载薏苡，张骞西使进葡萄"，"高皇灭项凭三杰，虞帝承尧殛四凶"。也有些庸俗的句子，如"三元及第才千顷，一品当朝禄万钟"等。

《声律启蒙》

作者为清康熙时车万育。也是根据平声三十韵为目，每韵各有对文三十对，从一个字到十一个字。文字取典雅、风韵，内容多为写景、格言、历史故事等。如"花开红锦绣，水漾碧琉璃"，"忠心安社稷，利口覆家邦"，"汉致太平三尺剑，周臻大定一戎衣"，"春水才深，青草岸边渔父去；夕阳半落，绿莎原上牧童归"。有人说，读起这本书来，"声调铿锵，词藻华丽"。

这本书和《笠翁对韵》都是适应当时科举考试和社会需要而编撰的，所以有一定的读者对象。两书都有简单的注释。它们给予学童以对仗文字的知识和训练，以备将来科考之用；同时给予学生以较多的历史知识，起到"观今宜鉴古"的作用。

《清文启蒙》

清舞格编，四卷。雍正八年（1730年）程明远在为此书写的序言中说："《清文启蒙》乃吾友寿平先生著述，以课家塾者也。其所注汉语，虽甚浅近，然开蒙循序、由浅入深、行远自迩之意寓焉。启迪之初，非此晓畅之文，亦难领会。诚幼学之初筏，入门之捷径也。"

程明远曾经目睹编者用此法教学，稍为聪明的孩子，学一个月就能写能读，"功效捷速"。他认为这本启蒙教材，对于"初学之士，大有裨益"。

综观清代前期的蒙学教材，提出以下几点看法。

（一）有些选本流行很广，影响很大。如《古文观止》、《唐诗三百首》。这两本书作为儿童少年的教材，使用的时间很长，覆盖面很广，大概有以下几个原因。

1. 选本的选材比较精当。《古文观止》从《左传》选到明文，撷取各书、各家、各个时代的精粹之作。《唐诗三百首》也是一样，很多诗都是名家的得心应手之作，并且在士子中间流传很久。

2. 有些作品有一定的思想性。读了这些作品，可以抚摩到时代的脉搏。如《古文观止》所选的先秦诸文，如《左传》的《石碏谏宠州吁》、《臧哀伯谏纳郜鼎》、《曹刿论战》、《子产论政宽猛》，《国语》的《敬姜论劳逸》，魏征的《谏太宗十思疏》，苏轼的史论，张溥的《五人墓碑记》，等等。

3. 所选各篇多是艺术性比较强的，如《归去来辞》、《滕王阁序》、《吊古战场文》、《赤壁赋》、《秋声赋》等，不但艺术性强，感染力也很强，还有吊古伤今、寄怀身世之感；描写自然景物，也绘影绘神，曲尽其妙，都是脍炙人口之作。

4. 有些文章出自肺腑，或说理透辟，感人至深。如《出师表》、《陈情表》、《师说》、《进学解》等。

（二）为了适应科举考试和写作诗词歌赋的需要，如《声律启蒙》、《千金裘》、《笠翁对韵》一类的教材应运而生。学生很小熟悉了这些典故和成语，写起文章来就会得心应手，对学写诗歌有所帮助。几种教材的编选，部分地也是为了适应科考的需要。当然，优秀的古典诗歌是中国文化的瑰宝，中华民族的宝贵遗产。学习这些作品，足以陶冶情操，扩展襟抱，起兴观群怨的作用，也是继承和发扬民族遗产之所需。

（三）在封建社会，有些知识分子很注意家庭教育。朱柏庐的《朱子治家格言》，就是在这种思想指导下写成的。朱柏庐治学以程朱为本，提倡知行并进。他写的《朱子治家格言》尽管都是讲家居生活、寻常日用的事情，却能深入浅出，鞭辟入里。它不只是家庭教育的教材，而且成为成人社会教育的教材，在社会上产生了一定的教育作用。

（四）封建王朝为了加强统治，光抓对儿童的学校教育是不够的，还注意到对他们的社会教育。他们也意识到光靠刑法来维护社会秩序，统治人民，有鞭长莫及之感。为了使民众不"犯上作乱"，制定了《圣谕》、《卧碑文》和《圣谕广训》等，使它们成为民众日常生活所遵守的信条。这不仅施行于成人，也施行于儿童。理学家汤斌就曾极力吹捧这些教条，说什么"圣人之言，广大精微"。他要求官吏每月初一、十五日会集士民，选"年高有德"的人"敬谨讲说，务要明白痛切，使人感动"，以达到"尚德缓刑，化民成俗"的目的。[①]

[①] 陈宏谋：《五种遗规》卷三《汤潜庵语录》。

清初几位学者论教学内容[*]

17世纪,中国阶级矛盾和民族矛盾异常尖锐。大动荡的社会环境和政治风云,推动了思想领域斗争的发展,出现了一些大思想家。他们形成了与宋明理学相对立的、有批判精神和求实精神的新学风。这些思想家对封建社会末期产生的种种弊端感受很深,因而抨击封建专制制度,批判唯心主义理学。西方自然科学传入中国,有助于清初的思想家摆脱理学观点和迷信思想,开始用求实的态度观察政治和社会问题。这些思想家在教育方面提倡经世致用,在教学内容方面提出了一些新的观点。

兹将清代前期几位思想家对教学内容的观点略述于下。

一、黄宗羲

黄宗羲反对明人讲学不以"六经"为根底,只是袭语录之糟粕,束

---

[*] 选自《中国古代学校教材研究》。

书不观，从事游谈。他主张学习内容要能容忍异说，这有点兼容并包的意思。他说："先贤之学，如百川灌海，以异而同。"学子不仅要虚心研习儒家各派的学说，还要了解诸子百家和释老的理论，认为"道非一家之私，圣贤之血路散殊于百家，求之愈艰，则得之愈真。虽其得之有至不至，要不可谓无与于道者也"①。容忍异说或对各种学说作比较研究是教学法上的一个重要原则。这个原则要求教师系统地介绍各种理论。为此，他要求教师应使学生在学习时运用独立思考去掌握各派学说的中心思想。

全祖望在谈到黄宗羲的学养时说："公以濂洛之统，综会诸家：横渠之礼教，康节之数学，东莱之文献，艮斋、止斋之经制，水心之文章，莫不旁推交通，连珠合璧，自来儒林所未有也。"② 陈悔庐（汝咸）也说："梨洲黄子之教人，颇泛滥诸家，然其意在乎博学详说以集其成，而其究归于蕺山慎独之旨，乍听之似驳，而实未尝不醇。"③ 黄论学习内容似乎驳杂，实际上有个原则，就是博学详说，由博返约，功夫在于慎独，目的在于修己治人。

黄宗羲特别重视史学的学习和研究。他的学问影响后来极大的也在于史学。他要求学生读史，研究历史。现行的《明史》大半是万斯同的稿本，而万的史学实传自黄宗羲。黄感到明末的学风越来越流于空疏，束书不观，游谈无稽，于是提出了一个精辟的论点。他说："问学者必

---

① 《南雷文定》三集卷二。
② 全祖望：《梨洲先生神道碑文》。
③ 全祖望：《大理悔庐陈公神道碑铭》。

先穷经，经术所以经世。不为迂儒，必兼读史。"①他把读史提高到很重要的地位。章学诚认为浙东之学的卓越之处，在于"言性命者必究于史"②。全祖望也认为从前"讲堂痼疾，为之一变"③。这样就形成了以史学研究为特色的浙东学派。这一观点，对于清初以及后来的学术界和教育界（包括教育内容），都产生了一定的影响。

二、顾炎武

顾炎武在学术思想方面，开一代朴学风气之先，对教学内容提出了一些独到的见解。

第一，强调博学于文，多学而识。他针对明末士大夫的空疏不学，强调"博学于文"、"行己有耻"。他认为"自一身以至于天下国家，皆学之事也"，把学术研究和解决社会问题联系起来。他批判那种"置四海之困穷不言，而终日讲危微精一之说"的空疏学风。④他所谓"博学于文"的"文"，并不是指狭义的理解，而是指广义的理解。他说："君子博学于文，自身而至于家、国、天下，制之为度数，发之为音容，莫非文也。"⑤他所谓"文"不仅包括礼乐政教、文物典章等，而且包括"经天纬地"的器识。这些都是理智教育的内容。

第二，认为"经学即理学"，通经应以汉儒为师。他说："古今安得

---

① 《清史稿》卷四八〇《黄宗羲传》。
② 章学诚：《文史通义》卷五《浙东学术》。
③ 全祖望：《证人书院记》。
④ 《亭林文集》卷三《与友人论学书》。
⑤ 《日知录》卷七《博学于文》。

别有所谓理学者,经学即理学也。自有舍经学以言理学者,而邪说以起……"①他对那些坐而论道、空谈"明心见性"的理学家给予有力的批判。他说:"昔之清谈谈老庄,今之清谈谈孔孟","不考百王之典,不综当代之务","以'明心见性'之空言,代修己治人之实学"。②又说:"士而不先言耻,则为无本之人;非好古而多闻,则为空虚之学。"③他反对空言,主张实学;反对空虚之学,主张好古多闻。

他认为,对儒者来说,通经以备用世,本身就是一种目的。"引古筹今,亦吾儒经世之用。"④他主张通经以汉儒为师。他抛弃理学家的明体功夫,专心致志于通经之业,摸索出一套扎实细密的治学方法,于广博中求专深。

顾炎武认为要研究经学,必须先通小学,小学音韵是治学的基础。他说:"古之教人,必先小学。小学之书,声音、文字是也。"⑤又说:"读九经自考文始,考文自知音始。"⑥他认为读古书首先要懂古音韵,懂古音韵才能明字义,明字义才可通诸子百家之书。这些观点是他针对宋明理学尚空谈、不务实学的流弊而提出的,实开清代考据学的先声。学风的转变,客观上也影响教学内容的转变。

第三,在经学教学中以学礼为重要。他认为"周公之所以为治,孔

---

① 全祖望:《亭林先生神道表》。
② 《日知录》卷七《夫子之言性与天道》。
③ 《亭林文集》卷三《与友人论学书》。
④ 《亭林文集》卷四《与人书八》。
⑤ 《日知录》卷四《昌歜》。
⑥ 《亭林文集》卷四《答李子德书》。

子之所以为教"都是礼。① "教礼"是教师的首要任务,他说:"父子之亲,长幼之序,男女之别,非师不明。教人以礼者,师之功也。"② 他晚年在关中教学,以《礼》为主要教材。他写道:"比在关中,略仿横渠蓝田之意,以礼为教。夫子尝言:'博学于文,约之以礼。'……君子之为学,将以修身,将以立命,舍礼其何由哉?"③ 由于礼是维系封建社会的准则、制度,是促使人们遵纪守法的行为规范和精神约束力,所以儒家的学者多宣扬礼的重要作用。顾炎武认为教人以礼是教师的任务,儿童从幼年起就应当受礼的教育。他深深地以没有能进一步研究礼学,"为之论断,以待后王,以惠来学"为憾事。他在《答汪苕文书》中说:"弟少习举业,多用力于四经,而三《礼》未之考究。年过五十,乃知'不学礼,无以立'之旨。……如得殚数年之精力,以三《礼》为经,而取古今之变附于其下,为之论断,以待后王,以惠来学,岂非今日之大幸乎?"

第四,读书应与实地考察结合。顾炎武认为知识不只在书本里,学习不只是读书;应当深入实际,作调查研究,取得第一手资料;现实社会是一本反映真实的活教材,也是一本取之不尽、用之不竭的广博的教材。他在《与潘次耕》中说自己"频年足迹所至,无三月之淹"。潘次耕说:先生"足迹半天下,所至交其贤豪长者,考其山川风俗,疾苦利病,如指诸掌"④。全祖望说:先生"所至厄塞,即呼老兵退卒,询问

---

① 《亭林文集》卷二《仪礼郑注句读序》。
② 《日知录》卷六《思事亲不可以不知人》。
③ 《亭林文集》卷六《与毛锦衔》。
④ 潘耒:《日知录序》。

曲折，或与平日所闻不合，则即坊肆中发书而对勘之"①。封建社会的很多知识分子认为学习只是读书，书本是唯一的知识来源。顾炎武批判这种见解，并且不畏艰苦，深入实际，向广大的社会寻找真正的知识，这在当时确实是难能可贵的。

第五，认为儿童教材的识字教育应与思想教育结合。余姚吕章成本着爱国主义精神，改编了《千字文》。顾炎武特别为此书作了序。他一生不喜作应酬文字，这次特意为吕的《千字文》作序。因为他认为此书足以向儿童灌输爱国主义思想，并且小学是"六经"教育的始基。序中说："《千字文》则起于齐梁之世……后之读者苦《三仓》之难，而便《千文》之易，于是至今为小学家恒用之书。而崇祯之元，有仁和卓人月者，取而更次之，以纪先帝初元之政，一时咸称其巧。吕君以为事止于一年，未备也，于是再取而更次之，而明代二百七十年之事乃略具。……吾读史游《急就篇》，博之于名物制度，浩瀇而不可穷……而吕君此文，其首曰：'大明洪武，受命配天。'……夫小学，固六经之先也，使人读之而知尊君亲上之义，则必自其为童子始……"②他对于这本小学教材增订本的评价，着重点在于该书讲了"尊君亲上"的道理，也就是概略地讲述了明代二百多年的历史。他认为这种爱国思想应当在儿童时就加以培养。他特意为该书作序，其用意就在于宣传爱国主义思想。这同他一生的爱国主义思想是一脉相承的。

第六，顾炎武在提出自己有关教学内容的意见的同时，对当时的教

---

① 全祖望：《亭林先生神道表》。
② 《亭林文集》卷二《吕氏千字文序》。

学内容提出了批评。首先是批评宋明理学教育家关于教学内容的做法。这些理学教育家专以性命天道、语录为主要的教学内容，却轻视诗书"六艺"、礼乐政教、文物典章、天象地理等。他对此给予了深刻的批评。他说："不习六艺之文，不考百王之典，不综当代之务，举夫子论学论政之大端一切不问，而曰'一贯'，曰'无言'。以'明心见性'之空言，代修己治人之实学。"① 他认为明代谈心性的理学，忽略了实学的教学内容，从而毁灭了圣道，败坏了人心。

其次，他痛切地批评当时以时文作为教学内容。他说："今之为禄利者，其无借于经术也审矣。穷年所习，不过应试之文，而问以本经，犹茫然不知为何语。盖举唐以来帖括之浅而又废之，其无意于学也，传之非一世矣。"② 自从八股文作为考试的内容，学子朝夕呫唔的是八股文，死记硬背的是八股文；不知道八股文之外，还有什么学问文章。这种学风败坏了人才，摧残了学术，因此顾炎武针砭时弊，慨乎言之。

三、王夫之

王夫之（船山）对于学习"五经"的作用提出了自己的看法。他认为学习《易》的作用在于使学者预知吉凶、修辞立诚、指导行动、创制器械和制度。学习《书》是为了酌古治今，即借了解古代事理来讨论当今朝政的得失。学习《诗》的重要作用，在于鼓舞青年的道德情感；学《诗》有艺术的、社会的、政治的、道德的教育价值，以后者为最重要。

---

① 《日知录》卷七《夫子之言性与天道》。
② 《亭林文集》卷三《与友人论门人书》。

《礼》是主观心理和客观事物的自然准则，学《礼》有道德的和涵养心性的作用。学《乐》能培养和谐的心情，有宗教的、社会的和道德的作用。学史是为了"以古为鉴"，它的作用是借鉴有关国是、民情、边防、修身、治学等方面的前人经验。在他提出的学习内容中，还有诸子哲学、宋明理学、佛经、策论、诗文等。他的教学计划是百科全书式的。

他也认为，当时科举考试的内容，如经义、策论、词赋，也是教学的内容。他说："书义而外，论以推明经史，而通其说于治教之详，策以习天人治乱、礼乐、兵刑、农桑、学校、律历、吏治之理，非此则浮辞靡调，假于五经、四书而不知其所言者何谓，国无可用之士，而士益偷则益贱，固其宜已。"[①]

王夫之在《读〈四书大全〉》一文中提出了教学五步说。由于事有大小精粗之分，理也有大小精粗之分。教学的第一步是教学粗小的事，如洒扫应对；第二步是教学粗小的理，如洒扫应对之理；第三步是教学精大的事，如正心、诚意、修身、齐家、治国、平天下等；第四步是教学精大的理，如正心、诚意等之理；第五步是教学大小精粗的理的综合或统一。在学习上这五步不是割裂的，而是连贯的。

王夫之对自隋代以后的教学内容提出了看法，认为王安石"革词赋，用书义"，比课学生以词赋要好些；教学要引导学生去"读书穷理"。他在《噩梦》中说："进士科始于隋，垂千年而不能易。后有易之者，未知以何道为得。王安石革词赋，用书义，亦且五百余载矣，使学者习效圣贤之言以移其志气，其贤于词赋明甚。至文体之屡变，或趋于

---

① 王夫之：《噩梦》。

陋，或淫于邪，皆乘时会，不能为之预谋。但可厘正者，导以读书穷理之实而已。"

在同一书中，他对明万历年间的考试导向、王学末流的"剽窃禅悟"以及八股取士的流弊，提出了严肃的批评。他说："闻万历初年，县试儒童，无策者不送。府试且有以河图、洛书、九宫、八卦策问儒童者，则所重可知已。万历中叶，姚江之徒兴，剽窃禅悟，不立文字，于是经史高阁，房牍孤行，以词调相尚。取士者亦略不识字，专以初场软美之套为取舍，而士气之不堪，至此极矣。原其所始，立法亦有未善者，故流弊有所必至。科场七日而三试，作者倦而阅者亦烦，则操一了事之心以应后场，必矣。二场所试者，表判骈艳之语，将以何为？"王夫之对于这些弊端，耳闻目见，洞察其中的症结，才能提出中肯的批评。考试内容与教学内容是息息相关的，考试中暴露出来的问题实际上反映了教学内容中存在的问题。

四、颜元

清代前期，颜元是一位有创新思想的教育理论家和教育实践家。他对传统的教育思想、教育内容和教育方法，提出了尖锐的批评，并且通过自己的教育实践，谱写了教育史上一曲教育改革之歌。在教学内容方面，他提出了独特的创造性的见解。颜元的确是中国教育史上一颗闪亮的明星。

颜元高举起鲜明的反对宋明理学的旗帜。他注重躬行践履，提倡富国强兵的功利主义，反对坐禅主静的性命之学，特别标举"习行"的主张。他说:"讲之功有限,习之功无已。"① 他的格言是:"讲解千卷,何如习行一二也!"② 他明确地指出:"明道不在《诗》、《书》章句,学不在颖悟诵读,而期如孔门博文约礼,身实学之,身实习之,终身不懈者。"③

学习的内容是什么,他说:"三事、六府,尧、舜之道也;六德、六行、六艺,周、孔之学也。古者师以是教,弟子以是学;居以养德,出以辅政,朝廷以取士,百官以举职。六经之文,记此簿籍耳。"④ 他认为"三事"、"六府"、"六德"、"六行"、"六艺",是学术的根据,亦即教育的内容。所谓"三事",是指正德、利用、厚生;"六府"是指水、火、金、木、土、谷;"六德"是指智、仁、圣、义、忠、和;"六行"是指孝、友、睦、姻、任、恤;所谓"六艺",是指礼、乐、射、御、书、数。"六德"、"六行"、"六艺"总称"三物",也就是他的所谓实学。"三物"中以"六艺"为教育的主要内容。他说:"先之以六艺,则所以为六行之材具、六德之妙用,艺精则行实,行实则德成矣。"⑤

在颜元关于教学内容的阐述中,经常提到孔子的"四教",即"文、行、忠、信"。他说:"予意孔子立教先以文,即礼、乐、射、御等,宗周公之六艺也;次以行,即孝、友、姻、睦等,宗周公之六行也;终以忠信,即智、仁、圣、义等,宗周公之六德也。"⑥ 他在谈到这些教育内容时,总要把周公、孔子请出来标榜一番。可见,在封建社会,像颜元

---

① 颜元:《存学篇》卷一《总论诸儒讲学》。
② 颜元:《习斋记余》卷六《阅张氏王学质疑评》。
③ 颜元:《存学编》卷一《上太仓陆桴亭先生书》。
④ 颜元:《习斋记余》卷一《删补三字书序》。
⑤⑥ 颜元:《四书正误》卷三《论语·述而》。

这样有革新精神的人，还是要标举周公、孔子来作为旗帜。这证明冲破罗网之难。

在颜元提出的教学内容中有一门重要学科，就是数学。他说："人而不能数，事父兄而无以承命，事君长而无以尽职，天不知其度也，地不知其量也，事物不知其分合也。"① 按照他的教学计划，学生每个月有六天学数，即逢一、六日学数。他自己三十五岁才开始学数学，自九九以及因乘归除，渐学《九章》。以是他知道数学在知识结构中的地位，在日常生活中的作用。

颜元极力反对那种只知讲读、不会操作的口耳分寸之学。他以学医为例，说："譬之于医，《黄帝素问》、《金匮》、《玉函》，所以明医理也，而疗疾救世，则必诊脉、制药、针灸、摩砭为之力也。……若读尽医书而鄙视方脉、药饵、针灸、摩砭，不惟非岐、黄，并非医也……"② 又以学琴为例，说明"以书为道，相隔万里"。他说："譬之学琴然：诗书犹琴谱也，烂熟琴谱，讲解分明，可谓学琴乎？故曰以讲读为求道之功，相隔千里也。更有一妄人指琴谱曰，是即琴也，辨音律，协声韵……今手不弹，心不会，但以讲读琴谱为学琴，是渡河而望江也……"③ 他用这些常见的例证来说明真正的学习要通过实践，可谓深入浅出，十分透辟。这对于宋明理学，对于徒事讲诵的教育方法，都是当头一棒，一针见血。

颜元在漳南书院的教学实践中，提出了一个完整的教育设想。这个

---

① 《颜习斋先生言行录》卷上《理欲第二》。
② 颜元：《存学编》卷一《学辨一》。
③ 颜元：《存学编》卷三《性理评》。

教学计划大致如下。

1. 治事斋：教礼、乐、书、数、天文、地理等科。
2. 武备斋：教黄帝、太公的书，以及孙、吴、五子兵法，攻守营阵陆水诸战法，射御击技等科。
3. 经史斋：教"十三经"、历代史、诰制、章奏、诗文等科。
4. 艺能斋：教水学、火学、工学等科。
5. 理学斋：教程朱陆王之学。
6. 帖括斋：教八股举业。

设理学、帖括二斋是为了适应现实的一种权宜之计，认为这两斋"见为吾道之敌对，非周、孔本学；暂收之以示吾道之广，且以应时制"①。又说，近士子唯业八股，殊失教学本旨。可见他是反对这些东西的。既反对它，还要将就保留它，可见积习既深，要改弦更张，是很困难的。

颜元主张学习要专精一门，不能四面张弓，结果一无所得。有一次，他问一个学生自己学什么适宜，学生回答说，什么都想学。他说，你这样想，错了！孔子的学生对礼乐兵农，各专一门；后世的人想样样都能，以致样样落空。

他教李塨学要"三减"："减冗琐以省精力，减读作以专习行，减学业以却杂乱。如方学兵，且勿及农；习冠礼未熟，不可更及昏礼。"②学习专门才能专心致志，学有所成；否则如一石三鸟，结果一只鸟也捕不到。

---

① 颜元：《习斋记余》卷二《漳南书院记》。
② 《颜习斋先生年谱》卷上。

他特别重视学农、学兵。学农是生活的需要，学兵是防卫的需要。在那种轻事体力劳动、重文轻武的社会里，他强调要重视这两种教育，是十分难能可贵的。可是在那样的封建社会里，这种正确的主张，是不被人重视的。

颜元对程朱的教学内容，提出了中肯的批评。他认为二程尽力《太极》、《河洛》诸书是"误此岁月"[1]。他说："千余年来率天下人故纸堆中，耗尽身心气力，作弱人、病人、无用人者，皆晦庵为之……"[2] 他指责朱熹的重文轻武，说："其遗风至今日，衣冠之士羞与武夫齿，秀才挟弓矢出，乡人皆惊，甚至子弟骑射武装，父兄便以不才目之。长此不返，四海溃弱，何有已时乎？"[3] 他批评那种徒事文墨的教学内容："思文墨之祸中于心则害心，中于身则害身，中于家国则害家国。"[4] 在教育内容方面，赞成什么，反对什么，颜元一直是观点明确、毫不含糊的，并且在教育活动中刻苦实践，身体力行。

梁启超对颜元的学术观点给予充分的肯定，并且把他同顾、黄、王等人的意见加以比较论述。梁说："顾、黄、王、颜，同一'王学'之反动也，而其反动所趋之方向各不同。黄氏始终不非王学，但是正其末流之空疏而已；顾王两氏黜明存宋，而顾尊考证，王好名理。若颜氏者，则明目张胆以排程朱陆王，而亦菲薄传注考证之学。故所谓'宋学'、'汉学'者，两皆吐弃，在诸儒中尤为挺拔，而其学卒不显于清

---

[1] 戴望：《颜氏学记》卷一《四存编》。
[2] 颜元：《朱子语类评》。
[3] 颜元：《存学篇》卷二《性理评》。
[4] 《颜习斋先生年谱》卷下。

世。"① 这一论述，同样可用于教学内容方面。

五、陆桴亭

陆桴亭（世仪）生活的时代，正值西方近代科学开始传入中国。这个宋明理学的信奉者对此持肯定的态度。他所主张的学校制度，已接近近代规模，不仅有经义教育，而且兼有科学教育，如天文、地理、水利、兵法等；小学也不限于识字教育，还有诗歌、习礼。

陆桴亭很有因革损益的思想，认为时代在发展，反对世儒尊经之道，不能只读"五经"，食古不化，也反对是古非今。他说："自汉、唐以来，皆以五经为圣人所定。尊经之士，率取五经而表章之，或添注疏，或增论解，无虑数千百家。五经以外，则以为非圣人所定而忽之。其有拟经续经者，咸共非笑诋排，以为得罪圣人，莫此为甚。此世儒尊经之过，而未知经之所以为经也。惟《易》具天人之理，完完全全，无少欠阙，为不可拟，亦不必拟。其若《书》与《春秋》，即后世之史也。《春秋》专记事实，《书》则兼载文章，亦即后世古文之类。《诗》即后世之诗也。《礼》则纪三代之典礼，后世帝王代起，有一代则有一代之制作，礼未尝无也。故愚以为，五经之中，惟《易》在所不必续，其余《诗》、《书》、《礼》、《春秋》，皆在所必续。"②

陆桴亭很有一点疑古的精神。他反对世儒的见解，认为后世的诗文

---

① 梁启超：《清代学术概论》七。
② 陆世仪：《思辨录辑要》。

不能像三代的诗文，后世的礼不能像三代的礼；一切都是古人的好，今不如古，这种看法是错误的。他说："三代之典礼文章，亦岂言言可为法则者！如《书》之《吕刑》、《文侯之命》，《诗》之《郑》、《卫》诸篇，《礼》则三代互有得失"，"不必是古非今"，"生百代之后者，其礼必将损益百代。乃秦、汉以来，其制作礼乐者，多非明理之儒。而明理之儒，则又多是古非今，动辄有碍"。① 那个时代的理学家，有这么一点疑古的精神，的确是不容易的。从这点精神出发，就可以打破教育内容的局限性，并且在读儒家的经书时，也可以采取批判的态度，不必盲从附和了。

陆桴亭还打破那种"六经"才是教材的局限性，把学习范围扩展到其他学科领域。他说："今人所当学者，正不止六艺，如天文、地理、河渠、兵法之类，皆切于用世，不可不讲。俗儒不知内圣外王之学，徒高谈性命，无补于世……"②

他认为数是"六艺"之一，看起来不重要，实际上很重要。他说："数为六艺之一，似缓而实急。凡天文、律历、水利、兵法、农田之类，皆须用算，学者不知算，虽知算而不精，未可云用世也。"③又说："西学有几何法，崇祯《历书》中有之，详论句股法，《九章算》中有之，然未若西学之精。"④他把学习数学提到很重要的地位，认为"知算而不精，未可云用世"。在当时，有这种思想的人是不可多得的。

他对于地理和农田水利的学习也很重视。他认为地理书宜详险要。他曾取"廿一史"中有关战争险要的，分省分郡，各以类注。他说：

---

① ② ③ ④ 陆世仪：《思辨录辑要》。

"读《禹贡》一篇,知建都之要,全在漕运便利","人欲知地利,须是熟看《通鉴》,将古今来许多战争攻守去处,一一按图细阅"。①

他主张学生要学习兵法。他把古代兵书分编为三类:第一类是关于道的,如摘选"四书"、"五经"中关于军事的言论,以及古今论兵的格言。第二类是关于法的,如《司马法》、《李靖兵法》、《八阵发明》等。第三类是关于术的,即智术法制方面的书,如"孙吴兵法"和古今史传所记战事等。这样把道、法、术结合起来学习,就是理论与实际结合的学习。

他对于古代几种武学教材提出了自己的意见。他认为过去把"《孙》、《吴》、《司马法》等七书"称为"武经",同"四书"、"五经"相提并论,是错误的。他认为七书中只有《司马法》比较正确;《孙子》虽权谲,然学兵者心术既正之后,亦不可不尽兵之变。《吴》浅薄,《尉缭》粗略,《六韬》、《三略》、《卫公问答》都是伪书。"而后世功令率以之课武弁",难怪没有出色的军事人才。②

六、戴震

在教学内容方面,戴震特别重视基本训练,反对躐等。他把考据训诂作为求学的工具,作为一种基本训练。他认为无论是做研究工作,还是做教学工作,都要"由字以通其词,由词以通其道"③。因此他主张以文字学为基点,从训诂音韵、典章制度等方面来阐明经典大义。在为

―――――――

① ② 陆世仪:《思辨录辑要》。
③ 《戴震文集》卷九《与是仲明论学书》。

学和教学中，他反对程朱的"空言说理"、"轻凭臆解"，主张"求之古经"、"求之古训"。他说："古训明则古经明……"① 要懂得儒家的书就要识字，就要弄清古训。于是着重搜集文献资料，鉴别古籍真伪，诠释典章制度，从而进行比较分析，假设证明。

儿童在入学念书时，要注重"六书"的学习。他说："六书也者，文字之纲领，而治经之津涉也。""自昔儒者，其结发从事，必先小学。小学者，六书之文是也。《周官》保氏掌之以教国子，司徒掌之以教万民……故其时儒者治经有法，不歧以异端。"②

关于教学内容，戴震认为大致有三个方面：义理、制数、文章。他说："圣人之道在六经：汉儒得其制数，失其义理；宋儒得其义理，失其制数。"③ 又说："古训明则古经明，古经明则贤人圣人之义理明……义理非他，存乎典章制度者也。"④ 又说："经之至者道也，所以明道者其词也，所以成词者未有能外小学文字者也。由文字以通乎语言，由语言以通乎古圣贤之心志，譬之适堂坛之必循其阶，而不可以躐等。"⑤ "舍夫'道问学'，则恶可命之'尊德性'乎？未得为中正可知。群经六艺之未达，儒者所耻。"⑥ 从这些言论中可以看出，他既反对汉儒的不讲明义理，又反对宋儒的不讲明制数；既反对片面地讲德性，又反对片面地道问学。应当把两个方面统一起来，才会取得学习的最佳效果。

戴震的《孟子字义疏证》一书，阐述了他的哲学思想。其大要在抨

---

① ④《清史稿》卷四八一《戴震传》。
②《戴震文集》卷三《六书论序》。
③《戴震文集》卷九《与方希原书》。
⑤《戴震文集》卷十《古经解钩沉序》。
⑥《戴震文集》卷九《与是仲明论学书》。

击宋儒的言理，谓其理俗之辨，乃以意见祸天下。《孟子》是"四书"的一种，也是"十三经"的一种，在封建社会是法定的教材。朱熹诠释《孟子》，给学生从小就灌输理学思想。戴震明确地指出："古之言理也，就人之情欲求之，使之无疵之为理；今之言理也，离人之情欲求之，使之忍而不顾之为理。此理欲之辨，适以穷天下之人尽转移为欺伪之人，为祸何可胜言也哉！"① 朱熹的《孟子注释》，很多年来被当作教材使用，因而他的观点被学生看作不刊之论。戴震这一批判，对我们正确地理解《孟子》一书，是很有帮助的。

戴震精于数学，对于作为教材使用的"算经十书"，花了很大的精力来进行校订，功绩很大。他在《刊九章算术序》中说："余访求二十余年不可得，拟《永乐大典》或尝录入书，在翰林院中。丁亥岁因吾乡曹编修往一观，则离散错出，思缀集之未之能也。出都后，恒寤寐乎是。及癸巳夏，奉召入京师，与修《四库全书》，躬逢国家盛典，乃得尽心纂次，订其讹舛……"② 而"古九数之学大显矣"③。该书后来屈鲁传刻于常熟，孔氏复刻于曲阜。

戴震用力最勤的还是辑校下列各数学书。

1.《周髀算经》。此书为"算学十书"之首。旧本错误和脱漏的文字很多，他根据《永乐大典》详加校补。自是此书才可诵读。

2.《孙子算经》。旧本久佚，他从《永乐大典》里集编次为二卷。朱彝尊谓出于孙武，戴辨其非是。

---

① 戴震：《孟子字义疏证》。
②《戴震文集》卷七。
③ 段玉裁：《戴东原先生年谱》。

3.《海岛算经》。《唐书·选举志》称算学生要学《九章》、《海岛》共三年。其书只散见于《永乐大典》中，戴为之整理，并写《提要》一篇。

4.《五曹算经》。唐时明算科规定此书和《孙子算经》学习一年。宋本错漏很多，不能成读。戴补缀钩稽，辑为五卷，遂为善本。

5.《五经算术》。此书久无传本，散见《永乐大典》中。戴按照义例，订其舛讹，辑成完书。

6.《夏侯阳算经》。此书为唐人明算科十经之一，传本久佚。《永乐大典》分附《九章算术》之下。戴悉心寻绎、排比，还其旧观。序言谓"其书务切实用"，"于诸算经中，最为简要"。

7.《张丘建算经》。此书也是《唐书·选举志》所列算书十种之一。传本久佚。有毛晋汲古阁影钞北宋椠本，错误不少。戴详细校订，并补原书所没有的五图。

8.《缉古算经》。戴为校定，附加图说。

9.《数术记遗》。戴为校定，旧题汉徐岳撰。戴辨为唐以后伪书。

这些书早已遗佚散失，学者几乎不知道我国有数学一科。自从戴震搜辑校订后，官局以聚珍版印行，后来复汇刻为"算经十书"。于是这些作为教材的数学著作，仍旧焕发出灿烂的光辉。阮元曾说："九数为六艺之一，古之小学也。……后世言数者，或杂以太一、三式、占候、卦气之说，由是儒林之实学，下与方技同科，是可慨已。庶常（戴震）……网罗算氏，缀辑遗经，以绍前哲，用遗来学。盖自有戴氏，天下学者乃不敢轻言算数，而其道始尊，然则戴氏之功又岂在宣城

（梅文鼎）下哉！"① 戴震花了很大的精力校订古算经，可是他自己著作的历算书，仍旧宗主西法。可见他尊重古人的成果，但并不拘泥于古人的成说。因为学术是不断发展、不断进步的。梁启超谓："自戴、钱（竹汀）二君以经学大师笃嗜历算，乾嘉以降，历算遂成经生副业，而专门算家亦随之而出，其影响岂不巨哉！"② 由于戴震等整理了中国古代数学教材，也由于他们精研数学卓有成绩，数学就成为"经生副业"，学风为之一变。

七、梅文鼎

清代前期，有些学者对历律象数造诣很深，并且影响了教学内容，这里介绍梅文鼎的著述情况。他毕生致力于数学的研究与普及，著历算书八十余种。他著《周髀算经补注》，以《周髀》解释西域历家盖天之说。《历学疑问》为学习历学的入门书。《平三角举要》和《弧三角举要》各五卷。《方程论》六卷。《几何摘要》三卷。《几何原本》行文古奥，为了学习方便，他删繁就简，用浅显的文字改写。《勾股测量》摘录《周髀算经》、《海岛算经》、《测圆海镜》等书中论述割圆术部分合编，并加以阐发。《数学星槎》是专为初学算学者编的指导书。

梅文鼎努力于数学的普及工作。他说："吾为此学，皆历最艰苦之后而后得简易。有从吾游者，坐进此道，而吾一生勤苦皆为若用矣。吾

---

① 阮元：《畴人传》卷四二《戴震》。
② 梁启超：《中国近三百年学术史》之十六《清代学者整理旧学之总成绩（四）》。

惟求此理大显，使古人绝学不致无传，则死且无憾，不必身擅其名也。"① 他不只是我国的一代数学大师，这种甘为人梯的精神，也是值得后人学习的。

梁启超讲到梅文鼎的贡献时，说他将明末学者学天文学的兴趣转移到学数学方面，探索中国固有的数学，把数学理论通俗化，以求其普及。② 流风所及，士子攻研数学的越来越多，并且出现一批有成就的专家，如潘耒、孙滋九、顾栋高、江永等人。梅文鼎不仅是我国封建社会时期一位造诣很深的数学家，而且是一位桃李盈门的数学教育家，一位数学教材的著作家。

* * *

从上面介绍的清代前期学者关于教育内容的思想来看，有以下几点值得特别提出来。

第一，教学内容的范围大大扩展。清代学者冲破宋明理学的罗网，不满足于过去那种局限于几种经书的学习，把教学的范围扩大了。宋儒的学习范围本来就很小，到王学末流更不注重吸取前人的经验，认为冥心静坐就可以入"道"。明末清初一些学者对此进行批判，主张博学于文，多学而识，吸取并提炼前人的学识，在前人已经达到的水平基础之上，不断前进，不断提高。黄宗羲认为不能当一孔之儒，不仅要读儒家的书，还要了解诸子百家的学说，知识面要广，慎思明辨，由博返约。上述几位学者，他们本人的学识都是很广博的，给人们树立了良好的学

---

① 杭世骏：《道古堂文集》卷三〇《梅文鼎传》。
② 参见梁启超：《中国近三百年学术史》。

习榜样。

第二，学术要发展，要能兼容并包，教学内容应为之先导。从上述内容来看，社会要进步，学术要发展，教育内容也要随着发展；反过来，教育内容的发展，也会促使学术发展、社会进步。二者是相互促进的。学术要发展，就要打破一统天下、闭关自守的局面。随着科学的进步，学术的繁荣，教育内容也要适应这个局面，不断更新，不断扩大，才能适应新的情况，做社会发展的促进派。如果像老驴推磨，因循自守，不求进取，势必不能适应新的要求，不但不能为发展社会服务，反而会给社会的发展拉后腿，培养出来的人才不能适应社会发展的需要。所以确定教学内容，要能高瞻远瞩。当时代的航轮才在地平线上面开始显露樯影的时候，就能登高望远，见微知著。不能死抱着过去的老一套不放。继承与发展从来就是要求统一的。在教学内容、课程设置的安排上，也是这样。

第三，把史学和朴学的学习提到一个过去没有的高度。过去历史学在中国还是被重视的。它在我国有悠久的渊源，有丰富的著述。"察诸往以知来者"，总结和吸取前人的经验，是我国过去学者重视的一个学术领域。但是这只局限在少数历史学家的圈子里，在教学上没有受到应有的重视。清初学者有些是历史学家，他们鉴于明亡的历史教训，深感学习历史的重要性。因为"以古为鉴，可知兴替"，历史是一面镜子，它能教人了解过去。历史上哪些是可取的、哪些是不可取的，历史发展的规律怎样，兴衰成败的经验教训是哪些，读了历史就会知道社会发展的方向。清初有些经学家也是史学家，他们知道二者不可偏废，便广泛收集史料，认真研究历史，以身作则，为青年学子树立了学习的榜样。

朴学的学习和研究是对宋明理学的一种反动,也是政治压迫的一种产物。到康熙时期,由于官方的提倡,理学呈现出回光返照的景象。可是这种谈心说理的说教,已经不能满足士人的学术要求。士人希望有新的突破。走自然科学的路,环境和时机都还不成熟。学术的气氛,还是基本上停留在儒家学术的圈子里。从理学的阵地上退出来,就只好走向儒家典籍的考证方面。还有一个重要的政治原因,就是当时对汉族知识分子打击得很厉害。考八股文是一个圈套,大兴文字狱又是一根棒子。知识分子无路可走,只好钻到故纸堆里去,在那里"安营扎寨",自得其乐。一是避免政治的迫害,二是可以找到一个安身立命的"世外桃源",过着啃故纸堆的生活。当时的这种学术气氛,不可能不影响到学生的学习内容。《说文》学的勃兴,《十三经注疏》的整理出版,都是这种学术气氛在教学内容上的反映。

第四,清代初期教学内容的一个突破,是把自然科学特别是数学学科引进来。中国的思想界和教育界,一向把对自然科学、数学的学习,排挤在教育内容的大门之外,认为"形而下者谓之器",重视"道"不重视"器"。对数学的学习和研究,除了少数对这方面有兴趣的人从事以外,在正规的教学内容里,总是排不上队、挂不上号的。可是上述清初学者如黄宗羲、颜元、戴震等人,都重视数学的研究和学习,就是作为理学家的陆桴亭,对数学的研究和教学也很重视。他们指明了这些学科的重要性。有的人还整理这方面的教材,讲授这方面的课程。这有两方面的原因:一方面由于他们的启蒙思想,继承了中国过去这方面的优良传统,发扬光大;另一方面接受了西方数学和天文学等传入中国的影响。明末有些学者如徐光启等人在这方面是很有功绩的。可是由于封建社会的闸门关闭得很紧，阻碍了这些学科的畅通无阻。清初学者继承这个优良的学术传统，在这方面作出了出色的成绩，因而对教学内容，也灌输了新的血液，为后来西方自然科学的输入打下了一个初步的基础。

第五，对过去的教学内容进行批判。这要从两方面来分析：一方面批判过去的教学内容过于狭隘。过去把学习的范围局限在"四书"、"五经"的圈子里，有的甚至连这些书都不读。知识越来越贫乏，对客观事物的认识，没有真知灼见。像井底蛙一样，坐井观天，反而踌躇满志，自我陶醉。有的甚至只要读几句八股文，就以此作敲门砖，博得一官半职。这样眼界越来越短，胸襟越来越窄，学术园地越来越荒芜，人类进取向上、追求真理的志趣越来越泯没。清初学者对这种现象，痛心疾首，进行了严肃的批判。

另一方面批判受教育只是读书的传统见解。过去把受教育和读书画等号，不知道读书只是受教育的一种方式、获取知识的一条渠道。学习的方式应该多种多样。亲自实践，从做中学，才会得到真正的知识，实践出真知。颜元在这方面有独到的见解。他身体力行，想出一条新路子。在那个时代，能够提出这些精辟的见解，确是暮鼓晨钟，发人深省。这在教育思想和教学内容方面，打破几千年来的偏见和桎梏，向传统思想和传统教育挑战，充分体现出他大无畏的英勇气概。

第六，谈谈经学衰而复盛的原因。

其一，政治的原因。清朝统治者以少数民族统治全国。清初，一些知识分子不同清朝统治者合作，又无力量作明目张胆的反抗。于是一方面采取消极抵抗的方式，隐居著书；另一方面采取隐蔽的手段，借题发挥，指桑骂槐。清政府也采取两种手段：一方面采取打击的方式，大兴文字狱，借故生端，镇压反抗他们统治的知识分子；另一方面用拉拢的方式，广开科举之路，吸收一批知识分子来为他们服务。此外，还一再开博学宏词科来招揽那些同他们不合作的大知识分子。在这种政治气候笼罩之下，一些知识分子走入考据训诂、诠释古书的道路，在故纸堆里安身立命。汉学就是在这种气候下复兴的。

其二，明朝末年，王学末流空虚放诞，士大夫束书不观，游谈无稽。康熙虽然大力提倡宋儒理学，想借此作为统治的武器，也收到了一些效果，但是这时的理学毕竟已成强弩之末。时代在前进，汉学作为一门"实事求是"的学问，就重放光彩。这也是很自然的走向。

其三，明代用时文取士，到后来流弊很大。很多人束书不观，只读八股文章，就可以取得功名富贵。"顾炎武谓八股之害，甚于焚书。阎若璩谓不通古今，至明之作时文者而极。"① 一时才俊之士，痛矫时文陋习，薄今爱古，弃虚崇实，以图挽回风气。顾炎武、黄宗羲、王夫之等人为举世不为之学，力障百川；毛奇龄、阎若璩等接踵而起；到戴震、惠栋等人掀起高潮，蔚为壮观。这就成了"水到渠成"的局面。

学术思想的转变和发展，不能不影响到教学内容的改变。这在当时的一些书院教学中表现得比较明显。

清代的汉学家对古书的整理和对古代文化的挖掘是有功绩的。据清末皮锡瑞的评价，清代汉学家有三个方面的功绩：一是"辑佚书"。如：惠栋教弟子，亲授体例，分辑古书；余萧客《古经解钩沉》采唐以前的遗说略备；王谟《汉魏遗书钞》、章宗源《玉函山房丛书》② 辑汉魏六

---

① 皮锡瑞著，周予同注释：《经学历史》，中华书局1959年版，第299页。
② 又名《玉函山房辑佚书》，一说原本为章宗源所辑，后为马国翰所得，改序付梓。

朝经说尤多。二是"精校勘"。戴震、卢文弨、丁杰、顾广圻在这方面尤为精湛。阮元《十三经校勘记》，订正错误，解析疑难，花费的精力很多，对后学是大有功绩的。三是"通小学"。小学兼音声、故训。顾炎武《音学五书》始返于古。江永、戴震、段玉裁、孔广森，益加阐明，是为音韵学。段玉裁《说文解字注》昌明许慎之书。同时有严可均、桂馥、王筠等人登峰造极，是为音韵兼文字之学。经师多通训诂假借，也就是在音韵文字方面。而经学训诂以高邮王念孙、王引之父子为最精。

清代书院教学内容的演变[*]

清代初年,清政府下令禁止书院的发展。顺治九年(1652年),诏令"不许别创书院,群聚结党,及号召地方游食之徒,空谈废业"[①]。这道命令起了压抑书院发展的作用,但是并没有得到彻底执行。十四年(1657年),清廷从抚臣袁廓宇请,批准修复了衡阳石鼓书院,以后各省陆续有所建立。同时,一些著名的学者,如孙奇逢、黄宗羲、李颙、颜元、陆世仪、陆陇其等人,都在书院讲过学。雍正十一年(1733年),清政府令在各省省会设立书院,并拨发经费,下令说:"近见各省大吏渐知崇尚实政,不事沽名邀誉之为,而读书应举之人,亦颇能屏去浮嚣奔竞之习,则建立书院……亦兴贤育才之一道也。"[②] 乾隆元年(1736年)下令,谓:"书院之制所以导进人才,广学校所不及","书院中酌仿朱子白鹿洞规条,立之仪节,以检束其身心;仿分年读书之

---

[*] 选自《中国古代学校教材研究》。
[①]《钦定大清会典事例》卷三八三《礼部·学校·劝惩优劣》。
[②]《清朝文献通考》卷七〇《学校考八》。

法，予之程课，使贯通乎经史"。① 并令整饬书院课程，把它作为各省儒学生升学的场所，以应科考。开始，各省省会设书院一所；后来，有省、道、县各级书院。

到清代后期，书院"有名无实者十居八九"②。光绪二十四年（1898年），令各省大小书院一律改为兼学中学、西学的学校。二十七年（1901年）八月，重申改书院为学堂的命令，要求"切实通筹，认真举办"。这样，在中国教育史上经历了长时期的书院制度，完成了它的历史使命。

随着清代社会政治、经济和学术的变化发展，书院的教学内容不断演变，包括的范围也日趋广泛。约略言之，有以下几个方面。

一、继续宋明理学的教学

宋明两代，理学盛行，一些学者利用书院为基地，招收生徒，聚众讲学。清代统治者利用宋明理学来巩固其封建统治，在学校教学内容中积极贯彻这一意图，如康熙年间颁发《御纂朱子全书》于国子监，雍正时颁发《御制性理精义》。同时有些学者信守理学，也在书院中传播这些内容。清初书院有的讲程朱之学，如高世泰主持东林书院讲席，以继承"东林先绪为己任"，张伯行、陆世仪等人参加讲会。他们都是宗程朱之学的。张伯行建鳌峰、紫阳、文溪等书院，祀宋五子（周敦颐、邵雍、张载、程颢、程颐），讲程朱之学，刊理学书五十余种。耿介兴复

---

① 《钦定大清会典事例》卷三九五《礼部·学校·各省书院》。
② 潘衍桐：《奏请开艺学科折》。

嵩阳书院，范镐鼎立希贤书院，窦克勤立朱阳书院，都讲宋儒理学。有的讲陆王之学。如康熙时姚江书院改建，"求能绍文成之学者"，于是聘请讲王学的邵念鲁主讲席，沈国模、管宗圣、史孝咸也在该院讲良知之学。施闰章讲学景贤、白鹭洲书院，祀王阳明、邹守益等人，崇尚王学。有些人兼讲程朱、陆王之学，如孙奇逢讲学于苏门夏峰（位于今河南辉县市境内）之百泉书院，始以象山、阳明为宗，后来融合朱熹之学。有的讲授关中人张载的关学，如李颙主讲关中书院，以弘扬关学为己任，但并不排斥朱陆之学；谢文洊辟程山学舍，著《大学中庸切己录》，发明张子主敬之旨。

清代书院讲宋学的学者在教学内容方面有的也有所突破。如清初的陆世仪在东林、太仓书院讲程朱之学，但鉴于明儒空疏之失，他说："六艺古法虽不传，然今人所当学者，正不止六艺，如天文、地理、河渠、兵法之类，皆切于用世，不可不讲。"他批评"俗儒""徒高谈性命，无补于世"，所以遭到社会上"迂拙之讥"。① 他在《读书日程》中安排了十年诵读、十年讲贯、十年涉猎，从经史、诗文、诸儒语录，以至天文、地理、农田、水利、兵法之书皆备，尤其致力于时务、清朝典礼、律令等。同时，他以为"博学之功，仍须一反之笃行"，他说："儒者宁可行过乎言，质过乎文。"②

宋学因为有最高统治者这个后盾，所以它在书院教学中始终居于正宗思想的地位。后来汉学崛起，声势很大，宋汉两派门户对立尖锐，清政府采取调和两派的政策，即《清史稿·儒林列传序》所谓"崇宋学之

---

① 陆世仪：《思辨录辑要》。
② 陆世仪：《思辨后录》。

性道，而以汉儒经义实之"。

二、讲授汉学

梁启超在《清代学术概论》中把清代的汉学分为两期：启蒙期，代表人物为顾炎武、黄宗羲、阎若璩、胡渭等；全盛期，代表人物为惠栋、戴震等。他们把全力放在考据学上，由治经引起一系列的专门研究，如小学、史学、名物制度、天算、地理、音韵、金石、校勘、目录等专门学科目。

早先，一些大书院已讲习经史，如南京的钟山书院、惜阴书院，苏州的紫阳书院，扬州的梅花、安定书院。钟山书院从杨绳武起就重视穷经学，通史学，其后钱大昕、卢文弨等人都是一代经学大师。卢文弨历主江浙各书院讲席，以经术导士。武亿创范泉书院，以经史训诂教生徒。紫阳书院山长沈德潜谓书院应重经学，不习八股之业。

清代专为提倡汉学而设的书院，以阮元在杭州创建的诂经精舍为始。阮元在《西湖诂经精舍记》中说："圣贤之道存于经，经非诂不明。""'精舍'者，汉学生徒所居之名。'诂经'者，不忘旧业且勖新知也。"这是他立精舍的宗旨。他聘请孙星衍、陈寿祺等人任教席。孙课诸生以经史疑义及小学、天部、地理、算学、词章，不十年，舍中士皆以撰述名家。陈专为汉儒之学，后还主讲泉州清源、鳌峰书院各约十年，教以经术。阮元又在广州成立了学海堂，除讲习经学外，也讲点理学。他说："多士或习经传，寻疏义于宋、齐；或解文字，考故训于《仓》、《雅》；或析道理，守晦庵之正传；或讨史志，求深宁之家法；或且规矩汉、晋，熟精萧《选》，师法唐、宋，各得诗笔。虽性之所近，业有殊工，而力有可兼，事亦并擅。"① 可见学海堂的教学，以经学为主，兼及理学、历史、文学等，范围是比较广泛的。学海堂不设山长，而设学长八人，同司课士；学生按日作课，学长评阅指导。阮元请林伯桐、陈兰甫等任学海堂学长。林宗主汉儒，而践履则服膺朱子，无门户之见。陈任学长数十年，谓："读经、史、子、集四部书，皆学也，而当以经为主……"② 李黼平治汉学，工考证，学海堂聘其阅课艺。马宗琏精通古训及地理之学，手订《经籍纂诂》凡例，历主白鹿洞、峄山、庐阳书院讲席。胡培翚世传经学，主讲钟山、云间书院。俞樾曾主讲苏州紫阳、上海求志等书院，其中主讲杭州诂经精舍达三十余年，课士一依阮元成法，跟他问学的如戴望、黄以周、朱一新、王治寿、冯一梅、吴承志、袁昶等，都有声于时。张之洞在广东创设广雅书院，继承诂经精舍和学海堂的办学精神。朱一新在《无邪堂答问·序》中说："先读书而后考艺，重实行而屏华士，仿古专家之学，分经、史、理、文四者，延四分校主之，而院长受其成焉。诸生人赋以日记册，记质疑问难之语于其中，而院长以次答焉。"朱的《无邪堂答问》就是整理这些资料而成书的。

当汉学盛行的时候，有些学者认为汉学的流弊是为经学而经学，考据烦琐，支离破碎，与外部世界的变幻风云隔绝了。庄存与提倡今文经学，主张从今文经学中求微言大义。刘逢禄攻击古文经学的祖师刘歆。后来，龚自珍、魏源等人大声疾呼，既反对空谈性理的宋学，也不赞同

---

① 阮元：《学海堂集序》。
② 《清史稿》卷四八二《陈澧传》。

为治经而治经的汉学，大张今文经学的旗帜，力图建立经世致用的经学。康有为是清代今文经学的中心人物。他主张在书院中扩大中学的范围，并提倡学习西方的科学，但不愿放弃儒学。康有为设立的万木草堂，规定读书、讲学二项，学生要学史学、经学、性理之学、考据学和诸子之学。梁启超主讲时务学堂，制订《读书分月课程》，列出专精之书和涉猎之书多种。

如上所述，在书院的汉学教学中，前期注重训诂考据，后期今文经学兴起，课程范围广泛了，学子的学术眼界扩大了。

三、讲经世致用之学

清初，一些学者看到宋明理学空疏僵化的弊端，尤其是王学末流，产生了很不好的影响，对宋明理学展开了批判，提出了"经世致用"的主张。顾炎武极力反对那种"置四海之困穷不言，而终日讲危微精一之说"的学风。他说："自一身以至于天下国家，皆学之事也。"[1] 黄宗羲师事刘宗周，本来是王学殿军，但是讲经世致用之学。

在这方面表现得更为突出的有颜元、李塨等人。颜元根据"实学"、"实用"的原则，将利国、利民、利家、利己的有实用价值的学科，都列为课程。他为郝文灿制订的《漳南书院学规》，设有文事、武备、经史、艺能等斋。

此后，经历今文经学兴起、洋务教育等阶段，经世致用之学在书院

---

[1]《亭林文集》卷三《与友人论学书》。

教学中越来越被人重视（本文另有论述）。

四、讲制艺帖括的内容

清政府把书院控制在手中以后，书院的教学重心就转向考课。乾隆九年（1744年），礼部议准书院考课"以八股文为主"。八股文以朱熹的《四书章句集注》为立言根据。乾嘉以后，大多数书院所课者不外《四书》文、试帖诗，虽也有经文、律赋、策论等，但都没有八股文那么受重视。史载衡阳船山书院为"集衡、永、郴、桂府州所属举贡生监肄业其中"，江阴南菁书院为江苏"通省举贡生监肄业之所"。① 书院重在考课，为士子作参加科举考试的准备。汤成烈说："昔之书院为名贤讲学之地……今也不然……其主讲之得名者，大抵揣摩风气，决取科名已耳。"② 刘锦藻说："士子……日夕呻唔者，无过时文帖括。"③ 柳诒徵说当时的书院"主之者不复讲学，第以考试帖括，颁发膏火而已"④。可见在当时的书院教学中盛行时文帖括。这一做法直到清末书院制度结束为止。

八股文在清代书院教学中有很大的势力，虽然一些人反对，但终不能排除。颜元把帖括看作"吾道之敌"，可是在漳南书院教学中，他还是要暂设帖括斋。沈德潜主讲紫阳书院，上书请不习八股文，可是没获

---

① 《清朝掌故汇编》卷四一《书院》。
② 《清朝经世文续编》卷六五《学校下》。
③ 《清朝续文献通考》卷一〇〇《学校考七·书院》。
④ 柳诒徵：《中国文化史》。

准。一些经学大师主讲书院，虽不喜时文，却还是要看要讲。卢文弨主讲钟山书院，说自己"不得已而看时文，讲时文，实非性之所乐"①。光绪二十三年（1897年）廖寿丰在《请专设书院兼课中西实学折》中说："查浙江杭州省城，旧有敷文、崇文、紫阳、学海、诂经、东城书院六所。今方以制艺取士，势难骤为更张。"这说明到光绪年间，像诂经等这些主张讲经学的书院，也着重讲授制艺，并且势难改革。康有为主张废科举，但是学生家长说：不参加科举考试，还读什么书？这样只好反过来对不愿应科举的学生做说服工作。可见，时文讲习在书院中经久不衰，根深蒂固，除有政治原因外，还有社会原因。其实，社会原因也是政治原因造成的。

五、讲文史之学

乾嘉之际，一些大书院提倡学习六朝骈俪有韵之文。在诂经精舍、学海堂，阮元所课之文，虽不力排唐宋，但是以规矩汉晋、熟精萧《选》为主。

桐城派古文是清代最大的一个散文流派。它尊崇程朱道统，并以继承《史记》、《汉书》以及唐宋八大家文统相标榜。桐城派古文家姚鼐任扬州梅花书院、安庆敬敷书院、徽州紫阳书院、南京钟山书院山长，其中在钟山书院的时间最长。他虽然以义理、考证、辞章三位一体相标榜，但在书院讲学中仍以传授古文闻名。他以书院为基地，长期传授古

---

① 《抱经堂文集》卷一八《答彭允初书》。

文法，培养写作人才。管同、梅曾亮、方东树、姚莹等都是他的高足弟子。此外如朱琦、陈用光、龙启瑞、王拯等，或受业，或私淑，都受过他很大的影响。姚鼐多次为文诋贬汉学破碎，其弟子方东树著《汉学商兑》攻击汉学。汉学家也攻击桐城派古文。但由于姚鼐的努力，桐城派文体在此后的文坛上持续扮演重要角色一百余年。

继桐城派而起的为恽敬开创的阳湖派，文风较为恣肆，内容除经书外，参以诸子百家之书。恽敬所至，以振兴文学为务。张惠言、李兆洛都传阳湖派文体，也精考据之学。李主讲江阴暨阳书院达二十年。

有些书院非常重视学习历史。黄宗羲重视历史教学。他的学生和私淑弟子如万斯大、万斯同、章学诚等都特重史学。章学诚提出"六经皆史"的论点。他认为："古人未尝离事而言理，六经皆先王之政典也。"① 他称他们浙东之学是以史学为主的。他说："浙东之学，言性命者必究于史，此其所以卓也。"② 道光十四年（1834年），总督卢坤札学海堂订列应行事宜，提出：诸生于《十三经注疏》、《史记》、《汉书》、《后汉书》、《三国志》、《文选》、《杜工部集》、《昌黎先生集》、《朱子大全》中，各就性之所近，自择一书肄业。其中属于史书的有四种，属于文学书的有三种。康有为执教万木草堂，在学生学习程序上，主张先读史，以史为中心而及于制度、文章、经义。广雅书院设置的课程，除经学、理学外，规定要学史学、文学两门。史学以贯通今古为主，不取空论。南菁书院把司马迁、班固这些历史学家和汉学家许慎、郑玄并列，可见历史教学在该院是占重要地位的。

---

① 章学诚：《文史通义》卷一《易教上》。
② 章学诚：《文史通义》卷五《浙东学术》。

六、讲西方科技之学

西学东渐给中国的学术思想以很大的冲击。明代后期，耶稣会教士来中国传教，同时也传入了西学。首先传入的是天文学，其次传入的是数学、物理学。徐光启、李之藻等跟利玛窦学习。李之藻译撰的《浑盖通宪图说》是中国人介绍西洋天文学的第一部著作。可是这些科学知识在教育中不被重视。徐光启认为这同理学有很大关系，他说："算数之学特废于近世数百年间尔。废之缘有二：其一为名理之儒士苴天下之实事……"①清初的王锡阐、梅文鼎等人精研西方的天文、数学，康熙也爱好天文、数学，曾命梅珏成等编纂《历象考成》、《数理精蕴》等书。但科学在清代书院教学中仍然没有地位。这跟徐光启分析的原因有关系。另外，还因为统治者提倡时文帖括，把士子的注意力引到那方面去了。

鸦片战争以后，一些人怵于外国的船坚炮利，那种文化学术上盲目自大的态度开始动摇，洋务教育的思想开始产生。同时，随着帝国主义的文化侵略，西方的科学技术大量地传到中国。在这种新形势下，一些有识之士从爱国心出发，主张变法图强，反对抱残守缺，主张在坚持固有的封建制度的基础上，学习西方的科学技术文化。此即薛福成所说的"取西人器数之学，以卫吾尧舜禹汤文武周孔之道"②。这样就形成了中学、西学之争，新学、旧学之争，科举、学校之争。这时，书院制度虽

---

① 《徐光启集》卷二《刻同文算指序》。
② 薛福成：《筹洋刍议·变法》。

已处于晚期，但在教学内容方面也不能不受其影响。如河北莲池书院设经义、治事二斋：经义斋课经学、理学、词章、经制及中国古代算学；治事斋分课西洋算学、方言、格致、律法、制造、商务、水陆兵法、舆地、测绘等。这些教学科目包括的范围很广，既有中学，又有西学。

同治十三年（1874年），徐寿和英人傅兰雅在上海创建格致书院，聘外国教师讲化学、矿学，又请中外学者讲格致学理论，分期命格致课题，课试给奖，还设博物院、藏书楼。光绪二十二年（1896年），陕西创设格致实学书院，设天文、舆地、吏治、兵法、格致、制造等科；选拔年少聪颖的生员入院受业，"总期不事空谈，考求实获"①。光绪二十三年（1897年），廖寿丰等人在杭州创设求是书院，聘西方教师讲西方科学，中国教师讲算学和西文。

当时，中央和地方的一些官吏也感到改革书院课程的重要性。如山西巡抚胡聘之建议书院讲授天文、算学、格致等学科，经光绪帝批准施行。翰林院侍讲学士秦绶章奏请整顿各省书院，建议把书院课程扩充为：(1) 经学（附经说、讲义、训诂）；(2) 史学（附时务）；(3) 掌故之学（附洋务、条约、税则）；(4) 舆地之学（附测量、图绘）；(5) 算学（附格致、制造）；(6) 译学（附各国语言文字）。张之洞在《两湖、经心两书院改照学堂办法片》中，提出他整顿这两所书院的情况：两湖书院分习经学、史学、舆地学、算学四门，设测绘、几何、代数等科技课程；经心书院分为外政、天文、格致、制造四门，并以算学为专门必修科。他还把这两个书院的办学宗旨改为"中学为体，西学为用"，认

---

① 张汝梅、赵维熙：《陕西创设格致实学书院折》。

为这样"既免迂陋无用之讥,亦杜离经叛道之弊"。潘衍桐在《奏请开艺学科折》中批评那种认为"中国文物之邦,不宜以外洋为法"的论调,并提出应当采取分科教学、核定课程等十二项措施。

新事物总是在斗争中发展的。有人赞成就有人反对,书院课程的改革也不例外。同治年间,山西道监察御史张盛藻就上折请阻止正途肄习西洋技艺,说什么"朝廷命官必用科甲正途者,为其读孔孟之书,学尧舜之道,明体达用,规模宏远也。何必令其习为机巧,专用制造轮船、洋枪之理乎?"[1] 大学士倭仁也上奏,以"天文、算学为益甚微",而"西人教习正途所损甚大"为由,请求审慎考虑京师同文馆招收正途人员学习天文、算学。他说:"今求之一艺之末,而又奉夷人为师,无论夷人诡谲,未必传其精巧;即使教者诚教,学者诚学,所成就者不过术数之士,古今来未闻有恃术数而能起衰振弱者也。"[2] 据说这些奏疏一经传出,到处传诵,以为至论。可见当时旧势力多么顽固,课程改革的阻力多么大!

以上书院教学内容的各个方面,从清初到清末,是在不断演变发展的,不能截然划分。在各个时期,各个书院,教学内容有其着重点,此起彼伏,互相交叉,有的贯串始终,有的并行不悖。总的趋势是向新时代、新教育发展推进。

清代书院教学内容的演变,有它各方面的原因。

首先是政治方面的原因。清初抑制书院的发展,跟当时的政治形势密切相关。清王朝统治者以少数民族的贵族阶层执政,民族矛盾非常尖

---

[1] [2]《筹办夷务始末》卷四七。

锐。他们害怕汉族和其他民族的知识分子起来反抗他们的统治，又鉴于东林书院等聚众讲学，抨击朝政，于是下令禁止"别立书院"，同时颁发《御制朋党论》于各省，严禁士子结社集会。

后来对书院为什么由禁止而变为提倡呢？也是由于政治局势的变化。清朝统治到雍正年间已经九十年，政治局势比较稳定了；同时各省不顾禁令，已设立了不少书院，与其表面禁止，实际建立，不如因势利导，把禁止变为控制，把防范变为利用。诏令里所谓"屏去浮嚣奔竞之习"，实际上就是通过打击（如大兴文字狱和科场之狱等）与拉拢（如举行科考和开博学宏词科等）知识分子的手段，使他们比较驯服了，于是实施所谓"兴建书院，兴学育才"的"文治"政策。另外，清政府也考虑到，书院既然不能完全禁止，如果不加以控制，任凭士人自由讲论，就很可能产生"离经叛道"的学风，不如把它从行政管理到教学内容都控制起来。在教学内容方面，规定以《四书章句集注》为必修教材，以八股文为课试标准，把书院纳入科举考试的轨道，使它成为科举制度的附庸；用八股文这个法宝，把知识分子的脑袋禁锢起来，手脚捆绑起来，以便控制思想，培养统治奴才。知识分子也只有通过这条途径，才能获得一官半职，参加到统治集团中去。班固说汉代经学兴盛，是"禄利使然"，清代书院盛行帖括，也是同样的道理。

乾嘉以后，汉学盛行，并且在书院的教学内容中争得一席地位。当时的清朝统治者在继续张扬理学的同时，也看到了汉学的用途：它可以吸引大量知识分子钻到故纸堆里去，"皓首穷经"，在一定程度上起到政治安定剂的作用。本来，汉学兴起的时代背景之一是：当时清王朝为了镇压有反抗意识的知识分子，大兴文字狱，刀光剑影，冤狱繁兴。有些人就把自己的全副精力投入于古书的训诂、校勘、辨订工作，以绕过现实的政治漩涡，免遭残酷的政治迫害。从统治者来说，一方面利用宋明理学来维系人心，另一方面也不排斥在书院里讲授汉学，一箭双雕，交相为用。反正宋学、汉学都没有走出儒家的圈子，都有利于他们的统治。

至于清代中叶以后，政治变化急剧，书院教学内容所反映的变化，就更明显了。

其次是学术思想发展的原因。明朝末年中国封建社会进入了后期，各种社会矛盾十分尖锐。大斗争、大动荡的社会条件，推动了学术思想的发展。同时，随着生产的进展，自然科学也相应地发展。李时珍的《本草纲目》，宋应星的《天工开物》，徐光启的《农政全书》，标志着当时科学技术所达到的水平。西方自然科学也开始传入中国。科学思想的传布，有助于清初思想家摆脱理学观点和传统思想的束缚，在学术研究中，开始用求实的态度和比较科学的方法。在这样的历史背景下，出现了以顾炎武、黄宗羲、王夫之、颜元等人为代表的一代杰出思想家。他们治学的规模宏大，形成了具有批判精神和求实态度的新思潮、新学风。这些不能不在清初书院的教学内容中表现出来，事实上也影响到整个清朝一代书院的教学内容。

黄宗羲在清初学术上的重要贡献主要在政治学和历史学方面。他说："不为迂儒，必兼读史。"[1] 这种认识打破了理学传统的局限，扩大了治学的眼界。史学研究的特点是以经学为根底，以史学为经世之具。

---

[1]《清史稿》卷四八〇《黄宗羲传》。

这种学风在清代书院的教学内容方面也反映出来。全祖望在《甬上证人书院记》中说"前此讲堂锢疾，为之一变"，正说明了这一情况。

关于儒学领域内的汉学、宋学之争，汉学领域内的今、古文经学派之争，在清代书院的教学内容中表现得也很突出。清初，顾炎武重经学。阮元在《国朝汉学师承记序》中说："两汉经学所以当尊行者，为其去圣贤最近，而二氏之说尚未起也。"这是清初经学儒者一般的看法。清代经学家认为宋明理学空谈性命，无补于国事，也无补于治学。乾嘉汉学学者致力于训诂考证，准备了读古书的门径，但是没有发挥古书的内容，引起了士子们的诟病。[①] 同时，世变日亟，经学界又引起了今、古文经的分化。龚自珍、魏源等用今文经学来作为改弦更张的思想武器；到康有为、梁启超等人，今文经学更成为变法维新的理论依据。经学上这一系列的变化，在书院教学内容的演变中，如影随形，脉络可辨。

再次，从书院经费的来源，也可以了解一些教学内容演变的线索。清代书院的经费来源，一部分来自政府，一部分来自书院田、膏火田和官绅捐助，还有一部分来自工商业资本，尤其是清代中叶以后，工商业资本占的比重越来越大。以两湖书院为例：两湖书院的经费主要由茶叶商捐输，收茶价的千分之一作为书院经费，每年约得银一万两；湖北的晴川书院，膏火银二千八百两，由盐捐提供；湖南的校经书院，也由盐商捐税提供经费；岳州的金鹗书院、茶陵的洣江书院，有部分茶捐、商界资助；攸县的东山书院，由铺商毛源丰等捐银二千二百二十两。至于

[①] 参看朱一新：《无邪堂答问》。

江苏、浙江等省工商业比较发达的地区，如苏浙的盐业、丝织业、棉纺业，对书院的资助很多；还有海外贸易发达，也成为书院的经费来源。柳诒徵在《江苏书院志初稿》中说："两淮盐利甲天下，书院之膏火资焉。故扬州之书院，与江宁省会相颉颃，其著者有安定、梅花、广陵三书院，省内外人士咸得肄业。"苏州的松陵学舍，浙江的安澜、鹭湖、陶甄（嘉兴）、桐溪、立志（桐乡）、五湖、浔溪（乌程）等书院，都由丝织、棉纺工商业者捐助经费。福建的道山书院由闽商捐修，桐山书院由盐商资助，舫山书院由茶商资助。广东的书院，如越华书院创建时，官商捐银一千七百两，商人捐银六千九百两，道南、雁峰、海门、瀛海、炳文等书院的部分经费，由一般商人提供。可见，给书院提供经费的工商业，以盐业、茶叶业、丝织业、棉纺业方面的为多。资助的方式，一是直接捐助，二是通过税收。到清代晚期，民族资本兴起，对书院提供经费的行业就更多了。①

工商业资本资助书院，主要有两个目的。一个目的是要求书院收他们的子弟为学生，以便跻进士大夫的行列，进一步参加官僚集团，如广东的粤秀书院由盐商提供经费，福建的道山书院为闽商捐修。这两个书院的投资者都要求书院招收商人子弟。另一个目的是要求设置一些实用学科，培养他们所需要的人才，如校经书院由盐商资助，开设天文、舆地、算学、方言等学科，还有测量光化矿电试验设备等。

最后，清代书院教学内容的演变，归根结蒂，是整个社会经济制度改变的必然趋势。清初的手工业比前代有一定程度的进步和发展，资本

---

① 参看［日］大久保英子著：《明清时代书院之研究》，国书刊行会1976年版。

主义的萌芽也有所增长。但是中国的封建经济还十分强大，农业和小手工业相结合的自然经济结构十分顽强。在这一基础上树立起来的上层建筑，包括政权、意识形态等，从各方面维护和加强封建经济。但是新的社会经济制度不断发展，不断冲击着封建社会自然经济的基础。到鸦片战争失败后，帝国主义的铁蹄踏进我们的文化古国，封建社会制度的腐朽性、落后性充分暴露出来了。外因通过内因起作用，中国的社会制度逐渐改变了，中国由封建社会变为半殖民地半封建社会。同时，西洋的科学技术、学术文化，源源不绝地传入中国。为过去封建经济和封建社会服务的上层建筑也不得不变化、发展了，为那个社会制度服务的教育制度（包括书院）及其教学内容也势必随之改变。宋学、汉学已成强弩之末，就是因时崛起的今文经学，也起不了振衰救敝的作用。新的学术文化蓬勃兴起，不但书院的教学内容要作相应改变，就连书院制度本身，也连同整个教育制度一起，面临着一场全面而深刻的变革。

这就是清代书院教学内容演变的根本原因。

阮元与《十三经注疏》*

一

阮元（1764—1849）为清乾隆五十四年（1789年）进士。曾充石经校勘官，任山东、浙江学政，礼部左侍郎，兼管国子监算学；后任湖广、两广、云贵总督，体仁阁大学士。在杭州创立诂经精舍，在广州创立学海堂，提倡汉学，罗致学者从事编书刊印工作。主编《经籍籑诂》，校刊《十三经注疏》，汇刻《皇清经解》等。他还研究天文、历算、地理，著《畴人传》、《积古斋钟鼎彝器款识》。有《研经室集》。

"十三经"是由古代"六经"、"五经"等递增而成的。《庄子·天运》篇初见"六经"之名。"五经"始称于汉武帝时。汉代提倡孝治，贵族子弟先授《论语》、《孝经》，连同"五经"合称"七经"。唐代以科举取士，在明经科中有三《礼》、三《传》，连同《易》、《书》、《诗》称为"九经"。《宋书·百官志》把《论语》、《孝经》合为一经，连同"九

---

* 选自《中国古代学校教材研究》。

经"，称为"十经"。还有"十二经"之称，宋晁公武《郡斋读书志》称："唐太和中，复刻十二经，立石国学。"这是指"九经"加《论语》、《孝经》、《尔雅》三书而言。宋代又将《孟子》列入，称"十三经"。这是"十三经"名称的由来。

"十三经"作为学校的传统教材，是唐以后逐步形成的。《十三经注疏》共四百一十六卷。南宋以后，开始合刻。明嘉靖、万历年间都曾刊行。清乾隆初，有武英殿本。其后阮元据宋本重刊，并撰写了《十三经注疏校勘记》。

二

经书之刻印版，实始于五代后唐明宗长兴三年（932年）。到了宋朝，刻本逐渐多了，其中的"十行本"流行渐广。这就是南宋岳珂所称的"建本附释音注疏"。由元到明，屡有修补。到明代正德年间，这个镂版还存在。所以宋十行本为各种版本中最古老的版本。明嘉靖中，闽版根据十行本重刻。万历中，明监版根据闽本重刻。明崇祯时，汲古阁毛氏版根据明监本重刻。由于再三翻刻，错误很多。到清嘉庆时，书坊流行的只有毛本。

阮元家里收藏有十行宋本"十一经"，缺《仪礼》和《尔雅》两种。幸而当时苏州黄丕烈家藏有北宋所刻的单疏版本，是贾公彦、邢昺的原书。这两种书的版本比十行本还早。阮元作《十三经注疏校勘记》，主要是根据十行本和单疏本。嘉庆二十年（1815年）阮元在江西任职，卢宣旬读了他的《校勘记》，对宋本很为钦慕。黄中杰也感到毛本已经漫漶不可识读，于是用阮元家所藏的十一经和苏州所藏的二经合并重刊。

阮元最反对刻书的人用"想当然"的态度来改订古书。他根据宋版刻书，明知有错，也不随便改动，只是在错字旁边加一个圈，而把认为正确的字附载卷末。如果经文注文有与明本不同的，后来的人读惯了明本，反而怀疑宋本有错误，卢宣旬也引《校勘记》载于卷末。阮元认为这是一种认真负责的态度。

阮元很重视注疏在学习经书中的作用。他说："士人读书当从经学始，经学当从注疏始。空疏之士，高明之徒，读注疏不终卷而思卧者，是不能潜心研索，终身不知有圣贤诸儒经传之学矣。"① 当然，他也认为注疏诸义，有对的，也有不对的。这就在于读者认真推究，明辨是非。

《十三经注疏》中有魏晋和唐人的注、宋人的疏。大体说来，注多宗汉，疏多宗唐。宋代诸儒注经的体制不同。邢昺的《论语疏》已经逐渐开始侧重义理。其后理学诸儒的注，阐发义理，比起汉注来要强些，只有训诂名物没有汉儒赅博。宋儒的注本没有像《十三经注疏》那样编成整部的。

"十三经"由汉人注的七部，魏晋人注的五部，唐人注的只有一部，由唐人撰疏的有九部，宋人撰疏的有四部。所谓注是指注经，疏是指疏注。注或者叫"传"，或叫"集解"。凡是孔颖达等撰写的疏，都叫"正义"。《易》、《诗》、《书》、《礼》、《左传》，合成《五经正义》，其余的都

---

① 《十三经注疏》总目录。

叫"疏"。王鸣盛曾经说："汉人说经必守家法，自唐贞观撰诸经义疏而家法亡，宋元丰以新经学取士而汉学殆绝，今好古之儒皆知崇注疏矣，然注疏惟《诗》、三《礼》及《公羊传》犹是汉人家法，他经注则出魏、晋人，未为醇备。"① 可见当时由于汉学复兴，有些经书的注疏，还是守汉人家法。有些注本则出自魏晋人。学术思想上的转变，直接影响经书作为教材的指导思想。

南昌学堂重刊宋本《十三经注疏》的工作，经始于清嘉庆二十年（1815年）仲春，到二十一年（1816年）完成，历时十九个月，共计一万一千八百一十页。胡稷在《后记》中说，这部书完成得这么迅速，是由于"官于斯土与生是邦者合其心力而为之"。在短短的一年多的时间里，就完成了这样巨大的工程和细致的工作，的确是付出了辛勤的劳动，克日计功，才能做到的。

三

现在根据阮元的《校勘记》，将《十三经注疏》的校勘情况略述于下。

《周易注疏》：阮元认为清代治《周易》的以惠栋为最有成就，但是他著的《周易述》和经他校刊的李鼎祚《周易集解》改订文字，有不少似是而非的地方。阮氏认为那些相沿已久的版本，用不着擅自改动，何况师说不同，他书引用，不便据以改变流行已久的本子。所以他只是录

---

① 《清史稿》卷四八一《王鸣盛传》。

其说以资考证罢了。阮元自己旧有校正各本，现在更用唐宋元明经本、经注本等来进行校订，列举出相同或不相同的字句，在每一卷的后面写出《注疏校勘记》。成书九卷。另编入《别校略例》和陆德明的《经典释文》。

《尚书注疏》：《十三经注疏》本《尚书》是《今文尚书》与伪《古文尚书》的合编本。阮元在《校勘记》中，认为"自梅赜献孔传而汉之真古文与今文皆亡"。据《隋书·经籍志》称："有《古文尚书》十五卷，《今文尚书》十四卷。"这说明隋以前未尝没有今文。变古文为今文，实从范宁开始。六朝儒生传古文的多，传今文的少。孔颖达《正义》出于刘焯、刘炫，也是用古文本。开成石经都用今文。后周显德六年（959年），郭忠恕校《古文尚书》呈上。自宋晁公武刻石，薛季宣作训，《古文尚书》才显于世。阮元旧有《尚书注疏》校本，属徐养原用各本校订。由他来定是非，考颠末，成为定本。

《毛诗注疏》：阮元认为毛公传《诗》，依文立解，不依字求训，假借字多，往往字相同而训释各异。郑玄也是依文立解，认为不这样则"文有不适"。自汉以后，转写不同的字很多。唐代初年，陆德明的《释文》，颜师古的《定本》，孔颖达的《正义》，遵用的版本也不统一。从唐末到清代，刻版书多，对于经、传和笺、疏，有妄为改动的，有疏忽刻错的。阮元花了很多工夫进行校勘，了解到经、传、笺、疏，各有通例；对各家版本，既识别它们的分歧，也知道哪些是不可改变的。

《周礼正义》：阮元认为《周礼》一书出于山岩屋壁之间，刘歆的学生杜子春略识其字。建武后，郑兴、郑众都以《周礼》解诂著称。郑玄为《周礼注》，集诸儒之大成。唐贾公彦等作疏，发挥得很不得当。阮元过去曾经校订此书，后来结合经、注、疏来进行复校。再让臧庸搜集各本参校，最后由他来裁定是非。阮元根据的版本，有单经本，如唐石经《周礼》、《石经考文提要·周礼》；有经注本，如《经典释文·周礼音义》、宋本《周礼注》、嘉靖本《周礼注》；有注疏本，如惠士奇校本《周礼注疏》，闽本《周礼注疏》，监本、毛晋本《周礼注疏》，等等。

《仪礼正义》：阮元认为《仪礼》最为难读。顾炎武以唐石刻"九经""校明监本，惟《仪礼》讹脱尤甚"。经文尚且如此，何况注疏！贾公彦疏文笔冗长，不如孔颖达《五经正义》文字的条畅，抄写本往往有误句脱文。宋代注疏各为一书，疏自咸平校勘后更无别本，以讹传讹，无从核正。朱熹作《通解》，对疏文义不妥的地方多为删润。这样就多失去了贾氏的旧貌。阮元充石经校勘官时曾经校过此书。至是让徐养原详辨异同，最后由他来定正。大约经注以唐石经和宋严州单注本为主；疏以宋单行本为主，参以《释文识误》诸书。他自己认为"虽未能尽得郑贾面目，亦庶还唐宋之旧观"。

《礼记正义》：《小戴礼记》，隋唐志并称二十卷，唐石经据此镌刻。孔颖达等为《正义》，新旧《唐书》都称七十卷。古人义疏不附于经注而是单行本。北宋还有疏的印本。清乾隆年间，惠栋用以校汲古阁本。它的真本藏在曲阜孔家。阮元让洪震煊以惠栋本为主，参考他的旧校本和新得各本，考其异同，由他来判定是非，为《校勘记》六十三卷，释文别为四卷。《正义》的疏多附载经注下，开始叫作"兼义"，后来索性叫"某经注疏"；开始时没有释文，后来附以释文。

阮元根据的本子，经本为唐石经和南宋石经，经注本为岳珂刻本和嘉靖本，注疏本为十行本、闽本、国子监本、汲古阁本和卫湜《礼记集说》。

《春秋左传注疏》：阮元认为左氏之学，兴于贾逵、服虔、董遇、郑众、颖容诸家，杜预据以分经比传，并作《集解》。唐人传宗杜注，蜀石经兼刻经、传和杜注文，可是蜀石经都不存在了，拓本也只存几百个字。后唐田敏等校"九经"镂本，也是经、传、注兼刻的。孔颖达依经传、杜注为《正义》三十六卷。

阮元感到当时流行的各种版本乖谬杂乱，想为订正，于是将旧日校本交给熟于经疏的严杰详加考订，成《校勘记》四十二卷。他们根据的本子，有唐石经《春秋》、宋刻《春秋经传集解》、北宋刻小字本《春秋经传集解》、淳熙小字本《春秋经传集解》、宋本《春秋正义》、闽本、监本、毛晋本《春秋左传注疏》等十三种。

《春秋公羊传注疏》：汉武帝好《公羊》，当时胡毋生（字子都）、董仲舒以治《公羊》学著称。胡毋生为景帝时博士，老年回齐家中教授，各地治《公羊》学的都以他为师。阮元称："《公羊》之著竹帛，自子都始。"董仲舒著书十余万言，都是阐明经术的意义的。他的四传弟子何休根据子都定的条例作注，著《公羊墨守》、《公羊文谥例》和《公羊传条例》。

《公羊传》文开始同经分开，各自为卷。孔颖达《诗正义》说："汉世为传训者，皆与经别行。"所以蔡邕石经《公羊》残碑无经解诂。阮元认为分经附传，大抵汉以后的学人所作；唐开成期间取以刻石。阮元旧有校本，更以何煌所校蜀大字本、宋本、鄂州官本和唐石经本、宋元以后各注疏本，属臧庸分别列出它们同异之字，审订是非，成《公羊注疏校刊记》十一卷、《释文校勘记》一卷。

《春秋穀梁传注疏》：阮元认为《穀梁传》不是出于一人之手。范宁感到这本书没有很好的注释，经过长时间的钻研，著为《集解》一书。这本书同时注解经和传。阮元认为可能是由范将经与传合编的。范的注释引用了汉、魏、晋各家的说法。唐杨士勋为疏，条分缕析，过去的《穀梁》学者没有能超过他的；缺点是没有精校，错字很多。清康熙时，何煌所据经注残本和宋单疏残本，虽然都是残编断简，但也很宝贵。阮元曾校订此书，还嘱李锐根据唐石经、元版注疏本和闽本、监本、毛晋本，对宋十行本进行校订。最后由阮元审阅定稿。

《论语注疏》：《论语》一书，阮元没有写《校勘记》的序言，只是编入了《四库全书总目·论语正义》的卷头语和邢昺的《论语注疏解经·序》，在每章的后面写了《校勘记》。

从《校勘记》看来，阮元在校勘《论语》时主要依据了以下各书，如汉石经、唐石经、宋石经、闽本、北监本、毛晋本、明监本、《汉书》、《十三经注疏正误》、十行本、皇侃《义疏》等。《校勘记》引证皇侃本较多。

《孝经注疏》：阮元认为《孝经》郑注是伪作，唐刘知几辨之甚详。不过郑注早已遗失，当时日本曾出现一种郑注《孝经》，流传到中国。他认为这是"伪中之伪，尤不可据"。《孝经》注以唐玄宗的流传较广。唐以前诸儒之说，借以保存了一部分。元行冲的义疏经邢昺删改，也还未失其真，不过错字很多。阮元对此曾进行校订，并嘱严杰参考各种本子和《文苑英华》、《唐会要》诸书进行核校。阮元审定后，写了《孝经校勘记》三卷、《释文校勘记》一卷。他据以审校的书有唐石经、宋熙宁石刻《孝经》、南宋本《孝经》、明正德本《孝经》以及闽本、监本、毛晋本《孝经注疏》等。

《尔雅注疏》：阮元认为《尔雅》一书"旧时学者苦其难读，今则三家村书塾鲜不读者"，可见当时《尔雅》一书作为教材，已经相当流行了。宋邢昺为此书作疏，清邵晋涵别为一疏与邢疏并行。由于邢书列于学官已久，人人都以为定本，可是在经、注、疏三个方面错误很多。阮元搜访旧本，于唐石经外，得明吴元恭仿宋刻《尔雅》经注三卷。他刊印了雪窗书院《尔雅经注》。《尔雅》经文之字，由于转写多歧，有的与经文不合，有的与《说文解字》不合；因为《说文》都是本字本义，《尔雅》释经，假借字特多。阮元让臧庸用宋刊《尔雅》等本来校正俗本之失，最后由他定稿，为《尔雅注疏校勘记》六卷。

《孟子注疏》：《孟子》汉代注本仅存赵岐一家。阮元认为这个注本有几个优点：一是赵岐学识虽然比较固陋，但赵注属辞指事，于训诂无乖；二是七篇的微言大义，借此可以推究；三是章别为旨，使学者可以分章求义。他的总评是"功亦勤矣"。唐张镒、丁公著注音，宋孙奭补其缺遗，成音义二卷。《正义》的作者不详。这位作者于注义多所未解，有的全抄孙奭音义，略加数语，署名孙奭疏。朱熹说是福建邵武的一位士人为之。自明以来，学官只藏有注疏本。吴中旧有北宋蜀大字本、宋刘氏丹桂堂巾箱本、岳珂本、廖莹中世彩堂本。还有十行本。都是经注善本。阮元用这些版本来辨正是非，以经注本来校正注疏本，为《校勘记》十四卷。